DEUTSCHES
HISTORISCHES
MUSEUM

DEUT SCHER KOLO NIALIS MUS

FRAGMENTE SEINER GESCHICHTE UND GEGENWART

Herausgegeben vom
Deutschen Historischen Museum

Zum Sprachgebrauch

Zuschreibungen wie »deutsch«, »europäisch« oder »afrikanisch«, aber auch »schwarz« und »weiß« oder »Kolonisatoren« und »Kolonisierte« sind grundsätzlich problematisch: Sie sind soziale und kulturelle Konstruktionen, die klare Trennlinien zwischen Menschengruppen und eindeutige Identitäten suggerieren, welche es in Wirklichkeit weder gab noch gibt – gleichwohl verweisen sie auf reale Machtverhältnisse. Die Kategorie der »Rasse« wurde in besonderer Weise zur Grundlage ungleicher Macht- und Gewaltverhältnisse, weshalb diese Begrifflichkeit in Anführungszeichen gesetzt wird, um auf ihren Konstruktionscharakter zu verweisen. Wir haben weitgehend versucht, rassistische oder pejorative Sprache des kolonialen Diskurses nicht zu reproduzieren. Werden vereinzelt Quellenbegriffe verwendet, sind diese mit Anführungszeichen gekennzeichnet, etwa bei kolonialen Euphemismen wie »Schutzgebiet« oder »Schutztruppe«.

INHALT

AUSSTELLUNG

EUROPÄISCHE KOLONIEN VOR DEM ERSTEN WELTKRIEG

Deutsche Samoa-Inseln

Deutsch
Britisch
Spanisch
Niederländisch
Italienisch
Französisch
Portugiesisch
Belgisch

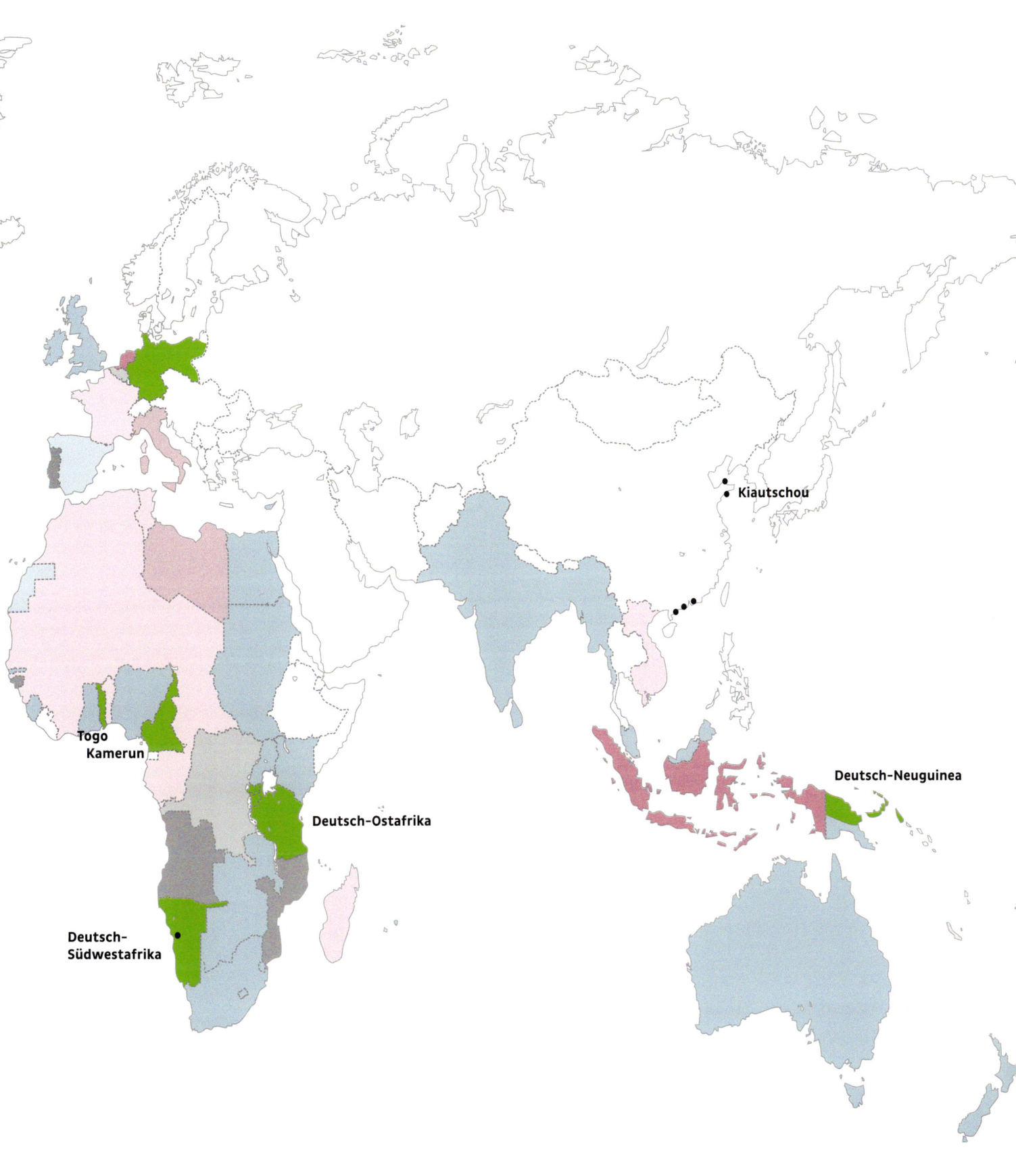

Kiautschou

Togo
Kamerun

Deutsch-Ostafrika

Deutsch-Neuguinea

Deutsch-
Südwestafrika

VORWORT

DAS DEUTSCHE REICH war im späten 19. und frühen 20. Jahrhundert eine der großen europäischen Kolonialmächte. Während sich diese 1884/85 zur Berliner Afrika-Konferenz trafen, erwarben private deutsche Kolonial- und Handelsgesellschaften bereits Territorien in Afrika, die unter den »Schutz« des Deutschen Kaiserreichs gestellt wurden. Den Erwerbungen in Togo, Kamerun, Deutsch-Ostafrika (heute Tansania, Burundi und Ruanda) und Deutsch-Südwestafrika (heute Namibia) folgten noch 1885 Besitzungen im Pazifik. Weitere deutsche Kolonien wie das Pachtgebiet Kiautschou/Jiaozhou an der chinesischen Küste und Gebiete im Pazifik kamen Ende des 19. Jahrhunderts hinzu. Die Misswirtschaft der Kolonialgesellschaften und ihr rücksichtsloser Umgang mit der lokalen Bevölkerung in den Kolonien, der Widerstand und Kämpfe herausforderte, führten ab Ende der 1880er Jahre zur Übernahme der »Schutzgebiete« durch das Deutsche Reich und zum Ausbau formeller Kolonialherrschaft. Neben dem Aufbau einer Kolonialverwaltung brachte diese Entwicklung für die Kolonisierten Landenteignungen, Steuern und Arbeitszwang mit sich. Die Niederlage im Ersten Weltkrieg beendete Deutschlands Kolonialmachtstatus. Der Friedensvertrag von Versailles erkannte dem Deutschen Reich 1919 alle Kolonien ab und erklärte sie zu Mandatsgebieten des Völkerbunds.

Im Zweiten Weltkrieg entfaltete das nationalsozialistische Deutschland vor allem im Vernichtungskrieg im Osten Europas ein Ausmaß an Gewalt, Entrechtung, Ausbeutung und Massenmord, das historisch ohne Beispiel war. Die Erinnerung daran hat für viele Jahrzehnte die wissenschaftliche wie die politische Aufarbeitung dominiert. In der Erinnerungskultur der Bundesrepublik Deutschland nahm die Kolonialgeschichte demgegenüber lange Zeit nur einen untergeordneten Platz ein. Erst in den letzten Jahren sind ein gestiegenes öffentliches Bewusstsein und eine zunehmende gesellschaftliche Auseinandersetzung mit der deutschen Kolonialvergangenheit feststellbar. Nicht zuletzt die aktuellen Debatten über die Anerkennung des Völkermords an den Herero und Nama zeigen die Bedeutung des Themas bis heute.

Eine Ausstellung kann keinen Anspruch auf enzyklopädische Vollständigkeit erheben. Das Deutsche Historische Museum setzt in der Ausstellung *Deutscher Kolonialismus. Fragmente seiner Geschichte und Gegenwart* auf mehr als 1000 Quadratmetern gezielt Themenschwerpunkte und Schlaglichter. Mehr als 500 Exponate aus einem breiten Spektrum von Sammlungen und Archiven enthüllen die Ideologie des Kolonialismus ebenso wie die deutsche Herrschaftspraxis mit ihrer alltäglichen Gewalt, ihrer brutalen Niederschlagung von Widerstand – bis hin zum Genozid. Die Ausstellung erlaubt Einblicke in die deutsche Kolonialgeschichte und gibt Auskunft über deren noch vorhandene Spuren und Relikte. Sie trägt auch dem Umstand Rechnung, dass Kolonialismus in deutschen Geschichtsmuseen bislang kaum thematisiert wurde – die im Deutschen Historischen Museum gezeigten Ausstellungen *Tsingtau. Ein Kapitel deutscher*

Kolonialgeschichte in China. 1897–1914 (1998) und *Namibia – Deutschland. Eine geteilte Geschichte* (2004/05) in Zusammenarbeit mit dem Rautenstrauch-Joest-Museum in Köln bildeten Ausnahmen. Wir würden uns freuen, wenn unsere Ausstellung vielfältige Impulse für eine aktuelle Auseinandersetzung mit der Kolonialvergangenheit gibt und für ihre langfristigen Folgen sensibilisiert.

Mein aufrichtiger Dank gilt all jenen Personen, die am Entstehen dieser Ausstellung und ihres begleitenden Katalogs beteiligt waren. An erster Stelle sind die Kuratoren Heike Hartmann und Sebastian Gottschalk, die Projektassistentin Natalie Stocker und die wissenschaftlichen Volontärinnen Stefanie Müller und Charlotte Röttger zu nennen. Sie haben die Ausstellung unter der Projektleitung von Arnulf Scriba mit Fachkenntnis, Umsicht, Ausdauer und der nötigen Sensibilität klug konzipiert und engagiert realisiert. Mit großzügiger Unterstützung des Auswärtigen Amtes konnten mit Flower Manase Msuya und Memory Biwa zwei Curators-in-Residence aus Tansania und Namibia ihre Sichtweisen auf die deutsche Kolonialvergangenheit in das Projekt einbringen. Konstruktiv beraten wurde das Ausstellungsteam von einem versierten Fachbeirat, dem mit Andreas Eckert, Larissa Förster, Horst Gründer, Hermann Hiery, Hans-Martin Hinz, Paola Ivanov, Ulrike Lindner, Klaus Mühlhahn, Susanne Popp, Paulette Reed-Anderson, Klaus Schneider, Ulrich van der Heyden, Joachim Zeller und Jürgen Zimmerer Expertinnen und Experten aus universitärer Forschung und aus Museen angehörten. Ihnen gebührt mein großer Dank ebenso wie Nadine Rasche, Werner Schulte und Mara Spieth für die Ausstellungsgestaltung, Regina Gelbert und Edith Michelsen für die Betreuung des Leihverkehrs, Mirko Kubein für die Medientechnik, Manuela Itzigehl für das Controlling, Boris Nitzsche, Hanna Nogossek, Nicola Schnell, Peter Schützhold, Sonja Trautmann und Barbara Wolf für die Presse- und Öffentlichkeitsarbeit sowie Ilka Linz, Katja Kaiser und Annette Vogler für die Betreuung des Katalogs und das Lektorat. Namentlich danken möchte ich darüber hinaus Sarah Maupeu und Friedrun Portele-Anyangbe vom Fachbereich Bildung und Vermittlung für die Umsetzung der Inklusiven Stationen. Nicht zuletzt bin ich den Sammlungsleiterinnen und Sammlungsleitern des Deutschen Historischen Museums für die vielfältige Unterstützung und die Beratung bei der Auswahl der in der Ausstellung gezeigten Objekte unseres Hauses zu großem Dank verpflichtet. Ein ebensolcher gebührt selbstverständlich auch all jenen Museen, Archiven, Bibliotheken, Privatsammlern und Angehörigen von Familiennachlässen, die mit ihren Leihgaben zum Gelingen der Ausstellungen beigetragen haben.

Ulrike Kretzschmar
Präsidentin a. i. der Stiftung Deutsches Historisches Museum

GRUSSWORT

DIE DEUTSCHE GESCHICHTE im internationalen Zusammenhang darzustellen, ist Gründungsauftrag des Deutschen Historischen Museums (DHM). Seit zwei Jahrzehnten gehört die wissenschaftliche Beschäftigung mit der deutschen Kolonialgeschichte in Form von Ausstellungen und internationalen Symposien zu seiner Programmarbeit. Damit leistet das DHM einen wichtigen Beitrag zum Verständnis globaler Entwicklungen in Vergangenheit und Gegenwart und bietet der Öffentlichkeit ein Forum, sich mit einer Epoche gemeinsamer, aber rechtlich ungleicher Geschichte außerhalb Europas zu befassen.

Museen verstehen ihre Arbeit vor allem als Dienst an der Gesellschaft. Ihr Anspruch ist es, Kultur und Vergangenheit multiperspektivisch darzustellen und Besucherinnen und Besuchern von Ausstellungen die Möglichkeit zu geben, die eigene Sicht und die anderer zu vergleichen. Mit dieser Form der Aneignung historischer Zusammenhänge ist für die Darstellung der Zeit der deutschen Kolonialexpansion die Erwartung verbunden, Räume und Regionen einstiger Kolonien vorzustellen, zeitgeschichtliche politische Planungen aufzuzeigen und Verantwortung zu erkennen und zu übernehmen für die Auswirkungen der deutschen Kolonisation.

Dies soll letztlich dazu beitragen, in der heutigen Situation der Staaten, deren Territorien einst zum deutschen Kolonialreich gehörten, die aus dieser Zeit stammenden strukturellen Entwicklungen zu erkennen und Probleme zu verstehen. Damit verbunden ist die Hoffnung auf die Ausbildung langfristiger stabiler Identitäten im Sinne aktueller globaler Zusammenhänge auf deutscher Seite und in den ehemals kolonisierten Gebieten.

Auf diese Weise wird zugleich ein Beitrag zur Versöhnung geleistet, indem sich Ausstellungen zum Kolonialismus vom Gedanken der Humanität, von Moral und Ethik sowie von den Menschenrechten leiten lassen.

Viele Jahrzehnte lang war das Kolonialthema in Deutschland ausgeblendet und wurde an Universitäten und Schulen gar nicht oder nur sehr marginal besprochen. Die Auseinandersetzung mit den Weltkriegen des 20. Jahrhunderts, mit Holocaust und Unrechtherrschaft bestimmten die sogenannte Geschichtsbewältigung. Daher wissen die meisten Menschen in Deutschland heute beispielsweise nicht, dass Brandenburger und Preußen im 17. Jahrhundert bereits am atlantischen Sklavenhandel beteiligt waren und dass das Deutsche Reich im späten 19. Jahrhundert Kolonien in Afrika, Ostasien und im Süd-Pazifik unterhielt und damit zu den weltweit wirkenden Akteuren von Missionierung, Eroberung, räumlicher »Inwertsetzung« im Interesse der Kolonialmacht und Ausbeutung zählte.

Im Sinne eines Alleinstellungsmerkmals bieten Museen durch die Präsentation originaler historischer Objekte sowie des immateriellen Kulturerbes einzigartige Quellen für den bildungspolitisch wünschenswerten gesellschaftspolitischen Diskurs zur Kolonialepoche und ihren Auswirkungen, so wie er auch im öffentlichen Raum – entweder an historischen Originalschauplätzen oder in der Diskussion um Straßennamen und Denkmäler – geführt wird.

Wie bei allen historischen und politischen Themen gibt es auch zur Kolonialepoche unterschiedliche Betrachtungen und Gewichtungen der Ereignisse. Der Austausch der Argumente ist daher eine wesentliche Voraussetzung, sich Bewertungen anzunähern. Nur unvollkommen wird dies gelingen, würden nicht die heutigen Stimmen aus den einstigen Kolonialräumen zu Gehör kommen. Zum Verständnis des Themas gehört es ebenso zu erfahren, welchen Stellenwert die deutsche Kolonialgeschichte heute in den Bildungs- und Kulturprogrammen der Staaten Afrikas, des Pazifiks und in China einnimmt und wie dort der deutsche Diskurs aufgenommen wird. Begleitveranstaltungen zur Ausstellung im DHM werden darüber aufklären.

Der Wissenschaftliche Beirat der Ausstellung *Deutscher Kolonialismus. Fragmente seiner Geschichte und Gegenwart* steht für die Breite der Forschungsarbeiten zur deutschen Kolonialgeschichte, die in die konstruktiven Besprechungen mit den Kuratoren eingeflossen sind.

Dafür danke ich allen Beiratsmitgliedern und dem Ausstellungsteam am Deutschen Historischen Museum, und ich wünsche der Ausstellung viele Besucherinnen und Besucher von nah und fern sowie anregende Auseinandersetzungen, die zum besseren Verständnis von Geschichte und Gegenwart beitragen.

Hans-Martin Hinz
Sprecher des Fachbeirates

ESSAYS

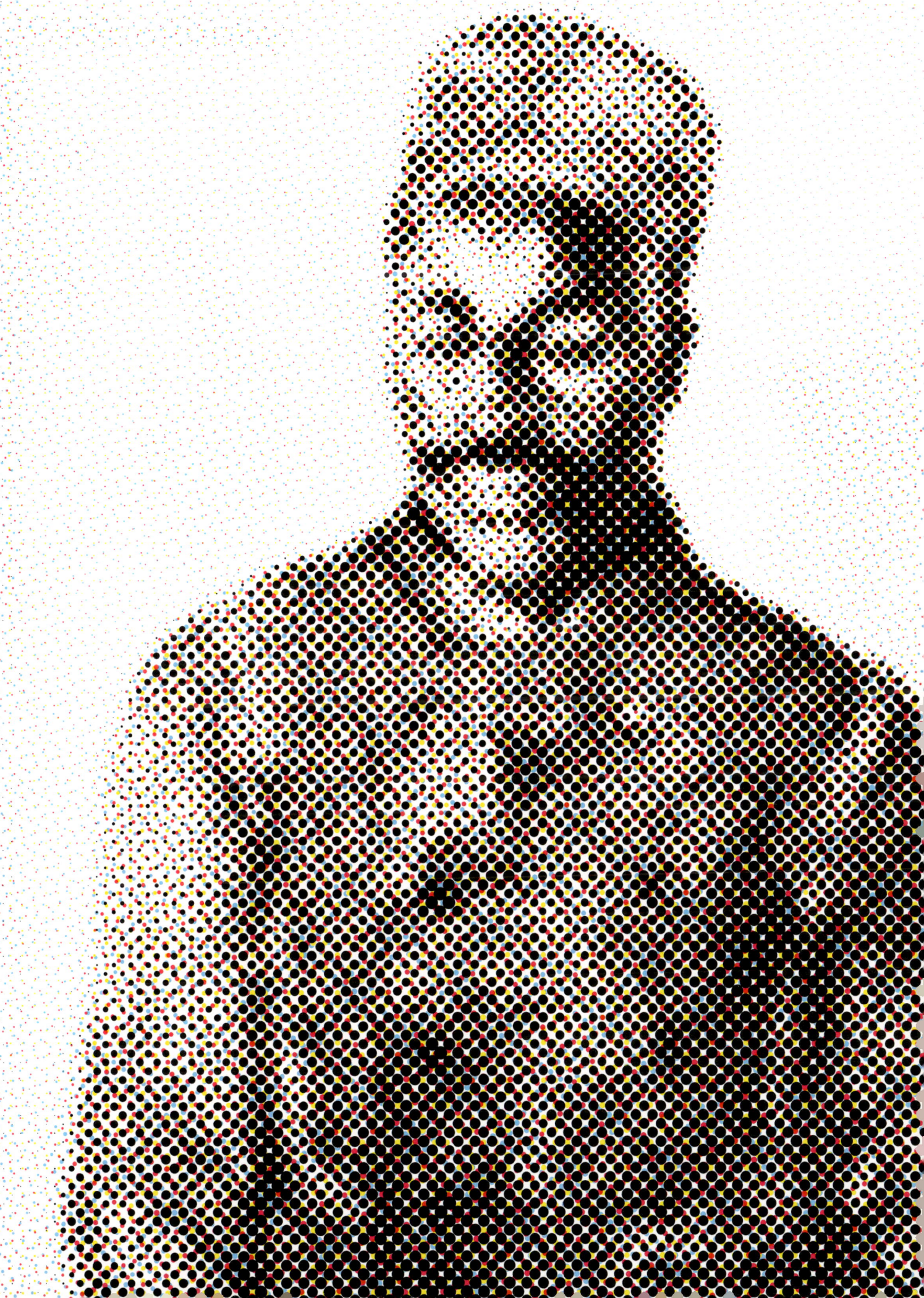

TRANSIMPERIALE ORIENTIERUNG UND WISSENSTRANSFERS

DEUTSCHER KOLONIALISMUS IM INTERNATIONALEN KONTEXT

ULRIKE LINDNER

NACH DER SPÄTEN REICHSEINIGUNG im Jahr 1871 entstanden im Deutschen Kaiserreich relativ rasch Überlegungen verschiedenster Interessengruppen zu einem kolonialen Engagement Deutschlands in Übersee, die dann schließlich ab 1884 zum Erwerb von Kolonien in Afrika, im Pazifik und in China führten. Gerade Großbritannien und Frankreich waren zu diesem Zeitpunkt bereits seit Jahrhunderten mit unterschiedlichen Herrschaftsformen in außereuropäischen Gebieten präsent und hatten schon zahlreiche Territorien in Besitz genommen und zum Teil auch wieder verloren. Insofern ist es nicht überraschend, dass sich Deutschland von Beginn an stark an erfahreneren Kolonialmächten orientierte – insbesondere am *British Empire* – und stets in globale und transimperiale Wissenstransfers eingebunden war.

Das deutsche Kolonialengagement fiel zudem in die Zeitspanne des Hochimperialismus von den 1880er Jahren bis zum Ausbruch des Ersten Weltkriegs, die von einem Globalisierungsschub gekennzeichnet war. Insbesondere das Tempo der Kommunikation und des Informationsaustausches erhöhte sich. Dampferlinien erlaubten den schnelleren Transport von Personen und Gütern. Diese Beschleunigung galt nicht nur für den Austausch zwischen Metropole, also dem »Mutterland«, und den Kolonien, sondern auch zwischen verschiedenen Imperien und deren Besitzungen.[1] Die zunehmende globale Verflechtung der Wirtschaft und die Suche nach neuen Absatzmärkten beeinflusste das deutsche Kolonialengagement in hohem Maße und band die deutschen Kolonien in ein wachsendes internationales Geflecht von Handelsnetzwerken, Güteraustausch und Migrationsbewegungen ein.

Diese neuen Verbindungen in Europa und in den Kolonien ermöglichten es den europäischen Mächten, die Kolonialpolitik der jeweils anderen stärker wahrzunehmen sowie Wissen zu transferieren. Trotz der sich verschärfenden Rivalitäten in Europa entwickelten sich so Möglichkeiten der kolonialen Kooperation. In den überseeischen Besitzungen war es für alle Kolonisierenden zentral, eine Identität als »weiße«, europäische Herrscher zu profilieren und sich aufgrund rassistischer Kriterien von den lokalen Bevölkerungen abzugrenzen. Der Umgang mit den »Anderen« – den Kolonisierten – erwies sich somit oftmals als eine gemeinsame Schwierigkeit, über die man eher bereit war, sich zu verständigen. Die Kolonialmächte unterstützten sich dementsprechend in vielen Fällen gegenüber den indigenen Bevölkerungen. Dies geschah sogar bei kriegerischen Auseinandersetzungen, wie zum Beispiel im Krieg der Deutschen gegen die Nama im Süden der Kolonie Deutsch-Südwestafrika, bei dem fast die gesamte Versorgung der deutschen Truppen über die benachbarte britische Kapkolonie lief.[2]

Gleichzeitig führte der zunehmende Austausch dazu, dass sich die Positionierung gegenüber den imperialen Nachbarn in den Kolonien zu einem wichtigen Bestandteil der Identitätsfindung entwickelte. Der Erwerb der Kolonien war gerade für die Deutschen eine Prestigefrage

auf ihrem Weg zu einer ebenbürtigen Stellung unter den Imperialmächten.

Deutschland verlor seine Kolonien bereits im Ersten Weltkrieg. Der Einfluss des Kolonialismus auf das Deutsche Kaiserreich und auf spätere Entwicklungen in der deutschen Geschichte wurde daher lange Zeit als gering eingeschätzt; auch in der internationalen Forschung galt das deutsche Kolonialunternehmen als »marginaler Kolonialismus«. In den letzten zwanzig Jahren haben sich jedoch zahlreiche Forschungsarbeiten mit unterschiedlichsten Aspekten des deutschen Kolonialreichs beschäftigt.[3] Es konnte in vielfältiger Weise gezeigt werden, dass die deutsche Kolonialexpansion sowohl einen erheblichen Einfluss auf die Entwicklungen in der Metropole ausübte als auch einen wichtigen Teil des weltweiten Ausgreifens der Kolonialmächte in der Zeit des Hochimperialismus darstellte.

Die mit den Kolonien verbundenen Weltgeltungsansprüche und der Wunsch nach Koloni-

↑

Schnupftuch »Deutsch-Afrika«, Kattun-Druckerei und Färberei Rollfs & Cie., Siegfeld bei Siegburg, nach 1885. Deutsches Historisches Museum, Berlin. → Kat.-Nr. 1-45.

Gustav Nachtigal hatte 1884/85 in Westafrika deutsche Kolonialgebiete ausgewiesen. Das Schnupftuch zeigt ihn auf Augenhöhe mit dem Afrikareisenden und Journalisten Henry Morton Stanley, der im Auftrag des belgischen Königs Leopold II. Gebiete im Kongo-Becken akquiriert hatte. In kleineren Medaillons sind Angehörige der kamerunischen Herrscherhäuser Bell und Akwa dargestellt, auch Orte und Bevölkerungen britischer und belgischer Kolonien sind aufgegriffen. In der Motivik herrscht mit Karawanen, Bootsfahrt und Kamelritt Bewegung vor, »Deutsch-Afrika« erscheint im Aufbruch.

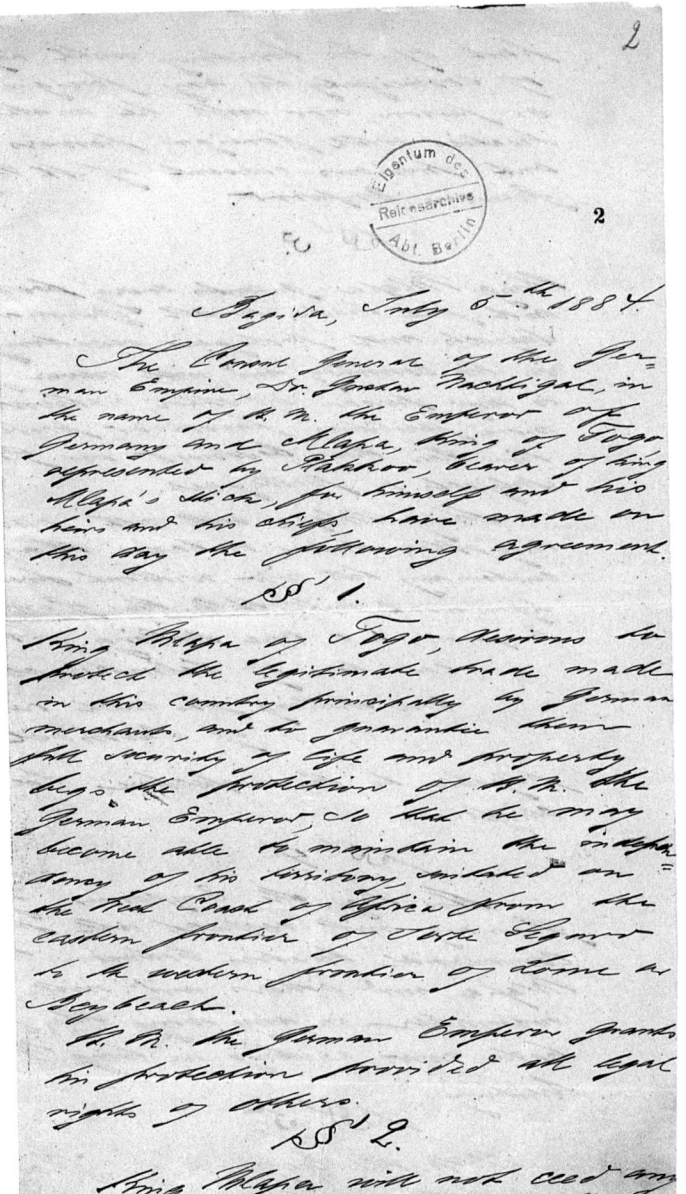

←

»Freundschafts- und Schutzvertrag« mit lokalen
Herrschern in Bagnida/Baguida, Togo, vom 5. Juli 1884
in englischer und deutscher Sprache.
Bundesarchiv, Berlin, R 1001/4452, Bl. 2–6. → Kat.-Nr. 1–44.

Der Afrikaforscher Gustav Nachtigal bereiste im Reichs-
auftrag die Küste Westafrikas, um Verträge mit lokalen Herrschern zu schließen. Deutsche Handelshäuser vor Ort hatten
zuvor auf ein Engagement des Reiches gedrängt, von dem
sie sich eine Stärkung ihrer Position gegenüber den afrikanischen Handelspartnern erhofften. Um zu Abschlüssen zu
kommen, suggerierten die deutschen Agenten ihren afrikanischen Partnern die Wahrung zentraler Interessen.

albesitz bestanden zudem weit über den Ersten
Weltkrieg hinaus und sind als Teil des deutschen
Selbstverständnisses bis in die 1940er Jahre hinein zu werten. Über die Verbindungslinien zwischen den Kolonialkriegen – insbesondere dem
Vernichtungskrieg gegen die Herero und Nama
und dem Völkermord an ihnen (1904–1907) –
und dem Ersten Weltkrieg sowie der rassistischen Eroberungspolitik der Nationalsozialisten in Osteuropa hat sich zudem ein produktiver
Diskurs entwickelt, der den Kolonialismus respektive koloniale Strukturen als aufschlussrei-
chen und konträr diskutierten Interpretations-
rahmen für die nationalsozialistische Ostpoli-
tik etabliert hat.[4]

DIE EXPANSION IN DIE ÜBERSEEISCHEN GEBIETE

Die deutschen Bestrebungen richteten sich zunächst auf Afrika. Seit den 1870er Jahren verfolgten dort fast alle europäischen Mächte –
Frankreich, Großbritannien, Deutschland, Portugal und Italien – koloniale Ambitionen. Der
»Wettlauf um Afrika«, der sich über mehrere
Dekaden hinzog, führte zu einer Aufteilung fast
des gesamten afrikanischen Kontinents bis zum
Jahr 1914. Mittlerweile herrscht Konsens, dass
verschiedene Faktoren den europäischen Wettstreit um die Gebiete in Afrika auslösten: die
Ausbeutung des Kongo durch König Leopold II.

von Belgien ab 1876, die portugiesischen Annexionen in Mosambik in den 1870er Jahren und die aggressive französische Kolonialpolitik in Nordafrika seit dem Ende der 1870er Jahre sowie schließlich die britische Besetzung Ägyptens 1882. Nicht zuletzt waren es wirtschaftliche Interessen, die die europäischen Mächte antrieben, da sie sich illusionäre Vorstellungen von Absatzmärkten für europäische Produkte sowie von reichen, schnell auszubeutenden Rohstoffvorkommen machten.[5]

Das deutsche Engagement in Afrika verlief – wie bei anderen Kolonialmächten – zunächst über Expeditionen einzelner Unternehmer und Abenteurer und in einem zweiten Schritt über koloniale Gesellschaften, bevor es dann zu einem staatlichen Eingreifen und dem Ausbau territorialer Kolonialherrschaft kam. In Deutsch-Südwestafrika beispielsweise waren es die Unternehmungen und zweifelhaften Vertragsabschlüsse des Kaufmanns Adolf Lüderitz. Über verschiedene Expeditionen schloss er Handelsverträge mit der dort ansässigen Bevölkerungsgruppe der Nama und erwarb so – oftmals unter falschen Prämissen – Gebiete, die Reichskanzler Otto von Bismarck dann im April 1884 unter »Reichsschutz« stellte. Das Scheitern nicht nur von Lüderitz' Unternehmungen, sondern auch der 1885 gegründeten Deutschen Kolonialgesellschaft für Südwestafrika, die die von Lüderitz erworbenen Gebiete übernommen hatte, führte schließlich zur Errichtung einer formellen Kolonialherrschaft durch das Deutsche Kaiserreich.

Die anderen europäischen Mächte hatten ein koloniales Engagement der Deutschen kaum erwartet und waren über den neuen kolonialen Kurs ab 1884 eher überrascht. Denn Bismarck hatte den Anliegen der Anfang der 1880er Jahre gegründeten, höchst aktiven kolonialen Ge-

sellschaften in Deutschland bis dahin eher skeptisch gegenübergestanden. Die Argumente der deutschen Kolonialbefürworter gestalteten sich sehr heterogen und reichten von Handelsinteressen wie dem Ausbau von Absatzmärkten über die Vorstellung, die unter anderem der wirtschaftlichen Depression geschuldete Auswanderung von Deutschen nun in zu erwerbende Kolonien lenken zu können, bis hin zu zivilisationsmissionarischen Überlegungen. Bismarcks Umschwenken war wohl teilweise innenpolitischen Überlegungen geschuldet sowie dem Versuch, die Popularität der Kolonialbewegung für seine Interessen zu nutzen. Prestigefragen im europäischen Mächtekonzert spielten aber eine ebenso wichtige Rolle. Einem überseeischen Engagement von privilegierten und mit »Schutzbriefen« versehenen Handelsgesellschaften nach dem Vorbild der britischen und holländischen Chartergesellschaften stand Bismarck allerdings auch vorher positiv gegenüber, so dass das deutsche Kolonialengagement durchaus in Kontinuitäten eingebettet war.

Die Berliner Afrika-Konferenz von 1884/85 unterstrich ebenfalls den internationalen Kontext des deutschen Kolonialengagements. Die Idee einer solchen Konferenz entstand, um die territorialen Ansprüche in der Kongo-Region auszuhandeln. Dort hatte König Leopold II. von Belgien im Januar 1884 in Form des »Freistaates Kongo« eine Kolonie als seinen Privatbesitz etabliert. An der Berliner Afrika-Konferenz, die Bismarck organisierte, nahmen 14 europäische Staaten teil: Neben Großbritannien, Frankreich, Deutschland, Portugal und Belgien, die alle selbst koloniale Interessen in Afrika verfolgten, gehörten dazu auch Österreich-Ungarn, Italien, Russland, Spanien und die skandinavischen Staaten, außerdem sandten das Osmanische Reich sowie die USA Vertreter nach Berlin.

Deutsche Reichs-Colonial-Uhr, Badische Uhrenfabrik Furtwangen, um 1905.
Deutsches Historisches Museum, Berlin. → Kat.-Nr. 1-32.

In hoher Stückzahl produziert, verbreitete die Uhr die imperialen Machtansprüche des Kaiserreichs. Die Tier- und Pflanzendarstellungen des Rahmens verweisen auf exotische Vorstellungen vom Kolonialreich, das durch den Flottenausbau gesichert werden sollte, wie das Kaiser-Zitat »Unsere Zukunft liegt auf dem Wasser« verdeutlicht. Eine Scheibe im Inneren des Ziffernblatts zeigt die Ortszeiten der Kolonien an und visualisiert die Maxime »Kein Sonnen-Untergang in unserm Reich«, die bereits von Karl V. im 16. Jahrhundert in Anspruch genommen wurde.

Die Teilnehmer wollten Abkommen über die freie Schifffahrt auf dem Kongo und dem Niger vereinbaren sowie freien und internationalen Handel in Afrika fördern. Auf der Konferenz erkannten sie den »Kongo-Freistaat« Leopold II. an. Auch wenn die Teilnehmerstaaten keine direkten Verträge zur Aufteilung der afrikanischen Gebiete aushandelten, so implizierten die Konferenzverhandlungen doch die zukünftige Inbesitznahme durch die europäischen Staaten. Somit maßten sich die Imperialmächte an, über einen ganzen Kontinent zu verfügen, dessen Vertreter weder eingeladen noch gehört wurden. Während afrikanische Historiker die Konferenz als eines der folgenreichsten Ereignisse in der jüngeren Geschichte Afrikas interpretieren, das unmittelbar die Aufspaltung und Kolonisierung des Kontinents nach sich zog, betonen europäische Historiker eher den symbolischen Charakter.

Das deutsche Engagement in China war ebenfalls eng in internationale Zusammenhänge eingebettet. Verschiedene europäische Kolonialmächte hatten sich nach den von den Briten und Franzosen geführten Opiumkriegen im letzten Drittel des 19. Jahrhunderts Zugang zum chinesischen Markt gesichert. Deutsche Handelshäuser waren dort schon lange aktiv; Vertreter der deutschen Exportwirtschaft drangen seit den 1890er Jahren explizit auf ein verstärktes deutsches Engagement in China. Diese Forderungen fielen mit der neuen Weltmachtpolitik des Kaiserreichs zusammen, die insbesondere seit dem Amtsantritt von Wilhelm II. im Jahr 1888 im Vordergrund stand. Nach der Ermordung zweier deutscher Missionare besetzte die deutsche Marine 1897 die Bucht von Kiautschou/Jiaozhou und erzwang einen Pachtvertrag von China. Von 1897 bis 1914 bestanden hier ein Marinestützpunkt und ein als

»Musterkolonie« bezeichnetes Gebiet. Die deutsche Verwaltung investierte erheblich in die Entwicklung der Hauptstadt Tsingtau/Qingdao und die Infrastruktur Kiautschous, was jedoch nie die erhofften wirtschaftlichen Gewinne abwarf. Es kam vielmehr rasch zu Auseinandersetzungen mit der chinesischen Bevölkerung. Das gemeinsame Vorgehen der Imperialmächte in China zeigte sich insbesondere im Jahr 1900 im Krieg zunächst gegen die Boxerbewegung und dann gegen die chinesische Regierung. Damals kämpften unter anderem Kontingente der Armeen Großbritanniens, Frankreichs, Deutschlands und Italiens unter dem deutschen Oberbefehlshaber Alfred Graf von Waldersee.

Auch der Inbesitznahme von Teilen Neuguineas, Samoas sowie der Karolinen-, Marianen- und Marshall-Inseln durch das Deutsche Reich im Jahr 1899 gingen zum Teil komplizierte Abstimmungen und Verhandlungen mit anderen Imperialmächten voraus, in erster Linie mit den USA und Großbritannien, sowie mit der britischen Kolonie Australien. Die Kolonien im Pazifik versprachen weder vom wirtschaftlichen noch vom strategischen Standpunkt größere Vorteile, hier waren Prestige und die Vorstellung einer deutschen Weltgeltung sicherlich die ausschlaggebenden Motive für die Inbesitznahme. Vor allem Samoa galt als Sehnsuchtsort, auf dessen Besitz in Deutschland mit Stolz verwiesen wurde. In den pazifischen Kolonien, in denen nur wenige Deutsche lebten, kam es, anders als in den afrikanischen Gebieten und in China, nicht zu größeren kriegerischen Auseinandersetzungen, gleichwohl übte die Kolonialverwaltung beispielsweise über Strafexpeditionen Gewalt aus und strebte den Ausbau der meist nur punktuellen administrativen Kontrolle an.

Die vier afrikanischen Kolonien Togo, Kamerun, Deutsch-Ostafrika und Deutsch-Südwestafrika stellten bis zum Verlust der Kolonien während des Ersten Weltkriegs die wichtigsten Gebiete des deutschen Kolonialreichs dar. Wirtschaftlich waren die deutschen Kolonien für den Staat nie rentabel, lediglich in Togo konnten Überschüsse erzielt werden. Einige private deutsche Handelsunternehmen und Minengesellschaften hingegen zogen erhebliche Gewinne aus ihrer kolonialen Tätigkeit.

Im globalen Kontext des Hochimperialismus nahmen Ende des 19. Jahrhunderts neben Deutschland auch Italien und König Leopold II. von Belgien ihre ersten kolonialen Territorien in Besitz, aber auch die älteren Kolonialmächte Großbritannien und Frankreich expandierten erheblich. Sie alle sahen sich im spannungsreichen Prozess der Etablierung kolonialer Herrschaft mit ähnlich gelagerten Herausforderungen und Schwierigkeiten konfrontiert. Zugleich hing die koloniale Inbesitznahme selbstverständlich stark von den lokalen Gegebenheiten ab, die innerhalb der weitgespannten Kolonialreiche erheblich differierten. Kolonialherrschaft entstand immer in erster Linie in Auseinandersetzung und in Kontakt mit den unterschiedlichen lokalen Bevölkerungen, die das Vorgehen der Kolonisierenden insbesondere in den Anfangsjahren in hohem Maße prägten.[6]

KOLONIALE HERRSCHAFT, GEWALT UND KRIEGE

Die deutsche Kolonialherrschaft war von zahlreichen Ambivalenzen geprägt. In der Anfangszeit der Kolonisation kann man in den meisten Gebieten nicht von Herrschaft im Sinne einer europäischen Territorialherrschaft sprechen. Meist handelte es sich vielmehr um Niederlassungen an der Küste der jeweiligen Territorien, die mit einigen Stützpunkten im Hinterland verbunden

waren. Eine sehr kleine Gruppe Kolonisierender stand einer Majorität der Kolonisierten gegenüber, auf deren Kooperation sie angewiesen war. Es entstanden »Inseln der Herrschaft« (Michael Pesek) mit begrenztem Einfluss und experimentelle Formen der Herrschaft, zu deren Erhaltung sich die Kolonisierenden auf symbolische Akte und Handlungen stützen mussten.

Der Hauptteil der lokalen Bevölkerungen war zunächst noch wenig von der deutschen Kolonialherrschaft betroffen. Dies lässt sich gut am Beispiel von Deutsch-Ostafrika beobachten, einem Gebiet von etwa einer Million Quadratkilometer, das anfangs ein paar wenige deutsche Kolonialbeamte verwalteten. Erst etwa zwanzig Jahre nach der Inbesitznahme etablierte sich überhaupt eine koloniale Administration im Westen der Kolonie. Mit dem Ausbau der Infrastruktur begannen sich die Handlungsspielräume der lokalen Bevölkerung zu verengen. Die deutschen Kolonialherren kartierten das Land, bauten die Eisenbahn aus, führten teilweise einen Zensus durch und trugen ihr Wissen über die lokalen Bevölkerungen zusammen, so dass die Erhebung der sukzessive steigenden Hütten- und Kopfsteuer leichter zu bewerkstelligen war. Der Druck auf die indigenen Bevölkerungen wuchs damit erheblich.

Weder Siedler noch Pflanzer arbeiteten in den Kolonien Afrikas oder im Pazifik selbst auf ihren Feldern und Plantagen; wie in den Minen waren sie stets auf billige indigene oder migrierende Arbeitskräfte angewiesen. Das Management der Arbeitskräfte entwickelte sich so zu einem zentralen Anliegen der Kolonisierenden. Über Hütten- und Kopfsteuern, die mit Bargeld bezahlt werden mussten, zwang man die indigene Bevölkerung in abhängige Arbeit auf Plantagen, Minen und in Infrastrukturprojekten. Dies forcierte zusätzlich eine Binnenmigration und

805

Die neue Aera der Colonialpolitik.
Historische Randglossen zur westafrikanischen Conferenz.

Die westafrikanische Conferenz in Berlin. Originalzeichnung von H. Lüders.

Es gab eine Zeit, und sie liegt kaum ein paar Jahre hinter uns, in welcher eifrige Patrioten warnend ihre Stimme erhoben und von

einer Wendung, die nicht allein für Deutschland, sondern für die ganze Welt von unberechenbarer Tragweite ist. Denn die Conferenz, an welcher außer europäischen Mächten auch die Vereinigten Staaten von Nordamerika theilnehmen, hat eine weltumspannende

Teilnehmer der Berliner Afrika-Konferenz, Stich nach einer Zeichnung von Hermann Lüders, erschienen in *Die Gartenlaube*, Dezember 1884.
Deutsches Historisches Museum, Berlin. → Kat.-Nr. 1-48.

Die 1884/85 in Berlin abgehaltene Zusammenkunft der europäischen Imperialmächte, der USA, Russlands und des Osmanischen Reiches wurde in der zeitgenössischen Presse eingehend rezipiert. Vielfach finden sich Darstellungen der Staatsvertreter am Konferenztisch sitzend und unter einer Weltkarte beratend. Nicht zuletzt diese Abbildungen prägten die Vorstellung von der Aufteilung der Welt unter Ausschluss von Vertretern der zu kolonisierenden Gebiete. Die Grafik verdeutlicht dies eindrücklich an der Figur eines afrikanischen Mannes am linken Bildrand, der von außen auf die Konferenzszenerie blickt.

riss lokale Sozialstrukturen auseinander. Auch hier entsprach das Vorgehen der deutschen Kolonisierenden dem der anderen europäischen Imperialmächte. In den meisten Kolonien in Afrika – sei es unter deutscher, britischer, portugiesischer oder französischer Herrschaft – entwickelten die Kolonisierenden zudem Systeme der unbezahlten Zwangsarbeit, um die dortige Infrastruktur auszubauen. In der einzigen Siedlerkolonie des Deutschen Kaiserreichs, Deutsch-Südwestafrika, schritt zudem die Enteignung des Landes zugunsten der europäischen Siedler fort.

All diese Entwicklungen führten – neben anderen, lokalen Gründen – zum gewaltsamen Widerstand der indigenen Bevölkerungen und schließlich zum Herero-und-Nama-Krieg in Deutsch-Südwestafrika in den Jahren 1904 bis 1907 mit dem Völkermord an der lokalen Bevölkerung sowie zum verheerenden Maji-Maji-Krieg in Deutsch-Ostafrika 1905 bis 1907.

Die Organisation der deutschen Kolonialverwaltung im »Mutterland« durchlief ebenfalls verschiedene Stadien. Anfangs übernahm ein schlechtbesetztes Referat des Auswärtigen Amtes die Verwaltung der neuen Kolonien. 1890 entstand eine Kolonialabteilung, deren Beamte aber zunächst kaum Erfahrung in kolonialen

Seitdem Mancini das Mittelmeer zu einem italie-
nischen See erklärt hat, fangen die Italiener an, Ge-
schmack an den Uferbewohnerinnen zu finden.

Kameruner Landsleute,
welche zum ersten Male nach Berlin kamen und die
Rehberge sahen, haben sofort einstimmig beschlossen,
daselbst eine Colonie zu gründen.

↑

**Karikatur auf die Flaggenhissungen,
veröffentlicht in *Kladderadatsch*, 29. März 1885.**
Deutsches Historisches Museum, Berlin. → Kat.-Nr. 1-39.

Wenige Wochen nach Ende der Berliner Afrika-Konferenz
kehrte diese Karikatur die Verhältnisse zwischen der deutschen Metropole und Westafrika um. Mit dem Hissen der
Flagge wurde ab Juli 1884 koloniales Territorium an der
westafrikanischen Küste markiert. Karikatur und Bildunterschrift entblößen das geringe Vorwissen der deutschen
Kolonialmacht, indem sie den Akt unter umgekehrten
Vorzeichen auf die Sandberge vor den Toren Berlins, die
Rehberge, als Kolonie Kameruns übertragen.

Fragen hatten. Deswegen rezipierte man gerne
die Vorgehensweise anderer europäischer Kolonialmächte. Die Kolonialabteilung legte beispielsweise über 150 Akten zu den britischen
Kolonien an, deren Material man in Berlin aus-
führlich studierte. Erst in der letzten Dekade
der deutschen Kolonialherrschaft kam es zu
einer Reform der Kolonialverwaltung. Die verheerenden Kolonialkriege und mehrere Kolo-
nialskandale zogen eine erhebliche Kritik in
Deutschland nach sich.[7] Die deutsche Regierung
schuf daraufhin 1907 das Reichskolonialamt unter dem neuen Kolonialstaatssekretär Bernhard
Dernburg, den sie ausdrücklich als Reformer
einsetzte.

Diesen Versuch einer Professionalisierung
der Kolonialherrschaft kann man erneut in internationale Prozesse einordnen. In vielen europäischen Kolonialimperien richtete sich Ende
des 19. Jahrhunderts die Aufmerksamkeit darauf, einen – wie es übereinstimmend hieß – »modernen, effizienten, wissenschaftlichen Kolonialismus« zu entwickeln. Nicht nur die Ausbeutung natürlicher Ressourcen, sondern gerade
die »Nutzbarmachung« der Arbeitskraft von Kolonisierten rückte in das Zentrum kolonialer Diskussionen. Das Institut Colonial International
in Brüssel, das belgische, französische, hollän-
dische und englische Kolonialexperten im Jahr
1894 gründeten und dem gleich zu Beginn auch
deutsche Kolonialpolitiker beitraten, stand in
engem Zusammenhang mit dieser Entwicklung.
Es beschäftigte sich mit den Fragestellungen einer effizienteren Kolonisierung.[8] In Frankreich
stand seit 1900 das Konzept der *mise en valeur*,
der profitorientierten kolonialen Erschließung
zum Nutzen Frankreichs, im Vordergrund der
kolonialen Diskussionen. In Deutschland wurde eine ähnliche Vorstellung der »Inwertsetzung« der Kolonien unter dem Reformer Dernburg weiterentwickelt, der sich selbst in seinen
Überlegungen gerne auf britische Vorbilder be-
zog.

Im internationalen Vergleich ist die deutsche
Kolonialherrschaft auch von Zeitgenossen oft
als besonders brutal beschrieben worden. Togo
galt in den benachbarten Kolonien bei den lokalen Bevölkerungen als das *25-country*, weil
niedrige Kolonialbeamte Prügelstrafen mit 25
Peitschenhieben ohne jedes Urteil ausführen
konnten.[9] Auch wenn körperliche Bestrafung
und Prügelstrafen in fast allen Kolonien in Af-

→

Katangakreuz *Hanga/Panda*, **Region Katanga,**
heute Demokratische Republik Kongo, um 1900.
Deutsches Historisches Museum, Berlin. → Kat.-Nr. 1-53.

Kreuzförmige Kupferbarren sind seit dem 13. Jahrhundert
in Zentralafrika nachgewiesen und dienten bereits vor
Ankunft der Europäer als Zahlungsmittel. Katangakreuze
sind benannt nach der an Kupfer reichen Region, die in den
Grenzverhandlungen während der Berliner Afrika-Konferenz
1884/85 dem Kongo-Freistaat zuerkannt wurde. Seinerzeit
kontrollierte der ostafrikanische Händler Msiri die Kupfer-
vorkommen.

rika zum Alltag gehörten, war die Ausführung in den deutschen Kolonien besonders rigide. Dies änderte sich trotz der Reformbemühungen unter Dernburg nach 1907 kaum.

Hinzu kam, dass sich die deutschen Kolonialmilitärs sehr stark von einem Prestigedenken und von militärischen Ehrvorstellungen leiten ließen und daher in Auseinandersetzungen mit der indigenen Bevölkerung kaum zu Kompromissen bereit waren. Das zog nicht selten eine Radikalisierung nach sich, wie man sie zum Beispiel bei militärischen Auseinandersetzungen in Deutsch-Ostafrika beobachten konnte. Hier verfolgten die Deutschen in verschiedenen Fällen Aufständische bis zur letzten Konsequenz und waren nur mit einer Kapitulation zufrieden, während sich die britischen Militärs in der benachbarten Kolonie Kenia eher auf Verhandlungen einließen und so die kriegerischen Auseinandersetzungen abkürzten. Insbesondere der Herero-und-Nama-Krieg, bei dem der deutsche Oberbefehlshaber General Lothar von Trotha einen Genozidbefehl gegen die Bevölkerungsgruppe der Herero aussprach und sie in die wasserlose Wüste Omaheke trieb, unterschied sich durch die Radikalisierung des militärischen Vorgehens deutlich von anderen Kolonialkriegen des Hochimperialismus.[10]

Allerdings kam es nicht nur in den deutschen Kolonien zu Gewalteskalationen: Infolge der Prozesse der Herrschaftsdurchdringung brachen auch in den Kolonien anderer Imperialmächte bewaffnete Proteste und Kriege aus, etwa der *Hut Tax War*, mit dem die Mende und die Temne in Sierra Leone 1898 gegen die Erhebung einer Hüttensteuer rebellierten, oder der Widerstand der Ndebele und Shona in Rhodesien. Die Rebellion einer Gruppe der Zulu unter ihrem Anführer Bambatha in der britischen Kolonie Natal im Jahr 1906 entzündete sich

letztlich ebenfalls an der Einführung einer hohen Kopfsteuer.

Die meisten Kolonialkriege in der Zeit des Hochimperialismus hatten lediglich in der Phase der kolonialen Eroberung Friedensschlüsse zum Ziel, später strebten sie fast immer eine völlige Unterjochung und Beherrschung der Bevölkerung an. Dabei kennzeichnete eine deutliche waffentechnische Überlegenheit der europäischen Kolonialherrscher die Kriege. Dies führte meist zu extrem asymmetrischen Verlustzahlen, so zum Beispiel in der Schlacht von Omdurman bei der Rückeroberung des Sudans im Jahr 1898, bei der 11 000 Krieger des Mahdis und 48 Soldaten der britisch-ägyptischen Armee getötet wurden. Auch waren Kolonialkriege häufig davon geprägt, dass den von den Imperialmächten schnell gewonnenen großen Schlachten lang andauernde Guerillakriege folgten. Dies führte wiederum zu einer Verschärfung der Maßnahmen von Seiten der Kolonialherren, die versuchten, den Widerstand mit allen Mitteln zu brechen. Durch eine Politik der verbrannten Erde klafften die Zahlen der Toten beim Maji-Maji-Krieg in Deutsch-Ostafrika 1905 bis 1907 besonders auseinander. Damals starben bei und nach den Kampfhandlungen 250 000 bis 300 000 Afrikaner,[11] während auf der Gegenseite einige Hundert Soldaten[12] als Opfer zu beklagen waren.

ZIVILISIERUNGSMISSION UND RASSISMUS

Rassistische und sozialdarwinistische Theorien waren im letzten Drittel des 19. Jahrhunderts in allen europäischen Kolonialreichen weitverbreitet und entwickelten einen erheblichen Einfluss auf die Kolonialpolitik und auf die Beziehungen zwischen Europäern und Nichteuropäern. Europäer sahen es als Tatsache an, dass ihnen die indigenen Bevölkerungen unterlegen seien, und leiteten daraus einen Herrschaftsanspruch ab. Für diesen waren nicht mehr in erster Linie zivilisationsmissionarische Motive bestimmend, die eine »Hebung« auf höhere Kulturstufen vorsahen, sondern vielmehr ein Konglomerat rassistischer Theorien. Das deutsche Kolonialreich entstand erst zu einer Zeit, als biologistische Interpretationen des Gesellschaftlichen in ganz Europa weithin akzeptiert waren und Rassismusdiskurse und sozialdarwinistische Vorstellungen dominant geworden waren. Auch deswegen verband die deutsche Kolonialverwaltung ihre Herrschaftsausübung von Beginn an mit ausgeprägt rassistischen Vorstellungen und Konzepten der Dissimilation und Segregation, allerdings mit deutlichen Unterschieden und Abstufungen gegenüber den Bevölkerungen in Afrika, China und im Pazifik.[13]

Im Umgang mit der Bevölkerung der pazifischen Kolonien und insbesondere Samoas herrschte eher die Vorstellung einer besonderen kulturellen Aufgabe gegenüber den Einheimischen vor, die in zeitgenössischen rassistischen Hierarchien relativ hoch eingestuft waren und deren Traditionen nach Möglichkeit bewahrt werden sollten. Diese Politik wurde zumindest vom langjährigen Gouverneur Samoas, Wilhelm Solf, mit Nachdruck vertreten. Gerade in der Begegnung mit Samoanern verband sich ein ausgeprägter Exotismus mit bewundernden Diskursen über angeblich »edle Wilde«.

In China übten die Rassendiskurse einen wesentlich stärkeren Einfluss auf die kolonialen Praktiken im Alltag aus. Hier verfolgte die deutsche Kolonialverwaltung das Ziel, eine »moderne Musterkolonie« zu entwickeln und verband dies von Beginn an mit einer strikten Segregationspolitik, unter anderem mit räumlicher Abtrennung von Chinesenvierteln und sogenannten Chinesenverordnungen. Dies gründete sich im Wesentlichen auf ein Verständnis der chinesischen Bevölkerung als »mongolischer Rasse«, die man als unterlegen wahrnahm, deren zahlenmäßige Überlegenheit jedoch unter dem Schlagwort der »gelben Gefahr« die europäischen Kolonialmächte und die USA schreckte.

Die afrikanische Bevölkerung hingegen stand in den zeitgenössischen rassistischen Konzepten auf der untersten Stufe der Rassenhierarchien. In den deutschen Kolonien kam hinzu, dass sich nach den ausnehmend brutalen Kriegen in Deutsch-Ostafrika und Deutsch-Südwestafrika die Fronten zwischen Kolonisierenden und Kolonisierten immer mehr verhärteten. Dies galt besonders für die einzige Siedlerkolonie Deutschlands, Südwestafrika, in der die Anzahl der Europäer zwischen 1904 und 1913 von rund 4600 auf mehr als 14 800 stieg, während die Anzahl der Europäer in Togo beispielsweise unter 400 Personen blieb. In der Regel herrschte bei den deutschen Kolonisierenden eine äußerst abwertende Haltung gegenüber der afrikanischen Bevölkerung vor, die in erster Linie diszipliniert und zur Arbeit für die Kolonisierenden herangezogen werden sollte.

Eine erhebliche Radikalisierung im Umgang mit der einheimischen Bevölkerung kann man in Deutsch-Südwestafrika beobachten: Nach dem Herero-und-Nama-Krieg erließ das Kolonialgouvernement 1907 eine neue »Eingeborenenverordnung«, die der indigenen Bevölkerung das Recht auf Landbesitz absprach, ihr die freie Wohnortwahl versagte und sie in abhängige, schlechtbezahlte Lohnarbeit zwang. Afrikaner mussten Pass und Dienstbuch mit sich führen und unterlagen willkürlicher Gewalt von Seiten der Kolonialbehörden. Das Vorgehen der deutschen Kolonialverwaltung gegenüber der loka-

Nach dem Kriege: Gruppe gefangener Hereros.

↑

**»Nach dem Kriege. Gruppe gefangener Hereros«,
veröffentlicht in *Berliner Illustrirte Zeitung*, Nr. 4, 1907.**
Deutsches Historisches Museum, Berlin. → Kat.-Nr. 2-62.

Diese Fotografie erschien zu Beginn des Jahres 1907 mit
einer Bildunterschrift, die die Gewalt des Krieges in der Kolonie Deutsch-Südwestafrika (heute Namibia) nicht verbarg.
Die sich ergebenden Herero seien »bis zu Skeletten abgema-
gert und starben gewöhnlich trotz sorgfältiger Verpflegung«.
Infolge der politischen Krise, die der Völkermord an den Herero und Nama ausgelöst hatte, fanden am 25. Januar 1907
Reichstagswahlen statt. Die Kriegsführung stand wegen des
schonungslosen Vorgehens und hoher Ausgaben in der Kritik.

len Bevölkerung in Südwestafrika ist sicherlich
als extrem einzuordnen. Allerdings führte auch
in afrikanischen Siedlerkolonien anderer Kolonialherrscher, etwa in Britisch-Kenia oder Fran-
zösisch-Algerien, die staatlich betriebene Privi-
legierung der Siedlergruppen zu einer scharfen
Unterdrückung, Segregation und Ausbeutung
der indigenen afrikanischen Bevölkerung. In rei-
nen Herrschafts- oder Handelskolonien blieben
diese Maßnahmen etwas eingeschränkter.

Wie in den letzten Jahren in der postkolonialen Forschung betont, veränderten sich die
rassistischen Repräsentationen und Vorstellungs-
welten der Kolonisierenden in der Interaktion
mit den Kolonisierten. Koloniale Räume kann
man als hybride Konstrukte beschreiben, die
sich in den Kolonien im Kontakt mit der indigenen Bevölkerung entwickelten und immer wieder veränderten. Die unsicheren Abgrenzungen
zwischen »weiß« und »schwarz« waren eine
ständige Herausforderung für die Kolonisierenden. Zwischen den verschiedenen deutschen
Kolonien traten außerdem signifikante Unterschiede auf, da die koloniale Situation zuallererst von den Interaktionen mit den dort ansässigen Gesellschaften bestimmt war sowie von
anderen Ethnien, die sich vor den deutschen
Kolonialherren angesiedelt hatten oder seit vielen Jahrhunderten in den von den Deutschen
okkupierten Gebieten Handel betrieben. An der
ostafrikanischen Küste mussten sich die deutschen Kolonisierenden beispielsweise mit einer

Gesellschaft auseinandersetzen, die indische,
afrikanische und arabische Bevölkerungsgruppen aufwies, während in Deutsch-Südwestafrika
aus deutscher Sicht eine viel klarere Abgrenzung zwischen »weißen« Siedlern und afrikanischer Bevölkerung möglich war.

Die indigenen Bevölkerungen wiederum reagierten unterschiedlich auf die sich verschärfenden Eingriffe der Kolonialmächte. In Samoa
gelang wohl ein gewisses Arrangement mit der
deutschen Kolonialherrschaft. Sonst versuchten viele lokale Gesellschaften, die anfangs noch
bestehenden Spielräume zu nutzen und Interaktionen mit den Kolonialherren selbst zu be-
einflussen. Mit der zunehmenden Durchdringung der Kolonien und dem Versuch der »Inwertsetzung«, die vor allem auf eine Ausbeutung
der Arbeitskraft der Kolonisierten zielte, ver-

↑
Tropenhelm für Reichsbeamte, 1888/1914.
Deutsches Historisches Museum, Berlin. → Kat.-Nr. 2–5.

Europäische Beamte, Militärs und Reisende aller Kolonialmächte trugen seit Mitte des 19. Jahrhunderts aus Pflanzen-
mark und später aus Kork hergestellte Tropenhelme. Die in
allen tropischen Kolonien weitverbreiteten Helme schützten
nicht nur vor Sonne und Regen, sie wurden sehr bald auch
zum festen Bestandteil der kolonialen Kleiderordnung und
markierten die Zugehörigkeit zur rassifizierten Gruppe der
Herrschenden.

engten sich diese Spielräume an vielen Orten erheblich. Bei kriegerischen Auseinandersetzungen mussten sich die lokalen Bevölkerungen in der Zeit des Hochimperialismus zumeist der militärischen und technischen Überlegenheit der Europäer beugen. Nach der Niederschlagung von Widerständen verschärften sich die Herrschaftsregime häufig derart, dass den indigenen Bevölkerungsgruppen fast jede Form einer würdigen Lebensmöglichkeit genommen wurde.

DEUTSCHER KOLONIALISMUS IN DER ZEIT DES HOCHIMPERIALISMUS

Blickt man nun abschließend auf den deutschen Kolonialismus in einem internationalen Kontext, erscheint er keineswegs als eine marginale Erscheinung, sondern als ein zeittypisches Phänomen. In vielen Punkten agierten die deutschen Kolonisierenden ähnlich wie ihre imperialen Nachbarn in den Kolonien und waren in ein enges Netz aus transnationalen und transkolonialen Interaktionen eingebunden. Viele der Charakteristika deutscher Kolonialherrschaft unterschieden sich eher graduell von den Praktiken anderer Kolonialimperien.

Einige Besonderheiten stechen jedoch hervor: Das wirtschaftlich wenig erfolgreiche Kolonialunternehmen des kolonialen Nachzüglers Deutschland war stark an einem Prestigedenken ausgerichtet, das Kompromisse kaum duldete und auf diese Weise eine Radikalisierung der Kolonialherrschaft förderte. Die Vernichtungspolitik von Trothas im Herero-und-Nama-Krieg sowie die anschließende Radikalisierung der Kolonialherrschaft in Deutsch-Südwestafrika übertrafen das sonst übliche brutale Vorgehen in und nach Kolonialkriegen und wurde international schon damals als problematisch wahrgenommen.

Trotz mancher Unterschiede und Abgrenzungen bestand aber das übergreifende Interesse der Kolonisierenden im Hochimperialismus darin, eine gemeinsame Aufgabe bei der Beherrschung der kolonisierten Bevölkerungen zu verfolgen und die vielzitierte *white man's burden* zu schultern. Erst mit dem Ausbruch des Ersten Weltkriegs, als Europäer in den Kolonien gegeneinander kämpften, kam diese koloniale Ordnung ins Wanken.

1 Bayly 2004, S. 451–461. | **2** Lindner 2011, S. 293ff. | **3** Vgl. u. a. Conrad 2008; Gründer 2004; Kundrus 2003; Wildenthal 2001; vgl. auch zahlreiche Arbeiten, die sich auf einzelne Kolonien beziehen, u. a. Hiery 1993; Mühlhahn 2000; Pesek 2005; Schaper 2012; Zimmerer 2001. | **4** Zimmerer 2011. | **5** Wesseling 1996; Marx 2004. | **6** Vgl. Berman/Mühlhahn/Nganang (Hg.) 2014. | **7** Vgl. u. a. Habermas 2014. | **8** Lindner 2015. | **9** Trotha 1988. | **10** Zimmerer/Zeller (Hg.) 2003. | **11** Wimmelbücker 2005, S. 92. | **12** Iliffe 1979, S. 200; Falls 1967. | **13** Steinmetz 2007.

Den Sammlungen und Archiven, die für die Ausstellung *Deutscher Kolonialismus. Fragmente seiner Geschichte und Gegenwart* gesichtet und ausgewählt wurden, und den Fragestellungen und Ordnungen, denen diese unterliegen, sind die europäischen Sichtweisen auf die Kolonisierten eingeschrieben. Eine Gattung von Objekten, die die Blickrichtung umkehrt und Spielräume eröffnet, sind die sogenannten Kolonfiguren, die ab Ende des 19. Jahrhunderts von veränderten Machtverhältnissen zeugten. Mit diesen Masken und figürlichen Skulpturen wird die Kolonialherrschaft mit ihren Symbolen und ihrem Personal in den afrikanischen und ozeanischen Blick genommen. Sie interpretieren Eigenheiten von Europäern wie Körperhaltung, Herrschaftsposen, Kopfbedeckungen wie den Tropenhelm, alltägliche Beobachtungen und individuelle Charakteristika dargestellter Personen. Zum Repertoire der Figuren zählen auch afrikanische Soldaten, die im Dienst der Kolonialmacht standen. Der deutsche Ethnologe Julius Lips veröffentlichte 1937 im US-amerikanischen Exil eine wegbereitende Zusammenschau von Kolonfiguren unter dem programmatischen Buchtitel *The Savage Hits Back, or the White Man through Native Eyes (Der Weiße im Spiegel der Farbigen*, 1983). Für sein Werk hatte Lips umfangreiches Bildmaterial aus über fünfzig öffentlichen und privaten Sammlungen zusammengetragen. Die politischen Verhältnisse motivierten seine Lesart der Darstellungen, denen er ein antikoloniales und satirisches Potenzial zuschrieb. Nachdem Ende der 1970er Jahre der Kunstmarkt Kolonfiguren für sich entdeckte, setzte in den 1980er Jahren eine erneute Auseinandersetzung mit dem Genre ein. Im Zuge dessen wurde Lips' Werk für seine weitreichenden Interpretationen kritisiert und stärker als Zeitzeugnis nationalsozialistischer Verfolgung eingeordnet. Gleichzeitig verschob sich das Augenmerk auf die vielfältigen Funktionen, die Darstellungen von Europäern in den Herkunftsgesellschaften zufallen. *HH*
→ Literatur: Dolz 2013; Krings 2001; Lips 1937.

↖

Figur eines deutschen Offiziers in Paradeuniform, vermutlich Nigeria oder Kamerun, um 1900.
Deutsches Historisches Museum, Berlin. → Kat.-Nr. 1-9.

↑

Figur eines Askaris in Felduniform, vermutlich Nigeria oder Kamerun, um 1900.
© Deutsches Historisches Museum, Berlin.

↗

Figuren eines Offiziers und eines Soldaten, General Maercker (Sammler), Königreich Dahomé (heute Benin), Schenkung vom Mai 1920.
Staatliche Kunstsammlungen Dresden, Museum für Völkerkunde Dresden.
→ Kat.-Nr. 1-6 und Kat.-Nr. 1-7.

↗

Figur mit Uhr, Carl Ribbe (Sammler), Rubiana, Salomonen, um 1896.
Staatliche Museen zu Berlin, Ethnologisches Museum.
→ Kat.-Nr. 1-8.

↗

Figur eines Polizeisoldaten, Atakpame/Atakpamé, Togo.
Staatliche Kunstsammlungen Dresden,
GRASSI Museum für Völkerkunde zu Leipzig.
→ Kat.-Nr. 1-10.

→

Figur eines Missionars, Westafrika.
Staatliche Kunstsammlungen Dresden,
GRASSI Museum für Völkerkunde zu Leipzig.
→ Kat.-Nr. 1-11.

**Figur eines Europäers zu Pferd,
Königreich Bamum, Kamerun.**
Staatliche Kunstsammlungen Dresden,
GRASSI Museum für Völkerkunde zu Leipzig.
→ Kat.-Nr. 1-12.

DEUTSCHER KOLONIALISMUS IM KONTEXT

WELTORDNUNG UND »RASSENKAMPF«

ZUR IDEOLOGISCHEN MATRIX DES KOLONIALISMUS

CHRISTIAN GEULEN

SELTEN LÄSST SICH für komplexe historische Phänomene ein punktueller Beginn feststellen. Im Falle des Kolonialismus aber kommt man nicht umhin, auf das Jahr 1492 zu verweisen, als Kolumbus, noch ohne es zu ahnen, Amerika entdeckte. Zwar hatte sich schon zuvor durch Entdeckungsreisen entlang der afrikanischen Küste oder auf dem Landweg ins fernere Asien das europäische Bild der Welt erweitert; doch erst mit der Entdeckung jener »Neuen Welt« im Westen setzte die koloniale Expansion Europas ein.

Bezeichnenderweise führt auch die Frage nach dem Beginn des Rassismus in eben jenes Jahr 1492, als mit der Übergabe von Granada die Reconquista, die Vertreibung der Muslime aus Spanien, abgeschlossen und ein Edikt zur Zwangsbekehrung aller noch in Spanien lebenden Juden erlassen wurde, um der iberischen Halbinsel endgültig eine homogen-christliche Ordnung zu geben. Neben die »Reinheit des Glaubens« war inzwischen die Idee von der »Reinheit des Blutes« getreten und die noch in Spanien ansässigen Juden und Araber wurden je nach Assimilationsgrad in verschiedene »Rassen« unterteilt, um die Zielgruppen für das Gewaltmittel der ab 1492 flächendeckenden Vertreibung und Zwangsbekehrung eindeutig benennen zu können. Dies war das erste Mal, dass der aus der Pferdezucht stammende Begriff der »Rasse« auf Menschen angewandt wurde. Und es dauerte nur wenige Jahrzehnte, bis der Begriff innerhalb wie außerhalb Europas jeweils dort Anwendung fand, wo unübersichtlicher Kulturvielfalt eine scheinbar eindeutige »natürliche« Ordnung unterstellt oder zugeschrieben wurde.

»KAMPF DER RASSEN«

An dieser Gleichzeitigkeit des historischen Beginns wird deutlich, dass Rassismus und Kolonialismus von Anfang an aufs engste miteinander verbunden waren. Diese Verbindung wurde paradoxerweise noch fester, als im 18. Jahrhundert die Aufklärung zum ersten Mal einen säkularen, naturrechtlich begründeten und modernen Begriff der einen, universalen und gleichen Menschheit entwickelte, dem die faktischen Machtasymmetrien sowie der kolonisierende und versklavende Umgang Europas mit dem Rest der Welt aufs Schärfste widersprachen. Zur Lösung dieses Widerspruchs griff man erneut auf die Kategorie der »Rasse« zurück, jetzt aber nicht mehr nur, um die Völker der Welt zu ordnen, sondern um fortschrittstheoretisch hierarchische Unterschiede zwischen ihnen zu begründen, welche die faktische und schon lange praktizierte Ungleichbehandlung nachträglich legitimierte. Vor diesem Hintergrund erklärt sich, warum gerade Afrikaner, die bereits seit dem 16. Jahrhundert Objekt eines florierenden transatlantischen Sklavenhandels waren, in dieser neuen apologetischen Verwendung des Rassenbegriffs kurzerhand an das untere Ende der imaginierten Rassenhierarchien gesetzt wurden – eine Scheinplausibilität, die bis heute wirksam ist, wenn etwa auf die »Verhältnisse« in

←

Gvineische Reise-Beschreibung nebst einem Anhange der Expedition in Morea, **Marienwerder 1694.**
Deutsches Historisches Museum, Berlin. →Kat.-Nr. 1-16

Am transatlantischen Sklavenhandel waren während des 17. und 18. Jahrhunderts fast alle europäischen Mächte beteiligt. Im Verlauf einer Kolonialexpedition unter der Leitung Gröbens gründete auch Brandenburg 1683 mit Groß Friedrichsburg einen Stützpunkt an der westafrikanischen Küste im heutigen Ghana. Bis zur Übergabe der Niederlassung an die Niederländische Westindien-Kompanie verkauften brandenburgische Agenten von hier aus zwischen 10 000 und 30 000 Sklaven nach Amerika.

afrikanischen Staaten oder »schwarzen« Ghettos außerhalb Afrikas als vermeintlicher Beleg für die postulierte Zivilisationsunfähigkeit ihrer Bewohner verwiesen wird.[1]

Im 19. Jahrhundert leistete dann vor allem der Evolutionismus einen weiteren wichtigen Beitrag zur Stabilisierung dieser Grundidee, dass sich die eine, universale Menschheit immer in führende und zurückbleibende »Rassen« unterteile. Mit dem Darwinismus kam allerdings noch ein wichtiger Aspekt hinzu, denn er sah in dieser Hierarchie keineswegs mehr eine ursprüngliche und unveränderliche Naturordnung, sondern erklärte den »Kampf der Rassen«, ihre Konkurrenz um Lebensraum und Ressourcen zum eigentlichen und täglich wirksamen Naturprinzip ihrer Entwicklung. In dieser Sichtweise waren die Größe und der Wert einer »Rasse« Eigenschaften, die sich erst in Konkurrenz zu und im Kampf mit anderen »Rassen« herausstellen würde. An die Stelle einer natürlich gegebenen »Rassenordnung« trat damit die Vorstellung ihrer biopolitischen Machbarkeit.

Diese Auffassung wurde ab den 1860er Jahren und damit genau zu dem Zeitpunkt populär, als die zunehmende Verflechtung der Welt alle Erdteile erreicht hatte, als Staaten, die bis dahin keine Kolonialpolitik betrieben hatten, nun ebenfalls einen »Platz an der Sonne« erobern wollten und auch die kolonisierten Völker begannen, stärkeren Widerstand zu leisten, und sich gegen ihre koloniale Unterdrückung immer häufiger auflehnten. In allen drei Kontexten spielte die darwinistische Auffassung, dass sich Größe und Wert einer »Rasse« erst im Kampf gegen eine andere erweisen, eine zentrale Rolle für die ideologische Legitimierung der unterschiedlichen Interessen.[2]

»WELTMACHT ODER UNTERGANG«

Insbesondere in Deutschland, erst 1871 nationalpolitisch vereinigt, fielen darwinistische Argumente für eine aggressive Imperialpolitik auf fruchtbaren Boden. In der vielzitierten Formel »Weltmacht oder Untergang« kam eine Alternative zum Ausdruck, die nur vor dem Hintergrund einer evolutionstheoretischen Rassenkampflogik Sinn ergab. Sogar ein so liberaler Denker wie Max Weber war der festen Überzeugung, dass gerade die verspätete deutsche Nation ihre staatliche Gründung lieber unterlassen hätte, wenn sie »nicht der Ausgangspunkt einer deutschen Weltmachtpolitik sein sollte«.[3]

Welche Rolle aber spielte dabei der Rassengedanke? In seinen antisemitischen Formen war er im 19. Jahrhundert auch in Deutschland verbreitet, und deutsche Wissenschaftler hatten sich schon lange an der Entwicklung anthropologischer und charakterologischer Rassenhierarchien beteiligt. Doch das waren, ebenso wie der Darwinismus und seine Rezeption, Varianten eines gesamteuropäischen Diskurses. Eine spezifisch deutsche Konstellation bildete sich erst heraus, als ab den 1870er Jahren drei Dinge zusammenkamen: zunächst die in gewissem Sinne künstliche, machtpolitische, durch drei Einigungskriege »von oben« herbeigeführte Nationalstaatsgründung, die eine nachträgliche »innere Nationsbildung« und Identitätsentwicklung notwendig erscheinen ließ; zum zweiten die Fortführung primär außenpolitischer Strategien zur innenpolitischen Stabilisierung, ab den 1880er Jahren in Form der Positionierung Deutschlands als Kolonialmacht; und drittens der immense Erfolg jenes jüngeren Rassenbegriffs, der nicht mehr die Natürlichkeit sondern die Machbarkeit »rassischer Ordnungen« versprach. Dieser war gerade im deutschen Kontext in der Lage, innere Nationsbildung und äußere Kolonialpolitik miteinander zu verknüpfen, die Eroberung und Beherrschung fremder »Rassen« mit der Stabilisierung und Stärkung der eigenen zu identifizieren.

DER RASSENBEGRIFF ALS FREMD- UND SELBSTBESCHREIBUNG

Das berührt einen Aspekt des Themas Rassismus, der in der öffentlichen Wahrnehmung vor allem heute oft zu kurz kommt. Wir tendieren dazu, Rassismus ausschließlich als eine Form der Wahrnehmung und Anfeindung des Anderen und Fremden aufzufassen und nehmen an, dass er nur mit Blick auf diese Anderen und Fremden von »Rasse« und daran geknüpfte Eigenschaften spricht. Faktisch aber war und ist der Rassenbegriff immer auch eine Form der Selbstbeschreibung. Denn nur unter der Voraussetzung, dass man sich und seine partikulare Gruppe oder Kultur auch selbst als »Rasse« begreift, kann das Fremde als »rassische Bedrohung« dieses Eigenen verstanden werden, kann das biopolitische Narrativ vom »Kampf ums Überleben« greifen. Auch wenn heutzutage eine Selbstcharakterisierung als »Rasse« nur in extremen und meist organisierten Formen des Rassismus explizit vorkommt, ist sie fast allen Varianten der Anfeindung von Fremden inhärent, die von einer Bedrohung des Eigenen durch die schiere Anwesenheit des kulturell Anderen ausgehen.

Gerade im Kontext des deutschen Kolonialismus zwischen 1884 und 1914 lässt sich diese Dynamik eines symmetrischen, nach innen wie nach außen gerichteten Rassismus gut beschreiben. So verleitete die Suche nach einer inneren Stabilisierung und Identitätsbildung des noch jungen Nationalstaats viele dazu, sich der Rassenkategorie zuzuwenden und die Nation als eine lebendige, biologische Population zu betrachten, deren Reinhaltung, Gesundung und Stärkung nicht zuletzt durch eine expansive Außenpolitik des Reiches aktiv zu unterstützen sei.

Allerdings standen das Nationalprinzip mit seinem Anspruch »Jeder Nation ihr eigener Staat« und das globale Herrschaftskonzept eines Kolonialimperiums zunächst in einem deutlichen Widerspruch zueinander. Es war für nationalistische und zugleich kolonialistische Positionen gar nicht so einfach, den Schutz der Nation vor fremden Einflüssen mit dem Wunsch, ferne Völker zu erobern und ferne Regionen zu besiedeln, in Einklang zu bringen.[4] Nicht zuletzt dieses Grundproblem ließ eine Ideologie über weite Strecken plausibel erscheinen, die den aktiven Kampf gegen und den Sieg über das

Fremde mit einer Festigung und Stärkung des Eigenen gleichsetzte – vorausgesetzt, das Eigene wie das Fremde wurden als lebendig-natürliche Organismen, mithin als »Rassen«, gedacht. In diesem Sinne war der Rassismus nicht nur, aber vor allem in Deutschland eine Vermittlungsideologie, die nationalistische Abgrenzung und kolonialistische Ausdehnung harmonisierte – indem sie den »Rassenkampf« zum Lebenselixier erklärte.

DIE RASSISTISCHE LOGIK VON GEWALT UND ÜBERLEGENHEIT

Diese Denkweise durchzieht wie ein roter Faden auch die Schriften von Carl Peters, der damals wie heute wohl zu den bekanntesten deutschen Kolonisatoren zählt. Berühmt und schließlich berüchtigt wurde Peters zwar vor allem durch seine koloniale Praxis: die handstreichartige »Gründung« der Kolonie Deutsch-Ostafrika durch die absurde Rundreise einer kleinen, schlechtausgerüsteten Expeditionsgruppe, die lange Suche nach dem verschollenen deutschstämmigen Kolonisator Emin Pascha und schließlich jene Gewaltherrschaft am Kilimandscharo, in deren Verlauf Peters willkürlich afrikanische Frauen und Männer hängen ließ, was zum abrupten Ende seiner Kolonialkarriere führte. Doch wären seine Taten in ihrer Wirkung weniger einflussreich gewesen, hätte Peters sie nicht publizistisch aufbereitet und mit viel Erfolg verbreitet. In Schriften, Reiseberichten, kolonialpolitischen Aufsätzen und Pamphleten gab sich Peters vor allem als unbedingter Anhänger der darwinistischen Rassenkampfthese zu erkennen, der den eigentlichen Sinn aller Kolonialpolitik in nichts anderem sah als in der »Kraftsteigerung und Lebensbereicherung der stärkeren, besseren Rasse auf Kosten der schwächeren, geringeren«.[5]

In dieser Logik des Kolonialrassismus lag nicht nur eine unmittelbare Verknüpfung des eigenen »Rassenschicksals« mit dem Sieg über fremde »Rassen«, sondern auch eine fatale Tendenz zum Exzess, welche die Kolonien zu Räumen machte, in denen mit neuen Formen der Herrschaft experimentiert und gänzlich enthemmte Formen der Gewalt zur Normalität erklärt wurden. So rechtfertigten sich sowohl Carl Peters für seine willkürlichen Strafexpeditionen als auch Lothar von Trotha für den von ihm befehligten Völkermord an den Herero und Nama in den Jahren 1904 bis 1908 damit, in Afrika würden schließlich keine Nationalkriege, sondern »Rassenkriege« geführt und diese könnten als reine »Überlebenskriege« in letzter Konsequenz nur die völlige Vernichtung der feindlichen »Rasse« zum Ziel haben. Etwas missverständlich hat Hannah Arendt in diesem Zusammenhang einmal von einer »Barbarisierung« der Europäer in den Kolonien gesprochen, meinte damit aber nicht einen Kulturverfall der Europäer durch die afrikanische Umwelt, sondern nahm eben jenes Selbstverständnis vieler Kolonisatoren beim Wort, die in Afrika einen Raum sahen, in dem einzig das Recht des Stärkeren gelte, dessen praktische Umsetzung vor allem für die eigene Gemeinschaft Gesundung, Regeneration und Wiederbelebung ihres natürlichen Kerns bedeute.[6]

In weniger drastischen, aber nicht weniger erschreckenden Formen war diese Auffassung auch dort wirksam, wo die Kolonien und ihre Bewohner jener Mehrzahl der Deutschen, die Afrika nie zu Gesicht bekommen würden, nähergebracht wurden: in Berichten, Reportagen und Bildern ebenso wie in Kolonialausstellungen und Völkerschauen. Wer sich etwa den amtlichen Bericht zur *Deutschen Kolonial-Ausstellung* von 1896 in Berlin ansieht, auf der mehr als hun-

dert aus den Kolonien »importierte« Menschen ein halbes Jahr lang im Treptower Park in »afrikanisierten« sogenannten Eingeborenendörfern den deutschen Besuchern präsentiert wurden, der wird zwar durchaus eine friedliche Absicht von Seiten der deutschen Behörden, ja sogar eine gewisse Sorge um das Wohlergehen dieser Menschen bemerken; vor allem aber wird in unendlicher Wiederholung deutlich, dass hier die ihrem Selbstverständnis nach stärkere, bessere »Rasse« eine schwächere, geringere und unterworfene zur Schau stellte. Dabei ging es weniger um Vorurteile, Diffamierung oder Ausgrenzung als um die eigene, wiederholt inszenierte und erst in dieser wiederholten Inszenierung sichergestellte »rassische Überlegenheit«. Und was hier, in der sicheren Heimat, inszeniert wurde, galt es in der kolonialen Peripherie praktisch und mit Gewalt durchzusetzen.[7]

RASSISMUS UND FREMDENFEINDLICHKEIT

Was diese kurze Skizze an wenigen Beispielen zeigen wollte, ist die Tatsache, dass der Rassismus keineswegs nur eine unter vielen ideologischen Unterstützungen des Kolonialunternehmens, sondern tief in die Logik, Struktur und Praxis des Kolonialimperialismus eingewoben war. Insbesondere die darwinistischen Konzepte der »Rassenentwicklung« und des »Rassenkampfs«, die nicht mehr von ewig feststehenden »Rassenunterschieden« ausgingen, wurden im letzten Drittel des 19. Jahrhunderts zur übergreifend geltenden ideologischen Matrix des Kolonialimperialismus. Gerade am deutschen Fall zeigt sich, dass sich der Rassismus weit jenseits von Vorurteilen und stereotypen Wahrnehmungen fremder Kulturen in die diesen Wahrnehmungen zugrunde liegenden Verhältnisformen zwi-

Schnittmusterbogen für ein Faschingskostüm »Sarotti Mohr«, Verlag Johannes Schwabe, Wiesbaden 1957/1958.
Deutsches Historisches Museum, Berlin. → Kat.-Nr. 5-61.

Die Popularität des »Sarotti-Mohren« der deutschen Schokoladenmarke Sarotti zeigt sich eindrücklich an diesem Schnittmusterbogen für ein Karnevalskostüm. Im Jahr 1918 bediente sich der Grafiker Julius Gipkens bei der Gestaltung der Werbefigur mit großem Kopf, kurzen Gliedmaßen und großen runden Augen nicht nur kindhafter Proportionen. Er griff in der auffälligen Bekleidung mit Schnabelschuhen, Pluderhose, bestickter Jacke und Turban zugleich auf orientalische Klischees zurück.

Plakat »Protest der deutschen Frauen gegen die farbige Besatzung am Rhein«, Entwurf: Walter Riemer, Berlin 1920.
Deutsches Historisches Museum, Berlin. → Kat.-Nr. 6-21.

Im Einsatz von Soldaten aus afrikanischen Kolonialgebieten während der französischen Rheinland- und Ruhrbesetzung zu Beginn der 1920er Jahre sahen viele Deutsche eine gezielte Demütigung der »deutschen Kulturnation« durch Frankreich. Gerüchte von Übergriffen auf Frauen ließen deutschlandweit eine aggressive Stimmung entstehen, die von nationalistischer Seite mit einer Vielzahl rassistischer Karikaturen angeheizt wurde. Das Plakat kündigte eine Protestveranstaltung der Stuttgarter Frauenvereine an.

Werbeplakat für Kaloderma-Rasierseife, gestaltet von Ludwig Hohlwein für F. Wolff und Sohn, Karlsruhe 1924.
Deutsches Historisches Museum, Berlin. → Kat.-Nr. 5-53.

Auch nach der Übernahme der deutschen Kolonien durch die Mandatsmächte verwies Werbung auf koloniale Verhältnisse und schrieb eine rassistische Bildsprache fort.

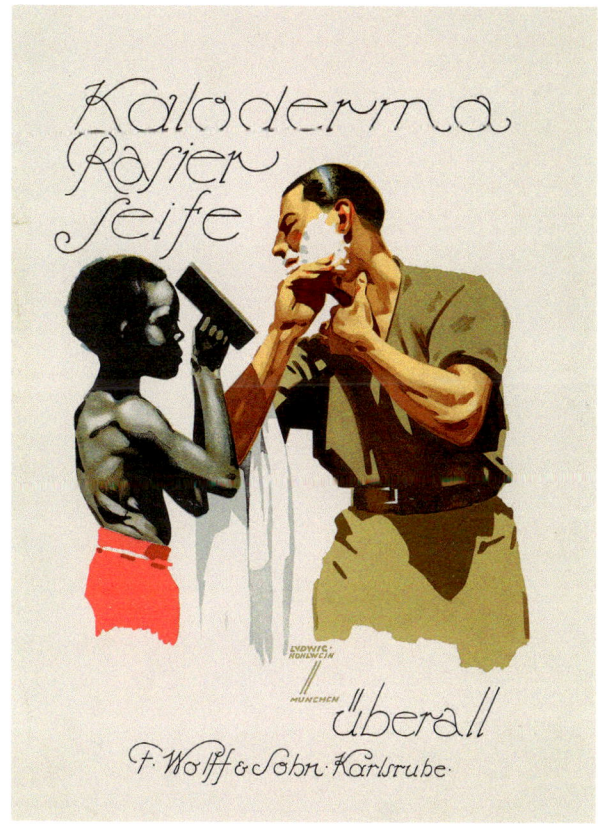

schen Eigenem und Fremdem einschrieb. So erklärt sich zum Teil auch, dass viele Deutsche, nach dem Ersten Weltkrieg ihrer Kolonien beraubt, den neuen »Rassenfeind« im Innern der eigenen Gesellschaft suchten, um ihn im Judentum, das nun fast ausschließlich als »Rasse« definiert wurde, auch zu finden. Dieses Thema aber bedürfte einer eigenen Untersuchung. Stattdessen soll abschließend noch nach dem Gegenwartsbezug der hier skizzierten Zusammenhänge gefragt werden.

In der öffentlichen Diskussion und Bewertung fremdenfeindlicher Positionen in Deutschland steht heute meist die Frage nach ihrer Nähe oder Ferne zum Nationalsozialismus im Zentrum, wovon man sich rechtlich wie politisch ihre scheinbar eindeutige Einordnung verspricht. Historisch gesehen erscheint diese Sichtweise doppelt problematisch: Zum einen verwandelt sie ausgerechnet den Holocaust zu einer abstrakten Chiffre tagespolitischer Auseinander-

setzung, und zum anderen verkürzt sie die mögliche Herkunft gegenwärtiger Anfeindungsideologien auf ein singuläres Ereignis. Rassismus und Fremdenfeindlichkeit aber haben, ebenso wie der Antisemitismus, ein sehr viel längeres »ideologisches Gedächtnis« und ihre Entwicklungsgeschichte reicht tief in den Entstehungsprozess der Moderne zurück. Daher ist es durchaus vorstellbar, dass gerade die aktuellen Formen der Angst und Anfeindung gegenüber dem Fremden in einer globalisierten Welt auf Motive und Denkmuster zurückgreifen, die mehr mit der Verschränkung von Nationalismus, Kolonialismus und Rassismus im 19. Jahrhundert zu tun haben als mit deren Kulmination im Totalitären. Zumindest jene rassistische Logik, nach der die schiere Anwesenheit des außereuropäischen Fremden bereits eine Bedrohung des Eigenen darstellt, erlebt heute eine Prominenz, die durchaus an die Epoche des deutschen und europäischen Kolonialismus erinnert.

1 Ausführlicher zur Entwicklung des Rassenbegriffs in der Neuzeit: Geulen 2014. | **2** Vgl. hierzu Glick 1972. | **3** Weber 1895/2002, S. 44. | **4** Eine interessante Quelle, an der sich dieses Dilemma studieren lässt, ist etwa die Zeitschrift *Kolonie und Heimat. Unabhängige koloniale Wochenschrift, Organ des Frauenbundes der deutschen Kolonialgesellschaft*, Berlin 1907–1920. | **5** Peters 1887/1943, S. 369. Zu Peters vgl. Perras 2004. | **6** Vgl. Arendt 1950/1993, S. 320–324. | **7** Arbeitsausschuss der Deutschen Kolonial-Ausstellung (Hg.) 1897.

Studie zum *African Village* im Zoo Augsburg, 9. bis 12. Juni 2005.
Max-Planck-Institut für ethnologische Forschung Halle/Saale. → Kat.-Nrn. 8–9.

Im Jahr 2005 lud der Augsburger Zoo zum *African Village* ein. Angekündigt war die Veranstaltung als ein Markt mit Kunsthandwerk und Dienstleistungen aus und zu Afrika, umrahmt von einem kulturellen Unterhaltungsprogramm. Das Vorhaben löste national wie international in Akademikerkreisen und bei zivilgesellschaftlichen Verbänden massive Proteste aus. Tausende von Zuschriften mit Rassismusvorwürfen trafen die Stadtverwaltung, den Zoo und die Organisatoren unvorbereitet. Vielfach zogen die Kritiker Parallelen zu Völkerschauen in Zoologischen Gärten der Jahrhundertwende, deren Veranstalter, hinter humanitären Absichten verschleiert, kommerzielle Interessen verfolgt und diese mit Exotik beworben hatten. Ein Forscherteam des Max-Planck-Instituts für ethnologische Forschung in Halle/Saale nahm das *African Village* zum Anlass für eine wissenschaftliche Studie, bei der es Organisatoren, Aussteller, Kritiker und Besucher befragte. Das erhobene Material belegt ein unterschiedliches Verständnis von Rassismus: Organisatoren und Besucher setzten Rassismus ausschließlich mit NS-Verbrechen in Bezug, worin sich für die Kritiker eine ungenügende Aufarbeitung der Kolonialvergangenheit zeigte. Der Vermarktung kultureller Unterschiede liegt ein diskriminierendes Gefüge zugrunde, das im Fall des *African Village* einen Prozess der Rassisierung zwischen Organisatoren, Besuchern und Ausstellern fortschrieb. In diesem

VON DER OHRFEIGE BIS ZUM VÖLKERMORD

KOLONIALE GEWALT

MARIE MUSCHALEK

KOLONIALE REGIME waren Gewaltregime. Kolonien wurden maßgeblich durch Militärgewalt erobert. Sie wurden durch Militär- und Polizeigewalt beherrscht. Ihr Strafvollzug war gewaltvoll. Ihre Ökonomien basierten auf der gewaltvollen Ausbeutung kolonisierter Arbeitskräfte. Rassistisch motiviert und legitimiert, gehörten physische und strukturelle Gewalt in den Kolonien zum Alltag. Dabei reichte die Bandbreite gewaltvoller Handlungen von der Ohrfeige über Prügel bis zum Völkermord.

KRIEGERISCHE GEWALT

Im späten 19. Jahrhundert nahmen europäische Kolonialmächte die Weltordnung zunehmend als Konkurrenzkampf wahr und stritten sowohl gegeneinander als auch miteinander um die Erschließung von Rohstoffen und Absatzmärkten in Afrika und Asien. Das Deutsche Kaiserreich, das sich als verspätete Nation in diesem Expansionswettbewerb sah, setzte mehr und mehr auf seine Streitkraft als Unterstützer seiner »Weltpolitik«, modernisierte das Heer und baute die Flotte aus. In letzter Konsequenz mündete das Weltmachtstreben in den Ersten Weltkrieg. Aber schon der Erwerb deutscher Kolonien im ausgehenden 19. Jahrhundert durch private Kolonial- und Handelsgesellschaften war alles andere als friedvoll. Die Forschungsexpeditionen dieser Gesellschaften brachten immer auch bewaffnete Männer. Nicht selten zwangen ihre Gesandten lokale Herrscher unter Drohung von Waffengewalt dazu, Verträge und »Schutzbriefe«

zu unterzeichnen. Die Anerkennung der »Schutzverträge« durch die deutsche Regierung bedeutete dann auch, dass diese die Territorialansprüche der Gesellschaften mit ihren Kriegsschiffen unterstützte. Als beispielsweise 1888 die Deutsch-Ostafrikanische Gesellschaft an der Küste des heutigen Tansanias auf heftigen Widerstand der örtlichen Bevölkerung stieß, konnte ihr Machtanspruch nur mit Hilfe eines Geschwaders der Kaiserlichen Marine aufrechterhalten werden.

Wo die deutschen Kolonisatoren sich auch niederließen, früher oder später organisierte sich fast immer der Widerstand der Kolonisierten. Denn die Fremdherrschaft brachte tiefgreifende Umwälzungen des sozialen und wirtschaftlichen Lebens mit sich, deren Folgen in den allermeisten Fällen Hunger und Entbehrung waren. Drei langwierige und folgenschwere Kriege führte das Deutsche Kaiserreich in seiner Kolonialzeit. 1900/01 kämpfte ein internationales Bündnis von acht imperialen Großmächten unter deutscher Führung im sogenannten Boxerkrieg in China. Und nur wenige Jahre später führten deutsche Truppen gleich auf zwei afrikanischen Schauplätzen Krieg: in Deutsch-Südwestafrika (1904–1907) und in Deutsch-Ostafrika (1905–1908).

Allen Kolonialkriegen war gemein, dass sie aus deutscher Sicht in der Überzeugung geführt wurden, man besitze überlegene militärische Mittel. In der Tat brachten europäische Heere erstmals das Maschinengewehr und großkalibrige Artilleriegeschütze in die Kolonien. Aber Feuerwaffen existierten durchaus auf allen krieg-

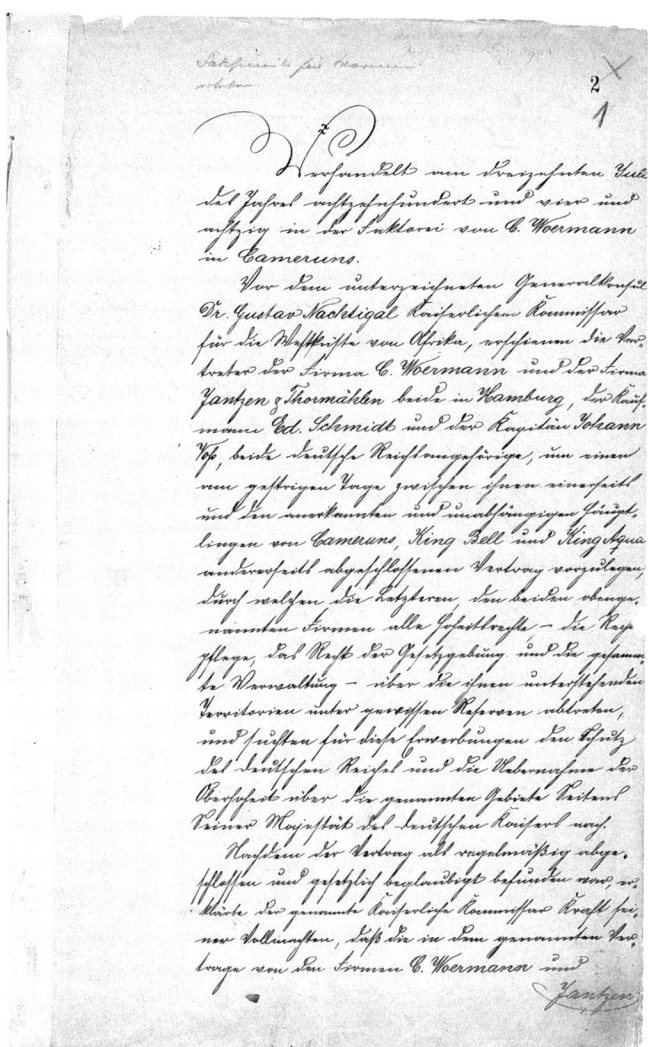

Schutzbrief für die Firmen C. Woermann und Jantzen & Thormählen über die von den Duala Kings Bell und Akwa erworbenen Herrschafts- und Hoheitsrechte, 13. Juli 1884.
© Bundesarchiv, Berlin, R 1001/4447, Bl. 2.

Der Brief erklärte den Schutz des Deutschen Reiches über Gebiete an der Küste Kameruns, für welche die Handelshäuser Herrschaftsrechte von den einheimischen Duala erworben hatten. Obwohl das Vorrecht der Duala auf den Handel mit dem Hinterland in einem anderen Dokument festgehalten worden war, wurden ihr Zwischenhandelsmonopol mit militärischer Macht durchbrochen und die zahlreichen Widerstandsbewegungen wie der »Dezemberaufstand« 1884 niedergeschlagen.

führenden Seiten. Zudem machten die Bedingungen vor Ort, logistische Schwierigkeiten und Infektionskrankheiten, aber vor allem die Guerillakriegsführung der meisten widerständigen Truppen, den deutschen Heeren zu schaffen, so dass von einer entschiedenen Überlegenheit keine Rede sein kann.

Alle deutschen kolonialen Militäreinsätze – wie im Übrigen auch die anderer europäischer Mächte – wurden zudem in dem Glauben geführt, man sei nicht nur technologisch, sondern auch kulturell überlegen. Kolonisieren bedeutete auch, einem zivilisatorischen Auftrag zu folgen. Den Kolonisierten, denen entweder Kulturlosigkeit (im Falle der »Naturvölker« Afrikas und der Pazifikinseln) oder Dekadenz (im Falle der Bevölkerung Chinas) zugeschrieben wurde, sollten europäische Werte, europäische Lebensart und Kultur gebracht werden – auch mit Gewalt. Sie wurden als Kinder dargestellt, die es zu erziehen und gegebenenfalls zu bestrafen galt. Diese Ideologie der Zivilisierungsmission konnte, sozialdarwinistisch umgedeutet, schnell zur Überlebensfrage werden.

Gustav Frenssens 1906 erschienener Abenteuerroman *Peter Moors Fahrt nach Südwest. Ein Feldzugsbericht*, der innerhalb kürzester Zeit zum Bestseller wurde, ist ein gutes Beispiel hierfür. Darin bettet der Hauptprotagonist den kolonialen Krieg in eine große Meistererzählung der Menschheitsevolution ein, in der die christlichen, als produktiver und fortschrittlicher geltenden westlichen Gesellschaften früher oder später als Sieger hervorgehen, alle anderen aber zwangsläufig untergehen mussten und »den Tod« auch »verdient« hätten.[1]

Da die Militärs den Feind als nicht ebenbürtig ansahen und die Bedingungen vor Ort nicht jenen glichen, die sie aus der Heimat gewohnt waren, kämpften sie in den kolonisierten Gebieten auf andere Weise als in Europa. Die Deutschen behaupteten, ihnen stünde ein Gegner ge-

genüber, der die Regeln westlicher Kriegsführung nicht kenne und beachte, dessen Art zu kämpfen unehrenhaft und unmenschlich sei. Dies diente ihnen wiederum dazu, ihre eigene Brutalität zu legitimieren. So rekurrierten deutsche Soldaten und Befehlshaber beispielsweise auf »eingeborene« Kampfgepflogenheiten, wenn sie wahllos Zivilisten erschossen oder Gefangene als »Vergeltung« summarisch hinrichteten. Das Ergebnis war eine Entgrenzung der Gewalt.

Hinzu kam eine spezifisch wilhelminische Militärdoktrin, die sich dem Kult der Offensive verschrieben hatte und Teilerfolge und Kriegsverhandlungen nicht zuließ. Angesichts der Kleinkriegstaktik vieler widerständiger Gefechtsgruppen konnte jedoch ein klassisches Entschei-

dungsgefecht nur selten erzielt werden. Stattdessen wurde die gesamte kolonisierte Bevölkerung zum Feind erklärt, dessen Ermordung die Kriegsentscheidung darstellte.[2] Und so tötete die »Schutztruppe« in ihren als »Rassenkampf« verstandenen Vernichtungsfeldzügen nicht nur Kombattanten, sondern auch einen großen Teil der Zivilbevölkerung. In Deutsch-Südwestafrika waren es in etwa 75 000 bis 100 000 Menschen (50 bis 80 Prozent der zwei größten Bevölkerungsgruppen) und in Deutsch-Ostafrika rund 300 000 Menschen.[3]

Wie die Kriege sich entwickelten, ob die Zerstörung des Landes und die Ermordung der Bevölkerung geplant war oder schlichtweg hingenommen wurde, hing auch von individuellen

Kriegerische Auseinandersetzung zwischen einheimischer Bevölkerung einerseits sowie deutschen Offizieren und Askaris der »Schutztruppe« andererseits, Themistokles von Eckenbrecher, 1896.
Deutsches Historisches Museum, Berlin. → Kat.-Nr. 2-17.

Das Gemälde zeigt ein Feuergefecht der einheimischen Bevölkerung mit der deutschen Kolonialtruppe und den Askaris, den besoldeten afrikanischen Soldaten. 1892 hielt sich der Maler in Deutsch-Ostafrika (heute Tansania) auf, was den Schluss nahelegt, die abgebildete Szene dorthin zu verorten. Wie in zahlreichen Werken von Eckenbrechers treten die Personen als Staffage hinter die üppige Landschaftsdarstellung zurück, wodurch die gewaltsame Auseinandersetzung an Bedeutung verliert und nahezu als Abenteuer erscheint.

Faktoren am Kriegsschauplatz ab. So war für die Eskalation von Gewalt mit ausschlaggebend, wer die Kriege ausfocht. Zum Teil wurden vor Ort bereits vorkoloniale Konflikte ausgetragen, die die deutsche Imperialmacht für ihre Ziele ausnutzte. Und in der Regel rekrutierten europäische Imperien (zum Teil zwangsweise) die von ihnen kolonisierten Männer, um die Kriege – insbesondere auch den Ersten Weltkrieg – an ihrer statt zu führen.

Heere von ausschließlich europäischen Soldaten waren eher die Ausnahme, meist wurden sie durch zahlreiche afrikanische oder asiatische Hilfstruppen und Träger ergänzt. Dies zwang die deutschen Militärführer, bis zu einem gewissen Grad auf die Erwartungen und Bedürfnisse ihrer indigenen Soldaten einzugehen, wollten sie nicht, dass diese in Scharen wegliefen oder meuterten. Folglich übernahmen deutsche Armeen auch Kampf- und Vorgehensweisen der lokalen »Kameraden«. Koloniale Kriege waren deswegen auch immer ein transkulturelles Ereignis, in dessen Verlauf sich die verschiedenen Kampfkulturen und -regeln verflochten.[4]

Die Kolonialkriege hatten katastrophale Konsequenzen für die kolonisierten Gesellschaften. Aber auch kleinere Konflikte, die zahlreichen sogenannten Strafexpeditionen und Pazifizierungsfeldzüge, mit welchen die indigene Bevölkerung zur Hinnahme des Kolonialregimes gezwungen werden sollten und die aufgrund von Willkür permanente Angst ver-

breiteten, forderten hohe Opferzahlen. In Togo beispielsweise unternahm ein deutscher Stationschef mit drei weiteren Deutschen und einer Truppe von 98 afrikanischen Soldaten innerhalb eines halben Jahres eine Reihe von »Befriedungsfeldzügen«, bei welchen sie wiederholt Dörfer niederbrannten, Farmen zerstörten, Vieh forttrieben und ziellos auf Menschen schossen.[5]

Doch koloniale Gewalt beschränkte sich nicht auf kriegerische Gewalt. Auch jenseits der Kriege war Gewalt allgegenwärtig. Zudem war die Grenze zwischen kriegerischer und nicht kriegerischer Gewalt fließend und aus Perspektive der leidenden Zivilbevölkerung häufig kaum vorhanden. Vielerorts erfuhr diese nach den Eroberungszügen und »Pazifizierungskriegen« weiterhin Menschenjagden und kollektive Gefangenschaft, die sie als eine Fortführung des Kriegszustandes empfunden haben muss.

STRUKTURELLE GEWALT UND ALLTAGSGEWALT

Weniger offensichtlich und zerstörerisch, aber keinesfalls weniger unheilvoll waren andere – strukturelle und alltägliche – Formen der kolonialen Gewalt. Der in allen Kolonien existierende, tiefgreifende Rassismus und der »zivilisatorische« Anspruch von Seiten der Kolonisatoren bildeten die Grundlage hierfür. Die Kolonisierten sollten in ein kapitalistisches Wirtschaftssystem gezwungen werden. Sie sollten auf einem Arbeitsmarkt, der nur zum Teil frei war, einer Lohnarbeit nachgehen, ob sie dies wollten oder nicht. Die Mechanismen dieses Zwangs waren nicht selten gewaltvoll: Das vorkolonia-

le Lebensumfeld wurde zerstört, die Mobilität von nomadisch lebenden Menschen wurde eingeschränkt; Hunger und der Mangel an Ausweichmöglichkeiten ließen den Kolonisierten keine andere Wahl, als sich in das koloniale System und die gewaltvolle »Erziehung zur Arbeit« einzufügen.

Eine Besonderheit des deutschen Kolonialismus war in diesem Zusammenhang, dass der Staat bestrebt war, besonders präsent zu sein. Doch koloniale Regime waren schlecht ausgerüstet und litten unter Personalmangel. Ihren Verwaltungen standen die bürokratischen und juristischen Mittel für eine umfassende Kontrolle schlicht nicht zu Verfügung.

Angesichts dieser Einschränkungen war physische Gewalt ein unmittelbares und billiges Instrument der Herrschaft. Dazu bedurfte es keines komplexen Machtapparats. Koloniale Gewaltregime waren dadurch charakterisiert, dass in ihnen einige wenige Waffen tragen durften, während dies einem Großteil verwehrt war. Die Trennungslinie verlief für gewöhnlich zwischen Europäern und Nichteuropäern. Gewaltausübung stand nicht nur den staatlichen Vertretern zu, sondern auch Siedlern, Plantagenbesitzern, Händlern, Missionaren, Wissenschaftlern und allen anderen, die ihren Besitz mit Waffen verteidigen oder von ihrem »väterlichen Züchtigungsrecht« Gebrauch machen wollten, das im frühen 20. Jahrhundert das Schlagen von Erwachsenen (insbesondere Dienstpersonal, Lehrlinge, Gesinde) mit einschloss.

Von Zeit zu Zeit bedienten sich Kolonisatoren außerdem der Androhung von Gewalt. Sie zogen immer wieder durch das Land, um die

Zinnfiguren, Ernst Heinrichsen, Nürnberg, um 1900.
Stiftung Stadtmuseum Berlin. → Kat.-Nr. 2-73.

Mit der »Entdeckung der Kindheit« im 19. Jahrhundert entwickelte sich ein Spielzeugmarkt, in dessen Produkten sich das zeitgenössische Weltbild widerspiegelte. Spielzeuge mit explizit kolonialen Bezügen wurden in Deutschland mit dem Erwerb von Kolonialgebieten populär. Sie fungierten als Medien, die Kenntnisse über fremde Kulturen und koloniales Wissen vermittelten. Gleichzeitig dienten sie dazu, Stereotype subtil zu verbreiten und das Beziehungsgefälle zwischen Kolonisierenden und Kolonisierten beiläufig einzuüben, wie die Gewaltszene aus dieser Zinnfigurenserie eindrücklich zeigt.

durchschlagende Wirkung ihrer modernen Tötungsinstrumente vorzuführen. Bisweilen glich das koloniale Projekt einem großen Bluff, der davon ablenken sollte, dass man nur mit einer kleinen Handvoll Männer (und Frauen) in ein fernes Territorium eingedrungen war und nun Herrschaft »vorspielte«. Diese Inszenierung gelang jedoch nicht immer. Ganze Bevölkerungen konnten nicht ständig und überall physisch zur Unterwerfung gezwungen werden. Die Forschung beschreibt koloniale Gewalt daher als Kompensation, die eher die Grenzen kolonialer Herrschaft erkennen lasse, als dass sie ein Zeichen ihrer Machtfülle sei. Besonders deutlich sei dies in jenen Fällen, in denen staatliche Akteure die Exzesse der Farmer und Kaufleute, aber auch der eigenen, vom »Tropenkoller« erfassten Beamten und Militärs, nicht verhindern konnten.[6]

Doch dort, wo Gewalt ausgeübt wurde, war das koloniale Regime nicht notwendigerweise schwach. Staatliche Verwaltung und rohe Gewalt wirkten durchaus Hand in Hand. Welcher Sinn der Gewalt zugesprochen wurde und wer an ihr ausübend teilhatte, war hier von wesentlicher Bedeutung. Koloniale Polizisten waren zum Beispiel sowohl Bürokraten als auch Soldaten. Ihre Gewaltausübung stellten sie in den von ihnen verfassten offiziellen Berichten und Protokollen als »verhältnismäßig« dar, beziehungsweise sie rechtfertigten und formalisierten ihre Gewalt nachträglich – egal ob sie aus einem Wutausbruch heraus oder aus ruhigem Ermessen hervorgegangen war.

Zudem fand diese Gewalt häufig in Kooperation mit anderen kolonialen Akteuren statt. Denn so sehr sie auch das Monopol der Gewalt für sich beanspruchen wollten, in der täglichen Praxis waren sie auf die Mithilfe von Vorarbeitern, Spurenlesern und Siedlern (bei der Verfolgung von entlaufenen Arbeitern beispielsweise) angewiesen. Außerdem bestanden Polizeitruppen sowohl aus deutschen als auch aus einheimischen Männern. So war polizeiliche Gewalt in vielerlei Hinsicht ein Unterfangen, das unterschiedliche Akteure in das koloniale Projekt einbezog.[7]

Ebenso war die Prügel ein fester Bestandteil der kolonialen Herrschaft. Im Gegensatz zum Kaiserreich, wo die Peitsche zum Sinnbild kolonialer Exzesse und Skandalgeschichten wurde (man denke unter anderem an Carl Peters Karikaturen im *Kladderadatsch* und die Reichstagsdebatten zur Gewaltanwendung in den Kolonien), war sie in den Kolonien »ein Symbol für die Alltäglichkeit kolonialer Herrschaft«.[8] Das Prügeln von Kolonisierten war, mit Einschränkungen, gleich zweifach gesetzlich festgeschrieben: zum einen als Strafe für Verbrechen, zum anderen als ziviles Züchtigungsrecht. Die Prozedur, nach welcher die Prügelstrafe vollzogen werden sollte, die genauen Anweisungen wie und wo geschlagen werden durfte, die Festlegung einer offiziell anerkannten Art von Peitsche oder Stock (je nach Kolonie variierend) sowie das Führen von sogenannten Strafregistern, dienten der Normalisierung und zugleich der Legitimierung dieser Form von Gewalt. Oftmals an zentralen öffentlichen Plätzen exekutiert, zum Teil durch sogenannte Prügeltage ritualisiert, war die Körperstrafe auch ein Spektakel, das den Kolonisierten und Kolonisierenden gleichermaßen die koloniale Ordnung in eindeutiger Weise vorführen sollte. Für jene, die beim

Trägerkolonne in Ostafrika während des Ersten Weltkriegs, 1914/1918.
Deutsches Historisches Museum, Berlin. → Kat.-Nr. 6–8.

Während des Ersten Weltkriegs waren alle in Ostafrika kämpfenden Armeen der Kolonialmächte auf einheimische Träger angewiesen, die neben Waffen, Munition und Ausrüstungsgegenständen auch das persönliche Hab und Gut der Europäer transportieren mussten. Zu Hunderttausenden verschleppten die Truppen afrikanische Männer und Frauen aus ihren Dörfern. Fluchtversuche wurden hart bestraft, bis hin zu Hinrichtungen.

Rollfez für afrikanische Soldaten der »Schutztruppe«, verwendet in Kamerun, 1895/1919.
Deutsches Historisches Museum, Berlin. → Kat.-Nr. 2-16.

Die Mehrzahl der Soldaten in den Kolonialtruppen aller europäischen Mächte stammte aus den Kolonien. Nicht nur die deutschen Kolonialherren rekrutierten häufig auch außerhalb ihres eigenen Machtbereichs. So kamen beispielsweise viele der in Kamerun eingesetzten Kolonialsoldaten aus dem Sudan, aus Sierra Leone oder Liberia.

Spektakel selbst nicht dabei waren, gab es Postkarten.[9]

Hinzu kam, dass sich die Verfechter der Prügelstrafe eines ethnografischen Diskurses bedienten, wonach die körperliche Strafe eine indigene Tradition sei. Obwohl zeitgenössische Beobachter dies bereits widerlegen konnten, behaupteten sie, dass die »Eingeborenen« keine andere Strafe als die körperliche, dem Vergehen unmittelbar auf den Fuß folgende kennen würden und ihnen eine Freiheitsstrafe, die womöglich zeitlich erst viel später einsetze, völlig unverständlich sei. Auch seien ihre Haut und ihr Charakter derart beschaffen, dass sie Schläge ohne schwerwiegende Folgen verkraften könnten. Besonders die unteren Vertreter des Kolonialapparats vor Ort, diejenigen, die im direkten und täglichen Kontakt mit der kolonisierten Bevölkerung standen, betonten immer wieder, man müsse die örtlichen Bedingungen kennen, die erklären würden, warum es »eben aus vielen Gründen nicht ohne Prügel« ginge, selbst wenn man sie »von Deutschland, vom grünen Tisch aus, abschaffen« wollte, wie es ein deutscher Polizeisergeant der Landespolizei für Deutsch-Südwestafrika formulierte.[10]

Denn schließlich war koloniale Gewalt auch eine Form der Selbstermächtigung. Sie stellte eine »Pragmatik des konkreten Handelns«[11] dar, welche die in der Kolonie gemachten Erfahrungen zum einzig wichtigen Verhaltensmaßstab machte. Nicht von Berlin oder den Gouvernementssitzen in den Kolonien aus, sondern nur direkt vor Ort konnten, dieser Logik folgend, Entscheidungen getroffen werden. In vielen Fällen hieß dies, kurzen Prozess zu machen.

1 Frenssen 1906, S. 200. | **2** Vgl. Hull 2005. | **3** In der Forschungsliteratur weichen die Zahlen leicht voneinander ab. Für Deutsch-Ostafrika variieren sie stärker, da nicht immer die Opfer der durch den Krieg verursachten Hungersnot mit eingerechnet werden. Vgl. Conrad 2008, S. 53 f.; Kuß 2010, S. 99–100, 111; Speitkamp 2005, S. 133; Schaller 2008, S. 296; Wimmelbücker 2005, S. 92. | **4** Kuß 2010; Bührer/Stachelbeck/Walter (Hg.) 2011; Moyd 2014. | **5** Sebald 1988, S. 194ff.; s. a. Trotha 1994. | **6** Reinkowski/Thum (Hg.) 2013, S. 117–136. | **7** Glasman 2015; Muschalek 2014; Zollmann 2010. | **8** Habermas 2015. | **9** Vgl. Schröder 1997; Schaper 2012; Axster 2014. | **10** Maletz 1930, S. 403. | **11** Geulen 2007, S. 125.

»WILLST DU DEN HEIDENKINDERN HELFEN?«

MISSION IN DEN DEUTSCHEN KOLONIEN

REBEKKA HABERMAS

ES MUSS UNGEFÄHR im Jahr 1872 gewesen sein, als die Station der Norddeutschen Mission an der Westküste Afrikas im heutigen Ghana den nicht einmal zehnjährigen Aku aufnahm. Er erhielt Unterricht in Deutsch, Religion, Lesen und Schreiben, und die Missionare erwarteten, ihn bald taufen zu können, wie dies auch für die wenigen anderen Kinder galt, die sie für ihre Station gewonnen hatten. Und in der Tat erwies sich Aku als ein wissbegieriger Schüler, der bald vom christlichen Glauben überzeugt werden konnte. Mittlerweile auf den Namen Andreas getauft, wurde er 1884 ausgewählt, um im württembergischen Ochsenbach zusammen mit einigen anderen Afrikanern weiterführend ausgebildet zu werden. Die Missionare hofften, Aku könne selbst einmal für die Mission tätig werden.

Was sich Andreas Aku von einer Karriere in der Mission versprach, wissen wir nicht. Sicher überliefert ist allerdings, dass er nach seiner Rückkehr nach Togo als sogenannter Missionsgehilfe eingestellt und 1910 schließlich als einer der ersten Afrikaner zum Pfarrer ordiniert wurde. In Lome/Lomé, dem Gouvernementssitz, leitete er eigenständig eine Missionsstation und kam, wie Einträge in Grundstücksregister zeigen, sogar zu einem nicht unbeträchtlichen Vermögen. Und doch musste er sich von einem deutschen Beamten auf offener Straße ohrfeigen und von den deutschen Missionaren immer wieder gängeln lassen, ohne dass er etwas dagegen unternehmen konnte. Wahrscheinlich waren es diese Ungerechtigkeiten, die zusammen mit einer zunehmend kolonialkritischen Stim-

mung dazu führten, dass er 1910 eine Petition unterschrieb, die gleiche Rechte für Europäer und »Eingeborene« forderte. Damit wandte er sich auch gegen die Politik seiner Missionsgesellschaft, die trotz aller Brüderlichkeitsrhetorik darauf beharrte, Europäer und Afrikaner ständen auf unterschiedlichen Zivilisationsstufen.[1]

Koloniale Missionierung hatte viele Gesichter. Das lag vor allem daran, dass es den christlichen Missionen im ausgehenden 19. Jahrhundert um weit mehr ging als darum, nach ihrem Verständnis das Wort Gottes zu bringen. Gewiss wollten alle protestantischen Missionsgesellschaften und alle katholischen Missionsorden zuallererst den christlichen Glauben verbreiten. Sie waren jedoch auch für die »Kulturmission« zuständig. Darunter verstand man im 19. und frühen 20. Jahrhundert die Vermittlung all dessen, was im Kaiserreich als deutsche oder europäische Zivilisationserrungenschaft galt: bürgerliche Vorstellungen von Sauberkeit und Sittlichkeit, europäische Kleider- und Geschlechterordnungen, Wirtschaftsformen und Modelle der Rechtsfindung wie der Staatsorganisation.[2] Deren Vermittlung verlief allerdings nur selten gewaltfrei, was wenige so deutlich formulierten wie Gustav Warneck, der die »Heiden« als »Objekte der Überwindung«, als »lebendige Gegner« sah, mit denen sich der Missionar »auf dem Schlachtfelde zu messen« habe.[3]

Um es gleich vorwegzunehmen: Bei der Verfolgung ihrer Ziele, der Glaubens- und der Kulturmission, die mit religiöser Verve und moralischer

↑

Robert Baëta: *Pastor Andreas Aku. Präses der Ewe-Kirche*, Bremen 1934.
Staatsarchiv Bremen. → Kat.-Nr. 3-13.

Um 1863 in Adaklu im heutigen Togo geboren, schickte die Norddeutsche Mission Andreas Aku nach dem Besuch der Missionsschule 1884 zur Ausbildung ins württembergische Ochsenbach sowie nach Lichtenstein bei Heilbronn. Aku kehrte 1887 in seine Heimat zurück, wo er als Lehrer arbeitete. Als Pastor sowie Haus- und Grundbesitzer gehörte er zur neuen Elite der Kolonie. Mit Ausbruch des Ersten Weltkriegs übernahm er die Führung der Ewe-Kirche und sorgte 1922 als erster Präsident für deren Unabhängigkeit.

Inbrunst propagiert wurden, waren die Missionen allerdings gar nicht oder nur sehr bedingt ihren Vorstellungen entsprechend erfolgreich. Nicht nur bei Andreas Aku lässt sich statt einer schlichten Übernahme eher eine hybride Aneignung respektive eine Neuinterpretation des christlichen Katechismus und des *European way of life* durch die Missionierten beobachten: Manches – wie etwa die Schriftlichkeit – übernahmen sie, anderes – wie das Polygamieverbot – versuchten viele zu unterlaufen. Überdies entstand Neues, etwa Gesänge, die man so in europäischen Gotteshäusern noch nie gehört hatte. Häufig kam es aber auch zu Konflikten: So beklagte sich der Missionar Carl Spieß, dass sich Akus Ehefrau nicht »anständig« kleide und seine Töchter sogar vorehelichen Geschlechtsverkehr hätten. Und ganz allgemein formulierte er, selbst getaufte Männer und Frauen, ja auch Kinder ließen keineswegs von der »abscheulichen Fetischverehrung« ab.[4]

MISSIONARE, DIAKONISSEN UND MISSIONSSCHWESTERN IN DEN KOLONIEN

Im Laufe des 19. Jahrhunderts lässt sich in vielen europäischen Gesellschaften neben der Entstehung genuin säkularer Bewegungen wie der Freidenkervereine auch eine stärkere Hinwendung zur Religion beobachten. Allenthalben gründeten sich immer mehr Missionsorden und -gesellschaften, die über theologische und nationale Differenzen hinweg Kontakt untereinander

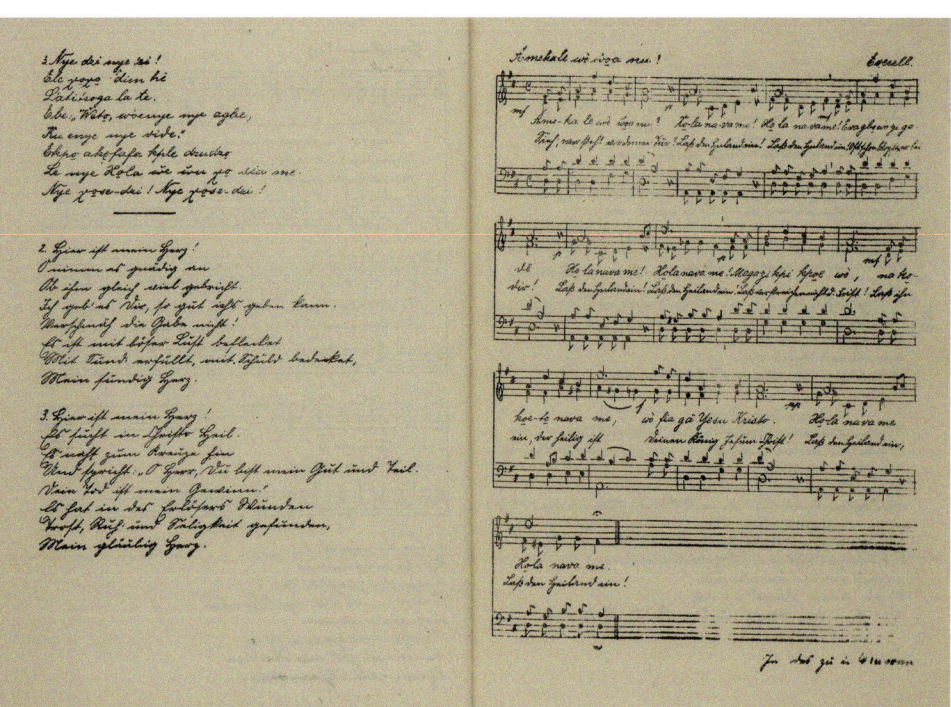

hielten. Nach und nach entstand so ein globales Netzwerk der Missionen: Deutsche Missionare besuchten Londoner Missionsschulen, um dann in Afrika auf in Lausanne ausgebildete Franzosen zu treffen. Norwegische Missionsgesellschaften waren mit amerikanischen und auch kanadischen vernetzt, und beide tauschten sich rege mit englischen aus. Französische Missionsnonnen kamen nach Irland, andere gingen nach Afrika und viele wie etwa Charles-Martial-Allemand Lavigerie, der Gründer des katholischen Missionsordens der Weißen Väter, unternahmen großangelegte Vortragsreisen durch halb Europa.[5]

Überblickt man diese Vielzahl von transnational agierenden Gesellschaften und Orden, wird nicht nur deutlich, dass hier globale Netzwerke entstanden, die europäische mit außereuropäischen Ländern verbanden und die Missionare zu frühen *global players* machten, sondern es zeigt sich auch, dass sich diese Männer und Frauen trotz aller Unterschiede in vielem ähnelten: Die meisten hatten einen kleinbürgerlichen, zuweilen bäuerlichen Hintergrund, kam aus kleineren Orten und konnten über die Missionen erstmals überhaupt ihr Land, ja Europa verlassen. Die Missionen eröffneten aber nicht nur die Möglichkeit zum sozialen Aufstieg und für manche die einzige Chance, ohne Theo-

logiestudium im religiösen Bereich eine Arbeit oder ihre Bestimmung zu finden. Für Frauen waren sie eine der seltenen Möglichkeiten, außerhalb Europas zu leben und zu arbeiten, sei es als Diakonisse, als Missionarsehefrau oder Missionarsschwester. Wieder anderen boten sie Gelegenheit zu ein wenig Exotik oder eröffneten den Zugang zur Wissenschaft.[6] Denn die Missionsstationen waren nicht nur Orte der Verkündigung, der Erziehung und des Unterrichts, hier wurde auch geforscht, da die jeweilige Landessprache, in der man predigte oder unterrichtete, erst erlernt werden musste. So begann man Lexik und Syntax der jeweiligen Sprachen zu studieren und legte in Zusammenarbeit mit den *intermediaries* – Kulturvermittlern wie dem Missionsschüler Andreas Aku – den Grundstein für die afrikanische Linguistik.[7] Erst nachdem man Grammatiken und Wörterbücher verfasst hatte und die Sprache rudimentär beherrschte, konnten die Missionare und Diakonissen, die Missionsbrüder und Nonnen Schulen eröffnen, um dort Lesen und Schreiben, das Christentum, Rechnen und ein wenig Singen zu vermitteln.

**Sammlung vierstimmiger Gesänge für gemischten Chor,
gesammelt von E. Bürgi 1901 und 1906.**
Staatsarchiv Bremen. → Kat.-Nr. 3-6.

Der Schweizer Missionar Ernst Bürgi reiste 1880 als Missions-
lehrer nach Togo, wo er mit kurzen Unterbrechungen bis
1921 in verschiedenen Positionen im Schuldienst tätig war.
Mit seinen zahlreichen Schriften und Unterrichtsmaterialien
prägte er das missionarische Schulwesen Togos maßgeblich.
Darüber hinaus stellte Bürgi Liedersammlungen zusammen,
deren Texte er sowohl in Deutsch als auch in Ewe verfasste,
um somit den Spracherwerb voranzutreiben.

**Margarethe Göhring-Kalmbach mit Frauen in Bamum,
Martin Göhring, um 1910.**
Archiv Basler Mission, Basel. → Kat.-Nr. 2-32.

Margarethe Göhring-Kalmbach kam als Ehefrau des Missionars Martin Göhring in die deutsche Kolonie Kamerun, wo ihr
Mann die Station der Basler Mission im Königreich Bamum
leitete. Der passionierte Fotograf pflegte ein enges Verhältnis zu König Njoya. Viele seiner Fotografien zeigen seine
Frau mit Angehörigen der königlichen Familie und der Oberschicht von Bamum.

MISSION UND KOLONIALISMUS

Trotz der ständig wachsenden Zahl von Missionsstationen, die in den deutschen Kolonien eröffnet wurden, blieb der Erfolg weit hinter den selbstgesteckten Zielen zurück. In Deutsch-Ostafrika etwa zählte man kurz vor dem Ersten Weltkrieg nur rund 100 000 Schülerinnen und Schüler in den protestantischen Missionsschulen.[8] Auch die Erwartungen der katholischen Missionsorden erfüllten sich nicht. Dies lag teilweise daran, dass anfänglich fast jeder zweite Missionar aufgrund der ungewohnten klimatischen Bedingungen und der mangelnden medizinischen Versorgung erkrankte und nach Hause geschickt werden musste oder sogar in der Kolonie verstarb. Zudem wurde immer wieder beklagt, dass manche Missionare nicht den richtigen Ton träfen, und deshalb eher Konflikte mit einheimischen Autoritäten vom Zaun brächen als die Taufzahlen zu erhöhen.

Einer der Hauptgründe, weshalb die Missionen nicht so erfolgreich waren wie erhofft, war zweifellos, dass ihre Arbeit im kolonialen Kontext stattfand, womit das ambivalente Verhältnis zwischen Mission und Kolonialismus angesprochen ist. Obschon die Missionare sich selber gerne als »Anwälte der Eingeborenen« beschrieben und sie gewiss zutiefst davon überzeugt waren, mit göttlicher Legitimation zur Rettung von Seelen beizutragen, arbeiteten sie in der Regel Hand in Hand mit den Kolonialbeamten. Diese sorgten für die Infrastruktur, indem sie Telegrafenleitungen, Eisenbahnstrecken und Straßen anlegten, auf die die Missionare ebenso angewiesen waren wie die Plantagenbesitzer und Beamten. Andererseits waren die Beamten im kolonialen Alltag auf die Missionen angewiesen, schließlich kamen fast alle Übersetzer, ohne die keine koloniale Verwaltung arbeiten konnte, aus Missionsschulen. Wichtiger war für Kolonialbeamte wie für deutsche Wirtschaftsvertreter, dass die Missionen mit ihrer sogenannten Kulturarbeit halfen, die »Erziehung zur Arbeit« – so hieß das zeitgenössisch – innerhalb der lokalen Bevölkerung voranzutreiben sowie Pünktlichkeit und andere europäische Tugenden zu vermitteln. In manchen Überzeugungen stimmten Missionare und Kolonialbeamte auch ganz grundsätzlich überein: So waren sie davon überzeugt, es gebe eine moralische beziehungsweise religiöse Verpflichtung, Zivilisation zu bringen respektive Seelen zu retten – womit zugleich das zentrale Argument zur Legitimierung von kolonialer Herrschaft formuliert war.

Und doch war das Verhältnis zwischen Missionaren und Kolonialbeamten alles andere als konfliktfrei. Missionare warfen Beamten immer wieder – und nicht unbegründet – vor, ein sexuell allzu zügelloses Leben zu Lasten der afrikanischen Frauen zu führen, viel zu gewalttätig gegen die afrikanischen Männer vorzugehen und den Islam nicht ausreichend zu bekämpfen. Andererseits glaubten viele Kolonialbeamte, Missionare hätten im Maji-Maji-Krieg von 1905 bis 1907 die lokale Bevölkerung unterstützt und würden mit ihren irreführenden Glaubenssätzen von Brüderlichkeit und Nächstenliebe eine zu große Nähe zu den Einheimischen suchen. Damit sind die strukturellen Konflikte benannt, die es trotz aller Gemeinsamkeiten zwischen Mission und Kolonialherrschaft gab: Konflikte, in denen auch darum gekämpft wurde, wer mehr Einfluss auf die lokale Bevölkerung hatte.

Betrachtet man diese Mischung aus Zusammenarbeit und Konflikten, so werden auch die kleinen, aber feinen Unterschiede zwischen einzelnen Missionen gerade in Bezug auf ihre Haltung zu kolonialer Herrschaft deutlich: War die evangelische Bethel-Mission in Deutsch-Ost-

→

**Bernhard Schlegel: *Schlüssel zur Ewe-Sprache*,
Stuttgart 1857.**

Staatsarchiv Bremen. → Kat.-Nr. 3-2.

Als wichtigster Schritt zu einer erfolgreichen Missionierung
galt der Norddeutschen Mission die Kenntnis der Sprache.
Bei Ankunft der ersten Missionare unterteilte sich die
schriftlose Ewe-Sprache in zahlreiche Dialekte. Missionar
Bernhard Schlegel, der zwischen 1853 und 1859 in Keta im
heutigen Ghana tätig war, erlernte den dortigen Dialekt und
veröffentlichte 1857 seinen *Schlüssel zur Ewe-Sprache*.
Diese Sammlung von Wörtern, Redewendungen und Fabeln
bildete die Basis für die Verschriftlichung der Sprache und
spätere Übersetzungen.

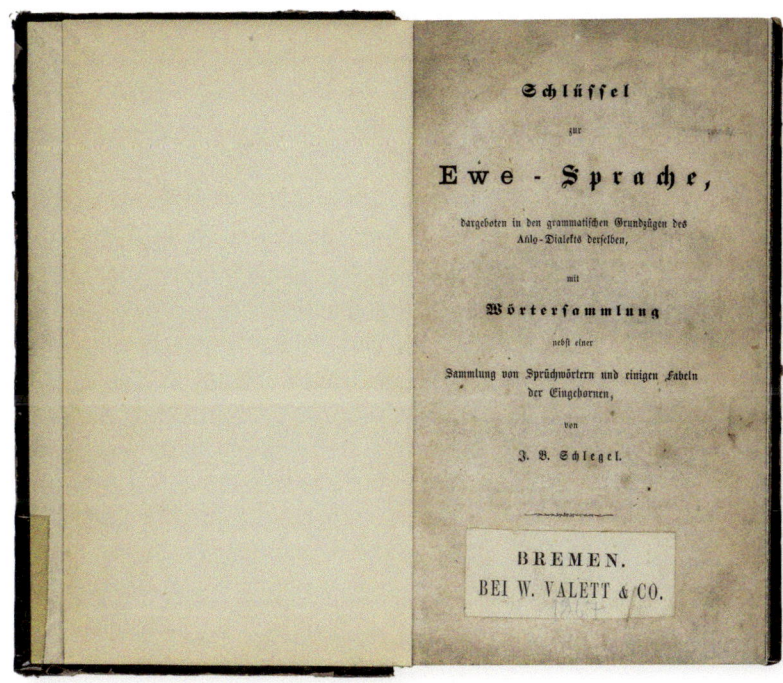

afrika geradezu ein Sprachrohr der staatlichen
Kolonialpolitik, so äußerten andere Missionen
wie etwa die katholische Steyler Mission offen
Kritik an einzelnen Beamten, die sogar im Reichstag heftig diskutiert wurde. Wichtig ist überdies,
dass die afrikanischen Mitglieder der Missionen – wie Andreas Akus Petition zeigt – eine
distanzierte Haltung gegenüber der Kolonialverwaltung einnahmen. Und schließlich darf
nicht vergessen werden, dass die weiblichen
Missionsangehörigen, da sie innerhalb ihrer Gesellschaft und ihres Ordens trotz aller christlichen Gleichheitsrhetorik immer in hierarchisch
untergeordneten Positionen arbeiteten, andere
Wege suchten, um sich in diesem Herrschafts-
geflecht von europäischer Zentrale, Kolonialbeamten und Missionsvorständen vor Ort zurecht-
zufinden. Nicht wenige waren damit auch erfolgreich. Manche, wie die Togoerin Maria Ga
de Souza, die von den Dienerinnen des Heili-
gen Geistes erzogen worden war, schafften es
sogar, gegen den erklärten Willen der Mission
ein für Afrikanerinnen eigentlich nicht vorge-
sehenes Leben als unverheiratete Lehrerin zu
führen.[9] Grundsätzlich lässt sich sagen, dass
sich Mission und Kolonialismus, ungeachtet aller Ambivalenzen und Unterschiede, gegensei-
tig bedingten.

Als ambivalent sind auch die Folgen der Missionierung zu bewerten, die nicht zuletzt aus
dieser spannungsreichen Situation in den Kolonien erwuchsen: Einerseits hatten schon die

panafrikanischen Intellektuellen der 1920er Jahre mit Verweis auf die Bibel mehr Gleichberechtigung verlangt. Auch kamen die führenden Vertreter der Unabhängigkeitsbewegungen der
1960er Jahre in der Regel aus Missionsschulen
und beriefen sich auf das christliche Gleich-
heitsversprechen, um eine Gleichberechtigung
von lokaler Bevölkerung und Europäern zu fordern. Andererseits zerstörten Missionare zuweilen die politische, kulturelle, ökonomische oder
emotionale Grundlage ganzer Gesellschaften,
indem sie die lokalen Glaubensinhalte denun-
zierten und religiöse Experten entmachteten.
Überdies haben sich viele christliche Elemente
im heutigen Alltag ehemaliger Kolonien zu be-
ängstigend scharfen Waffen im Kampf gegen
andere Religionen wie dem Islam entwickelt.
Auch lassen sich eine ganze Reihe offen homo-
phober Haltungen, wie sie für zahlreiche afrikanische Gesellschaften heute typisch sind,
auch auf den Einfluss europäischer Missionen
zurückführen.

MISSION IM DEUTSCHEN
KAISERREICH

Missionen entfalteten nicht nur in den Koloni-
en, sondern auch im Deutschen Kaiserreich Wirkung: Katholische Missionsvereine hatten weit
über eine Million Mitglieder, die Geld sammelten, Socken strickten, Missionsblätter verkauften, Missionskinderzeitungen verteilten und

↑

Stand der Schulen der Norddeutschen Mission in Togo, 1901.
Staatsarchiv Bremen. → Kat.-Nr. 3-3.

Die Auflistung zeigt die bestehenden Schulen der Haupt-
sowie der zahlreichen Nebenstationen der Norddeutschen
Mission. Aus ihr geht eindrücklich das quantitative Missver-
hältnis zwischen dem Lehrpersonal der »Europäer« und
jenem der »Eingeborenen« hervor. Die überwiegende Ausbil-
dungstätigkeit in den Missionsschulen leisteten nicht die
deutschen Missionare, sondern afrikanische »Gehilfen«, die
zuvor selbst die Missionsschulen besucht hatten.

Lichtbildvorträge organisierten. Protestantische Missionsvereine hatten wohl weniger Unterstützer und konnten doch auf ihren Festen und Ausstellungen, auf Bazaren und durch Zeitungsartikel eine breite Bevölkerung erreichen. Sie alle unterstützten die Mission finanziell und ideell, indem sie für deren Arbeit in den Kolonien warben.

Mit jedem Missionsvortrag, jeder Diashow und jedem Missionsfest, wo afrikanische Kinder häufig regelrecht vorgeführt wurden, und mit jedem Bericht über das »Leben und Leiden eines Heidenkindes« und dem Appell »Willst Du den Heidenkindern helfen?« verfestigte sich zugleich die Vorstellung von der eigenen zivilisatorischen Überlegenheit zur Gewissheit. Fotografien, die teilweise bereits um 1900 auf Missionsfesten, in Zeitungen und Spendenaufrufen

Verbreitung fanden und auf denen verzweifelt ins Leere blickende afrikanische Kinder zu sehen waren, prägten die Vorstellung, insbesondere afrikanische Lebenswelten seien primär durch Hilflosigkeit und Not bestimmt und Mitleid sei die einzig angemessene Haltung im Umgang von Europäern mit Menschen aus außereuropäischen Gebieten. Diese Perspektive blendete systematisch Personen wie Andreas Aku und Maria Ga de Souza aus, die mit der Hilfe und zugleich gegen den erklärten Willen der Mission an der Durchsetzung eigener Interessen arbeiteten und damit teilweise erfolgreich waren. Darüber hinaus erschwert das Echo des kolonialen Mitleids, das bis heute in jeder Werbeaktion von Hilfswerken widerhallt,[10] die Anerkennung der Gleichheit von Menschen.

1 Vgl. Azamede 2010, S. 121–135. | **2** Vgl. Comaroff 1997, S. 218–364. | **3** Warneck 1897, S. 40. | **4** Vgl. zu den Konflikten zwischen Norddeutscher Mission und Andreas Aku: Azamede 2010. Carl Spieß war Missionar der Norddeutschen Mission. | **5** Vgl. Habermas 2008. | **6** Vgl. zu protestantischen Missionen im Überblick Altena 2003; Hauser 2015. | **7** *Intermediaries* nennt man Vertreter der einheimischen Bevölkerung, die als Dolmetscher, Führer oder Übersetzer in den Kolonien arbeiteten; sie waren *cultural broker*, die in beide Richtungen, für die Europäer wie für die lokale Bevölkerung, wichtige Funktionen übernahmen. Vgl. Lawrance u. a. (Hg.) 2006. | **8** Vgl. zu den Missionen in den deutschen Kolonien im Überblick: Bade (Hg.) 1982; vgl. zum Verhältnis Missionare und Kolonialbeamte: Habermas 2016. | **9** Vgl. Stornig 2014. | **10** Hölzl 2014.

ZWISCHEN INTIMITÄT UND ABGRENZUNG

DIE KOLONIALE GESCHLECHTERORDNUNG

DÖRTE LERP

IM VERLAUF DES 19. JAHRHUNDERTS wurden die europäischen Gesellschaften, darunter auch die deutsche, zunehmend durch eine bürgerliche Geschlechterordnung geprägt. Diese basierte auf Vorstellungen von einer klaren Trennung der Menschheit in zwei Geschlechter, einer daraus abgeleiteten komplementären Rollenverteilung und Hierarchie zwischen Männern und Frauen sowie Heterosexualität als einzig legitimer Form von Sexualität und der bürgerlichen Familie als Keimzelle der Nation. Die Neuordnung der Geschlechterverhältnisse ging mit dem ökonomischen und politischen Aufstieg des Bürgertums einher und war somit historisch gewachsen und partikular, ihren Vertretern und auch Vertreterinnen galt sie jedoch als natürlich und universell. Sie machte einen wesentlichen Teil bürgerlicher und nationaler Identität innerhalb Europas aus. Diskussionen über Geschlechterverhältnisse dienten dem Bürgertum zur Abgrenzung von anderen sozialen Klassen, aber auch Nationalitäten. Ein Beispiel hierfür ist die Konstruktion der deutschen Hausfrau als fleißig, brav und anständig in Abgrenzung zu den Stereotypen der koketten Französin, der dekadenten Adeligen oder der Fabrikarbeiterin.[1]

Im Zuge der europäischen Expansion wurde diese europäisch-bürgerliche Geschlechterordnung mit einer Vielzahl lokaler vorkolonialer Geschlechterordnungen konfrontiert, die ihre eigenen historisch gewachsenen Hierarchien, Rollenverteilungen und geschlechtsspezifischen Verhaltensweisen mit sich brachten. In der Regel sahen sich die Europäerinnen und Europäer in den Kolonien als Vertreterinnen und Vertreter einer überlegenen oder weiter entwickelten Kultur. Unterschiede in den Geschlechterverhältnissen dienten ihnen als Merkmale, an denen sie die angebliche Unzivilisiertheit der kolonisierten Menschen festmachten. So führten deutsche Berichterstatter zum Beispiel nach der Besetzung von Kiautschou/Jiaozhou die Praxis des Füßebindens insbesondere bei chinesischen Frauen aus vornehmen Familien als Beweis für die Rückständigkeit und Barbarei der chinesischen Gesellschaft an.[2] Geschlechterverhältnisse wurden zum Gradmesser der Zivilisation erhoben und dienten der Rechtfertigung kolonialer Expansion und Herrschaft.

Europäerinnen und Europäer legitimierten die koloniale Herrschaft über außereuropäische Länder zudem dadurch, dass sie diese als »jungfräuliche Territorien« beschrieben, die von europäischen Männern entdeckt, erobert und beherrscht werden sollten. Den eroberten Gebieten und ihren Bevölkerungen schrieben sie weiblich konnotierte Eigenschaften wie Natürlichkeit, Irrationalität und Passivität zu. Damit übertrugen sie die hierarchische und binäre Ordnung der Geschlechter auf das Verhältnis zwischen Kolonialmächten und Kolonien.[3] Die kolonialen Eroberer versicherten sich so nicht nur ihrer Männlichkeit, sondern auch ihrer nationalen und imperialen Überlegenheit.

Reiseberichte und Briefe, aber auch fiktionale Texte konstruierten die Kolonien und die in ihnen lebenden Menschen, insbesondere Frauen, oft als Objekte »weißer männlicher Begierde«.[4] So galten Chinesinnen als besonders schön und sinnlich, afrikanische Frauen und Männer

Die Geschwister Hegener und ihre Eltern, um 1900.
Privatsammlung Ursula Trüper, Berlin. → Kat.-Nr. 4–23.

Die im heutigen Namibia geborenen Geschwister Otto, Dora, Herman jr., Marie und Willi sowie ihre Eltern entstammten einer weitverzweigten Missionarsfamilie. Ihr Vorfahre, Johann Hinrich Schmelen, hatte Teile der Bibel gemeinsam mit seiner afrikanischen Ehefrau Zara in deren Muttersprache übersetzt. In Deutschland, wo die Geschwister die meiste Zeit lebten, verschwiegen sie ihre afrikanische Vorfahrin Zara. Ihre weitverzweigte Verwandtschaft in Deutsch-Südwestafrika war vom »Mischehen«-Verbot betroffen.

wurden mit zügelloser Sexualität assoziiert und Polynesierinnen und Polynesier als sexuell freizügig wahrgenommen. Europäische Männer sahen die sexuelle Inbesitznahme kolonisierter Frauen – und, stärker tabuisiert, auch die von Männern – als ihr Vorrecht und als Ausdruck kolonialer Macht an. Doch die intimen Verbindungen konnten die Grenzen zwischen Kolonisierenden und Kolonisierten auch verwischen. Damit stellten sie die koloniale Ordnung in Frage, die zunehmend auf einer scharfen, an Rassenvorstellungen ausgerichteten Trennung zwischen verschiedenen Bevölkerungsgruppen basierte.

Koloniale Ordnung und bürgerliche Geschlechterordnung waren folglich untrennbar miteinander verbunden. Das galt auch für die deutschen Kolonien. Was hier als männliches oder weibliches Verhalten akzeptiert oder kritisiert wurde, hatte nicht allein mit dem Geschlecht einer Person zu tun, sondern auch damit, welcher »Rasse«, sozialen Klasse, Nationalität und Sexualität sie zugeordnet wurde. Gerade diese Verflechtung unterschiedlicher Kategorien führte jedoch dazu, dass die koloniale Geschlechterordnung uneindeutig blieb und im Alltag immer wieder in Frage gestellt und neu verhandelt wurde. Diese Verhandlungen fanden in den Kolonien und im Deutschen Reich statt und schlugen sich zudem in Gerichts- und Verwaltungsakten, Briefen und Reiseberichten, Zeitungen und Zeitschriften, Fotografien und Postkarten sowie Romanen, Jugend- und Sachbüchern nieder. Sie verdeutlichten, wie die Geschlechterverhältnisse in den deutschen Kolonien sowohl von Intimität als auch von Abgrenzung bestimmt wurden.

KOLONIALE EHEN UND EHEVERBOTE

Eine zentrale Frage, die sowohl in den Kolonien als auch im Deutschen Reich diskutiert wurde, war, inwieweit die zahlreichen sexuellen Verbindungen zwischen Kolonisierenden und Kolonisierten mit der Beibehaltung des deutschen Herrschaftsanspruchs vereinbar waren. Vergewaltigungen kolonisierter Frauen durch deutsche Männer und sexuelle Gewalt gehörten in den deutschen Kolonien zum Alltag. Es gab aber auch einvernehmliche Sexualkontakte und intime Beziehungen sowie Ehen. 1907/08 zählte die Kolonialverwaltung insgesamt 166 amtlich geschlossene Ehen zwischen Europäern und Frauen, die als »Eingeborene« klassifiziert worden waren, etwa 90 davon in Samoa.[5] Über die weitaus größere Zahl der informellen Verbindungen gibt es dagegen keine Angaben.

Obwohl sie nur einen kleinen Prozentteil der Beziehungen ausmachten, standen die Ehen zwischen deutschen Männern und kolonisierten Frauen, die im deutschen Sprachgebrauch als »Mischehen« bezeichnet wurden, besonders im Fokus des öffentlichen Interesses. Söhne deutscher Väter und afrikanischer oder samoanischer Mütter, so befürchtete man, könnten die deutsche Staatsbürgerschaft und damit auch das Wahlrecht und den Zugang zum Militär erhalten. 1905 verbot der stellvertretende Gouverneur von Deutsch-Südwestafrika, Hans Tecklenburg, daher amtliche Trauungen zwischen »Eingeborenen« und »Nicht-Eingeborenen«. Auch Ehen, die bereits vor diesem Zeitpunkt geschlossen worden waren, erklärte das Kaiserliche

↑

Hochzeitsfoto der Familie Li, China, nach 1903.
Privatsammlung Dr. Wilhelm Matzat, Bonn. → Kat.-Nr. 4-25.

Die Schuhmacherstochter Margarete Krüger und der Dolmetscher und Legationssekretär Li Deshun hatten sich 1892
in Berlin kennengelernt. Ob sie auf einem deutschen Standesamt heirateten, ist nicht bekannt. Sie gingen um 1903
nach China und ließen sich dort nach mandschurischem Ritus
trauen. Das Paar und seine Kinder erlebten immer wieder
persönliche Anfeindungen. Einflussreiche Vertreter der kolonialen Gesellschaft von Tsingtau/Qingdao polemisierten in
der lokalen deutschsprachigen Presse gegen »Mischehen«.

Flugblatt zur Mitgliederwerbung, Frauenbund der Deutschen Kolonialgesellschaft, Abteilung Berlin.
Bundesarchiv, Berlin, 8023/155, Bl. 114–115. → Kat.-Nr. 4-31.

»Der deutsche Soldat hat das Land mit dem Schwert erobert, der deutsche Farmer und Kaufmann sucht seine wirtschaftliche Nutzbarmachung, aber die deutsche Frau ist allein dazu berufen und im Stande, es deutsch zu halten.« So verwies der Frauenbund auf die »Frauenfrage« in den Kolonien. Um »Mischehen« vorzubeugen und ein deutsches Familienleben zu fördern, sollte die Auswanderung von Frauen aus Deutschland in die afrikanischen Kolonien unterstützt werden.

Obergericht zwei Jahre später rückwirkend für ungültig.

Doch wer als »Eingeborene« galt, ließ sich nicht immer so leicht feststellen, wie das Beispiel von Kaera Ida Getzen-Leinhos zeigt. Ihr Vater war ein anglokanadischer Jäger mit britischer Staatsbürgerschaft, ihre Mutter eine Herero. In erster Ehe war Leinhos mit einem Briten aus Kapstadt verheiratet, nach dessen Tod mit einem Deutschen. In Europa hätten ihr damit zunächst die britische und dann die deutsche Staatsangehörigkeit zugestanden. Als Leinhos sich 1907 jedoch von ihrem zweiten Ehemann scheiden lassen wollte, lehnte das Gericht in Windhuk/Windhoek die Klage ab. Als Tochter einer Herero sei sie eine »Eingeborene«, die keine rechtsgültige Ehe mit einem Deutschen eingehen könne, urteilte der zuständige Richter. Leinhos lehnte diese Klassifizierung ab und kämpfte dafür, als europäische Staatsbürgerin anerkannt zu werden. Im Herbst 1909 strengte sie ein Berufungsverfahren vor dem Kaiserlichen Obergericht an, um ihre Scheidung durchzusetzen, ihre Klage wurde jedoch abgewiesen.[6] Dennoch verdeutlicht der Fall, wie künstlich und unklar die rechtliche Grenzziehung zwischen Kolonisierenden und Kolonisierten im Alltag war.

Auch für die Kolonien Deutsch-Ostafrika und Samoa wurden 1906 und 1912 Eheverbote erlassen. Allerdings hatten diese Verordnungen keine rückwirkende Kraft. Paradoxerweise galten die Verbote auch nicht für Paare, die in Deutschland heirateten. Hier wurden weiterhin Ehen, zumeist zwischen Männern aus den Kolonien und deutschen Frauen, geschlossen. Ein allgemeines Verbot diskutierte der Reichstag zwar 1912 im Zuge der Reformierung des Reichs- und Staatsangehörigkeitsgesetzes, führte es jedoch nicht ein. Doch auch ohne dass es zu einer übergreifenden gesetzlichen Regelung kam, trugen die öffentlichen Debatten in den Kolonien und in Deutschland dazu bei, Beziehungen und Ehen zwischen Kolonisierenden und Kolonisierten zu stigmatisieren und Deutsch-Sein mit »Weiß«-Sein gleichzusetzen.

Ehen oder informelle Beziehungen zwischen deutschen Frauen und kolonisierten Männern waren in den deutschen Kolonien äußerst selten. Sie galten als Umkehr der kolonialen Geschlechterordnung und somit als Gefahr für den Herrschaftsanspruch der Deutschen. Trotzdem gab es einige wenige solcher Ehen, darunter die zwischen Margarete Krüger und Li Deshun, die sich 1892 in Berlin kennenlernten, wo Li Deshun arbeitete und studierte. Nach der Geburt der ersten Tochter zog das Paar 1903 nach China, zunächst nach Tsinanfu/Jinan und Tientsin/Tianjin, dann später nach Tsingtau/Qingdao. Dort erwarb Margarete Li 1910 mehrere Häuser, wahrscheinlich mit dem Geld ihres Mannes, der zu den wohlhabendsten Bürgern der Stadt zählte. So umging die Familie die Verordnung, die es Chinesinnen und Chinesen verbot, sich in der

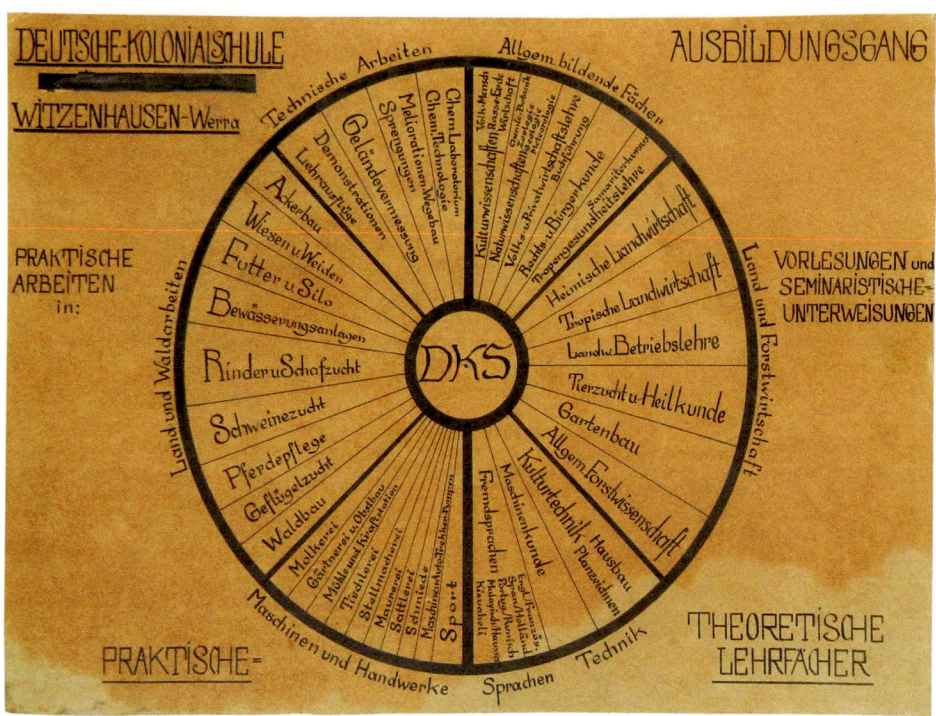

Lehrplan der Deutschen Kolonialschule Witzenhausen.
DITSL Deutsches Institut für tropische und subtropische
Landwirtschaft GmbH, Witzenhausen. → Kat.-Nr. 4-43.

An der 1898 gegründeten Deutschen Kolonialschule für
Männer bereiteten sich ab 1908 in der angegliederten Kolonialfrauenschule auch Schülerinnen auf ein Leben in den
Kolonien vor. Neben hauswirtschaftlichen Fächern belegten
sie Vorlesungen in Kultur- und Naturwissenschaften sowie
Tropengesundheitslehre, um als Lehrerinnen, Krankenpfle-
gerinnen oder Hauswirtschafterinnen eine bezahlte Anstellung zu finden oder als Ehefrau eines Farmers den Gartenbau
sowie die Kleinvieh- und Geflügelzucht zu übernehmen.

»Europäerstadt« niederzulassen. In den folgenden Jahren wurde die räumliche Segregation in
Tsingtau mehr und mehr zugunsten reicher Chinesinnen und Chinesen aufgegeben und schließlich 1914 ganz aufgehoben.[7] Margarete Li und Li
Deshun gelang es somit nicht nur, die koloniale
Geschlechterordnung, sondern auch die koloniale Raumordnung der Stadt in Frage zu stellen.

Beziehungen zwischen Kolonisierenden und
Kolonisierten verwischten die Grenze zwischen
»Schwarz« und »Weiß«, auf der die Kolonialherrschaft basierte, in vielfältiger Weise. Die Kinder aus solchen Verbindungen entzogen sich einer eindeutigen »rassischen« und nationalen Zu-

ordnung. Kritikerinnen und Kritiker befürchte-
ten zudem, dass Männer, die längere Zeit mit
kolonisierten Frauen und den gemeinsamen Kindern zusammenlebten, ihre nationale Kultur
verlieren könnten. In den afrikanischen Kolonien wurde dieser unterstellte Verlust meist mit
dem abwertenden Begriff der »Verkafferung« beschrieben. Ein Kriterium war vor allem, inwieweit der Alltag bikontinentaler Familien von bürgerlichen Vorstellungen von ordentlicher Haushaltsführung, Bildung und Familienleben ab-
wich. »Weiß«-Sein und Deutsch-Sein wurden
hier an Idealvorstellungen von Bürgerlichkeit
und Weiblichkeit gekoppelt.

DIE »KOLONIALE FRAUENFRAGE«

Einige Kolonialgesellschaften und auch Frauenverbände in Deutschland führten die zahlreichen Beziehungen zwischen deutschen Männern und kolonisierten Frauen auf die geringe
Anzahl deutscher Frauen in den Kolonien zurück. Das Problem wurde als »koloniale Frauenfrage« verhandelt. Nur infolge des Mangels an
deutschen Frauen, so die weitverbreitete Logik,
ließen sich deutsche Männer auf Beziehungen
mit afrikanischen oder samoanischen Frauen
ein und verlören dadurch ihr Prestige als Macht-

→

An der Obstpresse, 1908/1910.
DITSL Deutsches Institut für tropische und subtropische
Landwirtschaft GmbH, Witzenhausen. → Kat.-Nr. 4-42.

Der praktische Unterricht an der Kolonialfrauenschule
konzentrierte sich auf den Obst- und Gemüseanbau, auf
Milchwirtschaft, Kleintierhaltung, Buchführung und hand-
werkliche Fähigkeiten. Die Zahl von anfangs vier Schülerinnen stieg bis 1910 auf 13, bevor Streitigkeiten mit der
Leitung der übergeordneten Deutschen Kolonialschule
zur Schließung der Kolonialfrauenschule in Witzenhausen
führten. Am Standort Bad Weilbach besuchten zwischen
1911 und 1915 vierzig Schülerinnen die Kolonialfrauenschule.

haber. Um dies zu verhindern, unterstützte die
Deutsche Kolonialgesellschaft ab 1896 junge le-
dige Frauen ebenso wie weibliche und minder-
jährige Angehörige deutscher Siedler bei der
Ausreise in die Kolonien. Ab 1907 übernahm
der neugegründete Frauenbund der Deutschen
Kolonialgesellschaft die Anwerbung, Auswahl
und Aussendung von alleinstehenden deutschen
Frauen im heiratsfähigen Alter hauptsächlich
für die Ansiedlung in Deutsch-Südwestafrika.
Die Deutsche Kolonialgesellschaft betreute die
Ehefrauen deutscher Kolonisten und trug die
Reisekosten für alle auswanderungswilligen
Frauen. Um dem Vorwurf der Kuppelei zu entgehen, warb der Frauenbund die unverheirate-
ten Frauen als Dienstmädchen, Hauswirtschafterinnen oder Lehrerinnen an. So sollten sie sich
ihren Unterhalt in der Kolonie bis zu einer möglichen Eheschließung selbst verdienen. In Kooperation mit anderen Frauenvereinen richtete
er zudem eine Frauenkolonialschule zur Ausbildung von Ansiedlerinnen aus bürgerlichen
und adeligen Familien ein.[8]

Deutsche Frauen sollten in den Kolonien jedoch nicht nur deutsche Männer heiraten und
»weiße« Kinder in die Welt setzen, sondern auch
zur Verbreitung deutscher Kultur und bürgerlicher Normen wie Ordentlichkeit, Disziplin und

Sauberkeit beitragen. Sie sollten den Männern
ein deutsches Heim schaffen und so einen wichtigen Aspekt der bürgerlichen Kultur in die Kolonien transferieren. Vor allem Missionarinnen
bemühten sich darum, diese bürgerlichen Ide-
ale auch unter der kolonisierten Bevölkerung
zu verbreiten. Die Vermittlung bürgerlicher Vorstellungen von Ehe, Sexualität, Haushaltsführung und Kindererziehung war somit Teil dessen, was Europäerinnen und Europäer als ihre
Zivilisierungsmission in der Welt ansahen.[9]

Der bürgerliche Haushalt in der Kolonie war
ein Mikrokosmos, in dem sich die kolonialen
Geschlechterverhältnisse besonders deutlich
offenbarten. Während deutsche Männer dem
Haushalt offiziell vorstanden, oblag die Leitung
desselben meist deutschen Frauen. Zu ihren Aufgaben gehörte auch die Anweisung der kolonisierten Dienstboten, die in der Regel die härtes-
ten körperlichen Arbeiten verrichteten. Für viele Frauen aus Deutschland bedeutete dies einen
sozialen Aufstieg und die Teilhabe an der Macht,
zumal sie in den Kolonien nicht nur andere Frau-
en, sondern auch Männer befehligten. Gewalt
gegenüber den Angestellten gehörte in vielen
kolonialen Haushalten zum Alltag und wurde
von europäischen Männern und Frauen gleichermaßen ausgeübt.

Kleid, um 1905.
Staatliche Museen zu Berlin, Museum Europäischer Kulturen.
→ Kat.-Nr. 4-38.

Durch ihre Kleidung grenzten sich die Europäer von der einheimischen Bevölkerung in den Kolonien ab. Mit großem Aufwand wurden Kleider und Anzüge weiß und fleckenlos gehalten. Essgewohnheiten, Wohnungseinrichtung und Sprache hatten ebenfalls eine identitätsstiftende Funktion und galten als Merkmale einer als überlegen deklarierten Kultur der Kolonialmächte. Deutsche Frauen wurden zu Kulturträgerinnen stilisiert, die für den Erhalt deutscher Lebensgewohnheiten in den Kolonien sorgen sollten.

Dass die koloniale Geschlechterordnung auch im Haushalt immer wieder neu hergestellt werden musste, verdeutlicht ein Bericht der Kolonialschriftstellerin Frieda von Bülow aus Deutsch-Ostafrika. Offenbar hatten sich die im Haushalt angestellten afrikanischen Frauen kollektiv geweigert, Wasser zu holen. Als Bülows Hauswirtschafterin die männlichen Hausangestellten mit der Aufgabe beauftragten, weigerten sich diese ebenfalls, mit der Begründung, Wasserholen sei Frauenarbeit. Beschwerden über die angebliche Faulheit oder Unfähigkeit der kolonisierten Hausangestellten, die sich in nahezu allen Berichten deutscher Frauen aus den Kolonien finden, spiegeln den Rassismus der Verfasserinnen wider, die Vorfälle können aber auch als eine Form des gezielten Ungehorsams der Arbeiterinnen und Arbeiter gedeutet werden.

Bülow versuchte daraufhin, die koloniale Geschlechterordnung wiederherzustellen, indem sie die Arbeiter auslachte und fragte, ob sie »ebenso unverständig sein wollten wie die Weiber«. Ihrer deutschen Leserschaft suggerierte sie, die Haltung der Männer sei lächerlich, da sie sowieso schon weiblich konnotierte Hausarbeiten wie Fegen, Essen auftragen, Küchenarbeit und Botendienste verrichteten. Damit wertete sie nicht nur die afrikanischen Männer, sondern auch die afrikanischen Frauen und deren Arbeit ab. Gleichzeit appellierte sie an die Einsicht der Männer in die Rassenhierarchien des Haushalts, indem sie die rhetorische Frage stellte, ob sie und die deutsche Haushälterin etwa selbst das Wasser holen sollten.[10] So stellte Bülow die Rangordnung zwischen allen Beteiligten zumindest in ihrer nachträglichen Schilderung der Situation wieder her.

INTIMITÄT UND GRENZZIEHUNGEN

Das enge Zusammenleben im kolonialen Haushalt bot zahlreiche solcher Momente, in denen die koloniale Geschlechterordnung ins Wanken geraten konnte. »Weiße« Kinder bauten emotionale Bindungen zu ihren afrikanischen oder samoanischen Kinderfrauen auf, Hausangestellte erhielten intime Einblicke in das Privatleben der kolonialen Machthaberinnen und Machthaber. Als besonders bedrohlich galt jedoch Sexualität zwischen europäischen und kolonisierten Männern. Männliche Homosexualität widersprach nicht nur den europäischen Vorstellungen von einem bürgerlichen Familienleben und männlicher Dominanz. Da sie die Grundlagen der bürgerlichen Ordnung in Frage stellte, wurde sie auch als Gefahr für die politische Ordnung wahrgenommen.

Gleichgeschlechtlicher Sex zwischen Männern war nach Paragraph 175 des deutschen Strafgesetzbuchs verboten. In den Kolonien galt Homosexualität darüber hinaus auch als Bedrohung des Herrschaftsanspruchs der Europäer. Deutsche Männer, die Sex mit anderen, insbesondere mit kolonisierten Männern hatten, gefährdeten aus Sicht der Kolonialbehörden das Ansehen der »weißen Rasse«. Wer nach Paragraph 175 wegen gleichgeschlechtlicher sexueller Handlungen verurteilt wurde, hatte daher mit der sofortigen Ausweisung aus der jeweiligen Kolonie zu rechnen. Dabei war es für die Verurteilung und die Ausweisung meist uner-

heblich, ob es sich um Vergewaltigung oder einvernehmlichen Sex handelte. Drei solcher Ausweisungsfälle sind beispielsweise aus der deutschen Kolonie Neu-Guinea überliefert, ein weiterer aus Kamerun.[11]

Die Debatten um Ehen, ordentliche Haushaltsführung und Homosexualität zeigen: Die koloniale Geschlechterordnung war weder eindeutig noch naturgegeben. Im kolonialen Alltag ergaben sich zahlreiche Situationen, in denen sie mühsam aufrechterhalten werden musste. Denn dort, wo die Intimität zwischen Kolonisierten und Kolonisierenden am größten war, im Haushalt, in sexuellen Kontakten und ehelichen Beziehungen, erwies sich die koloniale Geschlechterordnung als besonders brüchig. Dies bedeutet jedoch nicht, dass sie keine Macht über die in den Kolonien und im Deutschen Reich lebenden Menschen hatte. Im Gegenteil, einige Geschlechtervorstellungen verfestigten sich so sehr, dass sie bis heute nachwirken. So neigen westliche Medien beispielsweise immer noch dazu, Frauen of Color zu erotisieren und exotisieren, während »weiße« Feministinnen sie nicht selten als hilflose Opfer patriarchaler Verhältnisse darstellen. Und Männer of Color werden immer wieder als Bedrohung für »weiße« Frauen oder das Abendland inszeniert. Eine Betrachtung der deutschen Kolonialgeschichte unter geschlechterhistorischer Perspektive kann dazu beitragen, die Langlebigkeit solcher rassistischen und sexistischen Vorstellungen aufzudecken.

1 Vgl. Reagin 2007, S. 21–48, 55–61. | **2** Vgl. Leutner 2009. | **3** Vgl. Zantop 1999, S. 188–227. | **4** Hooks 1992, S. 24. | **5** Vgl. Kundrus 2003, S. 220. | **6** Vgl. Henrichsen 2003. | **7** Vgl. Kaiser 2009. | **8** Vgl. Wildenthal 2001; Kundrus 2004; Walgenbach 2005; Lerp 2009. | **9** Vgl. Reagin 2007, S. 61–69. | **10** Bülow 1889/2012, S. 213f. | **11** Vgl. Walther 2008.

POSTKOLONIALE PERSPEKTIVEN

WIDERSTAND, FREIHEIT UND NATIONENBILDUNG

ERINNERUNGEN AN DIE DEUTSCHE KOLONIALE VERGANGENHEIT IN TANSANIA

FLOWER MANASE MSUYA

DIE ETABLIERUNG der deutschen Kolonialherrschaft im ostafrikanischen Tanganjika (heute Tansania) stieß auf breiteren Widerstand als gemeinhin bekannt. Die Regionen entlang der Küste, im Norden, Süden und Westen kämpften unabhängig voneinander gegen die deutsche Kolonialherrschaft, was zu vielen Toten auf afrikanischer Seite und sogar zur Entvölkerung ganzer Landstriche führte. Hauptgründe für den Widerstand waren der repressive deutsche Militär- und Verwaltungsapparat sowie die Versuche der Deutschen, Handel und Handelsrouten, den Agrarsektor und andere Wirtschaftszweige an sich zu reißen. Die lokalen Autoritäten in Tanganjika fühlten sich sowohl politisch und wirtschaftlich bedroht als auch herausgefordert und provoziert vom Verhalten und den Forderungen der Deutschen. Eine dieser Forderungen bestand zum Beispiel darin, dass nach der Besetzung von Gebieten, die unter der Herrschaft lokaler Autoritäten standen, die deutsche Flagge gehisst werden musste, um die politische Anerkennung der ausländischen Macht zu erzwingen.

Der vorliegende Beitrag befasst sich mit dem Widerstand gegen die Errichtung der deutschen Kolonialherrschaft in Tanganjika. Er wirft einen genaueren Blick auf die lokalen Akteure und ihre Interessen und untersucht das Potenzial für Konflikte oder Kooperation im Hinblick auf deutsche Absichten. Darüber hinaus sollen die Spuren dieser Auseinandersetzungen im kollektiven Gedächtnis betrachtet sowie die Frage geklärt werden, inwieweit dieses Vermächtnis die Erinnerungspolitik beeinflusste und bis heute beeinflusst.[1]

SCHLÜSSELFIGUREN UND IHRE INTERESSEN – EINE CHRONOLOGIE DES FRÜHEN WIDERSTANDS

Zu den ersten bewaffneten Auseinandersetzungen kam es in der Küstenregion, da sie das Tor zum Landesinneren darstellte. Sie waren eine Reaktion auf das Hissen von Flaggen und das respektlose Verhalten seitens der Deutsch-Ostafrikanischen Gesellschaft und ihrer Repräsentanten. Diese Kämpfe des Jahres 1888, in deutschen Quellen unzutreffend als »Araberaufstand« bezeichnet, wurden von lokalen Autoritäten angeführt, zuvorderst Abushiri ibn Salim al-Harthi und Bwana Heri. Sie griffen auf Pangani, Bagamoyo, Lindi, Mikindani und Kilwa Kivinje über und wurden unterstützt von anderen arabischen Autoritäten wie etwa Mohamed bin Kassim in Tabora und Ujiji, der rund 600 Bewaffnete entsandte. Die benachbarten Kolonialmächte – die Briten in Kenia und die Portugiesen in Mosambik – unterstützten die deutsche Kolonialregierung mittels einer Seeblockade. Die deutsche Reichsregierung entsandte den erfahrenen Offizier Hermann von Wissmann als Reichskommissar in die Region, um die lokalen Kämpfer mit Hilfe von bewaffneten *Ruga-ruga*-Hilfstruppen zu bezwingen, jungen Afrikanern, die zeitweise für deutsche Militäreinsätze rekrutiert wurden. Abushiri wurde gefangengenommen und 1889 gehängt, Bwana Heri konnte 1894

Kinjeketile and the power of H₂O, **Amani Abeid,**
Tafel 1 von 5, Tansania 2015.
Deutsches Historisches Museum, Berlin. → Kat.-Nr. 8-5.

Der tansanische Künstler Amani Abeid reflektiert mit insgesamt fünf Tafeln in Anlehnung an das Genre des Superhelden-
comics aus einer Gegenwartsperspektive die Geschichte
des Maji-Maji-Krieges, den die Bevölkerung im Süden von
Deutsch-Ostafrika (heute Tansania) von 1905 bis 1907 gegen
die deutsche Kolonialherrschaft führte. Abeid schreibt zwei
mythisch aufgeladene Elemente der Erinnerungstraditionen
fort: die Rolle des Propheten und Anführers Kinjikitile Ngwale
sowie die Wirkung seines *maji*, einer aus versetztem Wasser
gewonnenen Medizin, an die sich seinerzeit Vorstellungen
von Unverwundbarkeit knüpften.

Kinjeketile and the power of H₂O, **Amani Abeid,**
Tafel 2 von 5, Tansania 2015.
Deutsches Historisches Museum, Berlin. → Kat.-Nr. 8-5.

In den frühen Jahren der tansanischen Unabhängigkeit
hatten Historiker der Universität in Daressalam in einem
großangelegten Forschungsprojekt mündlich überlieferte
Erinnerungen an den Maji-Maji-Krieg gesammelt und mit
ihrer Geschichtsschreibung einen zentralen Bezugspunkt des
neuen Nationalstaats geschaffen. Diese Tafel der Serie von
Amani Abeid stellt dar, wie Kinjikitile Ngwale die einigende
Kraft des Wassers im Kampf gegen die Deutschen beschwört.
Mit der letzten Tafel aktualisiert Abeid den nationalen Er-
innerungsdiskurs, indem er Armut, Krankheiten, Korruption
und Drogen als akute Bedrohungen benennt.

fliehen. Hassan bin Omari Makunganya, eine weitere Autorität an der Küste, der sich den Deutschen widersetzte und 1894 und 1895 Angriffe auf Kilwa leitete, geriet ebenfalls in deutsche Gefangenschaft und wurde an einem Mangobaum in Kivinje erhängt. Dieser Baum, den die Deutschen später für Massenhinrichtungen nutzten, ist bis heute bekannt als *mwembe-kinyonga,* Mangobaum des Henkers.

Zugleich kam es auch im Westen der Region zu Konflikten um wirtschaftlichen und politischen Einfluss. Isike, der Anführer der Nyamwezi in Tabora, kontrollierte den Handel von Mwanza am Victoriasee/Victoria Nyanza und Ujiji am Ostufer des Tanganjikasees zur Küste und weiter ins Binnenland, wobei er Zölle von den Durchreisenden erhob. 1886 kam der deutsche Händler Giesecke in Unyamwezi ums Leben, was Isike dazu nutzte, um Gieseckes Eigentum zu konfiszieren. 1889 vertrieb Isike zudem die Missionare der Weißen Väter aus Kipalapala und damit eine weitere Gruppe einflussreicher Ausländer aus seinem Territorium. Doch seine Kontrolle über die Region endete nur ein Jahr später, als Emin Pascha, eigentlich Eduard Schnitzer, als Repräsentant der Deutsch-Ostafrikanischen Gesellschaft mit *Ruga-ruga*-Truppen nach Tabora einrückte und dort die lokalen arabischen Autoritäten auf seine Seite brachte. Er entmachtete Isike und zwang ihn, Schadensersatz an die Deutschen zu leisten. Der Kampf zwischen den Deutschen und Isike setzte sich fort, bis Isike im Januar 1893 eine entscheidende Niederlage erlitt. Um seiner Verhaftung zu entgehen, beging er Selbstmord. Zusammengefasst lässt sich sagen, dass die Ursachen für diesen frühen Widerstand darin begründet waren, dass die Deutschen die politische und wirtschaftliche Macht lokaler Autoritäten bedrohten, und dass dieser Widerstand auf breiter Front von den Einheimischen unterstützt wurde, die die Fremdherrschaft ablehnten.

Die Dschagga/Chagga aus der Region um den Kilimandscharo im Norden hingegen versuchten, die Deutschen für ihre eigenen politischen Ziele einzusetzen. Einige Dschagga-Autoritäten gingen aus taktischen Gründen Bündnisse mit den Deutschen gegen ihre Feinde ein, erkannten jedoch nicht, dass die Deutschen letztlich nur ihre eigenen Interessen verfolgten. Infolgedessen verloren sie die Kontrolle und die Macht an die deutschen Kolonialherren. Zu den bekanntesten lokalen Autoritäten gehörte Rindi (auch Mandara), der seinen Sitz in Moschi/Moshi hatte und während der 1870er Jahre gegen Sina gekämpft hatte, einen Anführer mit Sitz in Kibosho/Kibosho. Als die Deutschen in der Region eintrafen, hieß Rindi sie willkommen und versuchte sie zu seinen Verbündeten zu machen – alles im Bemühen, Sinas Vorherrschaft zu beenden. Als Gerüchte die Runde machten, Sina sei dabei gesehen worden, wie er die deutsche Flagge einholte, unternahm Wissmann 1891 eine Strafexpedition und besiegte Sinas Männer. Entgegen seinen Absichten gelang es Rindi in der Folge jedoch nicht, seine Macht auszubauen; stattdessen musste er die deutsche Präsenz in seinem Herrschaftsbereich hinnehmen, und Moschi wurde deutscher Verwaltungssitz und missionarisches Zentrum.

Zu den bedeutendsten aktiven Widerstandshandlungen gegen die Deutschen kam es im südlichen Teil von Tanganjika, wo die Yao und Hehe zahlreiche erfolgreiche Angriffe gegen die deutschen Kolonialherren ausführten. Diese Gefechte begannen ebenfalls nach 1890 und dauerten mehrere Jahre an. Machemba, der Anführer der Yao, weigerte sich, die Hüttensteuer zu bezahlen. Von Beginn der 1890er Jahre an wurden daraufhin mehrmals deutsche Truppen ent-

**Vokabelheft Deutsch – Suaheli von Robert Koch (Faksimile),
deutsche und britische Kolonien in Ostafrika
(heute Tansania und Uganda), 1906/1907.**
Robert Koch-Institut, Berlin. → Kat.-Nr. 3-16.

Der Bakteriologe Robert Koch leitete im Jahr 1906/07 eine
Schlafkrankheitsexpedition nach Ostafrika. Koch erforschte
die Übertragungswege der Krankheit und testete Arsen-
präparate an der lokalen Bevölkerung. Die unwirksamen,
hochtoxischen Wirkstoffe hatten schwere Nebenwirkungen
bis zur Erblindung, und viele Patienten flohen aus den Schlaf-
krankenlagern. Das Reichskolonialamt verbot schließlich
solche Versuche und die Lager wurden 1911 aufgelöst. Kochs
Vokabelheft zeugt vom Bemühen, sich die Landessprache
anzueignen.

sendet, um Machemba zur Erfüllung der deutschen Forderungen zu zwingen. Doch Machemba
widersetzte sich ihnen, und erst 1899 gelang es
einer deutschen Strafexpedition, Machembas
Festung zu erobern und seine Verbündeten zu
verhaften. Machemba selbst gelang die Flucht
nach Mosambik. Auch Mkwawa, eine Autorität
der Hehe, leistete anhaltenden heftigen Widerstand: Er weigerte sich, seine Zollpolitik aufzu-
geben und stattdessen dem deutschen Interesse an freiem Zugang zum Landesinneren entlang bestehender Handelsrouten nachzugeben.
Obwohl er eine friedliche Beziehung mit den
Deutschen anstrebte, konnte er ihr respektloses
Verhalten gegenüber lokalen afrikanischen Autoritäten nicht akzeptieren. Als Vergeltung für
diese Kränkungen der Ehre schloss Mkwawa die
Handelsroute zwischen Bagamoyo und Tabora.
Seine Bemühungen, Bündnisse mit anderen afrikanischen Autoritäten einzugehen, scheiterten. Dennoch gelang es ihm, ein 1891 von Emil
von Zelewski geführtes deutsches Bataillon zu
besiegen; 1892 griff er die Garnison in Kilosa
an, wobei die gesamte Besatzung ums Leben
kam. Kilosa unterstand dem deutschen Offizier
Tom von Prince, der sich nach dieser schockie-
renden Niederlage mit den traditionellen Kriegs-

→

Askari-Figur, Friedrich Karl Kleine (Sammler).
Robert Koch-Institut, Berlin. → Kat.-Nr. 6–11.

Die Askaris genannten afrikanischen Soldaten wurden nach dem Ersten Weltkrieg zentral für die deutsche Erinnerungskultur. Der Mythos der Askaritreue als positives Symbol der deutschen Kolonisation fand seinen Ausdruck auch in Erinnerungsstücken wie der Askari-Figur, die zum Nachlass des Tropenarztes Friedrich Karl Kleine gehört. Kleine begleitete Robert Koch 1906/07 auf dessen Expedition zur Untersuchung der Schlafkrankheit nach Ostafrika. Er führte die Forschungen in der Umgebung des Tanganjika- und Victoriasees/Victoria Nyanza bis in die 1930er Jahre fort.

techniken der Hehe befasste. 1894 unternahm Prince einen Versuch, Mkwawa anzugreifen und gefangenzunehmen, doch dieser entkam und setzte seinen Widerstand in einem Guerillakrieg fort. Nun wurde ein Kopfgeld auf ihn ausgesetzt, und in den folgenden vier Jahren der Guerillakämpfe kamen sämtliche Verbündete von Mkwawa ums Leben. Der kränkliche Mkwawa beging 1898 Selbstmord. Sein Schädel wurde später nach Deutschland gebracht und erst 1955 wieder zurückgegeben. Die deutsche Kolonialverwaltung verschleppte nicht nur Mkwawas sterbliche Überreste, sondern auch die aller anderen Autoritäten und der lokalen Bevölkerung, die sich der deutschen Herrschaft in der Kolonie widersetzten.[2]

DER MAJI-MAJI-KRIEG 1905 BIS 1907

Anders als vorausgegangene bewaffnete Konflikte war der Maji-Maji-Widerstand keine unmittelbare Reaktion auf die Invasion und Intervention der deutschen Kolonialmacht in Afrika, sondern eher eine Reaktion auf die brutale Unterdrückung der Afrikaner durch die Deutschen in der Kolonie. Seit der Unabhängigkeit Tansanias gilt dieser Widerstand als Basis der Freiheitsbewegung in Tanganjika. Die Maji-Maji-Bewegung wurde von einem selbsternannten Propheten organisiert, der sich traditionelle Glaubensvorstellungen zunutze machte. Mit seiner Ideologie und seiner angeblichen »Kriegsmedizin«, die in Wirklichkeit aus *maji* (Wasser) bestand, lieferte Kinjikitile Ngwale der Bevölkerung wie auch den einheimischen Anführern den Impuls, ihre Kräfte angesichts einer immer repressiveren deutschen Herrschaft zu bündeln.

Es waren verschiedene Faktoren, die zu diesem Krieg führten, darunter vor allem die deutsche Steuer-, Agrar- und Arbeitspolitik. Die Einführung der Plantagenwirtschaft – mit dem Anbau von Kaffee, Sisal, Tabak, Baumwolle und Kautschuk – in Tanganjika durch die deutsche Kolonialverwaltung verringerte die Nahrungsmittelproduktion durch afrikanische Familien. Die Bewohner wurden von ihrem fruchtbaren Land vertrieben, um freie Flächen für die Plantagenwirtschaft zu schaffen. Die Menschen wurden gezwungen, steuerpflichtig zu arbeiten (Hüttensteuer), wobei die Steuer in Bargeld entrichtet werden musste. Wer es versäumte, sie zu zahlen, musste mit strenger Bestrafung, etwa körperlicher Züchtigung oder Inhaftierung, rechnen. Infolge der Plantagenwirtschaft und der Hüttensteuer verbrachten viele Menschen mehr Zeit mit der Arbeit auf deutschen Plantagen als für den Anbau von Obst und Gemüse für den eigenen Bedarf, was Hungersnöte zur Folge hatte. Männer wurden gezwungen, ihre Hütten zu verlassen, um auf Plantagen zu arbeiten, und Frauen mussten einige der traditionell männlichen Rollen übernehmen. Ganze Familien litten Hunger und wurden Qualen ausgesetzt, wenn sie ihre Steuern nicht bezahlten. Der bewaffnete Kampf und die darauffolgende Hungersnot forderten zwischen 250 000 und 300 000 Opfer, und viele Menschen wurden aus ihren Dörfern vertrieben. Dies hatte langfristige Auswirkungen auf die ganze Region wie auch auf das kollektive Gedächtnis.[3]

Seit dieser Zeit gilt der Maji-Maji-Widerstand als Basis der Unabhängigkeitsbestrebungen in Tanganjika, und die Erinnerung an die Ereignisse trug zur Gründung der Nationalen Bewegung bei. Dies zeigte sich bereits in einer Bemerkung zur britischen Kolonialherrschaft seitens Julius Kambarage Nyerere, dem Führer der nationalistischen Partei Tanganyika African National Union (TANU), in seiner Rede vor dem Vierten Komitee der Generalversammlung der Vereinten Nationen am 20. Dezember 1956. Nyerere, der 1962 erster Staatspräsident von Tansania wurde, erklärte, seine Partei werde bei ihrem Aufruf für die Unabhängigkeit Tanganjikas die Ideen der Maji-Maji aufnehmen.

Zu Ehren der Maji-Maji-Bewegung beschloss die tansanische Regierung im Jahre 1965, eine Gedenkstätte zur Erinnerung an die während des Krieges ums Leben gekommenen Kämpfer zu errichten. Das 1980 eröffnete Gebäude ist heute Teil des Maji Maji Memorial Museum und eine Zweigstelle des National Museum of Tanzania. Zur respektvollen Erinnerung an diejenigen, die ihr Leben im Kampf für die Freiheit verloren, organisiert das tansanische Nationalmuseum jedes Jahr im Februar eine nationale Gedenkfeier in der südtansanischen Region Ruvuma, bei der des Maji-Maji-Krieges gedacht wird.

Heute sind die zahlreichen Beispiele aktiven und passiven Widerstands als kontinuierlicher und landesweiter Prozess anerkannt, dessen Ziel in der Unabhängigkeit von Kolonial- und Fremdherrschaft bestand. Sie haben einen nachhaltigen Einfluss auf das kollektive Gedächtnis genommen.

DAS ERBE DER DEUTSCHEN KOLONIALHERRSCHAFT IN TANGANJIKA

Während sich das kollektive Gedächtnis auf Widerstand und Nationalbewusstsein fokussiert, lassen sich Vermächtnisse der deutschen Kolonialherrschaft bis heute in verschiedenen Lebensbereichen in Tansania finden und sind in politischen, ökonomischen und sozialen Aspekten des modernen Staates und der modernen Gesellschaft gegenwärtig. Das betrifft vor allem die von

**Fotografie »Mit den englischen Ärzten unterwegs«,
Homa Point, Kenia 1927.**

Robert Koch-Institut, Berlin. → Kat.-Nr. 3-28.

Der Tropenarzt Friedrich Karl Kleine war bereits 1906/07
mit Robert Koch in Ostafrika gewesen. In den 1920er und
1930er Jahren setzte er seine Forschungen auf mehreren
Expeditionen in britischen Kolonialgebieten wie Kenia
und Tanganjika (heute Tansania) fort. Kleine traf dabei mit
britischen Ärzten wie Sir David Bruce zusammen, der zur
Schlafkrankheit in Uganda geforscht hatte. Die Zusammenarbeit zeigt, dass trotz nationaler und territorialer Rivalitäten
der internationale Austausch von Wissen vor, während und
nach der deutschen Kolonialexpansion zum wissenschaftlichen Standard gehörte.

der Kolonialregierung und den Missionsgesellschaften geschaffenen Infrastrukturen, die bis
zum heutigen Tag existieren. So wurden in Tanganjika staatliche und Missionsschulen für die
Grund-, Sekundar- und Berufsausbildung erbaut. Die Missionen unterhielten in Tanganjika
918 Schulen mit insgesamt 63 455 Schülern, und
im Jahre 1914 gab es 99 von der deutschen Kolonialregierung finanzierte Schulen mit 3192
Schülern. Unter Nutzung bereits bestehender
Handelsrouten wurden Straßen und Eisenbahnen
gebaut oder saniert. Hafenanlagen wurden mit
elektrischen Kränen, Gleisanschlüssen und Spei-
chern modernisiert und konnten so von Fracht-
schiffen und Passagierdampfern, Küsten- und
lokalen Handelsschiffen angelaufen werden.
Auch das Gesundheitswesen wurde durch den
Bau von Gesundheitszentren und Krankenhäu-
sern und durch die Forschung über Tropenkrank-
heiten wie Malaria verbessert. Ausgenommen
von dieser Entwicklung blieben lange Zeit und
bis in die Mitte des 20. Jahrhunderts der von
Maji-Maji-Krieg und Entvölkerung betroffene
südliche Landesteil.

Im Zuge der Plantagenwirtschaft errichtete
die Kolonialregierung Produktions- und Verar-
beitungsstätten für Baumwolle, Sisal, Tabak, Kaffee und andere Agrarprodukte für den Export.
Einheimische Unternehmen schrumpften und
wurden durch koloniale Verarbeitungsbetriebe
verdrängt. Zudem investierte die deutsche Regierung in wissenschaftliche Forschung, indem

sie 1902 das Biologisch-Landwirtschaftliche Institut in Amani eröffnete. Ehemalige Verwaltungs-
gebäude *(bomas)* in Tabora, Bagamoyo, Dodo-
ma und Aruscha/Arusha werden heute als Re-
gierungsbüros genutzt; in Daressalam ist eines
davon heute Sitz der ersten deutsches Bier pro-
duzierenden Brauerei.

Die Deutschen leisteten darüber hinaus einen
Beitrag zur Entwicklung des Swahili als Amts-
sprache und zum Studium der verschiedenen
Muttersprachen. Die deutsche Kolonialregierung
gestattete den Gebrauch von Swahili im Unterricht, während Deutsch als Fremdsprache gelehrt
wurde. Missionare arbeiteten an einer Übersetzung der Bibel und christlicher Lieder in Regi-
onalsprachen und Swahili. Zu den Swahili-Wör-
tern mit deutschem Ursprung zählt *shule* für
»Schule« in Tanganjika – anders als in den von
Großbritannien beeinflussten Kolonien wie San-
sibar, wo für »Schule« das Wort *skuli* gebräuch-
lich ist.

Dieses koloniale Erbe muss jedoch als ambivalent bewertet werden: Schließlich zielten
die deutsche koloniale Intervention im ökonomischen und sozialen Sektor und die »Inwertsetzung« beziehungsweise Entwicklung der Kolonie rein darauf ab, den Deutschen, nicht den
Afrikanern zugutezukommen. Darüber hinaus
wurden soziale Strukturen und Produktions-
weisen Veränderungen unterworfen, deren problematischen Auswirkungen bis heute spürbar
bleiben.

1 Die folgenden Absätze über die verschiedenen Formen des Widerstands orientieren sich an Kimambo |
Temu 1969. | **2** Vgl. Clark 1960; Iliffe 1969; Iliffe 1979. | **3** Vgl. Mapunda/Mpangara 1969; Miehe u. a. (Hg.)
2003; Saavedra Casco 2007.

DENKMÄLER – UND WAS SONST NOCH?

DAS KONTROVERSE ERBE DER DEUTSCHEN KOLONIALHERRSCHAFT IN NAMIBIA

WERNER HILLEBRECHT

DER ABBAU DES REITERDENKMALS von seinem prominenten Standort oberhalb der Innenstadt von Windhoek, dem Central Business District, hat in Namibia eine erregte Debatte ausgelöst. Trotz Einwänden seitens der Tourismusindustrie, das Standbild sei die von deutschen Touristen am häufigsten besuchte und fotografierte Sehenswürdigkeit der Stadt, und sogar seitens einiger Abkömmlinge von Überlebenden des Völkermords an den Herero und Nama, das Denkmal diene als weithin sichtbare Mahnung, herrschte weitgehende Übereinstimmung, das Monument von seinem prominenten Standort zu entfernen. Das triumphalische Denkmal war 1912 vom damaligen deutschen Gouverneur mit den Worten eingeweiht worden: »Der eherne Reiter der Schutztruppe, der von dieser Stelle aus in das Land blickt, verkündet der Welt, daß wir hier die Herren sind und bleiben werden.«[1] Das Reiterstandbild hatte den zentralen Platz zwischen vier weiteren deutschen Monumenten eingenommen, als da wären: die Alte Feste, Windhoeks ältestes noch erhaltenes Bauwerk, eine 1890 errichtete Festung und heute ein im Umbau befindliches Museum; die Kaiserliche Realschule, in der heute die Verwaltung des National Museum of Namibia untergebracht ist; die 1910 eingeweihte deutsche Lutherkirche und der Tintenpalast, das 1913 errichtete Verwaltungsgebäude, das heute Sitz des namibischen Parlaments ist.[2] Herzstück dieses Ensembles ist jetzt das Independence Memorial Museum, das 2014 eröffnet wurde und viele Widersprüche der namibischen und afrikanischen Gedenkkultur verkörpert: Die Idee wird allgemein gutgeheißen, aber ihre Ausführung bietet Anlass zur Kritik, weil sie nicht afrikanisch ist und dem Gedenken einen fremden – in diesem Falle: nordkoreanischen – Stil aufzwingt, anstatt der namibischen Kreativität Raum zu geben.

Doch zunächst ein paar Hintergrundinformationen: Die Kolonialgeschichte Namibias kann in vier Sätzen und zwei Perioden zusammengefasst werden. Das einst Deutsch-Südwestafrika genannte Land wurde vom Deutschen Reich in einer Reihe blutiger Kriege zwischen 1884 und 1914 kolonisiert und nach nur dreißig Jahren im Ersten Weltkrieg wieder an einmarschierende südafrikanische Truppen verloren. In dieser Zeit war es eine Siedlerkolonie geworden, in der deutsche Relikte – und darin unterscheidet es sich von anderen ehemaligen deutschen Kolonien – möglicherweise mit einer gewissen Nostalgie betrachtet werden. Mit dem Friedensvertrag von Versailles übertrug der Völkerbund die Kolonie als sogenanntes C-Mandat über die britische Krone an Südafrika zur Verwaltung, wodurch im Grunde nur ein Kolonialherr durch einen anderen ersetzt wurde. Südafrika regierte Namibia 75 weitere Jahre und gab seine Herrschaft erst 1990 nach einem eskalierenden, fast 25 Jahre andauernden Befreiungskrieg auf.[3]

IM SCHOSS DER APARTHEIDSPOLITIK

Auch wenn sie relativ kurz war, hat die deutsche Kolonialzeit das Gesicht des heutigen Namibia offenbar in vieler Hinsicht geprägt. Prä-

sident Hage Geingob brachte es 2016 auf den Punkt, als er sagte: »Deutsche Denkmäler überall. Wir versuchen, unsere eigenen Denkmäler zu schaffen.«[4] Viele sind der vermeintlichen Überzahl deutscher Relikte in Namibia überdrüssig – von Straßennamen, Kriegsgräbern und architektonischen Spuren bis hin zum vieldiskutierten Reiterdenkmal, das jetzt von seinem prominenten Standort in den Innenhof eines Museums versetzt wurde.

Diese Erinnerungen an die koloniale Vergangenheit versichern die deutschsprachige lokale Bevölkerung auch ihrer meist immer noch privilegierten Stellung in der südafrikanischen Gesellschaft. Schließlich bilden sie, statistisch gesehen, bis heute die wohlhabendste Sprachgruppe der Bevölkerung. Und obwohl es sich nur um eine Minderheit von weniger als 20 000 Menschen handelt, ist sie doch ökonomisch bedeutsam und kaum zu übersehen.

Aber abgesehen von sehr wenigen Skulpturen und einem interessanten architektonischen Erbe an einigen Orten sind viele der vermeintlich deutschen Merkmale – einschließlich der ebenfalls wenigen, aber sehr präsenten deutschsprachigen Einwohner Namibias – kein direktes Erbe der relativ kurzen deutschen Kolonialherrschaft, sondern eher das Resultat mehrerer Einwanderungswellen aus Deutschland nach dieser Zeit. Dabei handelte es sich vor allem um Wirtschaftsflüchtlinge, die nach dem Ersten und Zweiten Weltkrieg kamen und von der südafrikanischen Kolonialmacht nicht zuletzt deshalb willkommen geheißen wurden, weil sie die

Südwestafrika-Denkmünze für Kämpfer mit Gefechtsspangen, Berlin 1907.
Deutsches Historisches Museum, Berlin. → Kat.-Nr. 2-52.

Die von Kaiser Wilhelm II. gestiftete Gedenkmünze glorifiziert den Krieg in Deutsch-Südwestafrika (heute Namibia). Ihre Ausführung in Bronze erhielten alle beteiligten Streitkräfte und Sanitäter. Die Vorderseite zeigt den Kopf der Germania mit der Umschrift »SÜDWEST AFRIKA 1904–06«. Die Rückseite zieren in gotischen Buchstaben »W II« für Wilhelm II. und eine Kaiserkrone, darunter zwei gekreuzte antike Schwerter und die Umschrift »DEN SIEGREICHEN STREITERN«. Zur Münze gehören 16 Gefechtsspangen, die den Kriegsverlauf anhand wichtiger Schauplätze wie Omaruru, Waterberg, Omaheke oder Karas-Berge dokumentieren.

↑ →

Siedlerleben, aus einem Album von Liddy Forkel, Keetmanshoop 1907–1910.
Deutsches Historisches Museum, Berlin. → Kat.-Nr. 4-37.

Zur Erinnerung an die gemeinsam in Deutsch-Südwestafrika (heute Namibia) verbrachten Jahre stellte Liddy Forkel mehrere Fotoalben für Familienmitglieder zusammen, die das Alltagsleben und Familienereignisse festhielten. Ihr Ehemann, der Jurist Otto Forkel, war bereits ab 1903 in Keetmanshoop tätig und wurde später Bürgermeister des Ortes. Das Paar lebte mit seinen drei Kindern auf einem Gut, das neben dem Sozialleben in Keetmanshoop besonders häufig abgebildet ist.

»weiße« Hegemonie verstärkten. Deutlich sichtbare Gesten wie deutsche Straßennamen trugen zur Integration deutschsprachiger Siedler in den Schoß der Apartheidspolitik bei und vermittelten eine gewisse Kontinuität der Kolonialherrschaft in einem Geist einer »weißen Bruderschaft« gegen eine »schwarze« Mehrheit.

Diese Kontinuität wurde nur kurzfristig vom Zweiten Weltkrieg unterbrochen: Damals internierte man zahlreiche deutschsprachige Einwohner als feindliche Ausländer unter dem Verdacht, sie bildeten eine fünfte Kolonne für die Kriegsanstrengungen des nationalsozialistischen Deutschen Reiches, und drohte ihnen mit der Deportation nach Kriegsende. Auf die Bemühungen der südafrikanischen Nasionale Party ist es zurückzuführen, dass sie bleiben durften – und nicht zuletzt deshalb konnte die Partei 1948 eine parlamentarische Mehrheit erlangen und so die bereits herrschende rassistische Politik unter dem Namen »Apartheid« drastisch verschärfen.

ANVERWANDLUNGEN

Ein unübersehbares und fortdauerndes Erbe der deutschen Kolonialzeit sind die Uniformen, die heute als traditionelle Männerkleidung der Herero gelten und bei allen formellen Anlässen, in ländlichen Gebieten jedoch auch im Alltag ge-

tragen werden. Für jemanden wie mich, der im durch und durch antimilitaristischen Klima Nachkriegsdeutschlands sozialisiert wurde, sind diese Uniformen zugegebenermaßen noch immer irritierend, auch wenn ich weiß, unter welchen Umständen sie von den Herero übernommen wurden, und dass es sich nicht um bloße Kopien, sondern um kreative Anverwandlungen handelt.

Es hat zahlreiche Versuche gegeben, dieses auffällige Phänomen mit sozialpsychologischen Begriffen wie »Mimikry« oder »Identifikation mit dem Aggressor« zu erklären, die meiner Meinung nach jedoch eher unzulänglich sind. Stattdessen sollte man sich vor Augen führen, wie es dazu kam, dass diese Uniformen Eingang in die Gesellschaft der Herero fanden, die in den Jahren nach dem Völkermord von 1904 nahezu atomisiert wurde. Die meisten der traditionellen Autoritäten hatten ins Exil flüchten müssen, waren im Kampf gefallen oder vor ein Kriegsgericht gestellt und hingerichtet worden. Mit kaiserlichem Erlass war in der Nachkriegszeit nicht nur das Land und das Vieh der Herero enteignet, sondern der Besitz von Rindern überhaupt untersagt worden – der Eckpfeiler ihrer Kultur, ihrer Wirtschaft und ihres sozialen Gefüges. Gefangenschaft und der Einsatz als Zwangsarbeiter auf Farmen, der sie über das

ganze Land verteilt hatte, weit weg von ihren Heimatdörfern, erschwerten es den Herero, diese Distanzen zu überwinden und die alten Verbindungen wiederherzustellen. Zudem hatte der Krieg Familien auseinandergerissen und eine große Zahl von Waisen und vertriebenen Kindern zur Folge, die in deutschen Militärlagern als sogenannte Bambusen aufwuchsen und als Gelegenheitsarbeiter oder persönliche Diener der Soldaten sozialisiert wurden. Sie wurden in abgelegte Uniformen gesteckt und begannen, den Drill, die Befehle und die Schimpfwörter ihrer Herren zu kopieren; so gehören bis heute Kraftausdrücke wie »Schweinehund« zum Wortschatz ihrer Nachfahren.

Aber die Herero erholten sich von dieser Zersplitterung in einem langen und zuweilen widersprüchlichen Prozess, der bereits unter deutscher Herrschaft begonnen hatte und der sich unter südafrikanischer Herrschaft zwischen den beiden Weltkriegen beschleunigte. Während einerseits traditionelle familiäre Bindungen und auch das traditionelle Amt des *chiefs* wiederbelebt wurden, entwickelte sich zur gleichen Zeit eine neue soziale Bewegung mit zahlreichen Funktionen: gegenseitige Hilfe, zeremonielle Zusammenkünfte und landesweite Strukturen in Anlehnung an die militärischen Organisationsprinzipien und Ränge der deutschen Komman-

**Postkarte mit Samuel Maharero in Uniform,
Verlag Franz Spenker, versandt von Jakob Waßmer,
Deutsch-Südwestafrika (heute Namibia),
14. Juni 1906 (Poststempel).**
Deutsches Historisches Museum, Berlin. → Kat.-Nr. 2-66.

Die Postkarte spiegelt das ambivalente Verhältnis seitens
der Kolonialverwaltung zu Samuel Maharero wider. Die Fotografie zeigt ihn in einer aus deutschen Uniformteilen zu-
sammengesetzten Kleidung mit der Bildunterschrift »Samuel
Maharero, der aufständische Herero-Häuptling«. Maharero
kooperierte zunächst mit dem Gouvernement von Deutsch-
Südwestafrika. Da seine Eingaben gegen die koloniale Landnahme und Gewalt erfolglos blieben, führte er die Herero in
den Krieg gegen die Kolonialmacht. Er entkam dem Völkermord durch die Flucht in die britische Nachbarkolonie.

dostruktur. *Oturupa* (abgeleitet vom deutschen
Wort »Truppe«) ist die allgemeingebräuchliche
Bezeichnung für diese Strukturen und Aktivitäten, beispielsweise Versammlungen und zeremonielle Umzüge.

Offenbar hatte die Generation derjenigen,
die als Kinder im deutschen Militär sozialisiert
worden waren, entscheidenden Einfluss auf die
Entwicklung der Bewegung und führte die Uniformen als Teil ihrer Identität ein. Zu Anfang
waren diese Bewegungen nicht auf Augenhöhe
mit der Wiederherstellung traditioneller Füh-
rungsstrukturen und dem anderen Versamm-
lungspunkt des Neuaufbaus der Herero-Gemein-
schaft, den christlichen Kirchen. Erst ein langer
Prozess politischer und sozialer Entwicklungen
führte sie schließlich wieder zusammen und
sorgte auch dafür, dass die Uniform als »nationale Kleiderordnung« allgemein übernommen
wurde.[5]

Diese Uniformen, die deutschen Ränge und
Befehle sowie die schwarz-weiß-roten Abzeichen der *Otjizerandu*-Bewegung (der größten
dieser pseudomilitärischen Strukturen mit Verbindungen zur Maharero-Familie, die rote Flaggen bei ihren Paraden einsetzt) wurde von
einigen Deutschen zwischen den beiden Weltkriegen als Ausdruck des Verlangens interpretiert, zur deutschen Kolonialherrschaft zurück-
zukehren. Dies war natürlich nur das Wunsch-
denken der kolonialrevisionistischen Bewegung,
die davon träumte, die Ergebnisse des Friedens-
vertrags von Versailles rückgängig zu machen;
dennoch lebt die Idee in dem unter deutschsprachigen Namibiern weitverbreiteten Mythos
fort, man erinnere sich an die deutsche Herrschaft gerne als »streng, aber gerecht«.

→

→ **Schützenscheibe mit Kolonialmotiv, Deutschland, um 1919.**
Deutsches Historisches Museum, Berlin. → Kat.-Nr. 2-53.

Der Schriftzug auf der Tafel »In Treue zu unseren Kolonien«
erinnert an das auf Deutsch-Südwestafrika (heute Namibia)
bezogene Kolonialistenmotto »In Treue fest, Südwest!«.
Auch das Bildmotiv nimmt auf die Kolonialgebiete in Afrika
Bezug. Möglicherweise waren Mitglieder der Zehlendorfer
Schützengilde von 1893 e. V., die mit dieser Schützenscheibe
übten, als Kolonisten dort gewesen. Da sie wohl nach dem
Versailler Vertrag von 1919 und dem Verlust der Kolonien
angefertigt wurde, ist die Aufschrift als kolonialrevisionistischer Anspruch zu verstehen.

IM KOKON DER DEUTSCHEN VERGANGENHEIT

Zweifellos finden sich noch immer viele Spuren
der deutschen Kultur in Namibia, insbesondere im Bereich der Esskultur, wo Brot, Back- und
Wurstwaren so beliebt sind, dass »Brötchen« in
das Alltagsvokabular anderer Sprachen Eingang
gefunden hat. Und natürlich ist das in Namibia
nach deutschem Vorbild gebraute Bier allseits
beliebt und hat sich fast zu einem nationalen
Symbol entwickelt, das vehement gegen die er-
drückende Konkurrenz der südafrikanischen
Brauereien verteidigt wird.

   Deutsch ist seit langem als eine der 13 Landes-
sprachen anerkannt, die an namibischen Schulen in Übereinstimmung mit dem Prinzip unterrichtet werden, dass jedes Kind zuerst in seiner
Muttersprache lesen und schreiben lernen soll,
bevor es zur offiziellen Sprache, also ins Englische wechselt. Aber all dies kann nicht über die
Tatsache hinwegtäuschen, dass die verbleibenden
ethnischen Deutschen in Namibia von den meisten als nicht in die neue Nation integriert wahrgenommen werden; wie in einen Kokon einge-
sponnen, ziehen sie sich auf ihre eigene Sprache, auf eigene Clubs, Schulen und andere Einrichtungen zurück, darunter mit der *Allgemeinen
Zeitung* auch die einzige deutschsprachige Tageszeitung der südlichen Hemisphäre.[6]

   In Ermangelung repräsentativer Meinungs-
umfragen lässt sich nur schwer beurteilen, inwieweit dieses Bild der tatsächlichen Situation
entspricht. Briefe und E-Mails an den Herausgeber der *Allgemeinen Zeitung* scheinen den
Eindruck zu bestätigen, dass deutschsprachige
Namibier keine Verbindung zur modernen Zeit

und einer emanzipierten »schwarzen« Mehrheit
haben. Häufig heißt es in Leserbriefen an die
Zeitung sinngemäß: »Wir haben dieses Land er-
schlossen, wir haben die Eisenbahn gebaut« und
so weiter, wobei jedoch erstens außer Acht ge-
lassen wird, dass der Hauptgrund für ihren Bau
die Sicherung der Versorgungslinien während
des Krieges war, und zweitens, dass diese Bahnstrecken von Zwangsarbeitern in Kriegsgefangenschaft gebaut wurden.

   Doch all diese Details berühren nicht den
Kern des problematischen deutschen Erbes. Der
wichtigste kulturelle Aspekt der deutschen Kolonialherrschaft in Namibia ist ihr anhaltender
sozioökonomischer Einfluss – insbesondere die
umfassende Enteignung von Farmland, die bis
zum heutigen Tag die Landkarte Namibias prägt.

DAS HISTORISCHE ERBE DER DEUTSCHEN

Ich werde nicht näher auf den Völkermord während des Krieges eingehen, der im Januar 1904
in Namibia begann. Inzwischen ist eine breitere
deutsche Öffentlichkeit darauf aufmerksam geworden und die Ereignisse sind endlich Gegenstand bilateraler Verhandlungen der betroffenen
Regierungen. Aber ich möchte hervorheben,
dass der Ausgang des Krieges für die überlebenden Angehörigen der Herero, Nama, Damara und
San einem kulturellen Völkermord gleichkam,
denn die Kultur eines Volkes kann nicht von seiner wirtschaftlichen Existenz und seinen Pro-
duktionsformen getrennt werden. Wie bereits

erwähnt, erließ die deutsche Regierung unmittelbar nach dem Krieg ein umfassendes Gesetzespaket, um sämtlichen Land- und anderen Besitz der Herero und der Nama zu konfiszieren; diese Maßnahmen betrafen auch die Gemeinschaften der Damara und der San, die auf demselben Land lebten – eine Tatsache, die meist übersehen wird. Die Gesetze untersagten den Herero und den Nama außerdem den Besitz von Rindern und Pferden, schränkten ihre Bewegungsfreiheit durch die Ausgabe von Pässen stark ein, zwangen sie zu abhängiger Lohnarbeit und verhinderten größere Siedlungen außerhalb streng kontrollierter städtischer Gebiete. Sie zielten eindeutig darauf ab, die ehemaligen Besitzer des Landes zu einer Klasse landloser, für die Kolonialwirtschaft verfügbarer Arbeiter zu machen und zu verhindern, dass sie sich organisierten. Den Nama, die einflussreiche Kolonialideologen als Arbeiter für »wertlos« erachteten,[7] erging es noch schlechter als den Herero; sie behielten bis zum Ersten Weltkrieg den Status von Kriegsgefangenen und wurden von ihren Heimatgebieten vertrieben oder sogar in andere Kolonien deportiert.

Man kann sich wohl vorstellen, welche verheerenden Auswirkungen derartige Maßnahmen auf die Kultur eines Volkes hatten, dessen gesamte Wirtschaft auf der Viehzucht basierte, dessen tägliche Rituale und mündliche Überlieferungen sich um Rinder drehten, und das Zwiesprache mit seinen Vorfahren an deren Gräbern hielt. Aber vor allem hing die Weidewirtschaft in einem trockenen Land wie Namibia davon ab, die Herden je nach Beschaffenheit der Viehweiden und der Kenntnis von Wasserstellen über große Entfernungen zu treiben. Es existieren zahlreiche mündliche Überlieferungen von Lobpreisungen, die die Geschichte von Personen, einzelnen Rindern und von Orten miteinander ver-

binden; doch all dies verliert seine Bedeutung, wenn nicht mehr die Möglichkeit besteht, sich frei zu bewegen und diese Orte aufzusuchen. Es sagt sehr viel über die Widerstandsfähigkeit der Herero aus, dass es ihnen über die vergangenen hundert Jahre gelungen ist, Elemente ihres kulturellen Erbes wiederherzustellen, zu bewahren – und sogar neue Elemente hinzuzufügen wie beispielsweise die Uniformen.

Das unabhängige Namibia hat zumindest die rechtlichen Hindernisse für die Freizügigkeit der Menschen aufgehoben, die unter der deutschen Herrschaft eingeführt und während der Apartheid aufrechterhalten und intensiviert worden waren. Aber was den Besitz von Land betrifft, so ist das Muster weitgehend unverändert. Als die deutsche Herrschaft in Namibia endete, waren große Parzellen formal Eigentum der deutschen Regierung, aber noch nicht von Siedlern besetzt, so dass ein gewisser Lebensraum für Afrikaner blieb – auch wenn es als illegal und daher gefährlich galt, ihn zu nutzen. Die südafrikanische Regierung verfolgte vor allem das Ziel, diese Räume mit Siedlern zu füllen, um die totale Kontrolle zu erlangen – mit Erfolg. Die derzeitige Landreform ist ein langsamer Prozess, der nicht auf die Wiederherstellung von Gemeindebesitz, sondern auf einen Wechsel der Besitzer abzielt und damit die Freizügigkeit weiterhin einschränkt: Dieses Ergebnis des Kolonialismus ist inzwischen irreversibel.

Die Grundbesitzverhältnisse sind und bleiben das emotionalste Vermächtnis der Kolonialzeit im heutigen Namibia, und sie berühren auch das Thema der Denkmäler. Vor kurzem habe ich den Schauplatz der Schlacht von Hamakari, besser bekannt als »Schlacht am Waterberg« besucht. Das ausgedehnte Gebiet gehört einem deutschsprachigen Farmer, und man darf es ohne seine Erlaubnis nicht betreten. Die einzi-

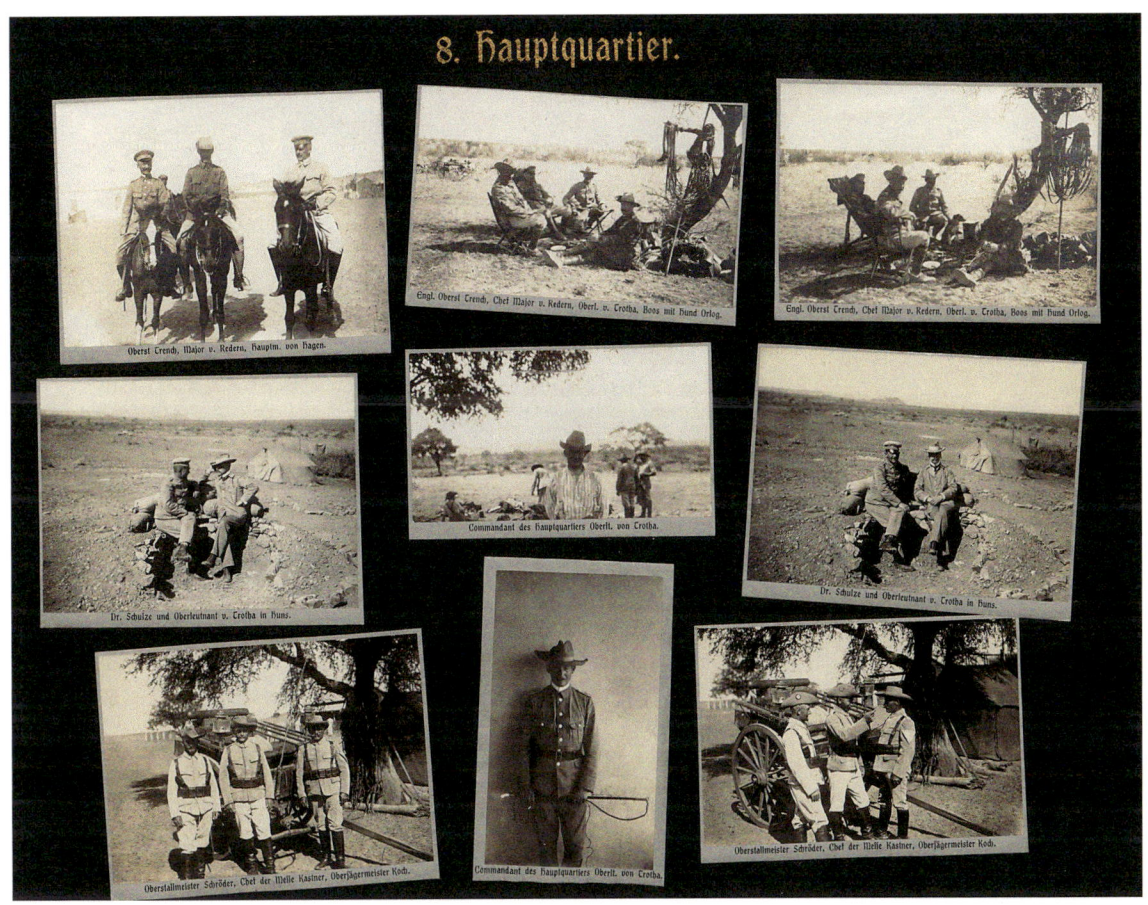

↑

Bilder aus dem Krieg in Deutsch-Südwestafrika,
zusammengestellt von Lothar von Trotha, Deutsch-
Südwestafrika (heute Namibia), 1904/19.
Bundesarchiv, Abt. Militärarchiv, Freiburg, N 103/113.
→ Kat.-Nr. 2-46.

Das umfangreiche Fotoalbum mit Originalabzügen und Bildunterschriften dokumentiert den Weg Lothar von Trothas
und seines Hauptquartiers auf dem Feldzug gegen die Herero.
Aus einer privaten Sicht aufgenommen, zeigen die Fotografien hauptsächlich Alltagsszenen im Hauptquartier, dazu
viele Porträts von deutschen Militärs und einheimischen Bediensteten. Die Grausamkeiten des Krieges und des Genozids
wie Kampfhandlungen oder Gefangenenlager werden aus-
gespart. Eine Ausnahme ist die Seite zur »Schlacht am Waterberg« mit den Ansichten von Gräbern deutscher Gefallener.

gen sichtbaren Spuren dieser Schlacht sind die gepflegten Gräber deutscher Soldaten. Es gibt nicht den geringsten Hinweis darauf, dass hier auch Herero starben; ein kulturelles Erbe, das für Verbitterung sorgt.

Namibia ist ein friedliches Land. Im persönlichen Kontakt stößt man nur selten auf Feindseligkeit oder Missstimmung wegen seiner deutschen Abstammung. Die kürzlich erfolgte Aufwertung des Goethe-Zentrums in Windhoek zu einem vollwertigen Goethe-Institut wird als längst überfällig sehr begrüßt. Der erhebliche deutsche Beitrag zu den direkten Investitionen und die Unterstützung beim Ausbau der Verkehrsinfrastruktur, um nur einen Sektor zu nennen, werden dankbar angenommen. Aber das bedeutet nicht, dass das historische Erbe vergessen werden kann und soll; es ist an der Zeit, es zu einem formalen Ende zu bringen und die deutsche Verantwortung vollständig anzuerkennen.

1 Zit. n. Der Südwestbote, 1912. | **2** Schumann/McGregor 2014. | **3** Wallace/Kinahan 2011. | **4** Übers. n. The Namibian Sun, 6. April 2006. | **5** Gewald 1999; Hendrickson 1992. | **6** Schmidt-Lauber 1993; Schmidt-Lauber 1998. | **7** Rohrbach 1907, S. 349.

DEUTSCHES HISTORISCHES MUSEUM

←

Le herós invisible (Der unsichtbare Held), Skulptur und
Bildmontage: Philip Kojo Metz, Berlin 2014/2016.
Sammlung des Künstlers, Berlin. → Kat.-Nr. 1-1.

↙

Reiterdenkmal in Windhoek, Namibia, Denkmalentwurf:
Adolf Kürle, Fotografie: Memory Biwa, 2015.
Sammlung der Künstlerin, Windhoek.

ERZÄHLUNGEN DES KOLONIALISMUS, NATIONALISMUS UND DES ICHS

SCHREIBEN UNTER KOLONIALER HERRSCHAFT IN KAMERUN

PATRICE NGANANG

SCHREIBEN IN EINEM unterdrückten Kontinent – das ist im Kern die Situation aller afrikanischen Autoren. Das treffendste Beispiel hierfür ist das eines Schriftstellers unter der Kolonialherrschaft. In diesem Essay möchte ich mich der Frage widmen: Wie sah das Schicksal kamerunischer Schriftsteller während des Kolonialismus aus, insbesondere während des deutschen Kolonialismus? In dieser Hinsicht stellt sich natürlich als Erstes die Frage, ob sich während der deutschen Kolonialzeit überhaupt Schriftsteller in Kamerun finden lassen. Doch es gibt ein Buch, das sogar über diese Periode hinausgeht und auch über die kurze britische Herrschaft berichtet sowie über einen großen Teil der französischen Herrschaft, die beide der deutschen folgten: das *Sang'aam*.[1] Es umfasst etwa 500 Seiten und wurde zwischen 1911 und 1933 von Njoya zusammengestellt,[2] dem Sultan des Königreiches Bamum. Njoya musste von Foumban, der Hauptstadt von Bamum, nach Yaoundé umziehen – damals bereits die Hauptstadt von Französisch-Kamerun –, wo er schließlich bis zu seinem Tode im Exil lebte.

Gegen Ende seines Buches schreibt Njoya Folgendes über seine eigenen Untertanen: »Ich, Njoya, schwor als König der Gepflogenheit ab, Menschen hinrichten zu lassen. Ich schwor ihr ab, noch bevor die Weißen kamen. Dennoch liebten mich die Bamum nicht mehr als zuvor. Was ist das für ein Volk, das einen nur liebt, wenn es ausreichend von einem versorgt wird? Und selbst nachdem man sie versorgt hat, lieben sie einen nicht wirklich. In Wahrheit halten sie einen für einen Dummkopf. Und wenn man ihnen nicht genug Geschenke macht, dann ist man für sie ein schlechter Mensch. Die Bamum? Was ist das für ein Volk?«[3]

Dies ist eine recht erstaunliche Aussage für einen König, der viele Seiten zuvor im selben Buch die folgenden Worte der Dankbarkeit über ebenjenes Volk verfasste: »Ich wurde zum König ernannt, als ich noch minderjährig war, im Alter von 19 Jahren. Die Bamum haben mich großgezogen. Die Bamum sind wie Väter für mich; ich kann sie nicht fürchten, und sie brauchen mich nicht zu fürchten. Die Hilfe, die ich meinen Vätern zuteil werden lassen kann, ist grenzenlos und wird erst enden, wenn Gott mich zu sich ruft.«[4]

SULTAN NJOYA UND DER AUFBAU DES *SANG'AAM*

Über den historischen Unterschied zwischen diesen beiden Aussagen hinaus gibt es auch einen rein formalen. Zwar sind sie beide im gleichen Buch niedergeschrieben, doch zwischen ihrer Entstehung liegen mehr als ein Jahrzehnt, ein Weltkrieg, die Besetzung von Foumban durch die deutschen (1902–1915), die britischen (drei Monate ab Dezember 1915) und die französischen Kolonisatoren (ab 2. Oktober 1916). Zudem dürfte die erste Aussage vermutlich niemals öffentlich ausgesprochen worden sein, während die zweite mit den nachfolgenden Worten im Buch eingeführt wird: »Dies sind die Worte, die König Njoya an die Bamum richtete, während

←

König Njoya in Uniform, Martin Göhring, Foumban, Kamerun, 1911/1915.
Archiv Basler Mission, Basel. → Kat.-Nr. 2–34.

Martin Göhring leitete die Station der Basler Mission im Königreich Bamum. Neben seiner Arbeit machte er zahlreiche Fotografien von König Njoya oder Mitgliedern der königlichen Familie. Der Herrscher von Bamum nutzte die Fotografie als Medium der Selbstinszenierung für seine Bündnispolitik. Mit eigens für ihn angefertigten Uniformen im europäischen Stil nahm er Elemente der politischen Symbolik der Kolonialmächte auf, um diplomatische Nähe zu signalisieren und sich als ebenbürtiger Bündnispartner zu präsentieren.

er sie regierte.«[5] In ihren unterschiedlichen Ausdrucksformen – die eine geschrieben, nicht aber gesprochen, die andere sowohl geschrieben als auch gesprochen – belegen diese widersprüchlichen Aussagen über das Volk der Bamum die Unterscheidung des Sultans von Bamum zwischen dem geschriebenen und dem gesprochenen Wort und ihrem jeweiligen Umgang mit Urteil und Wahrheit.

Indem er sich auf das geschriebene Wort bezieht, dem es zu eigen ist, gedachte und gesprochene Worte dauerhaft festzuhalten, bemerkt er abschließend über das neue, von ihm erlassene kodifizierte Rechtssystem: »Es scheint, als habe Gott, nachdem er gesprochen hat, ihnen die Stimme genommen, auf dass kein anderer König je den Anlass dieser Urteilssprüche ergründen könne.«[6] Könnte eine so klar umrissene Darstellung der Eigenschaften von Verschriftlichtem doch nur die Zustimmung seiner Un-

tertanen finden! »Er schreibt Dinge, um die Weißen zu blenden«,[7] urteilten manche über seine schriftstellerische Tätigkeit. Diese Einschätzung teilten (wenig überraschend) auch die französischen Kolonialbeamten, was letztlich dazu führte, dass 1921 Njoyas öffentliche Auftritte ebenso verboten wurden wie sämtliche seiner Schriften; außerdem untersagte man die Nutzung der Schumom-Schrift, in der er seine Memoiren verfasste – das *Libonare*,[8] jenes Buch, das auch bekannt wurde als das *Sang'aam*. Obgleich wohl einzigartig, lässt sich Sultan Njoyas stetiger Kampf mit dem geschriebenen Wort als allgemeine Trope lesen. Die Stellung von Afrikanern und die Benutzung von Schriftsprache durch sie war unter der Kolonialherrschaft sehr umstritten. Daher ist das Schicksal von Sultan Njoyas Werk ein perfektes Beispiel für den kulturellen Kampf, den das Schreiben im Innersten des kolonialen Projekts auslöste. Daran hat

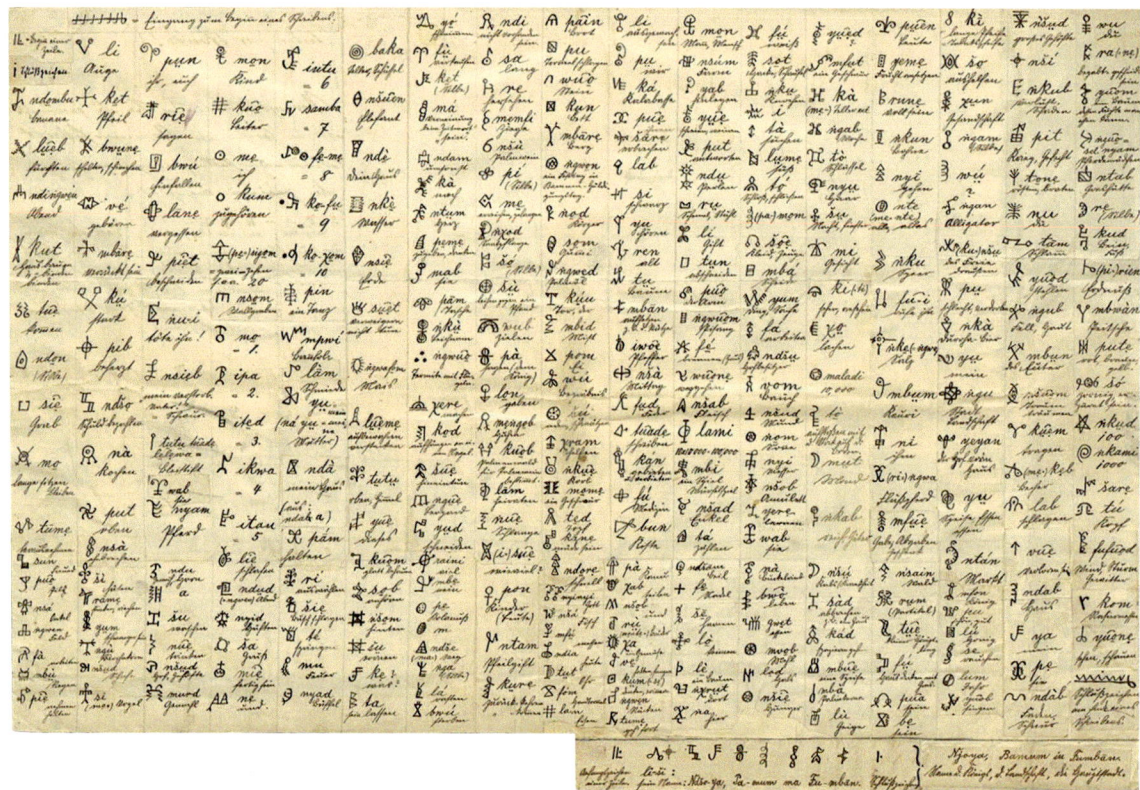

Alphabet vom Hof König Njoyas, Bamum, Kamerun, 1907.
Archiv Basler Mission, Basel. → Kat.-Nr 2-33.

Die Schumom-Schrift, auch als Bamum-Schrift bezeichnet, entwickelten König Njoya und seine Berater in mehreren Schritten und über einen Zeitraum von zwei Jahrzehnten. Ausgehend von mehr als 460 Piktogrammen, wandelte sich diese nach 1910 zu einem Lautsystem mit zuletzt 72 Buchstaben und Silben. Zahlreiche Schulen lehrten das Schriftsystem, doch nach Njoyas Tod im Jahr 1933 ging der Gebrauch der Bamum-Schrift zurück. Heute gibt es mehrere Initiativen, um die über 7000 erhaltenen Texte zu bewahren.

sich bis heute kaum etwas geändert: Schließlich blieben Njoyas sämtliche Bücher und Schriften auch nach der Unabhängigkeit 1960 weitgehend unzugänglich und fanden selbst in die kamerunische Literatur keinen Eingang.

Man kann die Tatsache, dass das Schweigen eine ironische Qualität besitzt, welche Njoya wiederum auch dem Schreiben beimaß, nur unterstreichen. Denn das wichtigste Thema wird in der Frage, die er stellt und in der sich seine persönliche Enttäuschung über seine Untertanen wie auch sein langer Kampf vor allem mit den französischen Kolonialbeamten, verdichten,

eloquent zum Ausdruck gebracht: »Die Bamum? Was ist das für ein Volk?« Da dies sowohl die Frage eines verärgerten Geistes ist als auch die eines Gelehrten, der danach strebt zu verstehen, wer er ist (und damit auch, wer die Bamum sind), lässt sie sich leicht als roter Faden nutzen, mit dem man Njoyas Werke lesen und analysieren kann. Immerhin wird diese Frage von drei Eckpfeilern eingegrenzt, die das umstrittene Feld des Schreibens unter kolonialer Herrschaft markieren. Diese sind: Erstens die Kolonialverwaltung und ihr sich gegenüber den Bamum ständig veränderndes Erscheinungsbild – deutsch, britisch, französisch. Zweitens die Bamum selbst, die in ihrem Klassenkampf den Kolonialismus taktisch einsetzen, um sich eine Stimme zu verleihen. Und drittens Sultan Njoya, dessen kulturelle Bauchredekunst auf strategische Weise die Billigung eines schweigenden und doch beredten kamerunischen Schriftstellers in ein Versprechen verwandelt.

DIE STRUKTUR DES *SANG'AAM*

Die Struktur des *Sang'aam* verortet das Buch in einem speziellen, ja kamerunischen Verständnis von Chronologie: genealogisch, semi-matriarchalisch, kollektiv, dynastisch, erzählend, aber auch kreisförmig. Diese Aspekte sind von größter Bedeutung: Wenn es nicht möglich ist, eine Chronologie ohne einen spezifischen Zeitbegriff zu entwerfen, muss man sich stets vor Augen halten, dass auch die Zeit eine Fiktion ist. Und dennoch ist der unumstrittenste Aspekt des Memoirenschreibens – und im Grunde jeder Form der Erzählung – ihr Verhältnis zu der Abfolge, welche die Zeit den Ereignissen auferlegt.

Der Ursprung der Zeit im *Sang'aam* trägt die Merkmale der List eines Menschen gegenüber seinen eigenen Brüdern, was die Zersplitterung seiner ursprünglichen Familie, nämlich der Mfu Rifum, zur Folge hatte. Durch seinen grundlegenden Akt der Auslöschung ließ Nchare nicht nur seinen eigenen Vater der Vergessenheit anheimfallen, sondern stürzte auch seine beiden Brüder in eine Zukunft der Nichtigkeit: »Wenn ein König stirbt, ist es sein Sohn, der ihm nachfolgen kann. Ob der König einen blutsverwandten Bruder oder einen Halbbruder mütterlicherseits hat, ist bedeutungslos; ein solcher Bruder kann nicht zu seinem Nachfolger ernannt werden. Eine solche Nachfolge können die Bamum nicht dulden.«[9]

Der Grund für ein solches Tabu und damit für eine derartige Einschränkung bei der Thronfolge im Leben einer Herrscherfamilie und einer Herrschaft, die im Volke akzeptiert wird (»Seit die Bamum Rifum verließen, hat niemand den König verlassen, um anderswo ein Königreich zu gründen«),[10] liegt in dem ursprünglichen Streit, den Nchare mit seinen Brüdern führte.

Groll stirbt nie, könnte man sagen – vor allem wenn er mit einem Akt des Königsmords einhergeht. Der Tod von Nchare durch die Hand von Angehörigen der Mfu Rifum konnte die schwindende Macht seines Vaters nicht wieder herstellen, da Nchares Akt des Widerspruchs bereits bestimmend für eine neue Geschlechter-

folge und damit für eine neue Chronologie geworden war. Die Entstehungsgeschichte, kreisförmig in ihrer Form und ihrem Inhalt, stellt daher eine notwendige Verknüpfung her: Nchare geht fort, kehrt jedoch zurück und stirbt in Rifum, im Land seines Vaters, obwohl er noch die Zeit hatte, irgendwo anders sein eigenes Königreich zu gründen und seine eigene Thronfolge einzurichten. Nchare verursacht das Aussterben seiner väterlichen Erbfolgelinie und bezahlt dafür mit seinem Leben, doch er hat bereits seine eigene Thronfolge bestimmt, wenn auch unter Fremden – den Bamum. Einer kontinuierlichen Erbfolge halber wird der Kreis nie ganz geschlossen, um einen *circulus vitiosus* zu vermeiden.

Nchare ist ein König von Fremden, deren Sprache er annimmt, Fremden, mit denen er lediglich durch einen Treueeid nach einer militärischen Niederlage verbunden ist, und dennoch richtet sich seine brutalste Ausgrenzung gegen seinen eigenen Bruder. Indem es seine Erzählung mit zahlreichen Formen von Wiederholungen und Gegensätzen durchsetzt – mit *différance*, wie Jacques Derrida sagen würde –, ahmt das *Sang'aam* die Struktur vorübergehender Zeit nach, doch ist es sein ihm innewohnender Zeitbegriff, seine grundlegende Philosophie der Zeit, die es zu mehr als einer in der Teleologie verwurzelten Chronik werden lässt, nämlich vielmehr zu einer Genealogie.

Indem sie die Zeit in eine Struktur von Wiederholungen und Gegensätzen einfasst, nimmt Njoyas Erzählung die formale Struktur eines »Kalenders der Ereignisse« an, deren anschaulichste Manifestation unter den Bamum und bei vielen anderen kamerunischen Völkern der Landwirtschaftskalender ist: Er folgt einer Reihenfolge von Tätigkeiten, die nicht notwendigerweise chronologisch sein müssen. Für den Kalender der Bamum, vom Mond abhängig in seiner Struktur und streng auf dreißig Tage pro Monat ausgerichtet, ist der März der Anfang des Jahres, wobei jeder Monat durch spezifische Ereignisse gekennzeichnet ist: 1) *shwop mbuu* oder der Beginn der Regenfälle (April); 2) *nzoun* oder kleine Trockenzeit (Mai); 3) *pu-ure* oder die Zeit, das Feld zu bestellen (Juni); 4) *fu nguu* oder Wachstum (Juli); 5) *mfiet paam* oder Ernte (August); 6) *mbaa ngoungaa* oder gelbe Kräuter (September); 7) *sou mbaa* oder die Palmölernte (Oktober); 8) *sou loum* oder der Beginn der Trockenzeit (November); 9) *loum* oder große Buschbrände (Dezember); 10) *ngu* (Januar); 11) *tonte faa* oder Feldbrände (Februar); 12) *kukwom* oder die Zeit der Bodenbearbeitung (März).

In ähnlicher Weise findet man in Njoyas gesamtem Buch nur einige wenige Zeitangaben – zu wenige für eine Erzählung, die 15 Generationen von Königen, die Geschichte des Volkes der Bamum und zahlreicher anderer benachbarter Volksgruppen umspannt und sich zwischen Foumban, der Hauptstadt des Königreichs der Bamum, Buea, seinerzeit die Hauptstadt von Kamerun unter der deutschen Kolonialherrschaft, sowie Yaoundé, Hauptstadt des Landes unter der französischen Verwaltung abspielt.

Eine solche Durchsetzung der Zeit mit Ereignissen veranlasst einen dazu, die Struktur der Erzählung als kaleidoskopisch zu verstehen, mit Foumban als Gravitationszentrum, Nchare als Begründer und Njoya als zeitgenössische Manifestation und als Chronist. Ein Bamum kann weder das Königreich der Bamum verlassen noch sich der Vormundschaft seines Königs entziehen. Die Geschichte der Bamum ist die Geschichte, die Njoya in seinem Buch, dem *Sang'-aam* erzählt. Njoyas Buch ist ihre ursprüngliche Quelle und ihr endgültiges Testament. Als Bewohner des Bamum-Landes, als Nachkommen des mythischen Nchare und Untertanen Njoyas, werden die Bamum somit als Untertanen einer Dynastie imaginiert und daher als Protagonisten von Njoyas Geschichten. Als solches liest sich das Buch wie eine Zeitung ohne Datumsangaben. Diese mannigfaltigen Geschichten, glaubhaft oder nicht, erzählt aus vielen Perspektiven und eindeutig von vielen Erzählern, sind der Billigung positiver Rechtsvorschriften unterworfen, die bestimmte Verhaltensweisen unter den Bamum gestatten und andere verbieten; Rechtsvorschriften, die die Abfolge der Zeit festschreiben, sowohl in der Theorie als auch in der Praxis, als erzählte Form innerhalb eines subjektiven, aber dynastischen Prinzips.

Und aus diesem Blickwinkel heraus, aus der Perspektive des subjektiven und dynastischen Prinzips, werden aus Njoyas Memoiren die Memoiren seines Volkes – und die des ganzen kamerunischen Volkes. Das »Ich«, das sich im *Sang'aam,* zum ersten Mal in der kamerunischen Literatur, als transzendental definiert, um seine Geschichte als Ganzes erzählen zu können, tut dies, indem es das Recht beansprucht, die Zeit als eine Erzählung des Ichs durch das Ich zu definieren und daher als eine Fiktion. Die Worte dieser Selbst-Definition sind in sich historisch für die kamerunische Literatur – und für alle Kameruner: »Ich, Njoya, bin der Sohn von Nsangu Ngungure. Ngungure war die Tochter von König Mbouemboue. Ich, Njoya, bin der Prinz, und das Königreich gehört mir, Njoya. Ich, Njoya, verändere nicht aus Furcht Regeln in den Gesetzen, sondern mit Mut, mit dem Ziel, den Bamum dabei zu helfen, ihr Glück in diesem Land zu finden.«[11]

↑

Übersichtskarte von Kamerun, Ibrahim Njoya, um 1920.

© Ethnographisches Museum, Genf.

Njoya, der kartografische Methoden von dem deutschen
Kartografen Max Moisel erlernt hatte, setzte Karten für seine
Regierungszwecke ein. Da er Moisels Karten für seine Administration für unzweckmäßig hielt, ließ er topografische Erhebungen durchführen und darauf basierende eigene Karten
anfertigen. Im Bewusstsein der Macht von Karten präsentierte Njoya den britischen Autoritäten 1916 eine solche Karte
seines Reiches mit einem Brief an den König von England, der
die Bitte um Schutz gegenüber den Deutschen enthielt. Das
Vereinigte Königreich erhielt 1919 offiziell das völkerrechtli-
che Mandat über einen Teil Kameruns, vier Fünftel des Landes
waren französisches Mandatsgebiet.

Gruppenbild mit Rudolf Duala Manga Bell, Kamerun 1884.
Archiv Basler Mission, Basel. → Kat.-Nr 3-81

Der König des Duala-Volkes, Rudolf Duala Manga Bell, führte ab 1905 mit Schreiben an den Reichstag und Petitionen an das lokale Gouvernement den Widerstand gegen die deutsche Kolonialpolitik an. Er kritisierte insbesondere die Landenteignungen. Dabei suchte er die Unterstützung weiterer Autoritäten in Kamerun und anderer europäischer Mächte. Nachdem Njoya die Missionare der Basler Mission in Foumban über Bells Bündnispläne informiert hatte, verhängte das Bezirksgericht Duala im August 1914 die Todesstrafe wegen Hochverrats und ließ Bell hinrichten.

UMSTRITTENE DICHTUNG

Es kann nicht verwundern, dass das Experiment mit einer derart konkreten Artikulation des Ichs in der Ära von Njoyas Herrschaft unter schwierigsten Bedingungen stattfand. Und die beiden Meistererzählungen, mit denen das Geschichtsnarrativ des Sultans kollidierte, sind zunächst der Kolonialismus und dann der Nationalismus. Über seine höchst umstrittene Entscheidung, sich die deutschen Abgesandten, die 1902 das Land der Bamum betraten, nicht zu Gegnern

zu machen, schreibt er wie folgt: »Danach [nach einem erbitterten und blutigen Krieg gegen Gbetnkum] kamen die Weißen. ›Leisten wir Widerstand gegen sie, jagen wir sie‹, sagten die Bamum. – ›Nein‹, sagte Njoya. Er hatte einen Traum gehabt, in dem er sah, was die Weißen den Bamum antun würden. ›Wenn wir Krieg führen gegen die Weißen, werden alle Bamum vernichtet werden. Nur wenige von uns werden überleben, und ihr werdet unglücklich sein.‹ Und Njoya selbst nahm den Bamum Waffen, Speere und Gewehre ab. Die Weißen kamen und führten keinen Krieg gegen sie. So trug Njoya zum Glück der Bamum bei.«[12]

Zu seinem Konflikt mit dem Nationalismus 1914 heißt es: »Die Deutschen waren die Herrscher des Bamum-Landes, als Duala, der Sohn von Manga, Ndane entsandte, um mit König Njoya zu sprechen. Nachdem er sich mit den Waldbewohnern verbündet hatte, kam Ndane und berichtete König Njoya von dem Konflikt, der zwischen den Deutschen einerseits und den Franzosen und Briten andererseits bestand. Durch ihn riet Duala, der Sohn von Manga, Njoya, in den Krieg mit den Deutschen auf seinem Land einzutreten. König Njoya sandte Boten, um Duala, dem Sohn von Manga, Folgendes mitzuteilen: ›Die Deutschen sind meine Väter, und er ist wie mein Bruder, wie kann ich da gegen sie in den Krieg ziehen?‹ Daraufhin ließ er Ndane ergreifen und lieferte ihn den deutschen Behörden aus, denen dies nicht missfiel. Ndane wurde eingekerkert, und nach einer Weile wurde Duala, der Sohn von Manga, verhaftet und exekutiert.«[13]

FAZIT

Kolonialismus und Nationalismus waren zwei entscheidende Momente, zwei unverwechselbare Perioden mit ihrer jeweils eigenen Chronologie, ihrem eigenen Verständnis von Geografie, ihrem eigenen konfliktbeladenen Drang zur Hegemonie, ihrer eigenen Definition vom Subjekt der Geschichtsschreibung, und sie beide kollidierten annähernd zur selben Zeit mit Njoyas Erzählung über sich selbst und die Bamum. Ungeachtet des Ablaufs von Ereignissen, durch den jede dieser Epochen charakterisiert war – zum Beispiel Eroberung, Regulierung und Erster Weltkrieg im ersten Falle; politische Zusammenschlüsse über Stammesgrenzen hinweg, Solidarität zwischen Schwarzen und Kameruner gegen Weiße sowie Unabhängigkeit im zweiten Falle –, und unabhängig von ihrer jeweiligen Chronologie markierten beide Epochen das Ende von Njoyas Anspruch, der einzige Autor seiner eigenen Fiktion der Zeit zu sein. Allerdings ließen beide ihm die Möglichkeit, als Erzähler seines eigenen Untergangs aufzutreten.

Das Buch, das Njoya während des größten Teils seiner Herrschaftszeit schrieb, das *Sang'aam*, lässt sich als bauchrednerische Chronik seines politischen Aufstiegs und Falls in einer wechselvollen Zeit lesen. Doch eine solche Sichtweise würde nur Anspruch auf eine einzige Ebene seiner Erzählung erheben, nämlich auf die Geschichte seines eigenen Schicksals im Rahmen der Meistererzählungen von Kolonialismus und Nationalismus. Unbeantwortet bleibt dabei die Frage, die er sich selbst stellte: »Die Bamum? Was ist das für ein Volk?« Entstanden aus seiner Enttäuschung gegen Ende seines Lebens, das Volk der Bamum nicht wirklich glücklich gemacht zu haben, und daher das Produkt der begrifflichen Indifferenz seiner Erzählung gegenüber einer Zeit, die reich ist an Neuerungen, entwirft die Frage nicht nur die formale und intellektuelle Struktur seines Buches; das Buch ist der Beginn der kamerunischen Fiktion und Erzählung des Ichs, indem es sich verortet im Kontext der philosophischen Frage nach der Selbsterkenntnis.

---

1 Njoya 1952. Hier und im Folgenden ins Deutsche übersetzt nach den englischen Zitaten von Patrice Nganang. | **2** Ich spreche von »zusammengestellt«, weil die Urheberschaft der Memoiren im westlichen Sinne noch erwiesen werden muss, da Njoya, wie viele Könige, Schriftgelehrte um sich hatte, darunter auch Ibrahim Njoya, seinen Berater. | **3** Njoya 1952. | **4** Njoya 1952. | **5** Njoya 1952. | **6** Njoya 1952. **7** Njoya 1952. | **8** Njoya 1952. | **9** Njoya 1952. | **10** Njoya 1952. | **11** Njoya 1952. | **12** Njoya 1952. | **13** Njoya 1952. Rudolf Duala Manga Bell war ein König des Duala-Volkes, der den Widerstand gegen die deutsche Kolonialpolitik und vor allem gegen die Landnahme anführte.

RUINEN, RELIKTE UND RECHERCHE

SICHTBARE SPUREN UND SPÜRBARE FOLGEN DER PREUSSISCHEN UND DEUTSCHEN KOLONIALVERGANGENHEIT IN GHANA

WAZI APOH

DER KOLONIALISMUS und die von den europäischen Kolonialmächten ausgeübte politische, militärische, soziale und kulturelle Hegemonie über Afrika waren geprägt von alltäglichen Gepflogenheiten. Diese Gewohnheiten – die von Ausländern ebenso gepflegt wurden wie von Ortsansässigen – hinterließen sowohl fassbare als auch nicht fassbare Spuren in den kolonialisierten Gebieten. Der strategisch beste Ansatz zur Untersuchung der wirtschaftlich-politischen Wechselwirkungen, die sich daraus ergaben, besteht aus einer Kombination archivarischer, ethnografischer, fotografischer und archäologischer Recherchen und der Untersuchung der Tätigkeiten von Kolonialbeamten und Ortsansässigen an diesen ehemaligen kolonialen Standorten. Wie archivarische Analysen historischer Dokumente zeigen, waren derartige Stätten deutscher Kultur bedeutende Mikrokosmen, um im deutschen »Mutterland« entwickelte politisch-wirtschaftliche Konzepte zu testen. Diese Analysen archäologischer Daten und ihrer Kontexte liefern Einblicke in die Beschaffenheit verschiedener Objektklassen und deren Nutzung oder Verwerfung. Die Implikationen dieser Analysen für das Verständnis des Alltagslebens in kolonialisierten Gebieten darf nicht unterschätzt werden – und Gleiches gilt im Hinblick auf die Interpretation jener Prozesse, mit deren Hilfe Herrschaft und Widerstand erzeugt sowie Grenzen gezogen und verwischt wurden.[1] Derartige ethnografische Untersuchungen der Erinnerungen von Gemeinschaften der Nachfahren an solchen deutschen/lokalen Stätten können – in Kombination mit der Auswertung deutscher Sichtweisen – ans Licht bringen, wie mit der kolonialen Vergangenheit umgegangen wird und was sich durch eine produktive Zusammenarbeit bei der Aufarbeitung der Vergangenheit lernen lässt.

Die merkantile und koloniale Ausbeutung Westafrikas durch die Deutschen reicht viele Jahrhunderte zurück. Die erste Kontaktaufnahme durch Brandenburg-Preußen erfolgte in einem Gebiet namens Pokesu/Princes Town an der Goldküste im heutigen Ghana.[2] Rund zwei Jahrhunderte später, zwischen 1880 und 1914, kam es zur Gründung einer Reihe deutscher kolonialer Standorte in der deutschen Kolonie Togo in Westafrika.

Aufgrund der Aufteilung der ehemaligen deutschen Kolonie zwischen Frankreich und Großbritannien als Mandatsmächten befinden sich heute nur noch wenige dieser Orte innerhalb der geopolitischen Grenzen Ghanas. Die Unabhängigkeit der Kronkolonie Gold Coast beziehungsweise Ghanas von den Briten erfolgte 1957, die der Republik Togo von französischer Herrschaft 1960. Der vorliegende Essay beschäftigt sich mit dem Kontext und dem Wesen der noch existierenden Relikte des deutschen Handelsaustausches und des deutschen Kolonialismus, mit besonderer Berücksichtigung von Fort Groß Friedrichsburg/Gross Fredericksburg in Ghana. Im Mittelpunkt stehen dabei Fragen zur Errichtung und zu den Eigenschaften und Funktionen der deutschen Kulturstätten, zur heutigen Wahrnehmung der Einheimischen in Bezug auf diese gemeinsamen kolonialen Relikte so-

↑

Kanonenkugel und Ziegel des Forts Groß Friedrichsburg (heute Ahanta West District/Ghana), 1683/1717.
Deutsches Historisches Museum, Berlin. → Kat.-Nr. 1–15.

Für den Bau des vom brandenburgischen Festungsbaumeister Karl Konstantin von Schnitter entworfenen Forts wurden aus Europa mitgebrachte Materialien verwendet. Wann der verwitterte hellrote Ziegelstein und die Kanonenkugel zurück nach Deutschland und in die Sammlung des Berliner Zeughauses gelangten, lässt sich nicht genau ermitteln. Die Kolonie Groß Friedrichsburg spielt bis heute eine wichtige Rolle in der Diskussion über die weit zurückreichende Geschichte deutscher Kolonialambitionen und -herrschaft.

wie zu deren Potenzial im Hinblick auf eine Umgestaltung in produktive akademische, touristische oder wirtschaftliche Projekte.

GROSS FRIEDRICHSBURG – DIE ERSTE DEUTSCHE HANDELSFESTUNG IN AFRIKA

Die Festungsanlage Groß Friedrichsburg im heutigen Princes Town kann als Monument der ersten afrikanischen Handelsunternehmung der brandenburgisch-preußischen Hohenzollern-Dynastie betrachtet werden. Auf Betreiben des Großen Kurfürsten Friedrich Wilhelm von Brandenburg sowie seines Generalmarinedirektors Benjamin Raule wurde 1682 die Brandenburgisch-Afrikanische Compagnie gegründet. Finanziert wurde die Unternehmung von einer Gruppe europäischer Kapitalgeber und Reeder aus der niederländischen Provinz Zeeland. Bereits im Jahre 1680 waren zwei brandenburgische Schiffe an die afrikanische Westküste entsandt worden, von denen eines an der Goldküste im heutigen Ghana vor Anker ging. Die Kapitäne hatten die Order, Schätze und »Schwarze« an den brandenburgischen Hof zu bringen – was die klare Absicht der Eigner impliziert, am internationalen Sklavenhandel teilhaben zu wollen.[3] Die erfolgreiche Rückkehr der ersten Expedition beflügelte die Gründung der Brandenburgisch-Afrikanischen Compagnie. Ihr Ziel war es, Brandenburg als Seemacht zu etablieren, das Monopol der Niederländischen Westindien-Kompanie (Geoctroyeerde West-Indische Compagnie) auf

den Sklaven- und Goldhandel entlang der westafrikanischen Guineaküste vom heutigen Liberia bis zum heutigen Nigeria aufzubrechen sowie Kontrolle über die Handelsrouten für Gold und Sklaven zu erlangen, die von den Distrikten Asante, Wassa und Aowin an der Goldküste ausgingen.[4]

Obwohl noch weitere brandenburgische Festungen an der Goldküste errichtet wurden, namentlich Takrama (1685) und Akwida (1687), blieb Groß Friedrichsburg die bekannteste Ansiedlung. Diese Festung entstand zwischen 1683 und 1684 auf dem Berg Manfro im heutigen Ahanta West District, unmittelbar oberhalb von Pokesu. Dem Bau lag ein Vertrag aus dem Jahr 1681 zugrunde, der 1683 aufgrund neuer Vereinbarungen zwischen Major Otto Friedrich von der Groeben und einheimischen Sklavenjägern, *caboceer* genannt, die in leitender Position mit

$\rightarrow$

»Deutsche Kolonien an der Westküste Afrikas, nach Skizzen von Chr. Lohmann«, erschienen in: *Über Land und Meer*, **1885.**
Deutsches Historisches Museum, Berlin. → Kat.-Nr. 1-42.

Das Unterhaltungsblatt illustrierte die Inbesitznahme von kolonialem Territorium durch den symbolischen Akt der Flaggenhissung. Zu den im Gebiet der späteren Kolonie Togo gelegenen Orten, an denen der Diplomat und Afrikaforscher Gustav Nachtigal 1884 die deutsche Flagge hisste, gehörten Baguida, Lomé und Togo. In Baguida und Togo schloss Nachtigal außerdem Verträge mit lokalen Autoritäten. Aus dem in dem Ort Togo geschlossenen Vertrag leitete sich später der deutsche Anspruch auf das gesamte Kolonialgebiet ab.

europäischen Kompanien über Sklaven verhandelten, bestätigt wurde. Mit der brandenburgischen Flagge geschmückt, auf der ein roter Adler vor weißem Hintergrund zu sehen ist, wurde das Fort schließlich nach dem Großen Kurfürsten benannt. Die große, solide gebaute Anlage besaß vier Bastionen und dicke, mit breiten Ringmauern verbundene Wälle.[5] Innerhalb der Mauern dienten zweistöckige Gebäude als Wohnquartiere und Lagerräume. In den Räumlichkeiten dieser Festung tauschten die brandenburgischen Kaufleute mit den Einheimischen Sklaven, Gold und zum Export bestimmte Agrarprodukte *(cash crops)* gegen europäischen Rum, Schusswaffen, Korallen und andere Waren. Groß Friedrichsburg entwickelte sich zu einer der bedeutendsten Schmugglerstationen an der Küste. Dies lag daran, dass die Schiffe der Brandenburgisch-Afrikanischen Compagnie in den Spanischen Erbfolgekrieg verwickelt wurden und die Festung nicht regelmäßig anliefen. Um die laufenden Kosten zum Erhalt der Festung aufbringen zu können, sahen sich die Kaufleute in der Festung daher gezwungen, mit Händlern auf Schiffen sämtlicher Nationen Geschäfte zu machen.[6]

Die Konkurrenz zwischen brandenburgischen, niederländischen, britischen und einheimischen Kaufleuten führte im Laufe der Zeit dazu, dass sich in der Festung und ihrer Umgebung ein spürbarer Wandel vollzog. Historische Aufzeichnungen belegen rege Geschäftstätigkeiten: Binnen zweier Jahre, von 1711 bis 1713, legten nicht weniger als 95 Schiffe in Friedrichsburg an.[7] Zudem ernannten die brandenburgischen Kaufleute einen geschäftstüchtigen einheimischen Händler und Geschäftsmann der Ahanta namens John Conny zu ihrem Zwischenhändler beziehungsweise Agenten, der in ihrem Namen mit Händlern aus Wassa, Asante und Denkyira Geschäf-

te mit Gold und Sklaven tätigte. Als Friedrich Wilhelm I. im Jahre 1717 beschloss, das Fort an die Niederländische Westindien-Kompanie zu verkaufen, brachte Conny es in seine Gewalt, hisste seine persönliche Flagge und setzte den Handel mit unerlaubt anlandenden Schiffen fort. Bei einem Versuch, die Festung militärisch einzunehmen, wurden Conny und seine im Fort stationierte Pokesu-Armee von drei niederländischen Schiffen aus mit Brandkugeln, Granaten und Gewehrsalven beschossen. Die Niederländer griffen danach mit 120 schwerbewaffneten Männern das Fort an, konnten es jedoch nicht zurückerobern. Als die Festung 1724 schließlich doch von den Niederländern eingenommen werden konnte, stellten diese fest, dass Conny einen Teil des Baumaterials für sein privates Anwesen in Pokesu hatte abtransportieren lassen. Die Besetzung des Forts durch Conny war ein Meisterstück des lokalen Widerstands gegen ausländische Vorherrschaft.

Die Niederländer tauften die Anlage in Fort Hollandia um und nutzten sie in den nachfolgenden Jahrzehnten als Stützpunkt. Inzwischen steht das Fort, das einst als Speicher für europäische Handelsgüter, menschliche Fracht und Gold sowie als Wohnquartier für die dauerhaft dort stationierten europäischen Soldaten sowie Händler gedient hatte,[8] unter der Schirmherrschaft des Ghana Museums & Monuments Board. Die Festung wurde in ein Gästehaus umgewandelt; zudem ist die Stätte heute Touristenzentrum und dient als Ausbildungsort für einheimische und ausländische Studenten. Obwohl Pokesu als Gemeinschaft sowie als Siedlungsstätte archäologisch ausgewertet wurde,[9] müssen das Fort und seine unmittelbare Umgebung noch archäologisch untersucht werden, um die materiellen und Lebensbedingungen seiner Bewohner nachvollziehen zu können.

1 Los-Inseln. — 2. Bagida. — 3. Haus des Königs Velangue. — 4. Fernando Po. — 5. Lome. — 6. „Möve". — 7. Korvette „Leipzig". — 8. Surfboot. — 9. Kriby. — 10. Campo River. — 11. Eloby. — 12. König Toko. — 13. Kamerun. — 14. Walfischbai. — 15. Angra Pequena.

Deutsche Kolonieen an der Westküste Afrikas. Nach Skizzen von Chr. Lohmann.

LIII.

DEUTSCHE KOLONIALE STÄTTEN DES 19. JAHRHUNDERTS IN GHANA

Die Ausübung hegemonialer Kontrolle über indigene Völker und deren traditionelle Strukturen sowie der Aufbau kolonialer Institutionen vollzogen sich nicht über Nacht. Erste Handelsbeziehungen zwischen Europäern und Afrikanern führten zu Vereinbarungen und vergleichsweise vertrauensvollen Beziehungen. Auf ihrer Grundlage kam es zum Bau europäischer Siedlungen, vornehmlich in Küstengebieten. Bei dem Versuch, ihre Kontrolle und Dominanz auszubauen, setzten die europäischen Händler und Kolonialbeamten vielfach militärische Gewalt ein, bauten auf Täuschung und zweifelhafte Verträge und spielten die verschiedenen ethnischen Gruppen gegeneinander aus. Nach der Abschaffung der Sklaverei und dem Verbot des Sklavenhandels, der von europäischen Kapitalisten und ihren ortsansässigen Partnern organisiert worden war, verlagerten sich Briten, Franzosen und Deutsche auf militärische und administrative Strategien, um ihr Kolonialreich zu vergrößern, die koloniale Infrastruktur zu schützen und den Handel mit den in ihren »Mutterländern« sehr gefragten Rohstoffen aufrechtzuerhalten.

Togo beispielsweise wurde 1884 deutsche Kolonie. Zu den zahlreichen dokumentierten Methoden, mit denen es der deutschen Kolonialherrschaft gegen Ende des 19. Jahrhunderts gelang, einheimischen Widerstand zu unterdrücken, gehörten militärische Eroberungen, die Unterzeichnung von Verträgen, Drohungen und Schmeicheleien gegenüber einheimischen Autoritäten, direkte Inbesitznahme von Land sowie das Austeilen deutscher Flaggen.[10] Togo wurde noch bis in Jahr 1891 hinein von der deutschen Kolonie Kamerun aus regiert. Eine Reihe wissenschaftlicher Stationen, ursprünglich in der Kolonie zum Zwecke der Erforschung von Nutzpflanzen und zur Wetterbeobachtung eingerichtet, entwickelten sich später zu Regierungsstationen und Bezirksämtern, wobei die Regierungsstationen den Bezirksämtern unterstanden. Geleitet wurden diese Verwaltungssitze von Stationsleitern oder Bezirksleitern und deren Mitarbeitern. Überreste derartiger Bauten finden sich im heutigen Ghana etwa in Yendi, Kpando und Ho; ein weiteres ist das damalige Bezirksamt in Kete-Krachi.[11] In einer ganzen Reihe kolonialer Stätten in aller Welt wurden Forschungen durchgeführt im Hinblick auf Fragen von Konfrontation, Macht, Vorherrschaft, Widerstand, ethnischer Zugehörigkeit, Geschlecht oder Identität in der Zeit des Kolonialismus. Zu diesem Zweck untersuchte man Quellen unterschiedlichster Natur (archäologische, mündliche, fotografische, archivarische und ethnografische), anhand derer nachvollzogen werden konnte, wie sich die politisch-wirtschaftlichen Zwänge in den kolonialen Standorten manifestierten und wie sich das alltägliche Leben durch die Auswirkungen des merkantilen und kolonialen Kapitalismus veränderte. Diese Quellen sind von großem Wert für die Untersuchung der spezifischen Eigenschaften der vielfältigen politischen, ökonomischen und sozialen Verstrickungen.

DIE DEUTSCHE KOLONIALHERRSCHAFT AUS GHANAISCHER SICHT

Es ist bemerkenswert, dass ein großer Prozentsatz der heutigen ghanaischen Bevölkerung gar nicht weiß, dass Teile von Ghana (zum Beispiel die Volta Region und die nordöstlichen Landesteile) zum deutschen Kolonialreich gehörten. Leider wird auf diese Epoche unserer gemeinsamen Geschichte selbst in Geschichtsbüchern für Grund- und weiterführende Schulen nicht hingewiesen. Abgesehen von den Kenntnissen der lokalen Bevölkerung dieser ehemals kolonialisierten Gebiete – Menschen, die vertraut sind mit den Relikten aus der Kolonialzeit in ihrem Land beziehungsweise in ihrer Kulturlandschaft – sind sich die meisten Ghanaer dieser Tatsache daher nicht bewusst. Auch wird dieser Punkt nicht als zu hinterfragendes politisches oder soziokulturelles Thema in den Massenmedien diskutiert. Ausnahmen bilden hier die Erklärungen von lokalen Führungspersönlichkeiten, Ältesten, Mitgliedern der Elite sowie einige wenige wissenschaftliche Publikationen, in denen für die Erfassung und Dokumentation dieser historischen Darstellungen und Erinnerungen an die deutsche Kolonialvergangenheit plädiert wird.[12] Sie fordern deutsche Unterstützung ein, um die noch verbliebenen Spuren der Kolonialzeit in ihrem Land zu erhalten, und zudem die Rückgabe einiger aus der damaligen Kolonie entwendeter königlicher Insignien, insbesondere aus Kpando.

Meine laufende Forschung über eine Reihe der von den Deutschen kolonialisierten Orte in Togo[13] zielt darauf ab, komplementäre Daten im Hinblick auf die Frage zu sammeln, inwiefern die spezifischen vorkolonialen alltäglichen kulturellen Praktiken, indigenen Religionen oder Formen des Spiritismus, politischen Institutionen, Siedlungsstrukturen (Architektur) und einheimischen Technologien der Menschen an bestimmten deutschen Kolonialstandorten von den politisch-ökonomischen Zwängen der deutschen Kolonialisten beeinflusst wurden. Zu den laufenden Bestrebungen, einen erweiterten Diskurs über die archäologischen Relikte des deutschen Kolonialismus in Westafrika zu eröffnen, zählen systematische archäologische Ausgrabungen und Forschungsarbeiten an einigen dieser Stätten. Folglich zielt die politisch-ökonomische Perspektive dieser Studie auf die Dynamik der Behörden und alltäglicher Gepflogenheit in Bezug auf umfangreichere ökonomische, politische und historische Entwicklungen in diesen Orten des »Hinterlands« ab. Ich hoffe, dass dieses Projekt lokale Initiativen bis hin zum Management und zur Erhaltung des kulturellen Erbes fördert; daneben sollten auch der deutsche Tourismus zu diesen Kulturstätten und nicht zuletzt die Schulbildung in den ausgewählten und untersuchten Gebieten gefördert werden.

FAZIT

Über das ungleiche Kräfteverhältnis hinaus, das die Konfrontation mit dem Kolonialismus in Togo charakterisierte, nahmen die deutsche Missionierung und der deutsche Kolonialismus in den Kontaktzonen Einfluss auf die einheimische Bevölkerung wie auch auf die Kolonisatoren. Lokaler wie regionaler Handel mit europäischen Waren im Austausch gegen lokale Produkte wurden gefördert. Das Christentum hatte die Zeiten überdauert, und die Missionierung wurde nun energisch vorangetrieben und dazu eingesetzt, den lokalen Widerstand gegen die Kolonialherrschaft zu schwächen. Die Einführung kolonialer Formen des Warenaustausches führte zur Monetarisierung der lokalen Wirtschaft. Infrastrukturprojekte ließen Schulen, Straßen, Schienen, spezialisierte Berufe und den Anbau zum Export bestimmter Agrarprodukte entstehen und führten zur Umstrukturierung örtlicher Einrichtungen. Im Laufe der Zeit veränderten sich die indigenen Lebensformen und Baustile in den örtlichen Gemeinschaften. Körperliche Züchtigungen, unethische Experimente, hohe Steuersätze und die Unterjochung von Einheimischen mittels harter Arbeit und Gewalt ließen in der einheimischen

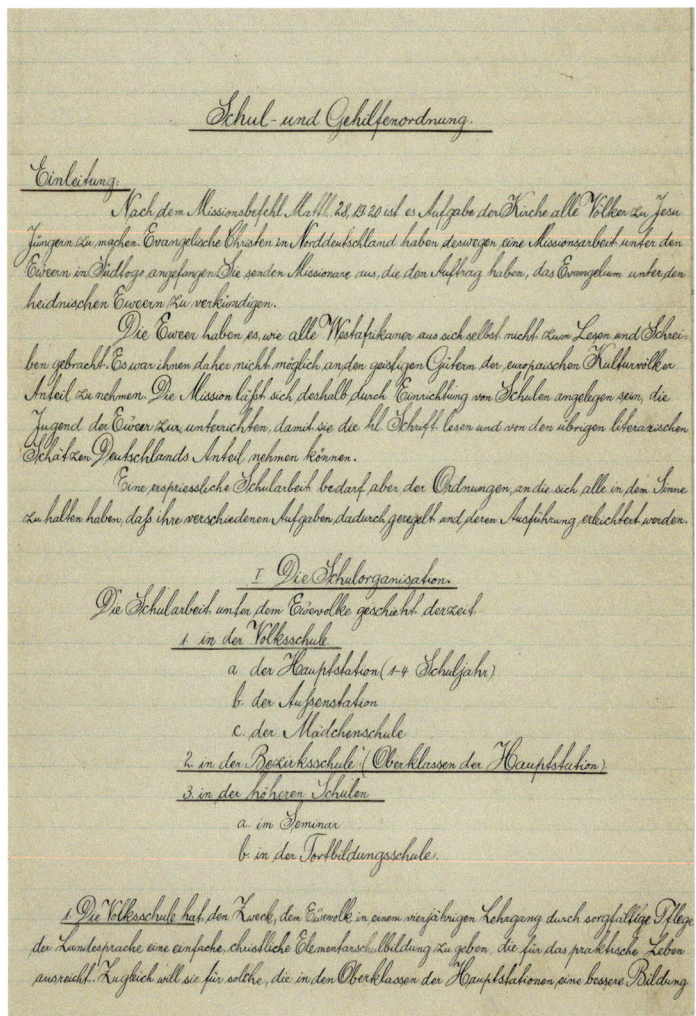

Bevölkerung Hass auf die deutschen Kolonialherren aufkeimen. Trotz allem sind den meisten Ältesten der Gemeinschaften immer noch Werte wie Arbeit, geordnete Rahmenbedingungen und berufliche Ausbildung als positive Auswirkungen der Kolonialherrschaft präsent.

Während über die britischen und französischen merkantilen und kolonialen Vermächtnisse in Westafrika in größerem Umfang Forschung und Literatur existieren, könnten ähnliche Einblicke in die Geschichte der brandenburgisch-preußischen Handelsfestung und die Relikte aus deutschen Kolonialstätten in Ghana einen Beitrag dazu leisten, das allgemeine Problem eines Mangels an Forschung und Literatur zur Anthropologie und Archäologie des gemeinsamen deutschen Kolonialerbes in Ghana und Togo zu überwinden. Ein Großteil der Kolonialgeschichte von Togo beziehungsweise Ghana wurde aus europäischer Sicht geschrieben, basierend auf europäischen Archivquellen.[14] Meiner Ansicht nach müssen diese Themen diskutiert werden, und wir benötigen sowohl deutsche wie auch afrikanische Perspektiven in Bezug auf diese gemeinsame Vergangenheit. Ein intensiver multiperspektivischer Dialog über die kolonialen Erfahrungen und das koloniale Erbe würde einen wichtigen Schritt darstellen hin zu einem akademischen, politischen und ökonomischen interkulturellen Engagement in der Zukunft.[15]

1 Apoh 2008. | 2 Nyarko 2013. | 3 Lundt 2013. | 4 Daaku 1970; Zaugg in Druck. | 5 Anquandah 1999. |
6 Van Dantzig 1980. | 7 Anquandah 1999. | 8 Lawrence 1963; van Dantzig 1980. | 9 Nyarko 2013. |
10 Apoh 2008; Apoh 2013. | 11 Knoll 1978; Knoll/Gann 1987; Sebald 1972. | 12 Apoh 2008; Apoh 2013;
Apoh in Druck; Apoh/Lundt 2013. | 13 Diese Forschungsarbeit wird von der VolkswagenStiftung
gefördert. | 14 Klose 1899; Knoll 1978; Knoll/Gann 1987; Sebald 1988. | 15 Apoh/Lundt 2013; Conrad 2012.

Schul– und Gehilfenordnung, Norddeutsche Mission,
Togo 1913.

Staatsarchiv Bremen. → Kat.-Nr. 3-5.

Die Norddeutsche Mission war ab 1847 im Siedlungsgebiet
der Ewe an der sogenannten Sklavenküste in Westafrika
tätig. Sie gründete zahlreiche Schulen und Seminare für Kinder
und Jugendliche im Gebiet der deutschen Kolonie Togo.
Deren Absolventen wirkten als Lehrer oder Katecheten in
den Außenstationen der Mission zugleich als Multiplikatoren
bei der Verbreitung des Christentums. Als Ziel der Schul-
ausbildung benennt die Schulordnung eingangs die Alpha-
betisierung. Diese war grundlegend, um die Heilige Schrift
und deutsche Literatur vermitteln zu können.

Agoha of Quittah: *The Atrocities of the Togo Germans,*
in: *Gold Coast Leader*, Cape Coast, 28. Juni 1913.

Bundesarchiv, Berlin, R 1001/4308, hinter Bl. 137.
→ Kat.-Nr. 2-79.

Gold Coast Leader war die führende afrikanische Zeitung
mit emanzipatorischem und pan-afrikanischem Anspruch.
Sie erschien von 1902 bis 1930 wöchentlich in der Nachbarkolonie von Togo, der britischen Kronkolonie Gold Coast
(heute Ghana). Von 1911 bis 1914 kamen in über sechzig
Beiträgen auch afrikanische Autoren aus Togo zu Wort, die
über die Missstände unter deutscher Kolonialherrschaft
und über den afrikanischen Widerstand berichteten.

THE ATROCITIES OF THE TOGO GERMANS.

BY AGOHA OF QUITTAH.

Before my last article appeared in the columns of
the *Leader* of the 3rd May, one of its victims, Mr.
E. Henke, the contemptible and the so-called Chief
Agent of the Bremen Factory was called away for the
Head Office at Bremen to appear in person for a special
case which we know nothing of at present. I hope that
Mr. W. Zimmaring who is now the *pro tem.* Agent will ex-
ercise a care in wielding the high post he is now holding.

During my last visit to Lome in the middle of May
last, I heard as a rumour that the atrocious Togo Germans are fiercely searching for Quashie and Agoha of
Quittah. In order to attain their search, two women
have been made detectives to trade between Quittah and
Lome to induce the educated natives to make known
to them who Quashie and Agoha of Quittah are so as to
bring the good news, as the Germans would call it, to
them. But anyhow, the truth must prevail.

The arrival of Mr. W. Hagens, Agent for the firm of
Alfred Kulenkampff, Quittah, at Lome on May 19th
brought some excitement to the Togo Germans. Mr.
Hagens was privately summoned by the Assessors who
acquainted him with the fact of the evil demeanours of
the Togo Germans as pointed out in the columns of the
Leader and then expressed their desire to him if he could
make known to them the writer of such articles. But
Mr. Hagens who knows well the maltreatment given to
the poor and oppressed natives by these Togo Germans,
showed himself prudent. Mr. Hagens, we understand,
promised to send them a dozen copies of the said *Leader*
for their own perusal and scrutiny.

It does seem that the barbarity of the Togo Germans
will never come to an end. During a short visit to
Lome on the 18th of April last, strolling in a street lead-
ing to the Governor's well built Castle one afternoon, I
saw in the midst of the people near the court, a man by
name Tamakloe, a preventive police in British Dzodze,
lying down naked in the open space and was uncon-
sciously roaring like a bull, from the terrible torment of
the 25 lashes. This penetrative howl of the poor victim
was not in the least cared for until nature was obliged
to set him free to the ignominy of the native onlookers
been to remind District Commissate Togo Germans. I
is displaying his glory like that of the ancient Roman
Emperor who conquered Germany in these mean actions,
that God who never differentiates the black from the
white will some day deprive him of such a glory in re-
venge of his brutality to the poor and oppressed natives.
Are not these vile actions of the atrocious Togo Germans
quite adequate to make us realize the fact that the Togo
Germans are almost worse than the ferocious beasts in
the forests? Really one cannot be mistaken in saying
that the Togo Germans have not come out for the civili-
zation of the oppressed natives but rather to annihilate
them with the torture of 25 lashes which had previously
been introduced in Germany by the great Romans. I
would that the Germans realize the fact that notwithstanding all that they do to the natives, their progenitors
had also once suffered from the tortures of the same 25
lashes from the hands of the great Romans. And the
Romans—where are they?

There are yet cases of a queer nature to be always
met with in German Togoland. A compulsory salutation
is to-day raging very furiously at Agome-Palime (Togoland) under the supremacy of a vulgar Police Master
by name Mr. Shultz. Oh, what should the oppressed
natives do to save their bodies from the tortures of the
Togo Germans!

On tour of inspection a few months ago to Palime, I
was surprised to evidence the degradation of a gentle-
man in the public market, which brought bitter tears in
my eyes. The man, without committing any crime of
illegality, was lashed twenty-five times simply because
he passed Mr. Shultz without taking off his hat in salutation of him. I cannot really understand the value
which salutation is to the Togo Germans. Hence I
shall hold myself much indebted to any of the readers
who can enlighten me with the hidden treasure in salutation. If what Governor Adolph Frederick of Macken-
bury said in his address to the natives that he had come
to help them is true, why can't he wake up and check
the misdemeanours of his German subjects in Togoland?
I regret to say that notwithstanding all that I pointed
out last about the Governor, he still continues the same
practice.

EIN KÖNIG IM DIENST DES KAISERLICHEN RESIDENTEN UND DIE VERSUNKENE »BODELSCHWINGH«

SPUREN DER DEUTSCHEN KOLONIALZEIT IN RUANDA

DAMIEN RWEGERA

FÜNF JAHRE NACH der Berliner Afrika-Konferenz, im Jahr 1890, richtete das Deutsche Reich erstmals sein koloniales Interesse auf das Königreich Ruanda im äußersten Nordwesten der Kolonie Deutsch-Ostafrika. Nur wenige Europäer waren bislang in die Region vorgedrungen, und so ging es zunächst darum, das Land, das zum Teil auch vom belgischen König Leopold II. beansprucht wurde, zu erkunden, die deutsche Herrschaft zu proklamieren und schrittweise durchzusetzen.

DEUTSCHE HERRSCHAFT IN RUANDA

Der Forscher Gustav Adolf Graf von Götzen war der erste Deutsche, der auf einer Expedition das heutige Gebiet von Ruanda im Mai 1894 durchquerte und mit König Kigeri IV. Rwabugiri in Kageyo zusammentraf. 1897 übergab der Schutztruppenhauptmann Hans Ramsay einen »Schutzbrief« und eine deutsche Flagge an König Musinga. Ramsay und Musinga schlossen »Blutsfreundschaft«,[1] allerdings in einer Ersatzzeremonie, da Ramsay vom Hof nicht den jungen, gerade inthronisierten König, sondern einen Doppelgänger präsentiert bekam.[2]

In der Zeit zwischen diesen beiden Begegnungen hatte sich die politische Lage in Ruanda verändert: Nach dem plötzlichen Tod von König Rwabugiri im Jahr 1896 gipfelte der Kampf um die Sukzession[3] in einem Staatsstreich, und der Sohn der Lieblingsfrau von Rwa-

bugiri, der junge Musinga, wurde inthronisiert. Dieser »Staatsstreich von Rucunshu«, benannt nach der Ortschaft, in der er sich ereignet hatte, traf nicht überall im Land auf Zustimmung, vor allem nicht in den nördlichen Regionen. Von dieser Legitimationsschwäche des Königtums wussten die Deutschen jedoch so gut wie nichts.

Das Deutsche Reich übte in Ruanda eine indirekte Herrschaft aus, und zunächst repräsentierten die Leiter der wenigen Militärstationen die Kolonialmacht. 1907 wurde eine Residentur genannte Verwaltungseinheit errichtet und Richard Kandt, der einige Jahre dort gelebt hatte und der beste Kenner des Landes war, zum kaiserlichen Residenten ernannt. Damit war eine an den englischen Protektoraten angelehnte Verwaltungsform geschaffen, in welcher der Resident dem lokalen Herrscher beratend und kontrollierend zur Seite stehen und deutsche Interessen vor Ort vertreten sollte. Kandt gründete 1908 Kigali, Verwaltungssitz der Residentur und spätere Hauptstadt Ruandas. Bei der Festlegung der noch heute gültigen Grenzen im Jahr 1910 verlor Ruanda ein Drittel seines Territoriums, vor allem im Nordwesten, sowie die Insel Idjwi im Kiwusee.

Dem Prinzip der indirekten Herrschaft folgend, bediente sich die von Kandt geprägte Zivilverwaltung des Königs und seines Herrschaftsapparates und versuchte die landwirtschaftliche Produktion auszubauen sowie Ruanda in den Handel Deutsch-Ostafrikas einzubinden. Ver-

→

**Porträt des Afrika-Forschers Gustav Adolf Graf
von Götzen, Ende 19./Anfang 20. Jahrhundert.**
Staatliche Museen zu Berlin, Ethnologisches Museum.
→ Kat.-Nr. 5-19.

Die Fotografie stammt aus einem Album mit Porträts von
Afrikaforschern. Gustav Adolf Graf von Götzen erkundete als
erster Deutscher 1894 im Zuge einer Expedition das Gebiet
des heutigen Ruanda und Burundi. Er stieg 1900 zum Hauptmann auf und empfahl sich mit seinen regionalen Kenntnissen als Gouverneur der Kolonie Deutsch-Ostafrika. Diesen
Posten bekleidete er von 1901 bis 1906, bevor er aus gesund-
heitlichen Gründen nach Deutschland zurückkehren musste.

ERICH SELLIN & Co. BERLIN W.

1899.

gleichsweise spät bewilligte der Reichstag 1913
Mittel für die Erschließung des Landes durch
eine Eisenbahnlinie, deren Realisierung der Ausbruch des Ersten Weltkriegs allerdings verhinderte. 1914 wurde mit der Hüttensteuer die Steuer-
pflicht eingeführt. Auf die Besiedlung durch Europäer verzichtete man angesichts der vergleichsweise hohen Bevölkerungsdichte. Die hingegen
für notwendig erachtete wissenschaftliche Erforschung des Landes unterstützten koloniale
Kreise durch die Mitfinanzierung einer Reihe
privater Expeditionen, vor allem der von Herzog
Adolf Friedrich zu Mecklenburg im Jahr 1907.

Die »Erziehung zur Arbeit« überließ die Kolonialverwaltung überwiegend den Missionaren.
Ab 1900 gründeten die katholischen Weißen Väter zahlreiche Missionsstationen, von 1907 bis
1916 bauten die evangelischen Bethel-Missionare Gemeinden auf, unter anderem im noch
heute protestantischen Rubengera. Neben dem
Königshof in Nyanza und der deutschen Residentur in Kigali bildete Kabgayi, Hauptsitz der

Weißen Väter, ein drittes Machtzentrum. Die
evangelischen Bethel-Missionare mussten Ruanda 1916 verlassen. Die Weißen Väter, meist
Franzosen, blieben nach Ende des Ersten Weltkriegs im Land. Der auf die Deutschen folgenden belgischen Kolonialmacht eng verbunden,
transformierten sie Ruanda in ein christliches
Königreich und verschafften der katholischen
Kirche einen politischen Einfluss, der erst mit
deren Verwicklung in den Genozid an den Tutsi
1994 endete.[4]

König Musinga und sein Hof akzeptierten
die deutsche Kolonialherrschaft in der Hoffnung
auf Verbündete gegen interne politische Gegner
und gegen den »Freistaat Kongo«, der ihnen im
Juli 1896 eine militärische Niederlage beigebracht
hatte. Andererseits erregte der unaufhörliche
Durchzug von Karawanen und deutschen Expeditionen unter dem Schutz von Militäreskorten,
die auf Verlangen ihrer Anführer nicht selten auf
Kosten der lokalen Bevölkerung versorgt werden mussten, deren Unmut. So wurden wieder-

holt Expeditionen angegriffen und ausgeraubt. Die Ruander reagierten mit einer Mischung aus Neugier, Angst und Ablehnung auf die deutsche Präsenz.

Die Unkenntnis der differenzierten ruandischen Herrschaftsstrukturen auf deutscher Seite führten häufig zu Konflikten mit der Bevölkerung und lokalen Eliten, woraufhin Strafexpeditionen erfolgten. Insbesondere im Norden Ruandas schlugen die Deutschen, die den umstrittenen König Musinga unterstützten, mehrere Revolten nieder. Die Weißen Väter, die unter dem Schutz der Kolonialmacht standen, schreckten vor Gewalt ebenfalls nicht zurück, wenn sie

für den Bau ihrer Kirchen Material, vor allem Holz, Lebensmittel und Vieh beschlagnahmten.

Die deutsche Unterstützung des ruandischen Königs lag nicht nur in einer politischen Notwendigkeit begründet, sondern nicht zuletzt auch in der im 19. Jahrhundert allgemein verbreiteten Vorstellung, Hamitentheorie genannt, dass die Gesellschaften Ostafrikas ethnisch gegliedert seien. In Ruanda hielt man die Tutsi als Viehzüchter für die herrschende Schicht, die Hutu als Bauern für deren Untertanen und die Twa, Jäger und Töpfer, für eine marginale Gruppe – selbst wenn viele Beobachtungen dem widersprachen. Der Anthropologe Jan Czekanowski,

Grundlage: Karte 4 aus Stielers Hand-Atlas, 9. Aufl., Gotha: Justus Perthes

Übersichtskarte zum Weltkrieg 1914–1918, abgedruckt
in Leo Frobenius/Hugo Friedrich Freytag-Loringhoven:
Deutschlands Gegner im Weltkriege, Berlin, um 1925.
Deutsches Historisches Museum, Berlin. → Kat.-Nr. 3-33.

Die Hauptschauplätze des Ersten Weltkriegs lagen in Europa.
Doch er weitete sich auf die deutschen Kolonialgebiete in
Afrika, Asien und im Pazifik aus. Die meisten deutschen Kolonien fielen nach Kriegsbeginn 1914 vergleichsweise schnell in
die Hände gegnerischer Truppen. Nur in Ostafrika zogen sich
die Kämpfe bis zum Kriegsende 1918 hin.

Mitglied der Expedition des Herzogs zu Mecklenburg, stellte bei seinen Forschungen zu ruandischen Clans fest, dass die ethnischen Zu-
gehörigkeiten keine biologische, sondern eine
soziale Kategorie zu sein schienen; diese Erkennt-
nis blieb aber folgenlos. Im 19. Jahrhundert hatte die Zuordnung zu Tutsi oder Hutu gegenüber
der Zugehörigkeit zur »Nation«, zu Verwandt-
schafts- und Nachbarschaftsgruppen an Bedeutung gewonnen, wurde aber flexibel gehandhabt. Die koloniale Festschreibung der ethnischen
Differenzierung als Basis der Gesellschaftsstruk-
tur bestimmte auch die nachkoloniale Politik,
mit fatalen Folgen, wie der Genozid 1994 zeig-

te. In Anknüpfung an das nationale Identitäts-
bewusstsein der vorkolonialen Zeit und im Zeichen der Versöhnung, betont der öffentliche Diskurs heute die integrativen Faktoren wie zum
Beispiel die gemeinsame Sprache und Kultur.

Von 1914 bis 1916 war Ruanda der Schauplatz von Kämpfen zwischen Deutschen, die von
Ruandern unterstützt wurden, und Belgiern, die
von Kongolesen unterstützt wurden. Die afrikanische Bevölkerung kämpfte somit in einem Krieg
zwischen europäischen Staaten, in dem es um
europäische Interessen ging.

Als die Niederlage gegen die belgisch-briti-
sche Koalition absehbar war, zogen die Deut-

schen in Begleitung ruandischer Krieger und Träger ab, die *Indugaruga* genannt wurden. Die meisten von ihnen kehrten 1918 nicht zurück. Diesen traumatischen Verlust thematisiert ein Volkslied, an das sich die Bewohner von Rubengera noch heute erinnern: »Monsieur Röhl [Pastor in Rubengera und Kriegsfreiwilliger, der den deutschen Rückzug organisierte] sagte den Mädchen Lebewohl, die Jungen aber zogen mit ihm fort.« Nachdem die Deutschen Ruanda verlassen hatten, besetzten die Belgier das Land. Den höchsten Tribut für diesen Krieg zahlte vor allem der Nordwesten. Bereits im Krieg verwüstet, zogen anschließend belgische Kongo-Soldaten plündernd durch das Land, das in den darauffolgenden zwei Jahren eine große Hungersnot erlebte. Im Jahr 1919 erhielt Belgien, das Ruanda bereits besetzt hielt, durch den Versailler Vertrag Ruanda-Urundi als Mandatsgebiet und gliederte es Belgisch-Kongo an. Am 1. Juli 1962 erlangte Ruanda seine Unabhängigkeit wieder.

LEBENDIGE ERINNERUNG

Welche Spuren der deutschen Kolonialzeit sind in Ruanda heute zu finden? Im April 2016 habe ich mich auf die Suche danach gemacht und bin in zahlreichen Interviews der Erinnerung an diese Epoche nachgegangen. Meine Recherche ist sicherlich nicht repräsentativ, zeigt aber doch interessante Details.

In der Sprache Ruandas, dem Kinyarwanda, wird für die Bildung von Ländernamen die Selbstbezeichnung zugrunde gelegt. So wurde aus Belgien (franz.: *Belgique*) *Ububiligi*, aus Frankreich (franz.: *France*) *Ubufaransa* und so weiter. Nur Deutschland fällt aus diesem Schema heraus, was darauf zurückgeht, dass die Deutschen in Ruanda mit dem üblichen »Guten Tag« grüßten.

Die Ruander eigneten sich also »Tag« an und nannten die Deutschen *Abadage* und Deutschland *Ubudage*.

Während der deutschen Kolonialzeit war hauptsächlich Kisuaheli die Verständigungssprache zwischen Deutschen und Ruandern, da die Mittelsmänner und Dolmetscher aus den Küstengebieten Ostafrikas kamen. Dennoch gingen einige deutsche Wörter in das Kinyarwanda ein und haben sich bis heute im Wortschatz erhalten: *ishuli* – Schule, *intofanyi* – Kartoffel, *amahera* (von Heller) für ein Geldstück. Noch in der deutschen Kolonialzeit trieben katholische und evangelische Missionare mit ihren ruandischen Mitarbeitern die Verschriftlichung des Kinyarwanda voran. Zeugnisse hierfür sind das *Wörterbuch Deutsch – Kinyarwanda*[5] des Weißen Vaters Felix Dufays und die *Ifiberi rya Urunyarwanda*,[6] die Schulfibel der Bethel-Missionare Ernst Johanssen und Karl Röhl.

An einigen historischen Orten sind außerdem noch Gebäude beziehungsweise bauliche Spuren vorhanden. Am bekanntesten ist das Kandt-Haus in Kigali. Von Richard Kandt als Teil der Residentur erbaut, wurde es restauriert und dient seit 2004 als Museum für Naturgeschichte. Im Nachklang des hundertjährigen Bestehens von Kigali machte die Tageszeitung *The New Times* das Museum und die Person Richard Kandt 2014 in einer vierteiligen Artikelserie einem größeren Publikum bekannt.[7] Die frühen Missionsstationen der Weißen Väter und einzelne Stationen der Bethel-Missionare mit ihren Kirchen (zum Beispiel Nyundo, Kabgayi) und Schulgebäuden (Rubengera) werden nach wie vor genutzt. An den Kriegsschauplätzen des Ersten Weltkriegs (Shangi, Gisenyi, Insel Bugarura) können ältere Anwohner noch heute die Reste der deutschen Anlagen zeigen. Die Ruandische Akademie für Sprache und Kultur (RALC) be-

↑

***Askaritreue in Deutsch-Ostafrika*, Fritz Grotemeyer, 1918.**
Militärhistorisches Museum der Bundeswehr, Dresden.
→ Kat.-Nr. 6–12.

Fritz Grotemeyers Gemälde zeigt zwei Askaris, die einen
verwundeten deutschen Schutztruppenangehörigen vom
Schlachtfeld führen. Als Postkarte in hoher Stückzahl vertrieben, gehörte es nach 1918 zu den wirkmächtigsten bild-
lichen Darstellungen vom Mythos der »treuen Askaris«,
die angeblich bis zuletzt loyal an der Seite der Deutschen
gekämpft hätten.

absichtigt, einige ausgewählte historische Stätten zu Erinnerungsorten auszubauen.

Eine solche Gedenkstätte findet sich bereits
in Kageyo, um an die dortige symbolträchtige
Begegnung von König Kigeri IV. Rwabugiri und
Graf von Götzen im Jahr 1894 zu erinnern. Von
einem Wächter und einem alten Mann um die
70 bekam ich die Ereignisse rund um den Aufenthalt von Götzens in Kageyo geschildert, und
sie zeigten mir, wo dieser den König einst begrüßt und wo er genächtigt hatte. In ihren Erzählungen vermischen sich mündliche historische und familiäre Überlieferung, Schulwissen
aus dem Geschichtsunterricht und die Aussagen
von Persönlichkeiten des öffentlichen Lebens,
die die Gedenkstätte besuchen.

Auch an weiteren historischen Schauplätzen ist die Erinnerung der Bewohner, zumal der
älteren Generation, an die deutsche koloniale
Vergangenheit nicht nur sehr wach, sondern oft-

→

Askari-Figur, vor 1918.
Deutsches Historisches Museum, Berlin. → Kat.-Nr. 2-38.

Als Askaris bezeichnete man die afrikanischen Kolonialsoldaten in Ostafrika, die die Mannschaften und Teile der
Unteroffiziersränge in der »Schutztruppe« stellten. In den
Gesellschaften Ostafrikas nahmen die Askaris eine zwiespältige Stellung ein: Einerseits verfügten sie aufgrund ihres
relativ hohen Einkommens und ihrer Machtstellung über
ein großes Sozialprestige, andererseits verbinden sich mit
dem Begriff »Askari« Erinnerungen an Gewalt und Leiden
der Zivilbevölkerung.

mals auch emotional gefärbt. Ihr Wissen droht
jedoch verloren zu gehen. In Ruhengeri berichtete beispielsweise eine alte Dame von 97 Jahren, dass ihr Vater und die Männer aus diesem
nördlichen Landesteil erzählten, afrikanische
Soldaten, die unter dem Befehl von Deutschen
standen, hätten die Bewohner regelmäßig miss-
handelt, um ihr Aufbegehren gegen König Musinga im Keim zu ersticken. Auf der Insel Bugarura, wo sich im Ersten Weltkrieg das militärische Hauptquartier befand, wusste ein Mann
von 73 Jahren von sämtlichen Aktionen des Be-
fehlshabers der deutschen Truppen, Hauptmann
Max Wintgens, zu berichten.

Rubengera, eine Station der Bethel-Mission,
war von 1914 bis 1916 das logistische Zentrum
der »Schutztruppe« unter Wintgens, wobei das
Motorboot *Bodelschwingh* eine wichtige Rolle
spielte. Die Bethel-Mission transportierte das
Boot in Einzelteilen zum Kiwusee und nahm es
unmittelbar vor Kriegsausbruch in Betrieb, bevor Wintgens es dann requirierte. Beim Abzug
der Deutschen versenkte der Missionar Röhl das
Boot in der Musaho-Bucht im Kiwusee. Die jet-
zigen Bewohner des Ortes wussten viele Details
über den Aufenthalt der Deutschen, ihre Schlacht
gegen die Belgier auf dem Kiwusee, dieses Motorboot und die Stelle zu berichten, wo es ver-
senkt worden war. Im Laufe der Zeit ist das bislang nicht geborgene Boot zu einer lokalen Tou-
ristenattraktion geworden.

Wie der Besitzer einer Piroge, eines Einbaum-
boots, berichtete, führt er des Öfteren Besucher
an die Stelle, an der das Wrack vermutet wird,
darunter Angehörige der ruandischen Marine,
Regierungsmitglieder, Botschafter und, wie er
besonders betonte, sogar Chinesen. Am Ufer erklärten Kinder, um die zehn Jahre alt, wie die
Deutschen die *Bodelschwingh* mit drei im Grund
des Sees verankerten dicken Ketten festgemacht

hätten. Erst vor kurzem sollen Leute versucht haben – ob in offiziellem Auftrag oder eigenmächtig, weiß niemand genau –, das Boot zu bergen, mit dem Ergebnis, dass es noch tiefer eingesunken ist.

Dieses Boot ist nicht nur ein Relikt der deutschen Kolonialzeit, für die Bewohner dieser Gegend ist es auch zum Gegenstand von phantastischen Geschichten und Legenden geworden: Sie glauben, die Deutschen hätten Schätze dort versteckt, bevor sie weggingen. Sie baten darum, dass man sie nicht vergessen möge, wenn das Boot geborgen und der Schatz aufgeteilt wird.

Rubengera ist ein lebendiger Erinnerungsort der deutschen Vergangenheit in Ruanda. An diese und die Gründermissionare erinnert die protestantische Mission mit ihren Gebäuden. Das versunkene und legendenumwobene Boot schürt die Neugier und bietet den Anlass für Geschichten, die niemand beweisen kann, da der Zugang zu schriftlichen Quellen fehlt.

Das Bild, das die Ruander heute in ihrem kollektiven Gedächtnis von dem kurzen Aufenthalt der Deutschen in ihrem Land bewahren, ist meist positiv, zumal sie Entwicklungsprojekte wie den Bau der Eisenbahnlinie und die Schiffbarmachung des Flusses Akagera planten. Das erklärt die Tendenz zur Idealisierung der deutschen im Unterschied zur belgischen Kolonisierung.

Tatsächlich hat die deutsche Kolonialzeit nicht lange genug gedauert, um tiefer in die kulturellen Strukturen der ruandischen Gesellschaft einzugreifen. Doch die deutschen Kolonialisten holten die katholischen und protestantischen Missionare ins Land und unterstützten deren Maßnahmen zur »Zivilisierung« der Einheimischen, die weitaus größere Auswirkungen zeitigten: Die ruandische Bevölkerung musste ihre eigene Religion, die meisten ihrer Bräuche und den traditionellen Baustil der Rundhäuser aufgeben und stattdessen Lehmziegel herstellen, Baumwollkleidung anziehen, um ihre Blöße zu bedecken, und vieles mehr. Dies hatte zur Folge, dass sich die kulturellen, religiösen, identitären Strukturen auflösten.

Die ruandische Identität wiederzufinden und sie kollektiv erlebbar zu machen, sollte kein fiktives Ziel sein. Sie ist das Fundament einer neuen Gesellschaft, die ihre Geschichte umfassend kennen muss, die vorkoloniale ebenso wie die koloniale, die nachkoloniale und die aus jüngster Zeit.

Es ist also notwendig, die deutsche Kolonialzeit in Ruanda weiter systematisch zu erforschen. Da sich die schriftlichen Quellen wie die Akten der Residentur und des Reichskolonialamtes hauptsächlich in europäischen Archiven befinden und in deutscher Sprache verfasst sind, können ruandische Historiker sie nicht direkt auswerten. Das ruandische Kultusministerium hat daher im Rahmen der ruandisch-deutschen Zusammenarbeit ein Projekt beantragt, um diese Zeugnisse der Geschichtsforschung in Ruanda zugänglich zu machen und der Bevölkerung, unter anderem durch eine Ausstellung historischer Fotos, die deutsche koloniale Vergangenheit näherzubringen.

---

1 Ramsay, 1897, S. 180. | **2** Honke 1990, S. 116; Des Forges 2011, S. 17f. | **3** Ntezimana 1990, S. 79f. | **4** Gatwa 2001. | **5** Dufays, Felix: Wörterbuch Deutsch – Kinyarwanda, Trier 1912. | **6** Ifiberi rya Urunyarwanda/Fibel der Ruandasprache, 2 Bde., Gütersloh 1910 und 1914. | **7** Mbanda, Gerald: The Legacy of Dr. Richard Kandt, Teil I–4, in: The New Times. Ruanda's Leading English Daily, 16.09.2014 – 09.10.2014.

ENTWICKLUNGS~~HILFE~~

Entwicklungshilfe war selten einfach ein Geschenk. Meist waren Gelder, die in Projekte auf dem afrikanischen Kontinent flossen, mit eigenen Interessen der Geber verbunden und an Bedingungen geknüpft. Auch mit Entwicklungshilfe aus europäischen Töpfen gehen bis heute große Abhängigkeiten und Verschuldung einher.

ENTWICKLUNGSGELDER AUS EUROPA

Historischer Hintergrund

1944 Im Rahmen großer Entwicklungsprogramme flossen bereits in den 1940er und 1950er Jahren Gelder nach Afrika, die der »wirtschaftlichen und sozialen Entwicklung« verschrieben waren. Tatsächlich dienten sie eher dem Ausbau von Häfen, Schienen- oder Straßennetzen als den Interessen der lokalen Bevölkerung.

1957 Im Jahr 1957 wurden die französischen Kolonien in den Verträgen von Rom assoziiert und damit koloniale Wirtschaftsbeziehungen in den europäischen Gemeinsamen Markt überführt. Ehemalige Kolonialbeamte wechselten in die Entwicklungspolitik der Europäischen Kommission.

1960– Häufig waren es die vormals loyal zur Kolonialverwaltung aufgestellten Politiker der unabhängig gewordenen Staaten, die über die Verteilung von Entwicklungsgeldern verhandelten. Die meisten afrikanischen Staaten gerieten nach der Unabhängigkeit schnell in eine Schuldenspirale, die sie bis heute in Abhängigkeit von ehemaligen Kolonialmächten oder anderen Gebern hält.

Quelle: Atangana 2009; Dimier 2014.

HILFE WAR NIE NUR EIN GESCHENK

OECD & DAC

Die internationale Organisation für wirtschaftliche Zusammenarbeit und Entwicklung (OECD) dient derzeit 34 Mitgliedstaaten – vor allem westlichen Industrienationen – als Forum ihrer Wirtschafts-, Handels- und Entwicklungspolitik. 22 Staaten sind Mitglied im Development Assistance Committee (DAC), dem Fachausschuss für Entwicklungszusammenarbeit. Dieser koordiniert die Entwicklungshilfe.

🌢 **Ausschließlich OECD** 🌢 **OECD & DAC** ● **Sonstige**

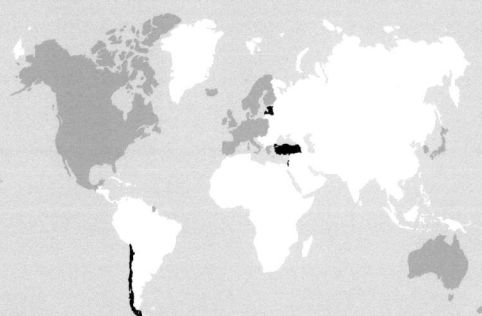

ODA

Official Development Assistance (Öffentliche Entwicklungszusammenarbeit) heißen öffentliche Gelder, die zur wirtschaftlichen und sozialen Entwicklung anderer Staaten erbracht werden.

UN: 0,7 %

UN-Zielvorgabe: 0,7 Prozent des Bruttonationaleinkommens sollen UN-Staaten in Entwicklungshilfe investieren.

EU-HILFE

EU

GEGENLEISTUNGEN UND BEDINGUNGEN

Finanzhilfen werden oft als Gegenleistung für die Aufrechterhaltung ungleicher Handelsbeziehungen getätigt. In vielen Fällen werden afrikanische Staaten beispielsweise auf den Export bestimmter Rohstoffe festgelegt, was hinderlich für die lokale wirtschaftliche Entwicklung und Industrialisierung ist. In anderen Fällen wurde Hilfe unmittelbar an politische Bedingungen geknüpft. Neben Institutionen wie der EU oder dem Internationalen Währungsfonds profitieren auch einzelne Staaten oder Firmen von solchen Bedingungen.

Quelle: Kohnert 2008; Lee 2009.

ODA

Für die meisten afrikanischen Staaten setzt sich die ODA laut DAC-Empfehlungen zusammen aus

grants
Zuschussanteil, muss nicht zurückgezahlt werden

86 %

loans
Darlehensanteil, muss zurückgezahlt werden

Der loans-Anteil darf maximal **14 %** betragen

Quelle: OECD/DAC 1978/2016.

Netto-ODA 2015: 2015 erfüllten nur sechs OECD-Staaten die Vorgabe.

Quelle: OECD 2015a.

Schweden	1,40 %
Norwegen	1,05
Luxemburg	0,93
Dänemark	0,85
Niederlande	0,76
Großbritannien	0,71
Finnland	0,56
Türkei	0,54
Schweiz	0,52
Deutschland	0,52

0,7 %-Ziel

EU-Anteil an Hilfsgeldern

Total 279,4

Sambia
32,1 Mio. US$
11,5 %

1193,9 — **Südafrika**
234,3 Mio. US$
19,6 %

1044,7 — **Tansania**
121,7 Mio. US$
11,6 %

155,9 — **Togo**
31,2 Mio. US$
20 %

303,9 — **Kamerun**
70,7 Mio. US$
23,3 %

Quelle: OECD 2015b.

UMSCHULDUNGEN UND GEIERFONDS:
Geschäfte mit Schulden statt globaler Schuldengerechtigkeit

Private Akteure kaufen günstig und anteilig Staatsschulden armer Staaten auf. Werden die Gelder in der Folge nicht beglichen, drohen die Fondsmanager mit dem Rechtsweg oder verklagen den betreffenden Staat tatsächlich. Dieser muss nicht nur die ursprüngliche Schuld, sondern zusätzliche Summen beispielsweise für Tilgung und Zinsen aufbringen. Leidtragende sind die Bevölkerungen in den verschuldeten Staaten, deren Ausverkauf nicht selten von afrikanischen Eliten mitgetragen wird.

Quelle: Scheen 2007; Buchter 2013.

EIN ENDE DER SCHULDEN? WARUM LÖSUNGSANSÄTZE SCHEITERN

86%
Zuschuss/grants

14%
Darlehen/loans

DARLEHEN FLIESSEN IN DIE STAATSSCHULDEN DES EMPFÄNGERSTAATES EIN

STAATSSCHULDEN EINES AFRIKANISCHEN STAATES

WEISSE ELEFANTEN?

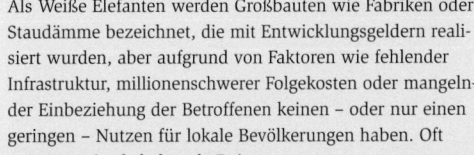

Als Weiße Elefanten werden Großbauten wie Fabriken oder Staudämme bezeichnet, die mit Entwicklungsgeldern realisiert wurden, aber aufgrund von Faktoren wie fehlender Infrastruktur, millionenschwerer Folgekosten oder mangelnder Einbeziehung der Betroffenen keinen – oder nur einen geringen – Nutzen für lokale Bevölkerungen haben. Oft verrosten sie als kolossale Ruinen.

ÖFFENTLICHE MEINUNG IN EUROPA

Europäische Politiker richten ihre Prioritäten oft an der Stimmung im eigenen Staat aus. Bei der Entwicklungszusammenarbeit führt dies zu der absurden Situation, dass Meinungen der europäischen Bevölkerungen mehr Gewicht in Entscheidungen über Entwicklungen in Afrika beigemessen wird als Meinungen der afrikanischen Bevölkerungen selbst.

Quelle: Eurobarometer 421, 2015.

LEADERS FOLLOW MASSES

EIN PLATZ AN DER SONNE

SPUREN DES DEUTSCHEN KOLONIALISMUS IN QINGDAO

YIXU LÜ

AM 14. NOVEMBER 1897 besetzten Marinesoldaten des Ostasiengeschwaders unter Konteradmiral Otto von Diederichs die Jiaozhou-Bucht an der Küste Chinas. Am 14. November 1914, dem 17. Jahrestag der Besetzung, verließ Kapitän zur See Alfred Meyer-Waldeck – Gouverneur des deutschen Pachtgebiets Kiautschou/Jiaozhou, das von China für 99 Jahre gepachtet worden war – mit seinem Stab die Stadt Tsingtau/Qingdao und begab sich in japanische Kriegsgefangenschaft.

Die Symbolkraft dieses Datums kann nicht hoch genug eingeschätzt werden, denn die Gründung Tsingtaus wurde als ein wesentlicher Erfolg der wilhelminischen »Weltpolitik« gewertet, und der Verlust auch dieser Kolonie markierte das Ende der imperialistischen Großmachtphantasie des Deutschen Reiches.

BESETZUNG UND VERWALTUNG

Historiker sind sich längst über die Sonderstellung Tsingtaus in der Geschichte des deutschen Kolonialismus einig: Anders als die kolonialen Besitzungen in Afrika, die das Kaiserreich in den 1880er Jahren eher unplanmäßig übernahm, war die Gründung einer deutschen Kolonie in China von Anfang an ein staatliches Unternehmen. Von langer Hand vorbereitet, war die Besetzung der Kiautschou-Bucht nicht – wie seinerzeit von deutscher Seite behauptet – eine spontane Vergeltung für die Ermordung von zwei deutschen Missionaren in der Provinz Schantung/Shandong, sondern vielmehr eine gezielte Annexion, die die Voraussetzungen für das Wirken von deutschen Handelskompanien und Kaufleuten in China schaffen sollte.[1]

Doch der Schutz und die Geltendmachung deutscher Handelsinteressen waren nicht die einzigen Faktoren, die die Errichtung eines Marinestützpunktes in China als opportun erscheinen ließen. Die Besetzung hatte vor allem politischen Symbolwert. Von der Kolonie in China versprach man sich, wie der Staatssekretär des Reichsmarineamtes 1895 schrieb, dass sie »die politische Macht und das Ansehen im Ausland derart [hebt], dass schon bloß durch die Existenz einer Station und der durch sie dokumentierten Heimatberechtigung ein Machtausfluss geschaffen wird, welcher sich erfahrungsgemäß weit über die Grenzen des Besitzes hinaus erstreckt und tatsächlich durch nichts anderes ersetzt werden kann«.[2]

Niemand konnte die symbolische Bedeutung dieser Besetzung besser hervorheben als Bernhard von Bülow, Staatssekretär im Auswärtigen Amt, und Kaiser Wilhelm II. In seiner Rede zur Besetzung der Kiautschou-Bucht vor dem Reichstag rechtfertigte von Bülow die expansive Kolonialpolitik des Reiches mit dem inzwischen geflügelten Wort: »Wir wollen niemand in den Schatten stellen, aber wir verlangen auch unseren Platz an der Sonne.«[3] Für Wilhelm II. bedeutete die Besetzung Tsingtaus weitaus mehr als die territoriale Ausdehnung des Deutschen Reiches in Übersee. Sie sei »die logische Konsequenz«[4] aus der Vorgeschichte der Reichsgründung. Die hiermit geschaffene Traditionslinie

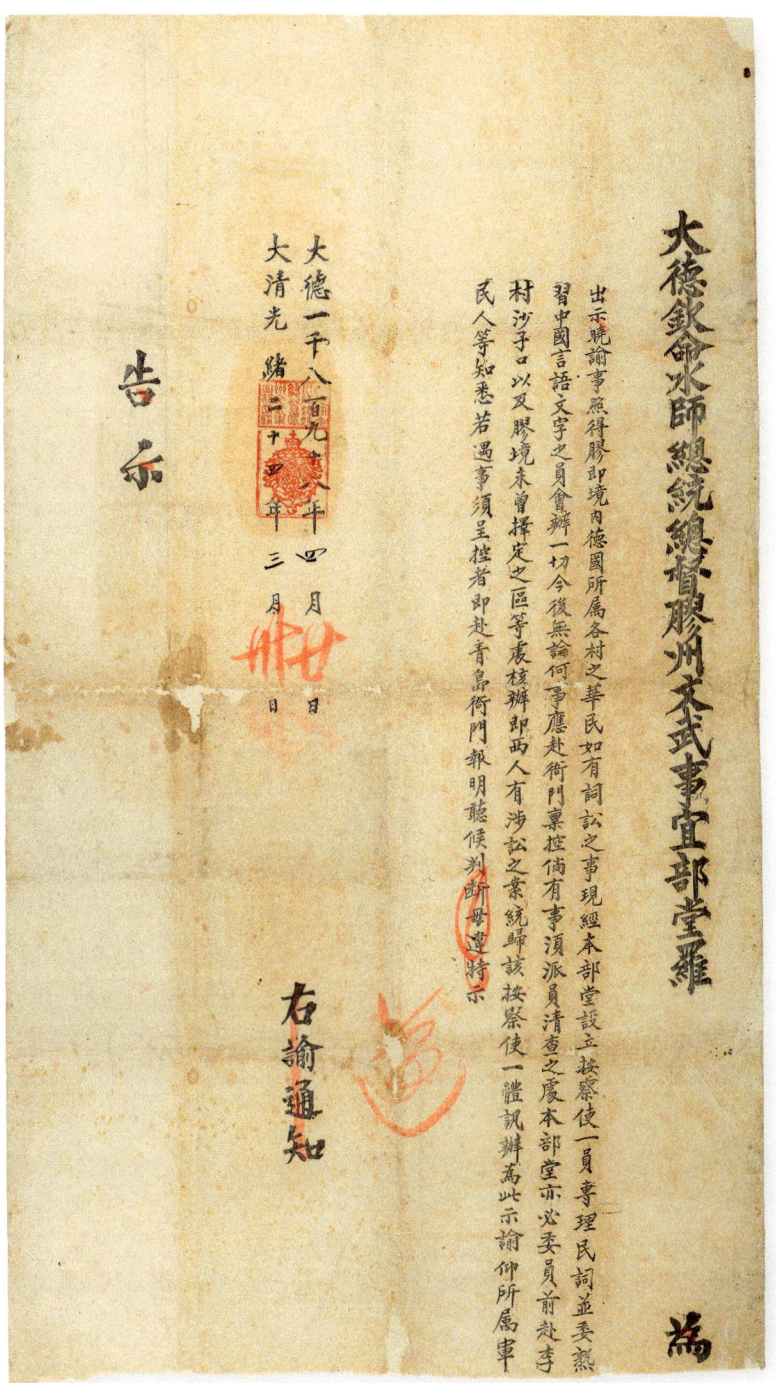

→

Proklamation zum Pachtvertrag zwischen dem Deutschen Reich und China über das Gebiet Kiautschou/ Jiaozhou, 1898.

Deutsches Historisches Museum, Berlin. → Kat.-Nr. 2-18.

Am 6. März 1898 schlossen der chinesische Kaiser Guangxu und der deutsche Kaiser Wilhelm II. einen Pachtvertrag über das Kiautschou-Gebiet, der auf 99 Jahre angelegt war. Die Proklamation zum Pachtvertrag in chinesischer Sprache sollte als Maueranschlag die Bevölkerung des Kiautschou-Gebiets über den Abschluss des Vertrags und dessen Inhalte informieren.

trug dazu bei, dass die Kolonie weithin als »Deutsche Muttererde«[5] verstanden wurde.

Unter Aufsicht des Reichsmarineamtes flossen enorme staatliche Gelder in den Aufbau der neuen Kolonie. Staatssekretär Alfred von Tirpitz sorgte persönlich dafür, dass Tsingtau nicht primär zu einer Marinebasis, sondern zu einem »Stützpunkt der deutschen Kaufmannschaft bei der Erschließung eines weiteren Hinterlandes«[6] aufgebaut wurde, was auch die besondere Stellung der Marine als staatstragende Kraft legitimieren sollte: »Ein höchstes Interesse der Marine […] steht auf dem Spiele. Beweis für die breiteren Volksmassen, dass Marine nicht Selbstzweck, dass sie berufen und befähigt ist, nicht allein Schutz und damit indirekten Nutzen zu bieten, sondern direkt Handel und Industrie, die allgemeinen Seeinteressen zu heben und zu fördern.«[7]

In den folgenden Jahren wurde eine Reihe von (Bau-)Projekten in Tsingtau in Angriff genommen wie der Große Hafen, ein neues Stadtentwicklungskonzept, die Eisenbahnlinie von Tsingtau zur Provinzhauptstadt Tsinanfu/Jinan sowie die Aufforstung des Umlandes. In einer Denkschrift des Gouvernements Kiautschou aus Anlass des zehnjährigen Bestehens der Kolonie bescheinigte sich die Marineverwaltung stolz, den ursprünglichen Plan des infrastrukturellen Aufbaus des »Schutzgebiets« vorbildlich in die Praxis umgesetzt zu haben, und listete ihre Erfolge auf: »Anstelle des Dorfes Tsingtau und der chinesischen Truppenlager ist eine, nach einheitlichem Plan gebaute, ausgedehnte Stadtanlage getreten […]. […] Die Stadtanlage ist mit einem Netz chaussierter Straßen versehen, hat Regen- und Schmutzwasserkanalisation, Wasserleitung und elektrische Beleuchtung, kirchliche Gebäude, Krankenhäuser und Schulen für Europäer und für Chinesen, eine Postanstalt, Markthalle und einen allen Anforderungen der Hygiene genügenden Schlachthof. […] Die Hafenanlagen rechnen auch nach fremden Urteilen zu den besten Ostasiens.«[8]

BEHARRUNG UND WANDEL

Dieser Topos der Transformation Tsingtaus von einem öden Fischerdorf in eine moderne deutsche Stadt und in einen beliebten Erholungsort für Deutsche und andere Europäer in China ist charakteristisch für die Sicht auf Tsingtau, die nicht nur den Verlust der Kolonie, sondern auch den politischen und sozialen Wandel im Verlauf des 20. Jahrhunderts überdauerte und bis in die Gegenwart hineinwirkt. Sucht man nach den Spuren des deutschen Kolonialismus im heutigen Qingdao, findet man diese nicht nur in den noch gut erhaltenen Gebäuden aus der Kolonialzeit, sondern auch in den Wahrnehmungen der deutschen Besucher von damals und heute.

So liest man zum Beispiel in der deutschsprachigen Zeitung *Tsingtauer Neueste Nachrichten* aus dem Jahr 1913: »Wenn man Tsingtau von der See aus erblickt, in seiner herrlichen Lage, entzückt es das Auge mit seinen reinlich gebauten schmucken Häusern, die mit ihren roten Ziegeldächern aus dem frischen Grün des Hintergrundes hervorleuchten. Es ist ein Stück Deutschland, das aus der Heimat dahin verpflanzt ist und bei diesem Umzug noch gewonnen hat.«[9] Ähnliche Beschreibungen findet man auch nahezu neunzig Jahre später in der deutschen Tagespresse: »Wer durch die Kopfsteinpflastergassen der Altstadt geht, entdeckt zwischen Neonreklamen Jugendstil und Neuromantik, hinübergerettet durch die Zeitläufte eines

Stadtplan von Tsingtau/Qingdao aus der Vogelperspektive, um 1909.
Deutsches Historisches Museum, Berlin. → Kat.-Nr. 4–19.

Deutsche Truppen besetzten 1897 die chinesische Jiaozhou-Bucht und bauten diese nach Unterzeichnung des Pachtvertrages sukzessive aus. Der Plan aus der Vogelperspektive verdeutlicht die systematische Stadtanlage, deren Gebäude handschriftlich ausgewiesen sind. Da der Fokus auf der »Europäerstadt« liegt, ist anzunehmen, dass derartige Pläne als Erinnerungsstücke für Deutsche angefertigt wurden.

kompletten Jahrhunderts. In Qingdao gibt es noch mehr intakte wilhelminische Architektur als in Hannover, Düsseldorf, Köln und Hamburg zusammen.«[10] Denn die Stadtmitte der Kolonialstadt hat nicht nur die lange Belagerung durch japanische und britische Truppen im Jahre 1914 überstanden, sie blieb auch von der Kulturrevolution in den 1960er Jahre verschont, nicht zuletzt, weil die chinesische Elite, auch die kommunistischen Kader, bevorzugt in den alten Villen wohnten.

Was aber bedeutete und bedeutet diese damals so moderne und so deutsche Stadt für ihre chinesischen Einwohner? Begibt man sich auf die Suche nach den Spuren des deutschen Kolonialismus in Qingdao, sieht man sich mit der höchst komplexen chinesischen Nationalgeschichte konfrontiert, denn die Kolonisierung hinterließ nicht nur sichtbare Spuren in der Landschaft und Architektur Qingdaos, sondern auch in der Psyche der chinesischen Einwohner. Von heute aus betrachtet, könnte man sagen, dass die oppositionellen Begriffspaare »Herrschaft und Widerstand« oder »Schande und Stolz« in der chinesischen Darstellung der deutschen Herrschaft in Tsingtau einer zunehmenden Ambivalenz wich und manchmal sogar in einen Perspektivwechsel mündete.

Als die Jiaozhou-Bucht 1897 besetzt wurde, reagierte die chinesische Presse mit großer Entrüstung: »Deutschland gilt als eine alte Zivilisation. Doch die Besetzung von Jiaozhou ist ein

räuberischer und barbarischer Akt.«[11] »Die Deutschen benutzen die Ermordung der Missionare als Vorwand, um Jiaozhou zu besetzen. Das ist nicht nur eine barbarische Handlung gegenüber China, sondern auch gegenüber Deutschland selbst.«[12] Aus dieser scharfen Verurteilung ist zugleich die Enttäuschung über Deutschland herauszuhören, das bei chinesischen Intellektuellen zuvor den Ruf eines zivilisierten Landes besessen hatte.

Diese zwiespältige Einstellung zu Deutschland, die in der allgemeinen Empörung über die Besetzung eher zwischen den Zeilen und teilweise unbewusst zum Ausdruck kam, wurde immer deutlicher im Verlauf der deutschen Kolonialherrschaft in Tsingtau. Als die Revolution von 1911 die Qing-Dynastie stürzte, wurde Tsingtau – zusammen mit den europäischen Konzessionen in Shanghai und Tientsin/Tianjin – zu einem der häufigsten Zufluchtsorte der Mandarine, die der Dynastie treu bleiben wollten. Die koloniale Verwaltung in Tsingtau zeigte sich äußerst zuvorkommend, im Gegensatz zur aggressiven und arroganten Haltung gegenüber Chinesen in den Anfangsjahren der Kolonie. Sogar die für die Wohngebiete Tsingtaus geltende Rassensegregation wurde aufgehoben, damit die betuchten chinesischen Flüchtlinge in der »Europäerstadt« Häuser kaufen oder mieten konnten.

Die Neuankömmlinge schätzten auf der einen Seite die Sicherheit vor dem Chaos der Revolution, die sie im deutschen »Schutzgebiet« genossen, andererseits war den meisten Flüchtlingen die Ironie der Lage durchaus bewusst. Es waren ja dieselben »Barbaren«, die ihr Land ein Jahrzehnt zuvor besetzt hatten, bei denen sie jetzt Schutz vor den eigenen Landsleuten suchten. In einem Gedicht wird diese ambivalente Situation als »Wohngemeinschaft von Vogel und Biest« bezeichnet.[13]

Viele Chinesen lernten mit der Zeit die infrastrukturellen Annehmlichkeiten zu schätzen, die die Deutschen in Tsingtau geschaffen hatten. Sie begriffen das Fremde und Andere der deutschen Kultur im Lauf der Zeit nicht mehr nur als Zwang oder Irritation, sondern integrierten es langsam in die eigene Kultur.

In einem Roman aus dem Jahr 1917, der die Mandarine in Tsingtau zum Gegenstand einer bitterbösen Satire machte, fungierte die deutsche Lebensweise als Kontrastfolie, um das Verhalten der Mandarine als »unzivilisiert« zu kritisieren.[14] Der Roman enthüllte zugleich einen Perspektivwechsel in der chinesischen Bevölkerung: Ein Teil von ihr hatte die Notwendigkeit der Modernisierung nach westlichem Muster akzeptiert. Zielscheibe der Satire waren nicht mehr allein die Kolonialherren, die die Chinesen diskriminierten, sondern auch die alten chinesischen Eliten, die in ihrer Ignoranz der Modernisierung des Landes im Wege standen.

SYMBOLKRAFT UND ANEIGNUNG

Ein ganzes Jahrhundert ist vergangen, seitdem die Deutschen Tsingtau aufgeben mussten. Die zweimalige japanische Besetzung der Stadt in den beiden Weltkriegen, der Bürgerkrieg zwischen Kommunisten und Nationalisten, die Kulturrevolution und der wirtschaftliche Aufstieg Chinas haben in Qingdao große gesellschaftliche und städtebauliche Veränderungen nach sich gezogen. Aber viele deutsche Bauten wie das Dienstgebäude des Gouvernements und das kaiserliche Gericht, die Christuskirche und die Bismarck-Kaserne sind unversehrt geblieben.

Was denken die heutigen Einwohner über die koloniale Vergangenheit ihrer Stadt? Um diese Frage zu beantworten, habe ich im März 2016 eine Umfrage in Qingdao durchgeführt. Alle Teil-

**Panoramafoto von Tsingtau/Qingdao,
E. Wüstenhagen, um 1902.**
Deutsches Historisches Museum, Berlin. → Kat.-Nr. 4-18.

Nach Unterzeichnung des Pachtvertrags über die Bucht von
Kiautschou/Jiaozhou warb das Reichsmarineamt 1898 eine
Bauabteilung an, um den Ausbau des Flotten- und Handels-
stützpunkts Tsingtau nach einem Bebauungsplan vorzunehmen. Mitglied der Bauverwaltung in Tsingtau war der
Ingenieur E. Wüstenhagen, der den Stadtausbau fotografisch
festhielt. Das Panorama, bestehend aus elf Einzelfotos,
dokumentiert das Baugeschehen in Tsingtau, ergänzt durch
handschriftliche Anmerkungen Wüstenhagens.

**Postkarte »In der Noth frisst der Teufel Fliegen!«,
F. Schwartzkopf & Co., Tsingtau/Qingdao,
Pachtgebiet Kiautschou/Jiaozhou, China
7. Juni 1901 (Poststempel).**
Deutsches Historisches Museum, Berlin. → Kat.-Nr. 4-29.

Als populäres Massenmedium verbreiteten Postkarten in
Deutschland Projektionen vom Kolonialreich. Zahlreiche
Motive thematisierten die ungleichen sexuellen Beziehungen
deutscher Männer zu lokalen Frauen. Insbesondere Postkarten der Marine stellten eine Analogie zwischen der
territorialen Eroberung und der Inbesitznahme von lokalen
Frauen her. Auf dieser Postkarte wurden die Beziehungen zu
lokalen Frauen abfällig als Notlösung dargestellt.

Chinesische Henkel-Schale, Qing-Dynastie, 18. Jahrhundert.
Staatliche Museen zu Berlin, Kunstgewerbemuseum Schloß
Köpenick. → Kat.-Nr. 5-33.

Im Zuge der »Sühnemission« nach dem Krieg gegen die
Boxerbewegung gelangte diese Schale in das Berliner Kunstgewerbemuseum. Versehen mit beweglichen Ösenhenkeln
und Verzierungen mit Schmetterlingen und Pfirsichzweigen,
entstand die Schale im 18. Jahrhundert in China. Sie war eines
von insgesamt 36 exklusiven Stücken, die Prinz Chun II. dem
deutschen Kaiserpaar überreichen wollte. Da der Kaiser dies
ablehnte, übergab Chun die Objekte an verschiedene deutsche Museen.

nehmer haben mindesten fünf Jahre dort gelebt
und besitzen einen Universitätsabschluss. Die
Umfrage zeigt, dass die Befragten erstaunlich
gut über die deutsche Vergangenheit der Stadt
Bescheid wissen. Sie konnten mindestens zwei
deutsche Bauten und deren Funktion in der Kolonialzeit korrekt benennen. Als das beliebtes-
te deutsche Gebäude erweist sich die Residenz
des Gouverneurs, gefolgt von der Christuskirche. Einige nannten auch die Bismarck-Kaserne,
die heute zum Campus der Ocean University of
China gehört. Alle Befragten sprechen sich dafür aus, die deutsche Architektur in Qingdao zu
erhalten, da sie nicht nur Teil der Stadtgeschich-
te sei, sondern – zusammen mit den Bergen,
den Wäldern und dem Meer – die Einzigartig-
keit ihrer Stadt in China ausmache, auf die sie

sehr stolz seien. Sie lehnen eine besondere Verantwortung Deutschlands für den Denkmal-
schutz ab, weil diese Bauten für sie keine deutschen, sondern chinesische Gebäude im deutschen Stil seien.

Doch es sind nicht nur die repräsentativen
Gebäude, die in der heutigen Bevölkerung als
typisch deutsche Leistung in Qingdao gelten. Das
deutsche Kanalisationssystem in Qingdao besitzt
einen legendären Ruf im heutigen China. Eine
Suche mit dem Stichwort »Kanalisation in Qingdao« in chinesischen Onlineforen ergibt fast eine
halbe Million Beiträge, die alle auf den deutschen
Ursprung des Kanalisationssystems hinweisen
mit zumeist positiven Bemerkungen wie »Rolls
Royce der Kanalisation«, »visionär«, »Symbol der
genialen deutschen Ingenieurleistung«.

Sowohl die Beiträge in den Onlineforen als auch die Ergebnisse meiner Umfrage zeigen deutlich die Spuren des deutschen Kolonialismus in China. Sie sind nicht nur in den noch existierenden Bauten aus der Kolonialzeit präsent, sondern auch im Bewusstsein der chinesischen Bevölkerung. Doch die Erinnerung an die deutsche Kolonisation ist nicht mehr Anlass zu Empörung oder Scham. Die deutsche Kolonisation gehört der Vergangenheit an, die man nicht vergessen soll. Gelegentlich wird sie als Kontrastfolie für die Selbstkritik genutzt: »Die Deutschen haben 17 Jahre lang in Qingdao geherrscht und zwölf Kanalisationskanäle gebaut, die hundert Jahre später immer noch Hunderttausenden von Qingdaoern dienen. Getrennte Systeme für Regen- und Abwasser werden in vielen Städten bis heute nicht gebaut. Was entscheidet über den Geist und das Wertesystem einer Nation? Das Kanalisationssystem in Qingdao gibt uns zu denken.«[15]

Zusammenfassend lässt sich sagen, dass die heutigen Chinesen sehr selbstbewusst mit der deutschen Landnahme in Schantung umgehen. Die Kolonialvergangenheit von Qingdao ist für sie kein abgetrenntes Kapitel, sondern sie ist in das Narrativ der eigenen Geschichte als eine leidvolle, aber notwendige Entwicklung zu Modernität und Weltoffenheit übernommen worden.

1 Martin 1999, hier S. 33. | 2 Schreiben des Staatssekretärs des Reichsmarineamtes, Hollmann, an den Staatssekretär des Auswärtigen Amtes, Marschall [14. April 1895], zit. n.: Leutner (Hg.) 1997, S. 85. | 3 Abschiedsrede an den Prinzen Heinrich [15. Dezember 1897], in: Johann (Hg.) 1966, S. 74. | 4 Abschiedsrede an den Prinzen Heinrich [15. Dezember 1897], in: Johann (Hg.) 1966, S. 74. | 5 Siehe beispielsweise Romberg 1914, S. 54. | 6 Denkschrift betreffend die Entwicklung des Kiautschou-Gebietes in der Zeit vom Oktober 1906 bis Oktober 1907, in: Leutner (Hg.) 1997, S. 228. | 7 Aufzeichnung des Staatssekretärs des Reichsmarineamtes, von Tirpitz, 16. Januar 1898, in: Leutner (Hg.) 1997, S. 183. | 8 Denkschrift betreffend die Entwicklung des Kiautschou-Gebietes in der Zeit vom Oktober 1906 bis Oktober 1907, in: Leutner (Hg.) 1997, S. 228 ff. | 9 Tsingtauer Neueste Nachrichten, 05.09.1913. | 10 Nink, Stefan, in: Welt am Sonntag, Reiseteil, 08.04.2001. | 11 Shengbao, 12.12.1897. | 12 Yan Fu: Gegen die Rechtfertigung der Besetzung von Kiautschou in der »Times«, in: 严复集 (Gesammelte Werke von Yan Fu), hg. v. Wang Shi, Beijing 1986. Bd. 1, S. 55. | 13 王垿： 青岛杂诗 十六 (Wang Xu: Various Poems from Qingdao, No. 16), in: 青岛市崂山文化研究会编 "崂山餐霞诗选" (Ausgewählte Gedichte: Morgen- und Abenddämmerung in Laoshan, hg. v. der Forschungsassoziation Laoshan Kultur). Qingdao 2005, S. 87. | 14 燕齐倦游客: 桃源梦 (Yanqi Juan Youke: Traum der Pfirsichquelle), 3. Aufl., Schanghai 1934. Bd. 2, S. 82 ff. | 15 URL: https://www.kannewyork.com/culture/2014/12/16/1581.html (abgerufen am 26.05.2016).

VOR UND NACH DER KOLONIALISIERUNG

DEUTSCHE PRÄSENZ IN SAMOA

MALAMA MELEISEA UND PENELOPE SCHOEFFEL

WER VON EINER Verbindung zwischen Deutschland und Samoa spricht, bezieht sich damit meist auf die Zeit von 1900 bis 1914, in der Samoa deutsche Kolonie war. Der Einfluss Deutschlands begann jedoch bereits Mitte des 19. Jahrhunderts, und die vielfältigen Interessen von deutscher Seite sorgten schließlich für eine Beteiligung am *imbroglio*[1] oder *Samoan Tangle*[2], dem Konflikt zwischen Großbritannien, den Vereinigten Staaten und dem Deutschen Reich um die Herrschaft über die Inseln im Pazifik. So gehörte das Hamburger Handelshaus Joh. Ces. Godeffroy & Sohn Ende der 1850er Jahre bereits zu den größten Grundbesitzern auf Samoa, und ab 1890 dominierten deutsche Interessen den damaligen internationalen Wettstreit – trotz intensiver Bemühungen von Missionaren und Siedlern auf Samoa, Großbritannien und die USA stärker in den Kolonialisierungsprozess einzubinden. Der britische Romanautor Robert Louis Stevenson, der nach Samoa übergesiedelt war, schrieb 1892 verbittert über die zunehmende deutsche Einflussnahme sowie über den ehemaligen deutschen Konsul und Leiter der Plantagen von Godeffroy & Sohn, Theodor Weber: »Sein Name lebt bis heute in den Liedern von Samoa fort […] die besingen, dass Land, Nahrung und Besitz nach und nach, wie durch ein Naturgesetz, in die Hände von *Misi Ueba* [Herrn Weber] fallen und schon bald für die Samoaner nichts mehr übrig bleiben wird.«[3] In diesem Artikel wollen wir den deutschen Anteil an der samoanischen Geschichte skizzieren und auf den Nachhall der deutschen Kolonialzeit in jüngerer Zeit eingehen.

AUSLÄNDISCHE INTERESSEN UND SAMOANISCHE KONFLIKTE

Die Besiedlung Samoas durch Ausländer begann in den 1820er Jahren, als die Inseln von mehreren Hundert Walfangschiffen, hauptsächlich aus den USA, angelaufen wurden.[4] In den 1830er Jahren nahmen christliche Missionsgesellschaften, namentlich die London Missionary Society, ihre Arbeit auf den Inseln auf; um die Mitte des 19. Jahrhunderts waren alle Samoaner zum Christentum konvertiert. Ebenfalls in den 1830ern intervenierten Kriegsschiffe aus Europa und Amerika regelmäßig im Namen ihrer Bürger in Samoa, und in den späten 1840er bis in die 1850er Jahre hinein ermöglichte ein Krieg zwischen samoanischen Autoritäten und ihren Anhängern es den ausländischen Siedlern, Anspruch auf Ländereien zu erheben, die im Verlauf des Krieges von den Samoanern aufgegeben worden waren.

Obwohl die Siedler für dieses Land bezahlten, waren viele Samoaner der Ansicht, dass die örtlichen Behörden, die das Geld erhielten, nicht das Recht hatten, über Gemeindeland zu verfügen. Aber wenn die Samoaner die Rechte der Siedler in Frage stellten, mussten sie mit militärischen Interventionen der betreffenden Nationen rechnen. Da die Europäer im Vergleich zu den Samoanern vollkommen andere Vorstellungen vom Eigentumsrecht hatten, setzten sich die europäischen Ansprüche für gewöhnlich durch. Zwar hatte man 1838 eine Gesetzessammlung nach westlichem Vorbild verfasst, doch sie blieb ohne nachhaltige Wirkung. In dieser Zeit

In seiner Publikation und in Vorträgen warb der Leutnant und Pflanzer Richard Deeken für die Auswanderung nach Samoa. Er versprach, dort ließe sich schnell ein Vermögen als Pflanzer erwirtschaften, und lockte damit viele Deutsche an. Das Gouvernement warnte davor, Deeken Glauben zu schenken, denn die meisten Neuankömmlinge verfügten nicht über das nötige Kapital für den Aufbau einer Plantage. Zudem war der Gouverneur Wilhelm Solf nicht bereit, die Samoaner zur Arbeit für die Europäer zu zwingen, wie es Deeken forderte.

wurden auch ein britischer und ein amerikanischer Konsul ernannt, die beide enge Verbindungen zur London Missionary Society in Samoa unterhielten, und der bereits erwähnte Theodor Weber stieg 1864 zum Konsul des Hamburger Senats, 1868 und 1872 zunächst zum Konsul des Norddeutschen Bundes, dann des Deutschen Reiches in Samoa auf.

Zu Beginn der 1850er Jahre war rund um den Hauptort Apia eine Siedlung von Ausländern entstanden, und der Hafen der Stadt entwickelte sich neben Papeete auf Tahiti und Levuka auf dem Fidschi-Archipel zu einem der wichtigsten Häfen im Südpazifik. Samoa lockte immer mehr Deutsche und andere Europäer sowie Amerikaner an, die hofften, mit dem Anbau tropischer Nutzpflanzen ihr Vermögen zu machen. In den 1850er Jahren konnte Godeffroy & Sohn infolge der vorangegangenen Kriege beträchtliche Landflächen für die Einrichtung von Plantagen auf Samoa erwerben und seine Handelsaktivitäten ausweiten.

Bis zur zweiten Hälfte des 19. Jahrhunderts kam es immer wieder zu Bürgerkriegen zwischen rivalisierenden lokalen Gruppierungen um die Führung des Landes, in die jedoch ab 1850 bis 1899 auch immer mehr ausländische Siedler verwickelt wurden. Sie wollten die samoanischen Autoritäten zur Einführung einer zentralen Königsherrschaft bewegen (wie es sie bereits auf Hawaii und später auch auf Tonga gab), damit Gesetze zum Schutz ihrer Interessen erlassen und die Landkäufe für rechtsgültig erklärt werden konnten. Auf Drängen des amerikanischen, des deutschen und des britischen Konsuls wur-

den in schneller Folge Regierungen gebildet, die jedoch wegen Auseinandersetzungen zwischen den Siedlern und den verschiedenen Nationen sowie zwischen den drei rivalisierenden Königen Malietoa, Tupua Tamasese und Mata'afa keinen Bestand hatten.

Die samoanischen Regierungen waren auf lokaler Ebene kaum effektiv, da kommunale Behörden die Dörfer weiterhin als unabhängige Einheiten betrachteten und die neuen Gesetze nach eigenem Gutdünken auslegten und durchsetzten. Sie sträubten sich, Steuern zu zahlen, weil sie nicht erkennen konnten, wofür das Geld benötigt wurde, und argwöhnten, es würde den Ausländern zufließen. Vor allem die dritte Regierung, die ab 1881 von Malietoa als König geleitet wurde, mochte die Deutschen nicht, da sie in dem Ruf standen, die Samoaner respekt-

los zu behandeln. Unter dem Einfluss englischer Missionare richtete König Malietoa 1884 zwei Mal eine Petition an Königin Victoria, Samoa zum britischen Protektorat zu erklären, und wandte sich mit einem Protestschreiben auch an den deutschen Kaiser. Darin ging es um die Vereinbarung, die er unter Zwang unterschrieben hatte und die es einem deutsch-samoanischen Rat gestattete, ohne Absprache mit anderen Behörden auf den Inseln über Samoaner zu urteilen, welche die Rechte der Deutschen verletzt hatten.

In der Zwischenzeit drängte Godeffroy & Sohn mit seinen Ländereien und seiner Handelstätigkeit in Samoa kleinere konkurrierende Plantagen immer mehr in den Hintergrund. Dies sorgte für Neid unter den Siedlern der anderen Nationalitäten und für Angst bei den Samoanern, die der Ansicht waren, große und wertvolle Küstengebiete würden nun vollständig von den Deutschen kontrolliert. Als Theodor Weber (der nicht nur deutscher Konsul auf Samoa war, sondern auch die dortige Hauptniederlassung von Godeffroy & Sohn leitete) von den Petitionen an die englische Königin erfuhr, zwang er die Regierung zur Räumung ihrer Gebäude, da diese auf Land errichtet waren, das er für das Handelshaus erworben hatte. Gleichzeitig überzeugte Weber König Tupua Tamasese und dessen Anhänger, eine Gegenregierung zu jener von König Malietoa zu bilden. Er machte Eugen Brandeis, den der Schriftsteller Stevenson als »bayerischen Artilleriehauptmann von romantischem und abenteuerlustigem Charakter«[5] beschrieb, zum Ministerpräsidenten der Regierung von König Tupua Tamasese und bildete eine einheimische königstreue Polizeitruppe aus.

DEUTSCHE WIRTSCHAFTS-INTERESSEN UND DIE SAMOA-AKTE

Godeffroy und Weber bereiteten den Weg für den Export von Kopra aus Samoa. Auf den Inseln gewonnenes Kokosöl war bislang für die Herstellung von Seife, Kosmetika und Arzneimitteln exportiert worden, aber Weber entwickelte eine Methode zur Trocknung von Kokosfleisch, das danach in Säcke verpackt und zur Weiterverarbeitung nach Europa transportiert wurde. Nachdem das Öl extrahiert worden war, konnten die Koprareste als Viehfutter verwendet werden, was den Wert des Produkts steigerte. Auch die Fasern der Schale wurden exportiert und für Matten oder als Polsterfüllstoff genutzt. Um die Kopra-Herstellung voranzutreiben, brauchten die Deutschen mehr Land und mehr Arbeitskräfte sowie Maßnahmen, um die Samoaner dazu zu verpflichten, mehr Kokospalmen anzubauen. Damit hatte das deutsche Unternehmen ein starkes Argument, bei der Regierung auf die Kolonisierung Samoas zu drängen. Ab 1890 wurden auf den ausgedehnten deutschen Plantagen neben Kokosnüssen auch Kakao, Kaffee und Zitrusfrüchte angebaut.

1888 kam es erneut zum Krieg zwischen den rivalisierenden samoanischen Königen und ihren ausländischen »Schutzmächten«. Die drei Konsuln ersuchten umgehend um Unterstützung durch die Marine ihrer jeweiligen Länder, aber die sieben amerikanischen, britischen und deutschen Kriegsschiffe, die schließlich eintrafen, konnten nicht in den Konflikt eingreifen, weil 1889 ein großer Zyklon sechs dieser sieben Schiffe zerstörte. Dabei kamen 92 Deutsche und 63 Amerikaner ums Leben, doch ein großer Teil der

Besatzungen konnte noch von den Samoanern gerettet werden, die ihr Leben riskierten und zu den havarierten Schiffen hinausschwammen.

Nach dieser Katastrophe verabschiedeten die drei Großmächte (das Deutsche Reich, Großbritannien und die Vereinigten Staaten) bei der Berliner Samoa-Konferenz 1889 die Samoa-Akte und stellten die Inseln unter die gemeinsame Verwaltung eines Tridominiums; das neutrale Gebiet um Apia wurde zu einer international anerkannten, von einem gemeinsamen Rat regierten Enklave erklärt, dem Munizipaldistrikt Apia. Die Rechtsprechung oblag einem obersten Gericht, dessen Richter mit Zustimmung der drei Mächte eingesetzt worden war, und eine Landkommission sollte über die Grundstücksansprüche entscheiden, die zur damaligen Zeit bereits die gesamte Landfläche des Archipels überstiegen (siehe Grafik S. 127).

Die Kommission bestätigte nur acht Prozent oder etwa 135 000 Morgen der ursprünglichen Landansprüche; die größte bewilligte Fläche war die der deutschen Handelsgesellschaft. Dieses Areal entsprach zwar weniger als zwanzig Prozent der Gesamtfläche Samoas, aber etwa 35 Prozent des landwirtschaftlich nutzbaren Landes. Entlang der Nordküste von Upolu, von Apia bis zur Westspitze der Insel, waren sechzig Prozent des möglichen Kulturlands verkauft worden.

Die Samoa-Akte von 1889 brachte dem samoanischen Volk kaum Vorteile und beschnitt ihre Unabhängigkeit. Die explosive Frage der Königsherrschaft blieb ungelöst, und es kam weiterhin zu Bürgerkriegen zwischen den Armeen der rivalisierenden Könige. Eine Kommission von Vertretern der deutschen, britischen und amerikanischen Regierung wurde entsandt, um die Samo-

Balg eines männlichen Paradiesvogels
Paradisaea augustae-victoriae, **Ernst Mayr (Sammler), Neuguinea 1928.**
Museum für Naturkunde, Leibniz-Institut für Evolutions- und Biodiversitätsforschung, Berlin. → Kat.-Nr. 3-71.

Über Paradiesvögel waren in Europa lange Zeit kaum verlässliche Informationen vorhanden. Da die Bewohner der pazifischen Inseln den Vögeln zur Präparation die Füße entfernten, entstand die Annahme, die Tiere hielten sich ausschließlich in der Luft auf. Erst im 19. Jahrhundert erweiterte sich mit der kolonialen Expansion das Wissen über die Spezies. Zahlreiche Arten wurden entdeckt und erhielten die Namen europäischer Regenten, wie der 1888 erstmals beschriebene *Paradisaea augustae-victoriae*, benannt nach der damaligen deutschen Kaiserin Auguste Viktoria.

aner zu entwaffnen. Diese Kommission ernannte Malietoa Tanumafili zum König, beschloss jedoch, das Königsamt gänzlich abzuschaffen und die politische Macht in die Hände der Konsuln zu legen.

Daraufhin kam es im Dezember 1899 zu einer neuen Vereinbarung zwischen den drei Großmächten, dem Samoa-Vertrag: Großbritannien verzichtete auf die Samoa-Inseln und wurde dafür im Gegenzug von Deutschland mit seinen Gebieten auf den Salomon-Inseln entschädigt; Deutschland und die Vereinigten Staaten konnten also den Archipel unter sich aufteilen. Deutschland erhielt das größere West-Samoa, wo sich die meisten Plantagen der deutschen Siedler befanden. Ost-Samoa fiel an die USA, die damit die Kontrolle über den Hafen von Pago Pago als Marinestützpunkt erlangten. Der Vertrag wurde ausschließlich von den Großmächten und ohne Erwähnung oder gar Zustimmung der Samoaner unterzeichnet.

**Unterzeichnung des »Freundschaftsvertrags« an Bord
der S. M. S. Hertha, Gustav Adolph Riemer, Nuku'alofa,
Tongatapu (Tonga), 1. November 1876.**
Deutsches Historisches Museum, Berlin. → Kat.-Nr. 1-29.

Taufa'ahau, der Herrscher über die Inseln des Tonga-Archi-
pels, zu dem Tongatapu gehört, hatte unter dem Einfluss britischer Missionare die konstitutionelle Erbmonarchie eingeführt. Er sicherte die Unabhängigkeit Tongas durch »Freund-
schaftsverträge«, darunter mit dem Deutschen Reich 1876.
Die stereoskopische Fotografie vom Vertragsabschluss zeigt
von tongaischer Seite Uiliami Tugi, den Präsidenten der Le-
gislativen Versammlung (ganz links), sowie den Methodisten-
prediger und späteren Premierminister Shirley Baker (r.),
außerdem die deutschen Vertreter Kapitän zur See Eduard
Knorr (2. v. l.) und Konsul Theodor Weber (3. v. l.).

Die deutsche Annexion Samoas war in erster
Linie durch die Interessen der Deutschen Han-
dels- und Plantagen-Gesellschaft der Südsee-
Inseln (DHPG) motiviert, einem Großunterneh-
men mit Sitz in Hamburg und Niederlassungen
in Neuguinea, das die Besitzungen von Godeffroy & Sohn übernommen hatte. Die Plantagen
wurden von deutschen Angestellten der Firma
bewirtschaftet, die entlassen und nach Hause
geschickt werden konnten, wenn sie der Kolonialverwaltung Schwierigkeiten bereiteten. Aufgrund der ausgedehnten Handelsaktivitäten der
DHPG gelang es der deutschen Verwaltung, ein
Gleichgewicht zwischen deren operativen Anforderungen und den Belangen der Samoaner
aufrechtzuerhalten. Ab den 1880er Jahren bis
zum Ende der deutschen Regierung Samoas beschäftigte die DHPG Kontraktarbeiter. Das Deutsche Reich hatte 1884 den Nordosten Neuguineas und die westlichen Salomon-Inseln annektiert und damit deutschen Unternehmen die
Möglichkeit verschafft, melanesische Arbeiter
aus diesen Regionen zu rekrutieren. Im Verlauf
dieser Rekrutierungsphase wurden über 7000
Melanesier nach Samoa gebracht. Sie waren gegenüber den Chinesen im Nachteil, die ab 1903
als Kulis auf die Inseln kamen.

Das Recht zum Import von Arbeitskräften
hatte stets Anlass zu Streitigkeiten zwischen
den Deutschen (und anderen Siedlern) und den
verschiedenen samoanischen Regierungen gege-

↑

**Kinder und Reisende am Wasserfall bei Apia,
Gustav Adolph Riemer, Samoa 1874/1877.**
Deutsches Historisches Museum, Berlin. → Kat.-Nr. 5-64.

Die Aufnahmen des Marine-Zahlmeisters und Amateurfoto-
grafen Gustav Adolph Riemer entstanden während der Expedition der S. M. S. Hertha nach China, Japan und zu den pazifischen Inseln. Riemer dokumentierte den Einsatz der Marine
unter anderem mit einer Stereokamera. Er hielt damit die
Gegebenheiten auf dem Schiff, die Crew und die lokale Bevölkerung der bereisten Gebiete sowie deren Alltag fest. Riemers frühe Bilder aus den späteren deutschen Kolonien im
Pazifik fanden eine große Verbreitung im Kaiser-Panorama
und für den privaten Gebrauch.

ben; viele Missionare, Siedler und samoanische
Autoritäten lehnten dieses Konzept ab. Den chinesischen wie auch den melanesischen Arbeitern war der Kontakt mit Samoanern verboten,
denn sowohl samoanische Könige als auch europäische Siedler hatten rassische Vorurteile. Dennoch waren »Mischehen« zwischen Samoanern
und Melanesiern beziehungsweise Chinesen recht
verbreitet.

Wilhelm Solf, der neue Gouverneur der Kolonie, räumte den Interessen der DHPG im Verlauf seiner Amtszeit höchste Priorität ein: Weitere Landverkäufe und die Rekrutierung mela-
nesischer Arbeiter waren nur dem deutschen
Unternehmen gestattet – sehr zum Verdruss anderer Siedler, darunter auch eine Reihe deutscher
Bürger. Solf war der Auffassung, dass kleine
Plantagen nicht profitabel seien; Europäer, die
damit ihr Glück versuchten, würden unweigerlich verarmen, letztlich »verkanackern« – also
die Lebensweise der Samoaner übernehmen und
sexuelle Beziehungen oder Ehen mit samoanischen Frauen eingehen – und so einen schlech-
ten Einfluss auf die Samoaner ausüben. Abkömmlinge von europäischen Siedlern und Samoanern galten als »gemischtrassig« und bildeten eine eigene gesellschaftliche Gruppierung,
der unterstellt wurde, die politische und soziale Ordnung zu gefährden. Im Jahr 1912 wurden
derartige »Mischehen« auch offiziell verboten.

PREIS
10 PFENNIG

UNSERE
neuen
LANDSLEUTE

AUSSTELLUNG
Samoa.

Carl Marquardt: *Unsere neuen Landsleute. Ausstellung*
Samoa, **Entwurf: H. Schmidt, Berlin, 20. Juni bis 8. Juli 1901.**
Deutsches Historisches Museum, Berlin. → Kat.-Nr. 4-46.

Nach einer vorangegangenen Ausstellung in den 1890er
Jahren veranstalteten die Brüder Marquardt 1901 erneut eine
Völkerschau mit Teilnehmern aus dem Pazifik. Unter dem
Titel *Unsere neuen Landsleute* tourte die Gruppe durch deutsche Städte und warb mit dieser Broschüre. Auf dem Cover
zeigt sie einen samoanischen Krieger vor zwei deutschen Flaggen und verweist damit auf die unmittelbar zuvor erfolgte
Inbesitznahme der westlichen Samoa-Inseln. Auch die populär inszenierte Ausstellung thematisierte die Gründung der
deutschen Kolonie Samoa.

DEMONTAGE DER SAMOANISCHEN AUTORITÄT

Im Jahr 1900 teilte Solf den samoanischen Autoritäten mit, er werde sie in Übereinstimmung
mit den Bräuchen des Landes regieren – doch
schon bald zeigte sich, dass dies nur dann der
Fall war, wenn es in die Pläne des Gouverneurs
passte. Solf schaffte die Königswürde ab und
richtete das Amt des »Hohen Häuptlings« ein,
der den Samoanern seine, Solfs, Instruktionen
übermitteln sollte. Die anderen rivalisierenden
»Ex-Könige« machte er zu »Beratern« der Regierung. Ihnen untergeordnet war eine Versammlung aus Vertretern der großen und kleineren
samoanischen Distrikte. 1901 untersagte Solf
den Besitz von Waffen und ließ rund 1500 Gewehre einsammeln.

Ein wichtiges Instrument seiner Politik war
die Land- und Titelkommission, die im Februar 1903 eingerichtet wurde, um Streitigkeiten
über Landrechte zu regeln. Sie bestand aus einem kaiserlichen Richter und zwei europäischen
Landvermessern; Samoaner gehörten ihr nicht
an. Diese neue Behörde kümmerte sich nun um
Angelegenheiten, die bis dahin ausschließlich
von samoanischen Dörfern, Distrikten und
Familienoberhäuptern geregelt worden waren.
Ihr wurde jedoch auch ein Beirat von samoanischen Beratern aus den einzelnen Verwaltungs-
bezirken zur Seite gestellt.

Es gibt Hinweise darauf, dass die samoanischen Autoritäten die deutsche Herrschaft zunächst erleichtert akzeptierten und sich koope-
rativ zeigten. Als sie jedoch erkannten, dass sie
durch die Annexion jeder echten Macht beraubt
worden waren, begann sich Widerstand gegen

Solfs Verwaltung zu regen. Der Gouverneur reagierte auf ihre Proteste, indem er die begrenzte
Macht, die er ihnen übertragen hatte, noch stärker beschnitt. Daraufhin schloss sich 1905 eine
Reihe samoanischer Familienoberhäupter zu einer Widerstandsbewegung zusammen. Im Januar 1909 eskalierte die Situation, als Lauaki Na-
mulauulu Mamoe (genannt Lauati), der Sprecher der Bewegung, die Souveränität Samoas forderte. Solf verbannte daraufhin Lauati zusammen
mit neun weiteren Autoritäten und ihren Familien nach Saipan auf den Marianen. Erich
Schultz-Ewerth, Solfs Nachfolger, schaffte
schließlich 1912 das Amt des Hohen Häuptlings
ab – in Übereinstimmung mit der langfristigen
deutschen Politik, nach und nach alle traditionellen politischen Institutionen aufzulösen, die
den Samoanern eine Basis für gemeinsames Handeln boten.

Mit Ausbruch des Ersten Weltkriegs übernahm 1914 die New Zealand Expeditionary Force
(Neuseeländisches Expeditionskorps) die Kontrolle über Deutsch-Samoa und setzte eine Über-
gangsverwaltung nach deutschem Vorbild ein.
West-Samoa fiel 1921 als Mandatsgebiet des Völkerbunds an Neuseeland und erlangte 1961 seine Unabhängigkeit zurück. Viele der von den
Deutschen eingerichteten Institutionen existieren noch heute, insbesondere das Land- und
Titelgericht (die ehemalige Land- und Titelkommission), ebenso wie das unter deutscher
Herrschaft eingeführte modifizierte System der
Selbstverwaltung.

Die deutsche Herrschaft in Samoa wird von
vielen Historikern positiv bewertet. Gouverneur
Solf gilt als ein Mann, der seiner Zeit voraus
war und die Samoaner gerecht und klug behan-

Reservistenflasche, Deutschland, um 1900.

Kieler Stadt- und Schifffahrtsmuseum. → Kat.-Nr. 4-30.

Reservistika wie Flaschen oder Krüge ließen Soldaten sich nach ihrer aktiven Militärdienstzeit anfertigen. Auf dem als Schnapsflasche dienenden Erinnerungsstück ist ein Matrose abgebildet, der eine Frau zu sich heranzieht, die den stereotypen Darstellungen von »Südsee-Schönheiten« der pazifischen Kolonien entspricht. Weitere Bildelemente wie das Kriegsschiff im Hintergrund verweisen auf den Zusammenhang von territorialer Inbesitznahme und den als Vorrecht der Eroberer gesehenen sexuellen Kontakten zu lokalen Frauen. Ähnliche Motive kursierten auch auf Postkarten.

delte – im Vergleich zu der Politik, die seinerzeit in anderen Kolonien betrieben wurde. Er schützte die Landrechte der Bevölkerung, führte eine starke, unternehmensgestützte Wirtschaft ein, verhinderte die Zwangsarbeit von Samoanern auf den Plantagen, beschränkte die Zahl der »weißen« Siedler auf den Inseln und schenkte dem Land eine Zeit des Friedens und des Wohlstands. Mit dem Samoa-Gesetz von 1921 wurde der Grundbesitz deutscher Unternehmen an die neuseeländische Regierung übertragen. Die als New Zealand Reparation Estates bekannten ehemaligen deutschen Plantagen unterstanden während der folgenden vierzig Jahre der neuseeländischen Verwaltung und wurden 1962, als Samoa die Unabhängigkeit erlangte, in ein staatseigenes Unternehmen umgewandelt.

Die Veräußerung von Land war zur damaligen Zeit natürlich tragisch, aber dieses Land ist erhalten geblieben und hat sich zu einem wertvollen Aktivposten für die unabhängige Regierung Samoas entwickelt. Heute kennt man in Samoa drei Formen von Landbesitz: Regierungsland (hauptsächlich die ehemaligen deutschen Besitzungen), Land in Privatbesitz und traditionelles Gemeindeland. Unter neuseeländischer Regierung und später im Besitz des Unabhängigen Staates Samoa erlangten die Plantagen nie wieder ihre frühere Bedeutung, aber durch die Verstaatlichung dieser ehemals deutschen Ländereien erhielt die Regierung Land für den Wohnungsbau, für Industrie, Tourismus, landwirtschaftliche Kleinbetriebe und staatliche Landwirtschaftsbetriebe, die alle zur ökonomischen Entwicklung des modernen Samoa beitragen.

Beschlüsse der Landkommission von 1889

Nationalität	Beanspruchte Fläche (in Morgen)	Von der Landkommission bestätigte Fläche
Deutsch	134 419	75 000 (56 %)
Britisch	1 250 270	36 000 (3 %)
Amerikanisch	302 746	21 000 (7 %)
Französisch	2307	1300 (57 %)
Andere	2151	2000 (95 %)

1 Ide 1899. | **2** Kennedy 1974. | **3** Übers. nach Stevenson 1892/1967. | **4** Richards 1992. | **5** Übers. nach Stevenson 1892/1967.

ERFAHRUNG UND ERINNERUNG

DEUTSCHE KOLONIALGESCHICHTE IN TOGO

GILBERT DOTSÉ YIGBE

NAHEZU ZWANZIG JAHRE lang hatte in den deutsch-togoischen Beziehungen Eiszeit geherrscht, als die Bundesrepublik 2012 ankündigte, die Anstrengungen im Bereich demokratische Regierungsführung und Verbesserung der Menschenrechtssituation unter Staatspräsident Faure Gnassingbé würdigen und die Entwicklungszusammenarbeit wiederaufnehmen zu wollen. Vom 4. bis 6. April 2016 organisierte das togoische Außenministerium den »Frühling der deutsch-togoischen Entwicklungszusammenarbeit«, an dem deutsche Parlamentarier, togoische Minister und Wirtschaftsvertreter beider Länder teilnahmen. Bei den Abschlussdiskussionen meldete sich der fast neunzigjährige Ogamo Bagna zu Wort, der in den 1970er und 1980er Jahren ein Minister und enger Mitarbeiter des langjährigen regierenden Präsidenten Étienne Gnassingbé Eyadéma gewesen war. Er beglückwünschte den togoischen Außenminister als Initiator der Veranstaltung, die – so Bagnas Sicht der Dinge – wiederbelebe, wofür die meisten Togoer in den 1930er und 1940er Jahren gekämpft hätten: den Deutsch-Togo-Bund. Auch seine eigenen Kinder hätten aufgrund der mit dem Bund assoziierten Tradition der Verbundenheit zu Deutschland in der Schule ab der 11. Klasse Deutsch gelernt. Leider, so Bagna, waren die erworbenen Deutschkenntnisse für ein Studium in Deutschland nicht ausreichend, und so blieb ihnen nichts anderes übrig, als in Frankreich zu studieren. Aus dieser Erfahrung leitete der Neunzigjährige den Vorschlag ab, in Togo solle Deutsch schon in der Grundschule und nicht erst ab der 11. Klasse unterrichtet werden, und er schlug vor, nach dem französischen Vorbild des Lycée Français de Lomé deutsche Schulen in Togo zu gründen – eine in Lomé, die andere im Norden, in Kara.

Die germanophile Aussage eines ehemaligen Mitarbeiters von Eyadéma mag jene Historiker beunruhigen, die seit Anfang der 1990er Jahre darum bemüht sind, den Mythos von Togo als deutsche »Musterkolonie« zu dekonstruieren. Ziel des vorliegenden Beitrags ist es zu zeigen, dass die Wurzeln der seit Jahrzehnten bestehenden Germanophilie in Togo weniger mit dem Mythos der sogenannten Musterkolonie verbunden sind, sondern eher in der Zeit vor und insbesondere nach der Kolonisierung von 1884 bis 1914 liegen.

DIE MÄR VON DER DEUTSCHEN »MUSTERKOLONIE« TOGO

Im Ostberliner Akademie-Verlag erschien 1988 die grundlegende Studie *Togo 1884–1914* des Historikers Peter Sebald, die über die Grenzen der DDR hinaus Wirkung zeitigen sollte.[1] Hierin arbeitet Sebald verschiedene Aspekte der deutschen Kolonialherrschaft in Togo heraus. Erstens zeigt er, dass sie auf militärischer Macht beruhte und die Gebiete insbesondere im Hinterland unter Anwendung von militärischer Gewalt mit dem Ziel der ökonomischen Ausbeutung annektiert wurden. Die Ausübung der Gewaltherrschaft äußerte sich unter anderem in einer Kolonialjustiz und in Strafmethoden wie

↑

Werbeplakat »Togolano«, Hechingen, 1907/1914.
Staatsgalerie Stuttgart. → Kat.-Nr. 3-101.

Um die Jahrhundertwende warb die Trikotweberei Liebmann & Levi für ihre »Togolano«-Unterkleider. Dem Namen und der eingestempelten Schutzmarke folgend, sollten die Produkte aus »garantiert deutscher Kolonialbaumwolle« hergestellt sein. Mit Blick auf die kolonialwirtschaftlichen Interessen des Kaiserreichs wurde zum Kauf von »Togolano«-Textilien geraten. Die schematische Darstellung eines dunkelhäutigen Mannes, der einen Baumwollballen auf seinen Schultern trägt, stellt dabei den Bezug zur Kolonie her.

Prügelstrafe, Kettenhaft und Zwangsarbeit. Zweitens waren alle gesellschaftlichen Gruppen der deutschen Kolonisatoren an der wirtschaftlichen Ausplünderung Togos beteiligt. Die Verwaltung und deutsche Wirtschaftsunternehmen lebten auf Kosten der togoischen Bevölkerung: Die Errichtung der deutschen Kolonie sicherte nicht nur deutschen Unternehmen sehr gute Gewinne, sondern verschaffte auch der Verwaltung durch Zölle sichere finanzielle Einkünfte, die im Wesentlichen die Verwaltungsausgaben deckten. Damit war die ökonomische Grundlage für die Legende von der »Musterkolonie« geschaffen. Und drittens, so Sebald, leisteten die Togoer gegen die deutsche koloniale Eroberung erbitterten Widerstand.

Mit Sebalds Studie trat eine Wende in der wissenschaftlichen Wahrnehmung der deutschen »Musterkolonie« und in der togoischen Geschichtsschreibung ein. Seit den 1990er Jahren organisierten Historiker und Germanisten verschiedene Tagungen über die deutsche Kolonisierung Togos und gaben Sammelbände heraus.[2] Zudem rezipierten historische Monografien Sebalds Hauptwerk und setzten sich kritisch mit der deutschen Vergangenheit Togos auseinander, wobei sie eine gegensätzliche Position zur germanophilen Stimmung in der breiten Masse der Bevölkerung und in der Politik bezogen.[3] Diese Publikationen zeigten, wie die historischen Tatsachen der deutschen Kolonisierung von offizieller Seite durch politische respektive ideologische Stellungnahmen entstellt worden waren und dass der sich hieran orientierende wissenschaftliche Diskurs die belastenden Fakten zugunsten der romantisierenden Legende der »Musterkolonie« verfälscht hatte.

DIE MISSIONIERUNG IN TOGO ALS NÄHRBODEN DER VERBUNDENHEIT ZU DEUTSCHLAND

Die seit einigen Jahren während wissenschaftliche Debatte, warum die Togoer mehrheitlich eine unkritische und eher positive Einstellung zur deutschen Kolonisierung haben,[4] lässt außer

←

Petition mehrerer Autoritäten aus Anecho/Aného an den deutschen Reichstag, 1914.

Bundesarchiv, Berlin, R 1001/4236, Bl. 154–163. → Kat.-Nr. 2-81.

In Togo entwickelte sich in den letzten Jahren der deutschen Kolonialzeit eine Protestbewegung, die in Zeitungsartikeln und Eingaben an höchste Stellen nicht nur die Verfehlungen einzelner Kolonialbeamter anprangerte, sondern auch grundsätzlich Kritik an der Kolonialherrschaft übte. Die direkt an den Reichstag gerichtete Petition der Herrscher aus Anecho, in der diese eine parlamentarische Untersuchung der Missstände forderten, wurde wegen des Beginns des Ersten Weltkriegs nicht mehr im Parlament diskutiert.

Acht, dass deutsche evangelische Missionare schon vier Jahrzehnte vor Beginn der Kolonisierung 1884 bis 1914 an der westafrikanischen Goldküste tätig waren und trotz ihres plötzlichen Abzugs im Ersten Weltkrieg sowie der Teilung der Kolonie und damit ihres Arbeitsgebietes noch bis heute engen Kontakt zur Evangelischen Presbyterianischen Kirche in Togo und Ghana pflegen.

An der damaligen sogenannten Sklavenküste hatten sich die deutschen Missionare der Norddeutschen Mission ab 1847 in lutherischer Tradition darum bemüht, die einheimische Ewe-Sprache zu erlernen. Zudem wurden Sprichwörter, Volksmärchen und Lieder sowie weitere mündliche Überlieferungen der Ewe gesammelt, transkribiert und ins Deutsche übersetzt, ethnografische Studien zu verschiedenen Aspekten des sozialen Lebens durchgeführt, eine Ewe-Grammatik sowie Ewe-Wörterbücher geschrieben und die Bibel ins Ewe übersetzt. Dieses Schriftgut ist heute Bestandteil von Togos geistigem Erbe.

Außerdem gründeten die Missionare gleich zu Beginn ihrer Tätigkeit in Togo Schulen und Seminare, in denen sie togoische Kinder und Jugendliche unterrichteten. Einige von diesen Jugendlichen wurden sogar nach Deutschland geschickt, wo sie zwischen 1884 und 1900 zunächst im württembergischen Ochsenbach und dann in Westheim in der sogenannten Ewe-Schule ausgebildet wurden. Diese von den Missionaren ausgebildeten jungen Togoer wirkten nach ihrer Ausbildung zum Lehrer, Katechisten oder Pastor nicht nur als deren Mitarbeiter auf den meistens von den Missionaren gegründeten Außenstationen, sondern auch als zuverlässige Multiplikatoren, die zur Verbreitung des Christentums und der westlichen Kultur noch nach dem Abzug der Missionare beitrugen und die spätere Entwicklung der deutsch-togoischen Beziehungen mitprägten.

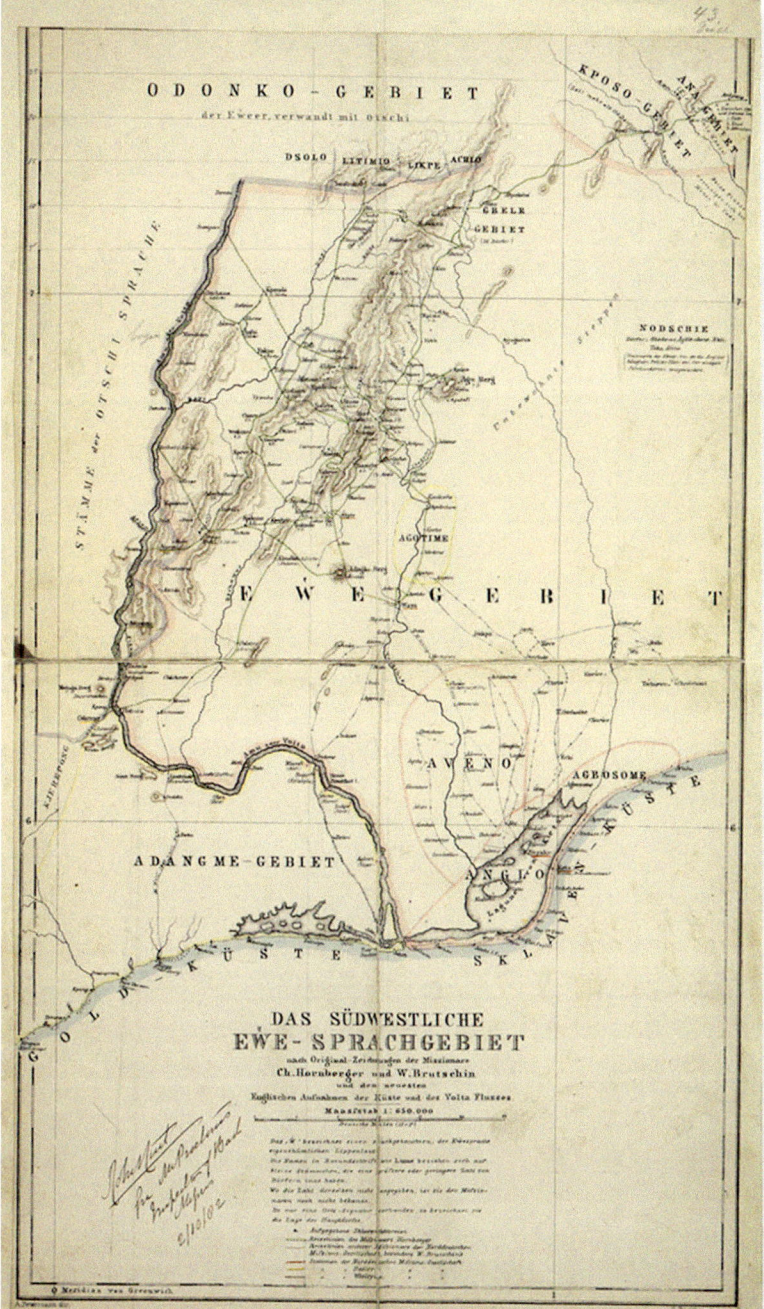

DAS ENTSTEHEN DER GERMANOPHILIE IN TOGO

Auf die Teilung Togos in eine britische und eine französische Verwaltungszone, die ab 1919 unter dem Mandat des Völkerbunds standen, und antideutsche Maßnahmen der französischen Mandatsregierung reagierten die ehemaligen Angestellten der deutschen Missionare und Kolonialherren 1924 mit der Gründung des Deutsch-Togo-Bundes. Dessen Zielsetzungen wandelten sich zwar mit der Zeit, die Verbundenheit zu Deutschland blieb jedoch eine Konstante. Der Verein trug wesentlich zur Entstehung der Germanophilie in Togo bei.

In den Anfangsjahren forderte der Bund die Wiedervereinigung von Ost-Togo, das unter französischer Verwaltung stand, und West-Togo, das unter britischer Verwaltung stand, sowie die Rückkehr der deutschen Missionare und Kolonialherren. Trotzdem verstand er sich als eine rein kulturelle Protestbewegung, die ungeachtet der Teilung im gesamten Gebiet der ehemaligen deutschen Kolonie verbreitet war. In den 1930er Jahren bekannte sich der Deutsch-Togo-Bund zum Nationalsozialismus.

Die Teilung und Besetzung Deutschlands nach Ende des Zweiten Weltkriegs durch die Alliierten verstärkte ab 1949 die Verbundenheit des Deutsch-Togo-Bundes mit der Bundesrepublik Deutschland, der sich mit ihr in einer »Schicksalsgemeinschaft« verbunden sah. Einer der Mitbegründer und die Galionsfigur des Bundes, Johannes Kofi A. Agboka, gründete Ende der 1950er Jahre nach der Unabhängigkeitserklärung Ghanas von Großbritannien und angesichts der sich abzeichnenden Unabhängigkeitserklärung Togos von Frankreich die sogenannte Togobundschule, um den Togoern »deutsche Bildung« zu vermitteln.

Karte des Missionsgebiets der Norddeutschen Mission, 1867.
Archiv Basler Mission, Basel. → Kat.-Nr. 3-1.

Nach erfolglosen Missionsversuchen in Neuseeland und Indien wandte sich die Norddeutsche Mission 1847 nach Westafrika. Von den Ausgesandten erreichte nur ein Missionar das Ewe-Gebiet. Krankheitsbedingt und wegen Ablehnung verließen die nachgefolgten Missionare 1851 die Station Peki. Umgehend entsandte die Missionsgesellschaft weiteres Personal. Nach Todesfällen gaben die Missionare Peki jedoch auf und gründeten in Keta eine neue Station. Von dort aus gelang bis 1859 die Gründung weiterer Stationen in Anyako, Waya und Ho.

Nach der Unabhängigkeitserklärung Togos am 27. April 1960 und angesichts der sehr angespannten innenpolitischen Situation sowie des nach wie vor starken französischen Einflusses baute der Deutsch-Togo-Bund seine Organisation aus. Neben der Gründung einer deutschen Schule, die zu Ehren des letzten deutschen Gouverneurs von Togo Herzog-Adolf-Friedrich-Schule benannt wurde, schuf der Bund ein Logo mit der beredten Inschrift »Deutsch-Togo-Bund. Organ der deutschtreuen Togoleute«. Eine Sektion des Bundes wurde in Deutschland gegründet und in den 1960er Jahren von Günter Hermann in Stuttgart geleitet. Es gab einen regen Austausch sowohl mit der deutschen Sektion als auch mit den deutschen und togoischen Behörden. Die Aufgabe der von Günter Hermann, Vize-Präsident des Deutsch-Togo-Bundes, geleiteten deutschen Sektion bestand darin, Mitglieder für den Deutsch-Togo-Bund in der Bundesrepublik Deutschland zu werben, Lehrstellen in der Bundesrepublik für togoische Schülerinnen und Schüler der Herzog-Adolf-Friedrich-Schule zu vermitteln und in Stuttgart die Zeitschrift *Die deutschtreuen Togoleute* herauszugeben.[5]

Die Forderungen des Deutsch-Togo-Bundes Anfang der 1960er Jahre waren eng mit den politischen Verhältnissen in Deutschland und in Togo verbunden. Sie stellten eine verzweifelte, zum Teil illusionäre Reaktion auf die Teilung beider Länder dar, die auf deutscher Seite durch den Bau der Berliner Mauer und auf togoischer Seite durch die Unabhängigkeitserklärungen beider Teile der ehemaligen deutschen Kolonie Togo endgültig besiegelt zu sein schien. In einem 1964 von Hermann an Agboka gesendeten Brief hieß es: »Das Togoland muss wieder Mitglied der deutschen Völkerfamilie werden! Wir waren ein Volk und wollen wieder ein Volk werden!« Diese Aussage war Teil des *Sofortprogramms des Deutsch-Togo-Bundes*, das bereits am 27. April 1962 in sechs Punkten niedergeschrieben wurde und als Forderungen unter anderen beinhaltete, die Republik Togo solle ein Freistaat der Bundesrepublik werden, sich grundsätzlich selbst verwalten und nur in der Außenpolitik und in Verteidigungsfragen der Bundesrepublik unterstehen, während der Bundesrepublik der wirtschaftliche Aufbau Togos zukomme. Der geforderte Zusammenschluss Togos mit der Bundesrepublik wurde dabei nicht als Rückfall in den Kolonialismus verstanden, sondern als ein Beweis mehr, dass das deutsche und das togoische Volk keine Rassenunterschiede kennen würden. Während die deutsche Sprache wiedereingeführt werden sollte, sah das Sofortprogramm andererseits mehrere antifranzösische Maßnahmen vor.[6]

Aus togoischer Perspektive war dies die Reaktion des Bundes auf die angestrebte, aber aussichtslose Wiedervereinigung Ost- und West-Togos und auf die sehr angespannte, durch große Unstimmigkeiten zwischen den politischen Parteien und damit einhergehende Ausschreitungen gekennzeichnete Situation in dem politisch instabilen Land, in dem der Einfluss der französischen Kolonialmacht trotz der Unabhängigkeitserklärung 1960 noch deutlich spürbar war.

EYADÉMAS POLITISCHE INSTRUMENTALISIERUNG DER GERMANOPHILIE IN TOGO

In dieser Lage, die sich durch die Ermordung des deutschfreundlichen ersten togoischen Präsidenten und Mitglieds des Deutsch-Togo-Bundes Sylvanus Olympio weiter zuspitzte, waren die größtenteils illusionären Vorstellungen des Deutsch-Togo-Bundes Ausdruck des Wunsches nach mehr Ordnung und Disziplin, den viele

Schüler und Missionsgeschwister in Westheim, 1900.
Staatsarchiv Bremen. → Kat.-Nr. 3–8.

Der Ausbau des Schulwesens galt der Norddeutschen Mission als zentrales Mittel zur Missionierung und Vermittlung europäischer Weltanschauung. Somit bestand ein großer Bedarf an afrikanischem Lehrpersonal. Zwischen 1871 und 1900 entsandte die Norddeutsche Mission daher zwanzig Schüler für einen zwei- bis vierjährigen Aufenthalt nach Deutschland. Die Ausbildung fand in relativ geschlossenen pietistischen Gemeinden unter anderem im württembergischen Westheim statt, wo die Schüler mit den Missionarsfamilien zusammenlebten.

Togoer teilten. Olympio war der Hoffnungsträger der togoischen Germanophilen, weil er seit dem Unabhängigkeitskampf besonders gute Beziehungen zur Bundesrepublik Deutschland hatte. Seine Ermordung am 13. Januar 1963 schockierte die togoische Bevölkerung. Der ehemalige Sergeant Étienne Gnassingbé Eyadéma, der zu den Putschisten gehörte und die Verantwortung für die Ermordung Olympios übernahm, wurde von weiten Teilen der Bevölkerung nicht akzeptiert. Folglich beruhte seine Machtausübung auf der Unterstützung durch die mehrheitlich aus seiner Ethnie stammende und von französischen Offizieren ausgebildete und betreute Soldateska.

Neben der geopolitischen Konstellation in den 1970er und 1980er Jahren in der westafrikanischen Region waren Eyadémas prowestliche Stellungnahme, seine deutschfreundliche Politik und seine enge Beziehung zum ehemaligen bayerischen Ministerpräsidenten Franz Josef Strauß unter anderem auch auf taktische Überlegungen zurückzuführen. Durch sie sollte die noch vorhandene minimale Übereinstimmung mit der

Oldenkott-Sammelbilderalbum
Deutschland braucht Kolonien, Rees 1934.
Deutsches Historisches Museum, Berlin. → Kat.-Nr. 6-19.

Die Firma Oldenkott war einer der führenden deutschen
Tabakhersteller. Zu ihren Werbemitteln gehörten Bilderalben.
Der Titel dieses Albums lässt keinen Zweifel an seiner kolonialrevisionistischen Ausrichtung aufkommen. Die Sammelbilder
lassen die Deutschen als gute und gerechte Kolonialherren
erscheinen, respektiert und geliebt von der afrikanischen
Bevölkerung.

breiten Masse der Bevölkerung aufrechterhalten werden.

Beispielhaft hierfür ist die 1984 organisierte
Gedenkfeier zum hundertjährigen Jubiläum der
deutsch-togoischen Beziehungen. Sie erreichte
ihren Höhepunkt mit der am 6. Juli in Anwesenheit des bayerischen Ministerpräsidenten
und Ehrengastes Strauß gehaltenen Rede, in der
Eyadéma die Unterzeichnung des kolonialen
»Schutzvertrages« am 5. Juli 1884 als den Anfang einer vielfältigen, erfolgreichen Zusammenarbeit zwischen Deutschland und Togo und
einer »freiwillig« eingegangenen Freundschaft
bezeichnete, deren Ursprüngen man mit großer
Freude und berechtigtem Stolz gedenken solle.
Eyadéma würdigte die Leistungen der »deutschen Freunde« in der kolonialen und postkolonialen Zeit, rühmte die deutsche Kolonisierung von Togo und belebte damit die kolonialen Mythen wieder.

Die verklärende, nahezu bis zur Karikatur
verzerrte Bezugnahme auf die deutsche koloniale Vergangenheit müsste selbst gemäßigte Ko-
lonialkritiker irritieren und ruft die Frage hervor, ob der togoische Gastgeber diese Worte nur
aus Höflichkeit dem bayerischen Gast gegenüber
ausgesprochen hatte oder ob weitere taktische
und populistische Gründe eine Rolle spielten.

Auffällig scheint außerdem das Schweigen
der togoischen Exilpolitiker, die seit den 1970er
Jahren nicht nur versucht hatten, das Eyadéma-
Regime zu stürzen, sondern stets Stellung zu
den wichtigsten Ereignissen in Togo nahmen.
Sie kritisierten beispielsweise die ständige Ein-
mischung der französischen Regierung in die
innerafrikanischen und insbesondere in die in-
nertogoischen Angelegenheiten sowie die militärische Unterstützung der französischen Armee für diktatorische und korrupte afrikanische
Regime. Auch die enge Freundschaft zwischen

Eyadéma und französischen Politikern wurde als neokolonialer Ausdruck der berüchtigten Françafrique, der französischen Afrikapolitik, angeprangert.

Dass sich die togoischen Exilpolitiker nicht zu Eyadémas Rede äußerten, verstärkt den Eindruck, dass sich als Pendant zu den Kampagnen des Deutsch-Togo-Bundes gegen die fortwährende Anwesenheit der französischen Kolonialmacht, die zum Volksfeind abgestempelt wurde, die Germanophilie als politischer Konsens in Togo etablierte. Dies erklärt sowohl die deutschfreundliche Rede des ehemaligen Kolonisierten Eyadéma beim hundertjährigen Jubiläum der sogenannten deutsch-togoischen Freundschaft wie auch das Schweigen der togoischen Exil-Opposition in Bezug auf diese Rede und auf Eyadémas enge Freundschaft zum damaligen bayerischen Ministerpräsidenten. Auch hatte der plötzliche Abzug der deutschen Kolonialherren einen »normalen« Prozess der Entkolonisierung beider Völker – des deutschen und des togoischen – verhindert, was zu der befremdlichen späteren Entwicklung sowie dem Aktionismus des Deutsch-Togo-Bundes beitrug.

FAZIT

Die Grundlage für die Germanophilie in Togo wurde weniger im Zeitraum der deutschen Kolonisierung 1884 bis 1914 als vielmehr in der Epoche der aktiven Missionierung 1847 bis 1914 geschaffen, in der nicht nur eine zum Teil bis heute gültige kirchliche Ordnung errichtet, sondern auch die Ewe-Sprache als eine der ersten afrikanischen Sprachen überhaupt verschriftlicht und damit zur Schrift- und Verkehrssprache in Togo erhoben wurde. Auf diese »Gründerzeit«, in der die Wurzeln des togoischen Christentums entstanden, folgte eine Zeit der politischen Wirren von 1914 bis 1970, in der die deutsch-togoischen Beziehungen durch Krisen erschüttert wurden, gleichzeitig aber die togoische Germanophilie aufkeimte. Seit den 1970er Jahren befinden sich diese Prozesse in einer Phase der Sedimentation, wobei die im Unterbewusstsein des togoischen Volkes abgelagerte Germanophilie bei deutsch-togoischen staatlichen Veranstaltungen immer wieder offenkundig wird.

1 Sebald 1988. | **2** Vgl. beispielsweise Tcham/Tchamie 2000; Assima-Kpatcha/Tsigbé (Hg.) 2013; Tsigbé/Yigbe (Hg.) 2015. | **3** Vgl. beispielsweise Akakpo 2014. | **4** Oloukpona-Yinnon 2013, S. 161–183. | **5** Aus dem Nachlass der Agboka-Familie: siehe *Sofortprogramm des Deutsch-Togo-Bundes* vom 27. April 1962 sowie unter anderem Briefe vom 26. April 1964 und vom 19. Juni 1964. | **6** Aus dem Nachlass der Agboka-Familie: siehe *Sofortprogramm des Deutsch-Togo-Bundes* vom 27. April 1962.

DER ERSTE VÖLKERMORD DES 20. JAHRHUNDERTS

ÜBER DEN SCHWIERIGEN UMGANG MIT DEUTSCHLANDS KOLONIALEM ERBE

JÜRGEN ZIMMERER

DAS DEUTSCHE REICH verübte zwischen 1904 und 1908 in seiner damaligen Kolonie Deutsch-Südwestafrika Völkermord. Das ist die nahezu übereinstimmende Meinung der Geschichts- und Genozidforschung.[1] Auslöser war der Widerstand zuerst der Herero und dann der Nama gegen ihre schnell fortschreitende Enteignung und Entrechtung seit 1884, gegen Betrug und körperliche, einschließlich sexueller Übergriffe deutscher Soldaten, Händler und Siedler im Zuge der kolonialen Besetzung des heutigen Namibia.

Der Kampf der Herero ab Januar 1904 war in den ersten Wochen außerordentlich erfolgreich und drohte das deutsche Prestigeprojekt, eine wirtschaftlich prosperierende Siedlerkolonie in Afrika aufzubauen, vollständig scheitern zu lassen. Nur einige militärisch befestigte Stationen konnten verteidigt werden. Der Widerstand wurde auf Befehl und mit Rückendeckung höchster deutscher Stellen mit brutalsten Mitteln gebrochen, wobei es sowohl gegen die Herero als anschließend auch gegen die Nama zum Völkermord kam. Der Krieg des Deutschen Reiches wurde mit der Entsendung eines umfangreichen Expeditionskorps unter General Lothar von Trotha als Vernichtungskrieg geführt. Jeder Widerständige wurde erschossen. Nach der »Schlacht am Waterberg« im August 1904 weitete sich diese Politik auf Frauen und Kinder aus: Sie wurden zusammen mit ihren Männern in die Wüste getrieben, und deutsche Soldaten verwehrten ihnen auf Befehl von Trothas den Zugang zu den rettenden Wasserstellen. »Die Hereros sind nicht mehr deutsche Untertanen. […]

Innerhalb der deutschen Grenze wird jeder Herero mit oder ohne Gewehr, mit oder ohne Vieh erschossen, ich nehme keine Weiber oder Kinder mehr auf, treibe sie zu ihrem Volk zurück oder lasse auf sie schießen.«[2]

Deutlicher als in diesem am 2. Oktober 1904 erlassenen »Schießbefehl«, der die Abriegelung der Omaheke-Wüste legalisierte, kann man die Vernichtungsabsicht kaum ausdrücken. Hier sprach der »Rassenkrieger« von Trotha, der die Weltgeschichte als Kampf der »Weißen« gegen die »schwarze Rasse« interpretierte, bei der nur eine der beiden überleben könne, weshalb er »die aufständischen Stämme mit Strömen von Blut« vernichten wollte.[3]

Berlin hob zwar die Absperrung der Omaheke nach neun Wochen auf, allerdings nicht aus humanitären Gründen, sondern weil man die Soldaten im Süden gegen die Nama benötigte. Die Aufhebung kam jedoch für die allermeisten Herero zu spät, wie auch in der offiziellen militärgeschichtlichen Darstellung des Großen Generalstabs nachzulesen ist: »Keine Mühen, keine Entbehrungen wurden gescheut, um dem Feinde den letzten Rest seiner Widerstandskraft zu rauben; wie ein halb zu Tode gehetztes Wild war er von Wasserstelle zu Wasserstelle gescheucht, bis er schließlich willenlos ein Opfer der Natur seines eigenen Landes wurde. Die wasserlose Omaheke sollte vollenden, was die deutschen Waffen begonnen hatten: Die Vernichtung des Hererovolkes.«[4] Wer dennoch überlebte, wurde in schon damals sogenannten Konzentrationslagern inhaftiert, wo Zwangsar-

→

»Vernichtungsbefehl« gegen die Herero,
Lothar von Trotha, 2. Oktober 1904 (Abschrift).
Bundesarchiv, Abt. Militärarchiv, Freiburg, RW 51/2, Bl. 1.
→ Kat.-Nr. 2-49.

Nach der »Schlacht am Waterberg« kündigte General Lothar
von Trotha in der später als Vernichtungs- oder Schießbefehl
bezeichneten Proklamation an die
Herero an, diese aus der Kolonie Deutsch-Südwestafrika
(heute Namibia) zu vertreiben und auf alle zu schießen,
die sich weiterhin in der Kolonie aufhielten. Die Vertreibung
der Herero in die Omaheke-Wüste bedeutete ihre Ermordung. Weitere Schreiben belegen, dass von Trotha ihre
Vernichtung ausdrücklich beabsichtigte.

beit zu leisten war. In einigen Lagern kam es
zu einer Vernichtung durch Vernachlässigung.
Nach Beendigung des Kriegszustands und Auflösung der Lager 1907/08 setzte sich eine extreme Ausbeutungspolitik fort, zu deren Instrumenten die Aufhebung der Freizügigkeit für Afrikaner, ihr Zwang zur Arbeit für Europäer sowie das sichtbare Tragen von Passmarken
gehörte. In einer Reihe von Verordnungen wurden sexuelle Beziehungen zwischen Europäern
und Afrikanerinnen stigmatisiert und verboten.
Eine rassische Privilegiengesellschaft wurde errichtet, die in vielerlei Hinsicht auf eine Ideologie und eine Praxis vorauswies, die nach 1933
in Deutschland selbst zum Tragen kommen sollte. Das Land der Herero und Nama wurde als
Strafe für den Widerstand durch einen deutschen Verwaltungsakt enteignet und an Deutsche abgegeben. Hierin liegt eine der Ursachen
der bis heute nachwirkenden ungerechten Land-
verteilung.[5]

VERGESSEN, VERDRÄNGEN, VERMEIDEN

Diese Tatsachen bringen dem Deutschen Kaiserreich die zweifelhafte Ehre ein, den ersten
Völkermord des 20. Jahrhunderts begangen zu
haben. Lange Zeit wurde dieser dunkle Fleck
der deutschen Geschichte jedoch vergessen oder
verdrängt, verdeckt durch einen oftmals exotisie-
renden und nostalgisch verklärenden Blick auf
die Kolonialgeschichte. Dazu trug auch der Umstand bei, dass das Deutsche Reich seine Kolo-

nien bereits nach dem Ersten Weltkrieg verloren
hatte. Deutschland machte so nach dem Zweiten Weltkrieg nicht die Erfahrung der Dekolonisierung, die die anderen europäischen Kolonialmächte erschütterte, jedoch auch deren Kolonialgeschichte in Erinnerung hielt. Zudem verdeckte die Beschäftigung mit dem »Dritten
Reich« den Blick auf die zeitlich vorangehen-
den kolonialen Verbrechen. Die Aufarbeitung
des Holocaust scheint lange Zeit alle Kräfte ge-
bunden zu haben.[6]

Über Jahrzehnte interessierte sich weder die
deutsche Politik noch die deutsche Öffentlichkeit für die kolonialen Untaten, die ja nicht nur
Fragen nach den Vorläufern der nationalsozialistischen Verbrechen aufgeworfen hätten, son-

Kriegsgefangene Herero im Konzentrationslager Swakopmund, Fotoalbum von Friedrich Stahl, Deutsch-Südwestafrika (heute Namibia), um 1904/1905.
Stadtarchiv Nürnberg. → Kat.-Nr. 2-47.

Der Nürnberger Hauptmann Friedrich Stahl war im Krieg gegen die Herero an mehreren Schlachten beteiligt. Im Dezember 1904 erkrankte er und hielt sich nach seiner Genesung hinter der Front in Swakopmund auf. Sein Nachlass umfasst Tagebücher und Fotografien, darunter seltene Aufnahmen aus dem Konzentrationslager. Es gehörte neben dem Internierungslager auf der Haifischinsel in der Lüderitzbucht zu den größten Lagern für kriegsgefangene Herero und Nama. Hauptursachen für die hohe Sterblichkeit in den Lagern waren Unterernährung, Krankheiten und die Folgen von Zwangsarbeit.

dern auch die nach den Ursachen des andauernden Rassismus in Deutschland. Auch befürchtete man Reparationsforderungen seitens der Nachkommen der Opfer, sollte man den Völkermord anerkennen oder sich gar dafür entschuldigen. Im Jahr 2003 brachte dies der damalige Bundesaußenminister Joschka Fischer (Bündnis 90/Die Grünen) auf den Punkt, als er anlässlich seines Besuches in Namibia erklärte, eine »entschädigungsrelevante Entschuldigung« zum Völkermord an den Herero und Nama werde es von ihm nicht geben.[7]

Einen Ausbruch aus dieser Schweigeverabredung versuchte lediglich die damalige Bundesministerin für wirtschaftliche Zusammenarbeit und Entwicklung, Heidemarie Wieczorek-Zeul, als sie aus Anlass des hundertsten Jahrestags der »Schlacht am Waterberg« 2004 in Okakarara, Namibia, erklärte: »Vor hundert Jahren wurden die Unterdrücker – verblendet von kolonialem Wahn – in deutschem Namen zu Sendboten von Gewalt, Diskriminierung, Rassismus und Vernichtung. Die damaligen Gräueltaten waren das, was heute als Völkermord bezeichnet würde – für den ein General von Trotha heutzutage vor Gericht gebracht und verurteilt würde. Wir Deutschen bekennen uns zu unserer historisch-politischen, moralisch-ethischen Verantwortung und zu der Schuld, die Deutsche damals auf sich geladen haben. Ich bitte Sie im Sinne des gemeinsamen ›Vater unser‹ um Vergebung unserer Schuld.«[8] Auf Nachfragen aus dem Publikum, wo die Entschuldigung bleibe, bekräftigte sie, dass dies eine Entschuldigung gewesen sei. In Deutschland stieß sie damit jedoch weitgehend auf Ablehnung, ihre Worte wurden zu ihrer Privatsache erklärt.

Die Anerkennung des Genozids galt hierbei als Schlüssel für die Einklagbarkeit möglicher Wiedergutmachungsforderungen und wurde deshalb von offizieller Seite abgelehnt, ja der Begriff selbst wurde vermieden. Die Regierungsseite argumentierte, in durchaus wechselnden politischen Konstellationen, der Begriff des Völkermords sei erst mit der Unterzeichnung der von der Generalversammlung der Vereinten Nationen am 9. Dezember 1948 beschlossenen Konvention über die Verhütung und Bestrafung des Völkermords zu einem Begriff des internationalen Rechts geworden und könne nicht rückwirkend angewandt werden.

Noch 2012 wurde mit Stimmen der CDU/CSU und FDP ein parlamentarischer Antrag auf Anerkennung des Völkermords abgelehnt. Auf Anfrage erklärte die Bundesregierung, dass die »brutale Niederschlagung des Aufstandes der Volksgruppen der Herero und Nama […] nach Auffassung der Bundesregierung nicht nach den heute geltenden Regeln des humanitären Völkerrechts bewertet und daher auch nicht als Völkermord eingestuft werden« könne.[9] »Bewertungen historischer Ereignisse unter Anwendung völkerrechtlicher Bestimmungen, die im Zeitpunkt der Ereignisse weder für die Bundesrepublik Deutschland noch für irgendeinen anderen Staat in Kraft waren«, würden »von der Bundesregierung nicht vorgenommen«. Weiter betonte sie, »dass Entschädigungsverpflichtungen nicht bestehen […] und sich Vertreter der Bundesregierung daher aller Äußerungen, die Erwartungen auf Entschädigungsleistungen wecken könnten, enthalten« würden.[10]

EINE DEBATTE MIT OFFENEM AUSGANG

Obwohl auf die Widersprüchlichkeit dieser Position bereits damals hingewiesen wurde, da demnach auch der Holocaust nicht als Völkermord zu klassifizieren wäre,[11] obwohl er doch Mitanlass für den Beschluss der Völkermordkonvention durch die Vereinten Nationen gewesen war, blieb sie die offizielle deutsche Position. Erst im Juli 2015 erklärte das Auswärtige Amt auf Nachfrage, der Krieg des Deutschen Reiches gegen die Herero und Nama werde auch vom Auswärtigen Amt als Völkermord bezeichnet.[12] Zwei Tage zuvor hatte Bundestagspräsident Norbert Lammert in einem Gastbeitrag in der Wochenzeitung *Die Zeit* seine Meinung mitgeteilt: »An den heutigen Maßstäben des Völkerrechts gemessen – demnach ist der Straftatbestand des Völkermords erfüllt, wenn die Absicht besteht, ›eine nationale, ethnische, rassische oder religiöse Gruppe als solche ganz oder teilweise zu zerstören‹ –, war die Niederschlagung des Herero-Aufstandes ein Völkermord.« Auch wenn das heutige Deutschland nicht verantwortlich sei für das, was vor hundert Jahren geschehen sei, trage es Verantwortung dafür, »wie wir mit dieser Geschichte umgehen«.[13]

Vorangegangen war dieser Aussage eine geschichtspolitische Debatte, die mit Namibia nichts zu tun hatte. Bereits zum hundertsten Jahrestag des Auftakts des spätosmanischen Völkermords an Armeniern, Aramäern und Pontos-Griechen hatten im Deutschen Bundestag zahlreiche Abgeordnete wie auch Bundestagspräsident Norbert Lammert die Ereignisse von 1915 als Völkermord bezeichnet.[14] Bei der zentralen Gedenkfeier in Berlin erklärte Bundespräsident Gauck in seinen *Worten des Gedenkens* im Anschluss an den Ökumenischen Got-

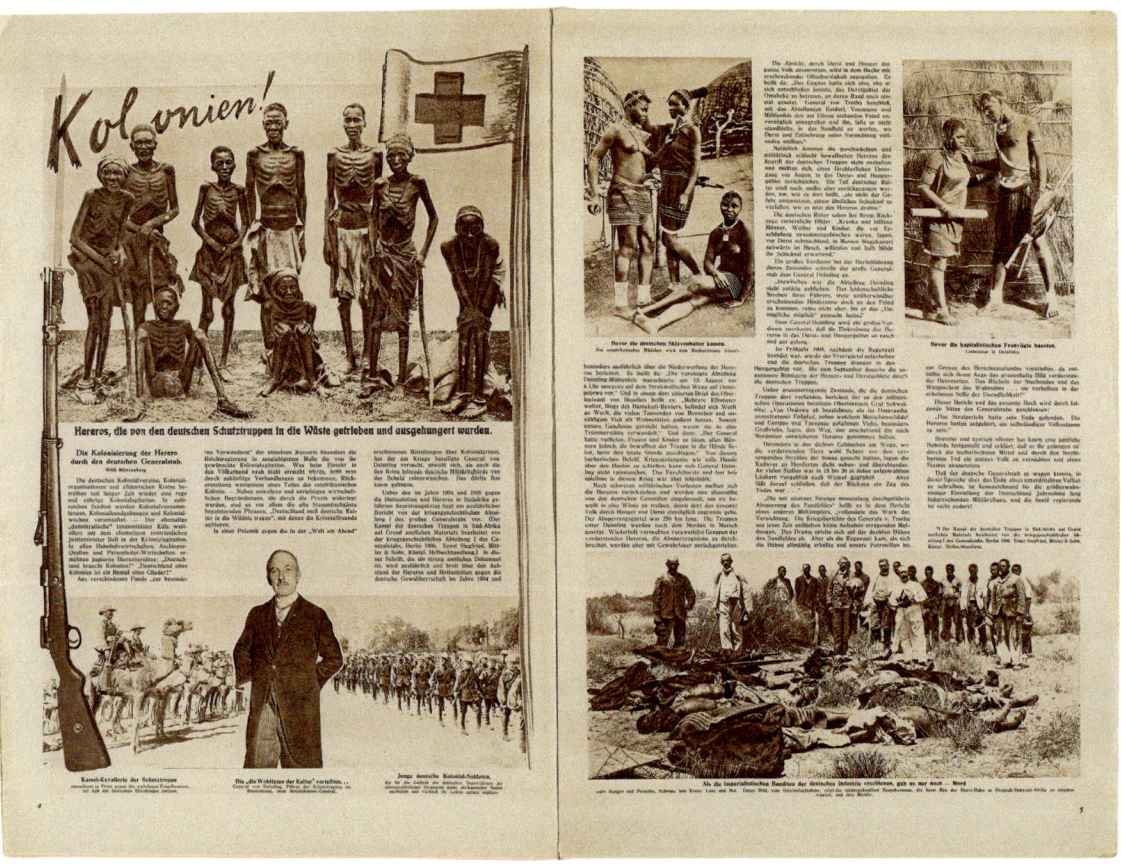

tesdienst im Berliner Dom: »Das Schicksal der Armenier steht beispielhaft für die Geschichte der Massenvernichtungen, der ethnischen Säuberungen, der Vertreibungen, ja der Völkermorde, von der das 20. Jahrhundert auf so schreckliche Weise gezeichnet ist. […] Indem wir erinnern, setzen wir niemanden, der heute lebt, auf die Anklagebank. Die Täter von einst leben nicht mehr und ihren Kindern und Kindeskindern ist jene Schuld nicht anzulasten. Was die Nachfahren der Opfer aber zu recht erwarten dürfen, das ist die Anerkennung historischer Tatsachen und damit auch einer historischen Schuld.«[15]

Als es darum ging, die Türkei darüber zu belehren, der Genozid an den Armeniern müsse anerkannt werden, war von der noch 2012 reklamierten Nichtanwendbarkeit des Genozidkonzepts offensichtlich keine Rede mehr. Das hatte auch Auswirkungen auf die Behandlung und vor allem die Bezeichnung des Herero- und Nama-Krieges. Während der Bundestag noch bei seiner Haltung blieb, oblag es Bundestagspräsident und Auswärtigem Amt, den Sprachwechsel einzuleiten, um so den Vorwurf des Messens mit zweierlei Maß wenigstens etwas zu entschärfen. Zeitgleich kam es zu einer In-

tensivierung der Gespräche mit der namibischen Regierung über die Ereignisse vor hundert Jahren, um – wie es hieß – eine gemeinsame Sprache und einen beiderseits akzeptierten Umgang damit zu finden. Im November 2015 wurde deshalb der ehemalige Vorsitzende des Auswärtigen Ausschusses des Bundestages, Ruprecht Polenz (CDU), zum deutschen Verhandlungsführer für die Gespräche mit Namibia, und auf namibischer Seite der langjährige Diplomat Zed Ngavirue.

Beide trafen sich wiederholt zum Austausch, der allerdings meist hinter verschlossenen Türen stattfand. Die Gespräche zogen vor allem in Namibia die Kritik verschiedener Herero- und Nama-Verbände auf sich, da diese sich in den Verhandlungen auf Regierungsebene nicht vertreten sahen. Wer dafür Verantwortung trägt, ist unklar, da die deutsche Seite dies zum Wunsch der namibischen erklärte, während letztere dies mit einem Veto Deutschlands begründete.

Noch im März 2016 jedoch lehnte der Deutsche Bundestag mit den Stimmen der Regierungsfraktionen CDU/CSU und SPD (die Abgeordneten von Bündnis 90/Die Grünen enthielten sich) eine Resolution der Partei DIE LINKE ab, die neben einer Anerkennung des Völker-

←

**Aufnahme von hungernden Herero, in: *Die Arbeiter-
Illustrierte Zeitung aller Länder (A-I-Z)*, Berlin 1927, Nr. 1.**
Deutsches Historisches Museum, Berlin. → Kat.-Nr. 2-63.

Die Wochenzeitschrift *A-I-Z* verstand sich als revolutionäre
kommunistische Propagandaschrift. Sie zeichnete sich
durch die Verbindung von aktuellen Reportagen mit Beiträgen
Intellektueller wie Kurt Tucholsky und Anna Seghers aus.
Die Aufnahme der ausgezehrten Herero ist einem Artikel vor-
angestellt, der sich gegen die kolonialrevisionistische Propaganda richtet und den Völkermord an den Herero und Nama
im Kolonialkrieg in Deutsch-Südwestafrika (heute Namibia)
anprangert. Der Herausgeber der *A-I-Z* und Verfasser des
Artikels Willi Münzenberg spricht von einem »Ausrottungs-
krieg«, der mit »barbarischsten Mitteln« den »furchtbarsten
Tod« eines ganzen Volkes herbeigeführt hatte.

↑

**Postkarte vom Feldlazarett auf der Haifischinsel
in der Lüderitzbucht, Verlag Franz Spenker,
versandt von Jakob Waßmer, Deutsch-Südwestafrika
(heute Namibia), 4. Juni 1906.**
Deutsches Historisches Museum, Berlin. → Kat.-Nr. 2-66.

Unter den zirkulierenden Postkarten mit Motiven aus dem
Kolonialkrieg in Deutsch-Südwestafrika fanden sich auch
solche, die die militärische Logistik hinter der Front wie Pro-
viantlager und Lazarette zeigten. Nachrichten und Bilder
vom Kriegseinsatz fanden so zusätzlich durch das Medium
der Postkarte ihren Weg nach Deutschland. Auf der vege-
tationslosen Haifischinsel existierte neben dem abgebildeten
Feldlazarett ein Konzentrationslager für Kriegsgefangene.
Diese waren in Zelten und provisorischen Behausungen untergebracht und dem rauen Klima nahezu schutzlos ausgeliefert.

mords an den Herero und Nama und einer Entschuldigung auch Wiedergutmachung und »in
zentraler Lage in Berlin« die Errichtung eines
Denkmals »zur Erinnerung an die afrikanischen
Opfer von Versklavung, Kolonialismus und rassistischer Gewalt« forderte.[16] In einem in der Di-
plomatie ungewöhnlichen Verfahren hatte der
namibische Botschafter für eine Ablehnung ge-
worben. Dies zeigt, wie komplex die Verhandlungen sind, und dass unterschiedliche Interessen auf beiden Seiten eine Rolle spielten.

Das Zögern der Bundesregierung und die
Entscheidung, vor einer Anerkennung und einer
Entschuldigung erst mit der namibischen Seite
alle möglichen Konsequenzen zu regeln, führte im Juni 2016 zu weiteren diplomatischen Konflikten und lud die Frage einer möglichen Anerkennung des ersten Völkermords des 20. Jahrhunderts emotional noch weiter auf.

Am 2. Juni 2016 nämlich erkannte der Deutsche Bundestag den Völkermord an den Armeniern als einen ebensolchen an und bekannte
eine deutsche Mitschuld an den damaligen
Ereignissen als Verbündeter des Osmanischen
Reiches. Er forderte die Türkei ebenfalls zur
Anerkennung und zum kritischen Umgang mit

**Sammelbilder aus der Serie *Der Herero-Aufstand in Deutsch
Süd-West-Afrika*,** Riedel/Engelmann, Dresden, um 1900.
Deutsches Historisches Museum, Berlin. → Kat.-Nr. 2-54.

Farbig bedruckte Sammelbilder lagen Produkten wie Kakao,
Kaffee oder Schokolade zu Werbezwecken bei. Sie sollten
Kenntnisse über Kultur, Tier- und Pflanzenwelt fremder
Länder oder zu historischen Personen und Ereignissen vermitteln. Dabei trugen sie maßgeblich zur Verbreitung von
Stereotypen und politischen Anschauungen bei. Die Serie
zum Kolonialkrieg in Deutsch-Südwestafrika (heute Namibia)
erschöpft sich in der effektheischenden Inszenierung von
Deutschen als Opfer plündernder und mordender Afrikaner,
gegen die sich die Kolonisten und Militärs zu verteidigen
suchen.

der eigenen Geschichte auf, nicht ohne auf die eigene Vergangenheitsbewältigung als erfolgreiches Beispiel zu verweisen. Damit geriet die Debatte um die Auseinandersetzung mit der eigenen, deutschen Geschichte jedoch auch in die Wirren der hohen Politik und wurde zum Kampfmittel im Streit zwischen Deutschland und der Türkei.

So konterte der türkische Präsident Recep Tayyip Erdoğan, der schon zuvor Bundesregierung und Parlament vor der Anerkennung des Genozids an den Armeniern gewarnt hatte, indem er öffentlich darauf verwies, Deutschland sei »das letzte Land«, das über einen »sogenannten Völkermord« der Türkei abstimmen solle, da es zuerst Rechenschaft über den Holocaust wie auch über die Vernichtung der Herero in Südwestafrika Anfang des 20. Jahrhunderts ablegen müsse.[17] Als dann noch ein Mitglied der regierenden Partei AKP vorschlug, das türkische Parlament solle über den deutschen Genozid an den Herero und Nama beraten und diesen anerkennen, schlugen die Wogen auch in Deutschland hoch.

Die Türkei belehren war die eine Sache, sich belehren lassen wollte man jedoch nicht. Und schon gar nicht auf dem Gebiet der Vergangenheitsbewältigung, die ja zu einem Stück bundesdeutscher Staatsräson geworden ist. Der Umgang mit den Verbrechen des Nationalsozialismus, allen voran dem Holocaust, hatte Deutschland den Weg zurück in die internationale Staatengemeinschaft erleichtert. Die bis 2015 von der Politik kaum offen geführte Debatte um die

kolonialen Verbrechen des Deutschen Kaiserreichs kann den Eindruck erwecken, der (selbst-)kritische Umgang der Deutschen mit ihrer eigenen Vergangenheit sei nur selektiv und auch nicht ausschließlich freiwillig erfolgt. Im Falle der Herero und Nama gab es eben keinen politischen Druck aus dem Ausland, der für die verschiedenen Phasen der Entschädigung von NS-Opfern durchaus vorhanden war. Das aber stellt die Meistererzählung von den geläuterten Deutschen in Frage, die noch in der Armenienresolution durchscheint. Auch darin liegen die Bedeutung und die Schwierigkeiten der deutschen Auseinandersetzung mit dem Völkermord an den Herero und Nama.

Um nun, angesichts der Armenienresolution und des Zorns Erdoğans, den Eindruck der »Doppelmoral« nicht noch zu verstärken, beeilten sich führende Parlamentarier, allen voran Bundestagspräsident Norbert Lammert, eine Anerkennung des Genozids zu fordern. Dass dies noch nicht geschehen sei, empfand Lammert als »peinlich«.[18] Selbst die Satireshow *heute-show* widmete sich am 3. Juni 2016 diesem Thema – ein deutliches Indiz dafür, dass der Genozid an den Herero und Nama über den Umweg der Verurteilung des osmanischen Völkermords an den Armeniern in der deutschen Öffentlichkeit angekommen ist. Ob, wann und zu welchen Bedingungen es zu einer Anerkennung seitens des Bundestags und zu einer Entschuldigung durch die Spitzen des deutschen Staates kommen wird, war zum Zeitpunkt des Verfassens dieser Zeilen Mitte Juni 2016 noch nicht abzusehen.

1 Zimmerer/Zeller (Hg.) 2016; Zimmerer 2011. | **2** Proklamation Lothar von Trothas, Osombo-Windhuk, 02.10.1904, Bundesarchiv Berlin-Lichterfelde (BAB) Reichskolonialamt (R 1001)/2089, Bl. 7af. | **3** Lothar von Trotha an Gouverneur Theodor Leutwein, 05.11.1904, zit. n. Drechsler 1984, S. 156. | **4** Die Kämpfe der deutschen Truppen in Südwestafrika (Auf Grund amtlichen Materials bearbeitet von der Kriegsgeschichtlichen Abteilung I des Großen Generalstabes), 2 Bde., Berlin 1906/07, Bd. I, S. 211. | **5** Zimmerer 2004. | **6** Zimmerer (Hg.) 2013. | **7** Sporrer, Susanne: Wieczorek-Zeul bat um Vergebung, in: Die Welt, 15.08.2004, URL: http://www.welt.de/print-wams/article114391/Wieczorek-Zeul-bat-um-Vergebung.html (abgerufen am 20.06.2016) | **8** Rede von Bundesministerin Heidemarie Wieczorek-Zeul bei den Gedenkfeierlichkeiten der Herero-Aufstände am 14. August 2004 in Okakarara, URL: http://www.windhuk.diplo.de/Vertretung/windhuk/de/03/Gedenkjahre__2004__2005/Seite__Rede__BMZ__2004-08-14.html (abgerufen am 21.06.2016) | **9** URL: http://webarchiv.bundestag.de/archive/2013/1212/presse/hib/2012_08/2012_367/05.html# (abgerufen am 28.06.2016). | **10** Antwort der Bundesregierung auf die Kleine Anfrage der Abgeordneten Niema Movassat, Wolfgang Gehrcke, Sevim Dağdelen, weiterer Abgeordneter und der Fraktion Die Linke. Drucksache 17/10407, Bundestagsdrucksache 17/10481, 14.08.2012, URL: http://dip21.bundestag.de/dip21/btd/17/104/1710481.pdf (abgerufen am 28.06.2016). | **11** Jürgen Zimmerer im Interview mit n-tv.de, URL: http://www.n-tv.de/politik/Der-erste-deutsche-Voelkermord-article5822726.html (abgerufen am 21.06.2016). | **12** URL: https://www.bundesregierung.de/Content/DE/Mitschrift/Pressekonferenzen/2015/07/2015-07-10-regpk.html (abgerufen am 28.06.2016). Mittlerweile hat die Bundesregierung diese Position als für die gesamte Regierung geltend bestätigt. Antwort der Bundesregierung auf die Kleine Anfrage der Abgeordneten Niema Movassat, Wolfgang Gehrcke, Christine Buchholz, weiterer Abgeordneter und der Fraktion Die Linke. Drucksache 18/8859, Bundestagsdrucksache 18/9152, 11.07.2016, URL: dipbt.bundestag.de/doc/btd/18/091/1809152.pdf (abgerufen am 29.07.2016). | **13** Lammert, Norbert: Deutsche ohne Gnade, in: Die Zeit, 09.07.2015, URL: http://www.zeit.de/2015/28/voelkermord-armenier-herero-nama-norbert-lammert (abgerufen am 21.06.2016). | **14** URL: https://www.bundestag.de/dokumente/textarchiv/2015/kw17_de_armenier/369868 (abgerufen am 11.07.2016) | **15** Gauck, Joachim: Worte des Gedenkens beim ökumenischen Gottesdienst, 23.04.2015, online unter www.bundespraesident.de. | **16** Antrag von Niema Movassat et al.: Versöhnung mit Namibia – Gedenken an und Entschuldigung für den Völkermord in der ehemaligen Kolonie Deutsch-Südwestafrika, 01.07.2015, Drucksache 18/5407, URL: https://www.bundestag.de/dokumente/textarchiv/2016/kw11-de-voelkermord-afrika/413646 (abgerufen am 21.06.2016). | **17** Die Tagesschau, 06.06.2016, URL: https://www.tagesschau.de/ausland/tuerkei-erdogan-holocaust-101.html (abgerufen am 20.06.2016). | **18** Norbert Lammert in Berlin direkt, 12.06.2016, URL: http://www.heute.de/bundestagspraesident-norbert-lammert-fordert-klares-bekenntnis-des-deutschen-bundestages-zum-voelkermord-an-den-herero-43922962.html (abgerufen am 12.07.2016).

WECHSELWIRKUNGEN

KOLONIALE VERGANGENHEIT IN EINER GLOBALISIERTEN WELT

ANDREAS ECKERT

AM 30. SEPTEMBER 2011 betrat eine hochrangige Delegation aus Namibia den Hörsaal des Berliner Universitätsklinikums Charité, um zwanzig Schädel entgegenzunehmen. Die Körperteile waren vor dem Ersten Weltkrieg unter höchst dubiosen Umständen in die deutsche Hauptstadt gelangt: als »Material« für wilhelminische Rassenforscher, die sich Körperteile und Schädel von oft durch deutsche Hand zu Tode gekommenen Afrikanern gesichert hatten, um »rassenkundliche« Untersuchungen durchzuführen. Die Übergabe rund hundert Jahre später endete in einem Eklat. Die afrikanischen Gesandten, darunter Namibias Kultusminister, wollten nicht allein ihre Ahnen heimholen. Vielmehr war es ihnen darum zu tun, von deutscher Seite endlich ein Eingeständnis des Unrechts zu hören, das die deutschen Kolonialherren einst den Namibiern angetan hatten. Dies genau verweigerte aber die damalige Staatsministerin Cornelia Pieper vom Auswärtigen Amt in ihrer Ansprache.[1] Die Episode in der Charité reiht sich ein in die späte und zähe öffentliche Auseinandersetzung über die Anerkennung des Krieges der deutschen »Schutztruppe« gegen die Herero und Nama in der damaligen Kolonie Deutsch-Südwestafrika als Genozid. Immerhin: Seit Juli 2015 gilt nach Angaben des Auswärtigen Amtes folgender Satz als »politische Leitlinie« der Bundesregierung: »Der Vernichtungskrieg in Namibia von 1904 bis 1908 war ein Kriegsverbrechen und Völkermord«, der im selben Jahr auch »Grundlage für die laufenden Gespräche« mit den Partnern innerhalb der namibischen Regierung zur Aufarbeitung der deutschen Kolonialgeschichte wurde.[2]

Von Berlin nach London: Dort drückte der damalige Außenminister William Hague am 6. Juni 2013 in einer Erklärung vor dem Parlament sein Bedauern darüber aus, dass Tausende Kenianer während des Ausnahmezustands unter britischer Kolonialherrschaft und ihres Unabhängigkeitskampfes (1952–1963) Opfer von Folter und anderen Formen der Misshandlung wurden. Ferner kündete er an, die Regierung werde an rund 5200 Kenianer Entschädigungen zahlen, und sicherte die Unterstützung bei der Errichtung eines Denkmals in Nairobi zum Gedenken an die Opfer kolonialer Gewalt zu.[3] Ein Jahr zuvor war fünf kenianischen Opfern der kolonialen britischen Gewalt, vertreten durch die Anwaltsfirma Leigh Day, das Recht zugesprochen worden, die britische Regierung auf Wiedergutmachung zu verklagen.[4] Die seit den frühen 2000er Jahren auch öffentlich intensiv geführte Debatte über den Mau-Mau-Krieg im Kenia der 1950er Jahre und dessen brutale Niederschlagung durch die britische Kolonialmacht sorgte für erhebliche Risse in der sorgsam gepflegten Selbstdarstellung Großbritanniens, das den Prozess der Dekolonisierung ab 1945 und das Ende der britischen Kolonialherrschaft in Afrika und Asien als Ausdruck liberaler Denkungsart, ja als Erfolgsgeschichte aus dem Geist angelsächsischer Freiheitsliebe propagierte.[5]

Die britische Kolonialverwaltung hatte seinerzeit mit massiver Härte auf den Unabhängigkeitskampf der Mau-Mau-Bewegung reagiert, der

↑

**Studentendemonstration gegen den Empfang des
kongolesischen Ministerpräsidenten Moïse Tschombé,
Presse-Bild-Verlag Schirner, Berlin (West),
18. Dezember 1964.**
Deutsches Historisches Museum, Berlin. → Kat.-Nr. 7–8.

Moïse Tschombé stand im Verdacht, unmittelbar an der
Ermordung von Patrice Lumumba, dem ersten gewählten
Ministerpräsidenten der seit 1960 unabhängigen Republik
Kongo, beteiligt gewesen zu sein. Die westlichen Staaten
sahen in ihm einen Verbündeten im Kalten Krieg und sicher-
ten seine Macht durch militärische und wirtschaftliche
Unterstützung. Dabei kam es zu Massakern an der Zivilbe-
völkerung im Kongo. Tschombés Deutschlandbesuch löste
Studentenproteste aus. In Berlin forderten Studenten den
Regierenden Bürgermeister Willy Brandt noch kurz vor seiner
Unterredung mit dem Staatsgast auf, den »Massenmörder
Tschombé« nicht zu empfangen.

vor allem vom Volk der Kikuyu getragen wurde. 95 getöteten Europäern, davon 32 Zivilisten, standen über 20 000 tote Afrikaner gegenüber. Während des gut sieben Jahre dauernden
Krieges wurden mehr als 1000 Afrikaner auf der
Grundlage von hastig verabschiedeten Anti-
terrorgesetzen gehängt, weit mehr als in jedem
anderen kolonialen Konflikt, Algerien einge-
schlossen. Rund 70 000 Einheimische wander-
ten ohne Prozess oft für mehrere Jahre in Ge-
fängnisse und Internierungslager, wo die Regierung sie rigorosen »Umerziehungsprogrammen«
unterwarf. Über 100 000 Menschen wurden um-
gesiedelt. Das koloniale Kenia war in den 1950er
Jahren ein brutaler Polizeistaat, so der Historiker David Anderson: »Im Bestreben, Einfluss
und Autorität aufrechtzuerhalten, wurde die britische Regierung, die ein Jahrzehnt zuvor [im
Zweiten Weltkrieg] aufrecht gegen die Tyrannei
gekämpft hatte, selbst zum Tyrannen.«[6] Während des Entschädigungsprozesses für die Opfer
der britischen Gewalt in Kenia kam überdies heraus, dass zahlreiche relevante Dokumente zum
Zeitpunkt der Unabhängigkeit von der Kolonialverwaltung zerstört oder nach Großbritannien
geschafft worden waren.[7]

Und weiter nach Paris: Dort verabschiedete
die Nationalversammlung am 23. Februar 2005
ein Gesetz, das mit dem Anspruch einherging,
die angeblich »positive Rolle« des französischen
Kolonialismus in den Rang einer gesetzlich fest-
geschriebenen und damit gleichsam unumstöß-
lichen historischen Wahrheit zu erheben.[8] Im
ersten Artikel hielt das Gesetz fest: »Die Nation
würdigt die Frauen und Männern, die an dem
Werk beteiligt waren, das Frankreich in den früheren französischen Departments in Algerien,
Marokko, in Tunesien und in Indochina sowie
in den Territorien, die vorher unter französischer
Souveränität standen, vollbracht hat.« In Frank-

reich wie auch in den ehemaligen Kolonien löste es heftige Proteste aus. Besonders umstritten war der vierte Artikel: »Die universitäre Forschung räumt der Geschichte der französischen Präsenz in Übersee, und insbesondere in Nordafrika, einen gebührenden Platz ein. Die Lehrpläne in den Schulen würdigen vor allem die positive Rolle der französischen Präsenz in Übersee, und insbesondere in Nordafrika, und messen der Geschichte und den von den Kämpfern der französischen Armee aus diesen Gebieten erbrachten Opfern die herausragende Bedeutung bei, die ihnen zusteht.«[9] Dies löste zum einen nachhaltigen Protest von Historikern aus; sie zettelten eine Debatte über die prinzipielle (Un-)Zulässigkeit parlamentarischer Geschichts-

deutungen an, die damit endete, dass der umstrittene Passus am 15. Februar 2006 per Dekret und ohne erneute Debatte im Parlament wieder gestrichen wurde.

Zum anderen meldete sich bereits einige Wochen vor Verabschiedung des Gesetzes, im Januar 2005, eine bis dahin unbekannte Gruppierung mit dem Namen »Les Indigènes de la République«, »Die Eingeborenen der Republik«, zu Wort. Die Unterzeichner, die sich als antikoloniale Aktivisten und Nachfahren von afrikanischen Sklaven, von Kolonisierten und postkolonialen Einwanderern bezeichneten, kritisierten in einem Appell an die Öffentlichkeit die Kontinuität kolonialer Hierarchien und Machtasymmetrien in der Gegenwart und formulierten als dringliche Aufgabe, die »postkoloniale Republik« Frankreich endlich zu dekolonisieren. Viele Beobachter sahen seinerzeit überdies enge Zusammenhänge zwischen den im Herbst 2005 aufflammenden Jugendunruhen in den französischen Vorstadtvierteln und der Fortdauer rassistischer Diskriminierungen.[10]

AMBIVALENTE BEZIEHUNGEN

Auch in anderen europäischen Ländern, die einst Kolonialmächte waren, rückt die koloniale Vergangenheit zunehmend, zuweilen freilich sehr zögerlich, in den Fokus öffentlicher und wissenschaftlicher Debatten.[11] Es sind häufig, aber keineswegs ausschließlich Nachkommen der ehemals Kolonisierten und Vertreter der Diaspora, die das Thema der kolonialen Vergangenheit Europas auf die Agenda setzen. Die Erinnerung an den Kolonialismus ist natürlich auch in den

T-Shirt mit Restitutions- und Reparationsforderungen, Namibia, um 2004.
Privatsammlung Larissa Förster, Köln. → Kat.-Nr. 8-2.

Motiv und Schriftzug des T-Shirts thematisieren zwei Forderungen: Erstens die Restitution von Schädeln der Nama und Herero aus deutschen Sammlungen, zweitens die Zahlung von Reparationen. Sowohl die namibische Regierung als auch Interessengemeinschaften der Herero und Nama verlangen seit Jahren die Restitution. Dahingegen verweigert die namibische Regierung ihre aktive Unterstützung für Entschädigungsforderungen, die seit Ende der 1990er Jahre von Initiativen der Herero und seit 2006 auch von den Nama vertreten werden.

ehemaligen Kolonien selbst präsent und durchaus kontrovers, erzielt in der Regel jedoch nur selten eine größere öffentliche Aufmerksamkeit. Nehmen wir die Beispiele zweier ehemaliger deutscher Kolonien.

In Kamerun wird der dynamische und intensive nationalistische Widerstand gegen die spätkoloniale französische Herrschaft noch immer weitgehend beschwiegen. Bis heute wirkt dort die massive Unterdrückung der Erinnerung an den Kampf der linken Union des populations du Cameroun (UPC) durch die Franzosen und später die Regierungen des unabhängigen Kameruns in einer sehr fragmentierten Erinnerungslandschaft nach. Eine offene Debatte über die Rolle der UPC findet nicht statt, die Erinnerung an die Dekolonisation verknüpft sich mit ethnischen Konflikten.[12] In Tansania beklagten muslimische Autoren, die Bedeutung islamischer Akteure und Gruppierungen für den Kampf um die Unabhängigkeit sei von der Regierung des – katholischen – ersten und langjährigen Präsidenten Julius Nyerere systematisch unterdrückt worden.[13]

Versuche, im Gefolge der erfolgreichen Klage ehemaliger NS-Zwangsarbeiter übergreifend für Afrika Reparationen einzufordern, scheiterten. Einem von der Organisation pour l'unité africaine (OUA) Anfang der 1990er eingesetzten Komitee mit hochrangigen Vertretern aus Politik, Wissenschaft und Kultur – darunter der Historiker Jacob Ade Ajayi aus Nigeria und die südafrikanische Künstlerin Miriam Makeba – gelang es nicht, auf der internationalen Bühne eine nachhaltige Resonanz für die Frage nach Reparationen für Sklavenhandel und Kolonia-

lismus zu erzielen. Regierungen westlicher Staaten übten sich in Zurückhaltung. Überdies entstand keine größere internationale soziale Bewegung oder gewichtige Nichtregierungsorganisation, die sich der Problematik mit Nachdruck hätte annehmen können.[14] Umstritten war die Frage der Reparationen auch unter afrikanischen und karibischen Intellektuellen. Der nigerianische Literaturnobelpreisträger Wole Soyinka sah in den Forderungen nicht zuletzt ein Ablenkungsmanöver korrupter Diktatoren von ihrem eigenen Versagen und ihren Verbrechen.[15]

Die Bewertung des Kolonialismus spiegelte immer auch die Vielfalt der damit verknüpften Ideologien und Praktiken. In seinem zuerst 1950 in Frankreich publizierten Diskurs *Über den Kolonialismus* betonte Aimé Césaire, der große Dichter der Négritude und über vier Jahrzehnte Abgeordneter in der französischen Nationalversammlung, Gewalt und Rassismus seien zen-

Fotografie der Büste Herzog Johann Albrechts zu Mecklenburg in der Kolonialhalle der Berliner Gewerbeausstellung, Franz Kullrich, Berlin, Mai/Oktober 1896.
Landesarchiv Berlin. → Kat.-Nr. 4-51.

Zu der vom 1. Mai bis 15. Oktober 1896 in Berlin-Treptow veranstalteten Gewerbeausstellung gehörte eine Kolonialausstellung, die Deutschlands imperiale Anstrengungen und Ansprüche demonstrierte. In der Kolonialhalle präsentierte das Auswärtige Amt die einzelnen Kolonien und stellte dort die kolonialen unternehmerischen Aktivitäten des Deutschen Reiches vor. In der Kolonialhalle stand auch die von Elfenbeinzähnen flankierte Büste des Herzogs Johann Albrecht zu Mecklenburg, der als Schirmherr der Ausstellung fungierte.

trale Kennzeichen des Kolonialismus. Er schrieb gegen die seinerzeit in Europa verbreitete Sichtweise an, die Europäisierung der Erde sei trotz gelegentlicher Exzesse letztlich ein Projekt des Fortschritts, der Zivilisierungsmission und der Modernisierung gewesen und habe die Kolonisierten vor Schlimmerem bewahrt.[16] Als Césaire seine Streitschrift veröffentlichte, lag das europäische koloniale Projekt bereits weitgehend in Trümmern. Kolonialismus ist seither größtenteils ideologisch geächtet, was die Fortdauer rassistischer Diskriminierung in vielen Regionen der Welt freilich nicht verhindert. Auch nostalgisch-paternalistische Verklärungen der kolonialen Herrschaft – »nicht alles war schlecht« – und handfeste Rechtfertigungen kolonialer Ideo-

logie und Praktiken finden sich in den vergangenen Dekaden immer wieder, vor allem in Bezug auf Afrika. In seinen *Satanischen Versen*, die 1988 in New York erschienen, hat Salman Rushdie, der selbst ein »Kind« des britischen Kolonialimperiums ist, für die in seinen Augen immense Bedeutung der Zeit des British Empire für die englische Geschichte die eindringliche Formulierung gefunden, nach der »das Problem der Engländer darin besteht, dass ihre Geschichte im wesentlichen in Übersee stattgefunden hat und sie daher ihre Bedeutung nicht verstehen« könnten.[17] Kolonialismus lässt sich aber nicht reduzieren auf die Auswirkungen der europäischen Herrschaft auf Afrika, Asien und Lateinamerika. Auch lange nach seinem formalen Ende wirkte das koloniale Projekt auf Europa zurück und es offenbarten sich nicht zuletzt im kulturellen Bereich die vielfältigen Verflechtungen zwischen Metropole, dem »Mutterland«, und Kolonie. Die Verankerung des kolonialen Projekts in breiteren Bevölkerungsschichten hatte sich bereits früh in Kolonialausstellungen, Völkerschauen, Kolonialwarenläden, Zeitschriften und Kolonialromanen manifestiert, aber auch in kolonialen Sehnsüchten und Begierden, in Exotismus und Unterwerfungsfantasien.

Die Einsicht, dass sich mit dem formalen Ende der Kolonialzeit koloniale Strukturen, Rassismus und asymmetrische Macht- und Wirtschaftsbeziehungen keineswegs erledigt haben, und dass der europäische Kolonialismus nicht

→

Senta Dinglreiter: *So sah ich unsere Südsee*, **Leipzig 1939.**
Deutsches Historisches Museum, Berlin. → Kat.-Nr. 6-46.

Wann kommen die Deutschen endlich wieder? Eine Reise durch unsere Kolonien in Afrika lautet der vielsagende Titel eines 1935 erschienenen Buches der Reiseschriftstellerin Senta Dinglreiter. Angeblich ersehnte die afrikanische Bevölkerung die Rückkehr der ehemaligen deutschen Kolonialmacht. Vier Jahre später meinte Dinglreiter in diesem Buch berichten zu können: »Man trauert auch in der Südsee den Deutschen noch heute nach und wartet auf sie mit sehnsüchtigem Herzen.«

nur die kolonisierten Gebiete, sondern zugleich Europa veränderte, ist nicht zuletzt den *Postcolonial Studies* zu verdanken. Im Zentrum der mit diesem Feld verbundenen Forschungen stehen der lange, komplexe und potenziell folgenschwere Prozess der Kolonialexpansion selbst, die damit verknüpften kulturellen und wissenschaftlichen Praktiken sowie deren dauerhafte Auswirkungen in den ehemaligen Kolonien und die Rückwirkungen auf Europa.[18] Postkoloniale Perspektiven haben in diesem Zusammenhang den Bezugspunkt der Nation für die Erinnerung an den Kolonialismus relativiert und verdeutlicht, dass sich die europäischen Nationen in ihrem Gedächtnis zwar untereinander abgrenzen, gegenüber der nicht europäischen Welt jedoch eine gemeinsame Identität entwickeln. Prozesse der Globalisierung haben dazu beigetragen, die verdrängte Erinnerung an die Kolonialzeit in Europa in einer breiteren Öffentlichkeit zu diskutieren, zugleich haben sie aber auch neue Abgrenzungen und Konfliktlinien gezogen. Die Auseinandersetzung um den Kolonialismus und seine Folgen wird jedenfalls weitergehen, weil weltweit viele Menschen der Überzeugung sind, dass die mit diesem Phänomen verbundenen Ideologien und Praktiken nach wie vor relevant sind und bleiben.

1 Vgl. Zimmerer 2013, S. 17–21; Kößler, Reinhart/Wegman, Heiko: Schädel im Schrank. Das düstere koloniale Erbe der deutschen Rasseforschung muss endlich aufgeklärt werden, in: Die Zeit, 13.10.2011; Stoecker/Schnalke/Winkelmann (Hg.) 2013. | **2** URL: https://www.bundesregierung.de/Content/DE/Mitschrift/Pressekonferenzen/2015/07/2015-07-10-regpk.html (abgerufen am 19.06.2016). | **3** Vgl. Mau Mau torture victims to receive compensation – Hague, in: BBC News, 06.06.2013, URL: http://www.bbc.co.uk/news/uk-22790037 (abgerufen am 23.06.2016). | **4** Vgl. Mau Mau uprising: Kenyans win UK torture ruling, in: BBC News, 05.10.2012, URL: http://www.bbc.com/news/uk-19843719 (abgerufen am 23.06.2016). Engelhart, Kati: 40,000 Kenyans accuse UK of abuse in second Mau Mau case, in: The Guardian, 29.10.2014, s. a. URL: https://www.theguardian.com/world/2014/oct/29/kenya-mau-mau-abuse-case (abgerufen am 19.06.2016). | **5** Zu dieser Stilisierung vgl. Altmann 2005. | **6** Übers. nach: Anderson 2005, Innenseite Umschlag. Vgl. auch Elkins 2005; Branch 2009. | **7** Vgl. Anderson 2015 | **8** Der folgende Abschnitt basiert auf Kalter/Rempe 2001, S. 159–165. Vgl. ferner u. a. Blanchard/Veyrat-Masson (Hg.) 2008; Blanchard u. a. (Hg.) 2005. | **9** Übers. nach: Loi n° 2005-158 du 23 février 2005 portant reconnaissance de la Nation et contribution nationale en faveur des Français rapatriés. Verschiedene Fassungen des Gesetzes finden sich unter URL: www.legifrance.gouv.fr (abgerufen am 20.06.2016). | **10** Thomas 2013; Public Culture 23,1 (2011): Racial France. | **11** Für das Beispiel Portugals etwa dos Santos Lourenço/Keese 2011. | **12** Eckert 2000; Terretta 2014. | **13** Said 1998. | **14** Howard-Hassmann 2004. | **15** Soyinka 2001. | **16** Césaire 1968. | **17** Rushdie 1988, S. 337; vgl. Conrad/Randeria 2013, S. 60. | **18** Kerner 2012.

TALENT TALAR TRANSFER

Dass es Studierende aus Afrika unter anderem nach Europa zieht, ist wenig überraschend. In vielen ehemals kolonisierten Staaten bestehen im Bereich der Hochschulbildung jedoch erstaunlich starke Bindungen an frühere Kolonialmächte fort – wie im Fall Kameruns und Deutschlands.

WAS AFRIKANERINNEN UND AFRIKANER IN DEUTSCHLAND STUDIEREN
am Beispiel Kameruns

Ingenieurwissenschaften

47,8 %

Quelle: BMI/BAMF 2014.

STUDIENANFÄNGERQUOTEN IN AFRIKANISCHEN STAATEN

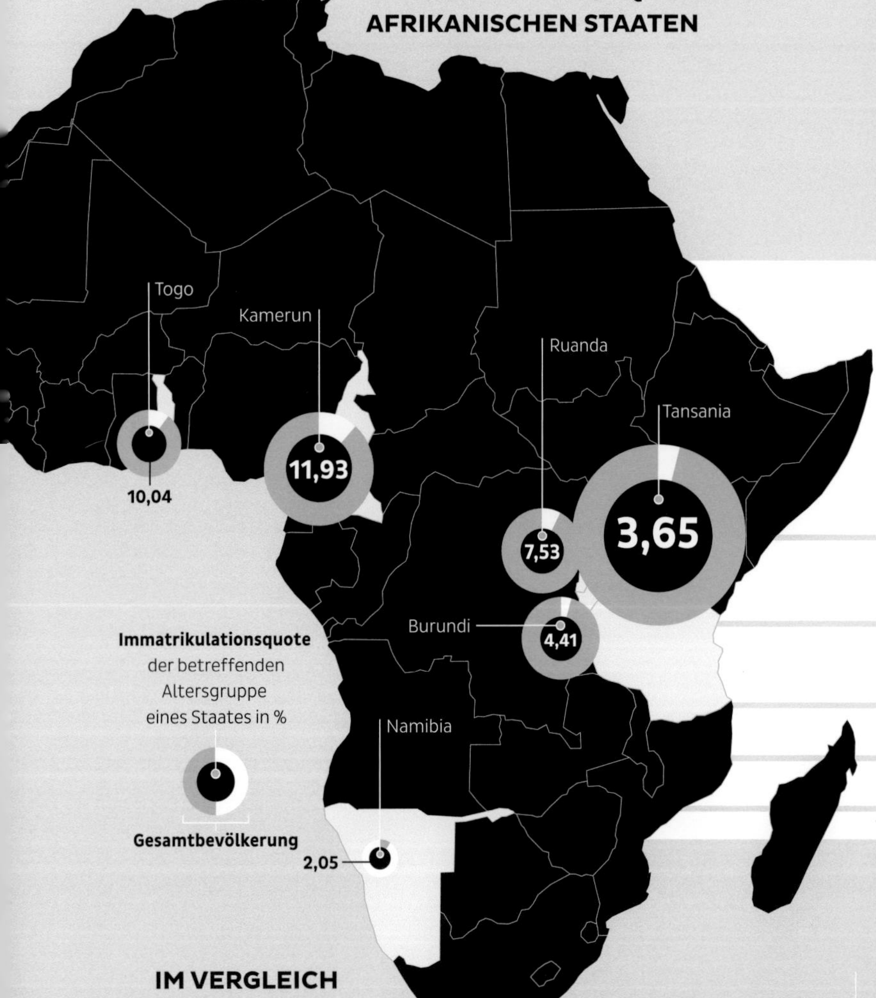

Togo
10,04

Kamerun
11,93

Ruanda
7,53

Tansania
3,65

Burundi
4,41

Immatrikulationsquote
der betreffenden Altersgruppe eines Staates in %

Namibia

Gesamtbevölkerung
2,05

MOBILITÄT AFRIKANISCHER STUDIERENDER HEUTE (WELTWEIT)

Schulbildung für breite Bevölkerungsschichten war keines der zentralen Anliegen europäischer Kolonialmächte. Besonders der Zugang zu höherer Bildung wurde im Kolonialismus selektiv gehandhabt. Mit dieser Erblast, aber auch mit groben Missständen im Bildungswesen nach der Unabhängigkeit, ringen viele afrikanische Staaten bis heute.

Mobile Studierende im Jahr 2013

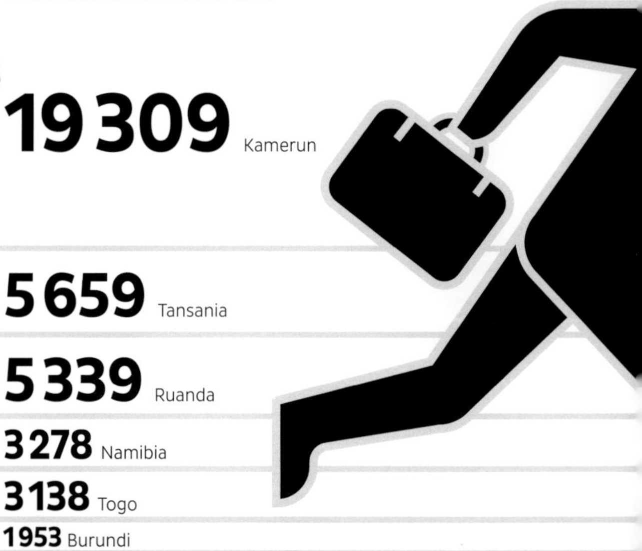

19 309 Kamerun

5 659 Tansania

5 339 Ruanda

3 278 Namibia

3 138 Togo

1953 Burundi

Quelle: UIS.Stat 2013b.

IM VERGLEICH

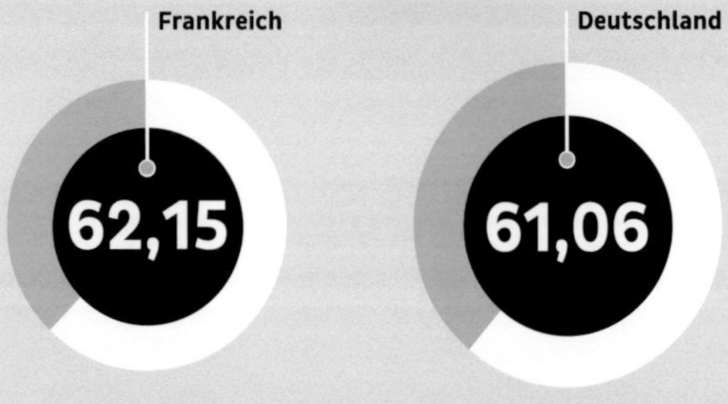

Frankreich
62,15

Deutschland
61,06

Quelle: UIS.Stat 2013a.
Je größer die Einwohnerzahl eines Staates, desto größer der abgebildete Kreis.

RÜCKÜBERWEISUNGEN
in Millionen US-Dollar

Zwischen Afrika und dem Rest der Welt zirkulieren nicht nur Personen, sondern auch Geldbeträge, die weltweit verdient und in die Herkunftsgesellschaften zurücküberwiesen werden. Dies gilt für Gutausgebildete oder Studierende, aber auch für viele, die in weniger renommierten Bereichen arbeiten. In einigen Staaten stammt ein nicht unbeträchtlicher Teil des Geldes aus Deutschland.

49 Burundi

244 Kamerun

Anteil der Rücküberweisungen am Bruttoinlandsprodukt in %

1,6

0,8

Quelle: Worldbank 2015.

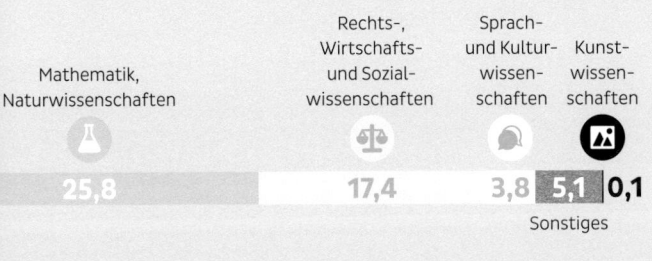

Mathematik, Naturwissenschaften	Rechts-, Wirtschafts- und Sozial-wissenschaften	Sprach- und Kultur-wissenschaften	Kunst-wissenschaften
25,8	17,4	3,8	5,1	0,1

Sonstiges

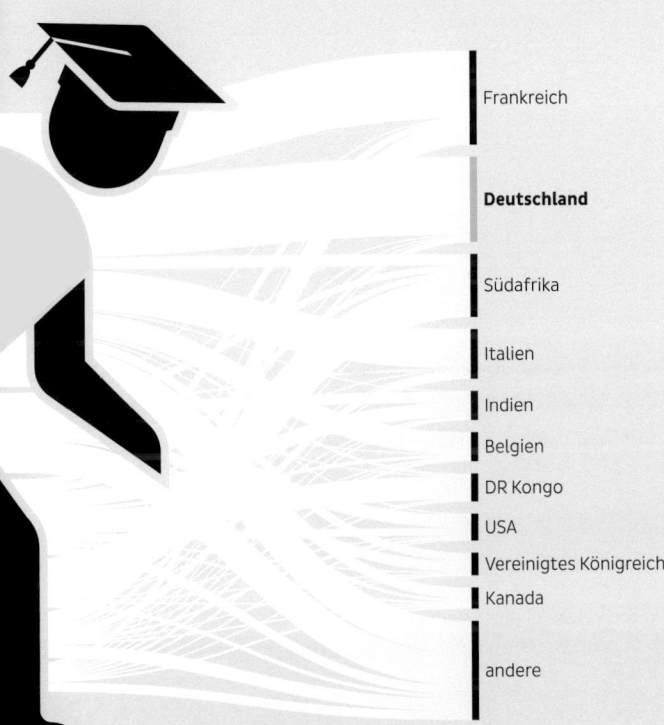

Frankreich

Deutschland

Südafrika

Italien

Indien

Belgien

DR Kongo

USA

Vereinigtes Königreich

Kanada

andere

Anteil aus Deutschland in Mio. US$

10	128	389	397
Namibia	Ruanda	Tansania	Togo
0,1	1,6	0,8	8,8

BILDUNGSHINTERGRUND VON AFRIKANERINNEN UND AFRIKANERN IN DEUTSCHLAND*

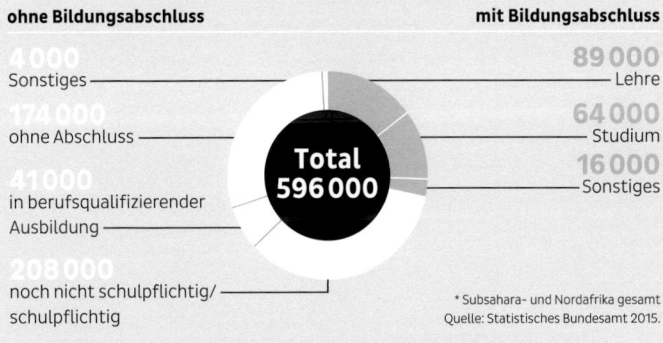

ohne Bildungsabschluss

4000 Sonstiges

174000 ohne Abschluss

41000 in berufsqualifizierender Ausbildung

208000 noch nicht schulpflichtig/ schulpflichtig

Total 596000

mit Bildungsabschluss

89000 Lehre

64000 Studium

16000 Sonstiges

* Subsahara- und Nordafrika gesamt
Quelle: Statistisches Bundesamt 2015.

LAGE AUF DEM DEUTSCHEN ARBEITSMARKT

Beruflich Fuß zu fassen gestaltet sich für viele Migranten schwierig. Mit einem Hintergrund im subsaharischen Afrika sind in Deutschland nicht selten besonders prekäre Bedingungen verbunden.

Arbeitsmarktbereiche (Cluster)

■ Fertigungsberufe ☐ Dienstleistungsbereich ☐ Technische Berufe
■ Landwirtschaftliche Berufe ■ Bergbau

Cluster ❶
Verfahrens- und Industrie-mechaniker, Kranführer

Cluster ❷
Berufskraftfahrer, Speise-hersteller, Städtereiniger, Landarbeitskräfte

Cluster ❸
Floristen, Konditoren, Köche, Frisöre, Verkäufer, Mechaniker, Maler, Gebäudereiniger

Cluster ❹
Krankenschwestern, Sozial-arbeiter, Informatiker, Sozial- und Geisteswissenschaftler, Psychologen

Cluster ❺
Uhrmacher, Fahrlehrer, Versicherungsfachleute, Berufsfeuerwehrleute, Tele-kommunikationselektroniker

Cluster ❻
Ingenieure, Architekten, Lehrer, Apotheker, Ärzte, Richter, Wirtschaftswissenschaftler

Tätigkeiten von Menschen mit afrikanischem Migrationshintergrund (nach Arbeitsmarktbereich/Cluster)**

Cluster ❶ ❷ ❸ ❹ ❺ ❻

Risiken und Chancen in den einzelnen Arbeitsmarktbereichen (Clustern)

I Erwerbslosigkeitsrisiko
II Erwerbslosigkeitsdauer
III Betriebliche Bindung
IV Dauer der Erwerbstätigkeit
V Befristung von Arbeitsverträgen

VI Einkommen
VII Prestige
VIII Kontrolle über Vorgänge & Prozesse
IX kognitive Anforderungen
X körperliche Belastung

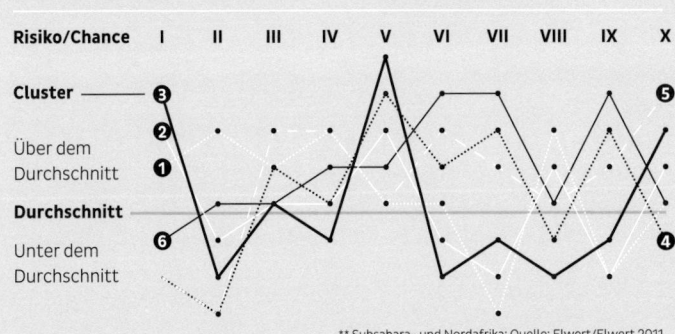

Risiko/Chance	I	II	III	IV	V	VI	VII	VIII	IX	X

Cluster

Über dem Durchschnitt

Durchschnitt

Unter dem Durchschnitt

** Subsahara- und Nordafrika; Quelle: Elwert/Elwert 2011.

PROBLEMATISCHE PROVENIENZEN

MUSEALE UND UNIVERSITÄRE SAMMLUNGEN AUS POSTKOLONIALER PERSPEKTIVE

LARISSA FÖRSTER

EIN BLICK IN DIE DEPOTS deutscher Museen zeigt: Das deutsche Kolonialreich und seine Protagonisten haben sich unauslöschlich in die Sammlungsgeschichte deutscher Institutionen eingeschrieben: Im Rautenstrauch-Joest-Museum in Köln ist eine Maske ausgestellt, die der Gouverneur von Neuguinea, Albert Hahl, dem Museum schenkte;[1] im Museum Natur und Mensch in Freiburg lagern Körbe, Becher und Löffel, die der Gouverneur Theodor Leutwein aus Deutsch-Südwestafrika senden ließ; im Botanischen Museum Berlin-Dahlem findet sich das Typusexemplar einer Begonienart (*Begonia princeae Gilg*), die die Plantagenbesitzerin Magdalene von Prince, Ehefrau des Schutztruppenoffiziers Tom von Prince, aus Deutsch-Ostafrika mitbrachte. Andere Namen sind weniger bekannt. Die Einlieferer von Objekten, Präparaten, Dokumenten, Daten, Tonaufnahmen und Fotografien aus den ehemaligen Kolonien, von denen sich nicht wenige im Auftrag des Deutschen Reiches betätigten, waren Landvermesser, Kolonialbeamte und -soldaten, aber auch Missionare, Wissenschaftler und Siedler. Oftmals betätigten sie sich im Auftrag des Deutschen Reiches.

SAMMLER: ZWISCHEN KOLONIALEM AUFTRAG UND »FREIER« WISSENSCHAFT

Die Biografien dieser Einlieferer sind hilfreich, um Bedingungen, Motivationen und Folgen des Sammelns in der Kolonialzeit zu verstehen. Da ist zum Beispiel der Zoologe Leonhard Schultze aus Jena. Schultze reist 1903, ein knappes Jahr vor Ausbruch des Kolonialkriegs in Deutsch-Südwestafrika, ins südliche Afrika. Er will »empfindlichste« Wissenslücken in Bezug auf diese deutsche Kolonie schließen, die »bis jetzt noch kein Zoologe von Fach betreten« habe. Einmal vor Ort, klaubt Schultze alles auf, was er für untersuchenswert hält, verpackt und verschickt es nach Berlin und an Kollegen in ganz Europa: Fossilien, Gesteine, Felsgravierungen, Tiere und Pflanzen, Kleidung und Kochgerät, Spielzeug und Musikinstrumente, Menschenhaut, -haare und -körper. Die namibische Enzianart *Brachystelma schultzei* trägt seinen Namen, ebenso die Ameisenart *Monomorium schultzei*, eine Sprachfamilie des südlichen Afrika wird Schultzes Wortschöpfung folgend später *Khoisan* genannt. Nach zweieinhalb Jahren schließt sich Schultze vorübergehend der deutschen Kolonialarmee an: Als diese 1905 gegen den »aufständischen« Nama-Kaptein Hendrik Witbooi vorgeht, fungiert Schultze als Kriegsberichterstatter.

Zurück aus Deutsch-Südwestafrika, veröffentlicht er 1907 ein Buch über seine Forschungsreise, das ihn zum Shootingstar der Kolonialforschung macht und eine Professur in Geografie einbringt. Schultze, wissbegierig, sprachbegabt und umfassend interessiert, erkundet 1910 die nächste deutsche Kolonie: Neuguinea. Auch hier hinterlässt er Spuren: Ein Flussstück im Innern von Papua-Neuguinea heißt seitdem Leonhard Schultze River. Und er sammelt: Trommeln, Keulen und »Kultfiguren«. Nach dem Ende der deutschen Kolonialzeit wendet sich Schult-

**Köcher mit Pfeilen, Gaston Thierry (Sammler),
Moba, Togo.**
Staatliche Museen zu Berlin, Ethnologisches Museum.
→ Kat.-Nr. 5-26.

Giftpfeile standen im ethnologischen und auch im medizi-
nisch-pharmazeutischen Interesse. Sie waren außergewöhn-
liche Waffen im afrikanischen Arsenal. Das Pflanzenwissen,
das den Rezepturen und Gegengiften zugrunde lag, war den
Europäern nicht bekannt. Das aus den Samen der Strophan-
thus-Pflanze gewonnene Gift wurde in europäischen Labo-
ren untersucht und zu einem kardiologischen Medikament
weiterentwickelt.

ze Sprachen und Mythen in Mesoamerika zu
und trägt mexikanische Stein- und Tonfiguren
zusammen. Objekte, Präparate und Fotografien
von Schultzes Reisen sind heute über zahlreiche deutsche Institutionen verteilt: das Ethnologische Museum und das Museum für Naturkunde in Berlin, die ethnologischen Sammlungen der Universitäten Jena, Göttingen und Marburg sowie eine anthropologische Sammlung in
der Obhut der Berliner Charité. Schultze ist ein
Ausnahmetalent – und doch ist er nur einer unter vielen jungen aufstrebenden Wissenschaftlern, die um 1900 die Kolonialgebiete durchziehen, beobachten, beproben und besammeln.
Sein enzyklopädischer Anspruch, der auf die
Abbildung der großen, weiten Welt im Kleinen
zielt, korrespondiert mit den zu dieser Zeit noch
überaus durchlässigen Fächergrenzen, gerade
zwischen kultur- und naturwissenschaftlichen
Fächern, die wir heute kaum mehr als verwandt
empfinden, etwa Geografie/Medizin/Anthropo-
logie und Ethnologie. Nicht selten orientieren
sich die Sammler vor Ort an den Anleitungen
zum wissenschaftlichen Beobachten, Sammeln
und Präparieren, die von verschiedenen Muse-
en herausgegeben werden, um die Qualität der
Sammlungen sicherzustellen. Städte wissen die
Gunst der Stunde zu nutzen, um neue Museen
zu gründen, bestehende universitäre und mu-
seale Sammlungen erweitern ihre Bestände und
Forschungsfelder. Wissenschaftliche Theorien
– nicht zuletzt auf Grundlage von Sammlungen
gebildet – legitimieren die koloniale Herrschaft:
Rassentheorien und evolutionistische Hypothe-
sen etwa, die aus der Entwicklungsgeschichte

und den Unterschieden zwischen Menschengruppen eine Hierarchie von »Rassen« konstru-
ieren.

Auch wenn Wissenschaftler und Missionare der fortschreitenden Kolonisierung des Öfteren bedauernd bis kritisch gegenüberstehen, vor
allem da sie damit ihren als authentisch verstandenen Untersuchungsgegenstand gefährdet
sehen: Kaum einer vermag dem vorherrschenden Diskurs mit seinen Hierarchisierungen zwischen »Kultur- und Naturvölkern« und seinen
Konstrukten von »Rasse«, »Rassenkampf« und
»untergehenden Kulturen« andere Lesarten ent-
gegenzusetzen. Mit dem Bedauern geht vielmehr auch der Aufruf zu einer »Rettungsan-
thropologie« und damit zu verstärktem Sammeln einher. Insbesondere die Ethnologie gerät
in ein seinerzeit jedoch wenig reflektiertes Di-
lemma: Sind ihre Anfänge im 18. Jahrhundert
noch stark humanistischen, aufklärerischen Idea-
len verpflichtet, so wird sie im 19. Jahrhundert
Teil des kolonialen Projekts.

ERWERBS- UND PRODUKTIONS-
KONTEXTE: ZWISCHEN KRIEGSBEUTE
UND HANDELSWARE

Die Sammler profitieren in mehrfacher Hinsicht
von den kolonialen Infrastrukturen, sei es von
den personellen und finanziellen Netzwerken
zwischen »Mutterland« und Kolonie, von der
administrativen und technischen Durchdringung
der Kolonialgebiete – ganz konkret etwa Schiffs-
und Eisenbahnverbindungen – oder von den militärischen Infrastrukturen, etwa an den Schau-

**In Silber eingefasstes Muskatnuss-Amulett,
18. Jahrhundert.**
Deutsches Historisches Museum, Berlin. → Kat.-Nr. 1-21.

Anfang des 16. Jahrhunderts errichteten die Portugiesen auf
den indonesischen Inseln Handelsstützpunkte und sicherten
sich das Monopol auf den Handel mit Muskatnüssen, das
später an die Niederländische Ostindien-Kompanie fiel.
In Europa wurden der Nuss lange Zeit heilende Kräfte zugeschrieben, so dass sie auch als Schmuck getragen wurde.
Ähnlich kostbare Naturalien fanden neben Kunstwerken,
Kuriositäten, Instrumenten oder Antiken in der Epoche des
Barock Eingang in Kunst- und Wunderkammern von Fürsten-
höfen, Gelehrten oder wohlhabenden Bürgern. Diese Sammlungen sollten die Welt *en miniature* abbilden und waren
Orte wissenschaftlicher Erforschung.

plätzen kolonialer Gewalt. So schreibt Leonhard Schultze über seinen Aufenthalt in Deutsch-Süd-westafrika: »[I]ch [konnte] mir die Opfer des Krieges zunutze machen und frischen Leichen von Eingeborenen Teile entnehmen, die das Studium des lebenden Körpers [...] willkommen ergänzten.«[2] Aus heutiger Perspektive handelte es sich um einen »Unrechtskontext«[3] – nicht nur, weil Schultze Leichname von Kriegsgefangenen entwendete, sondern auch, weil Ärzte und Forscher in Deutsch-Südwestafrika damit mutmaßlich und zum Teil nachweislich gegen den Willen von Angehörigen der Verstorbenen verstießen. Objekte materieller Kultur gelangten als Kriegsbeute an die Museen: Kriegswaffen oder das Inventar geschleifter Herrscherhäuser. Beispiele sind der sogenannte Tange (Schiffsschnabel), der bei kriegerischen Auseinandersetzungen zwischen deutschem Kolonialmilitär und Teilen der Duala-Gesellschaft 1884 vom deutschen Konsul Max Buchner aus dem Haus des Duala-Oberhaupts Kum'a Mbape in Kamerun geplündert und dem damaligen Staatlichen Museum für Völkerkunde in München (heute: Museum Fünf Kontinente) geschenkt wurde, oder

die Tausenden von Bronzeskulpturen und -reliefplatten, die 1897 von der britischen Kolonialarmee im Königspalast von Benin (Südnigeria) erbeutet und anschließend europaweit versteigert wurden.

So klar und unumstritten wie im Falle von menschlichen Überresten oder der Kriegsbeute aus Benin sind koloniale Erwerbskontexte jedoch selten. Die Mehrzahl von Objekten und Präparaten aus den ehemaligen Kolonialgebieten wurde unter wesentlich uneindeutigeren Bedingungen erworben. Denn bereits vor 1900 produzierten afrikanische und asiatisch-pazifische Gesellschaften auch für einen wachsenden »Ethnografica«-Handel, der infolge der Kontakte mit Europäern entstand, und wurden damit zu Akteuren in globalen Netzwerken. Sie versetzten, tauschten oder verschenkten Materialien und Objekte zu ihrem eigenen (vermeintlichen oder tatsächlichen) Vorteil, auch wenn die Aushandlung von Tausch- und Handelswerten dem kolonialen Machtgefüge unterlag und (ökonomischer) Druck in vielen Fällen eine Rolle gespielt haben dürfte. Doch so wie sich in der gewaltvollen Geschichte der Kolonisierung lo-

kaler Widerstand, Etappensiege, das erfolgreiche, überlebenssichernde Ausloten minimalster
Handlungsspielräume bis hin zu »Kollaborati-
on« finden, so sind auch in die Geschichten von
Objekten lokale Widerständigkeit sowie ökono-
misches und politisches Kalkül eingelassen. Die
Motivationen und Interessen einheimischer Akteure durchkreuzten oft genug eurozentrische
Wahrnehmungen, Diskurse und Praktiken.

Geschenke zwischen Herrschenden, die einheimische und koloniale Eliten austauschten,
sind ein Beispiel hierfür, so etwa der perlenbe-
setzte Thron, den der Bamum-König Ibrahim
Njoya 1908 dem deutschen Kaiser schenkte und
der sich heute im Besitz des Ethnologischen
Museums in Berlin befindet. Die Transaktion
gibt einen Blick frei auf Njoya als souveränes
politisches Gegenüber des deutschen Kaisers und
der deutschen Kolonisatoren in Kamerun – auch
wenn sie die Frage aufwirft, ob er den Thron
gänzlich freiwillig oder unter subtilem Druck
übergab.[4]

Darüber hinaus sind Material, Form und Nut-
zungsweisen mancher Objekttypen das Resultat
einer (prä-)kolonialen Begegnungs- und Verflechtungsgeschichte, in der lokale Akteure die Mobilität von Objekten nicht nur voraussahen, sondern sogar intendierten. Solche hybriden Objekte finden sich in zahlreichen Sammlungen, etwa
die elfenbeinernen Jagdhörner, die westafrikanische Schnitzer im 15. und 16. Jahrhundert in
lokalem Stil für den Handel mit portugiesischen
Seefahrern schufen und die in zahlreiche Kunst-
und Wunderkammern gelangten. In diesen Verflechtungen und Uneindeutigkeiten liegt das produktive Potenzial der Befassung mit Sammlungs-
gegenständen, die sich vorschnellen Zuweisun-
gen von recht- oder unrechtmäßigem Besitz und
Eigentum meistens entziehen.

INSTITUTIONEN: ETHNOLOGISCHE UND VIELE ANDERE SAMMLUNGEN

Im Fokus der Debatte um das koloniale Erbe in
Wissensordnungen und -beständen deutschsprachiger Institutionen stehen die ethnologischen/
ethnografischen Sammlungen, vor allem wenn
sie – wie derzeit in Berlin im Humboldt-Forum –
eine Neuaufstellung erfahren. Zwar wird die
Entstehung der Institution des (ethnologischen)

Museums gern aus den fürstlichen Kunst- und Wunderkammern abgeleitet. Doch sind für das Gros der ethnologischen Bestände in Deutschland Kolonialismus und Kolonialzeit prägend gewesen: Nie zuvor und nie danach war der Zuwachs an Sammlungsgut innerhalb weniger Jahrzehnte so hoch. Die Literatur über ethnologische Museen und Sammlungen legt nahe, dass bis zur Hälfte der heutigen Bestände bis 1918 zusammengetragen wurden, als das Deutsche Reich seine Kolonien abtreten musste.[5] Im Kölner Rautenstrauch-Joest-Museum, um nur eines von vielen Beispielen zu nennen, stammt ein Drittel der bis 1918 gesammelten Objekte aus den damaligen deutschen Kolonialgebieten. Dabei darf nicht vergessen werden, dass sich deutsche Museen und Wissenschaftler vor, während und nach der formellen deutschen Kolonialherrschaft beim Sammeln auch auf die koloniale Infrastruktur anderer Mächte stützten.

Neben der Anzahl und den Erwerbsumständen der Objekte müssen auch die Wissensordnungen und Klassifizierungen problematisiert werden, die in und durch die Museen etabliert und popularisiert wurden: etwa die Unterscheidung in »europäische« und »außereuropäische« Kunst und Kultur, in »Orient« und »Okzident«, in »Rassen«, »Kulturen«, »Ethnien« und deren vermeintlichen »Stile«, in »Typen« statt Individuen, in »anonyme«, nach kulturellen Normen schaffende (Kunst-)Handwerker dort und individuelle, kreative Künstler hier in Europa. Sie prägen unsere Wahrnehmungsweisen bis heute und verlangen nach einer Dekolonisierung von Begriffen und Konzepten und einer Globalisierung von Disziplinen wie der (Kunst-)Geschichte.

Zur Musealisierung der Welt außerhalb Europas trugen auch Völkerschauen, Welt- und Kolonialausstellungen bei. Gemeinsam mit den Museen bildeten sie ein Netzwerk von Institutionen, die das Projekt der kolonialen Erschließung begleiteten, theoretisierten und popularisierten. Auch wenn die Entstehung ethnologischer Museen besonders eng mit dem kolonialen Projekt verknüpft ist, haben sich kolonialzeitliche Praktiken des Sammelns, Ordnens und Ausstellens in weitere Disziplinen und Museumsgattungen eingeschrieben. Prägend war die Kolonisierung ebenso für naturkundliche und anthropologische/anatomische Sammlungen, für Handels-, Schifffahrts-, Missions- und mitunter auch (stadt-)historische Museen. Auch archäologische und prähistorische Museen profitierten vom leichten Zugang der Kolonialmächte zu den außereuropäischen Fundstätten. Und gerade Kunstgewerbemuseen sammelten in ihrer Entstehungsphase oftmals die gleichen Objekte wie ethnologische Museen: So besitzt auch das Hamburger Museum für Kunst und Gewerbe Bronzeskulpturen aus dem Königspalast von Benin. In der Kolonialzeit gesammelte Objekte und Präparate sind keineswegs bizarre Relikte, sondern konstitutive Elemente deutscher und europäischer Wissenschafts- und Institutionsgeschichte.

DIE ERFORSCHUNG VON PROVENIENZEN UND DIE RÜCKGABE VON OBJEKTEN

Der koloniale Sammeleifer machte es den Museen oftmals unmöglich, die große Zahl erworbener Objekte zeitnah wissenschaftlich zu bearbeiten. Dies ist auch ein Grund, weshalb in den letzten zehn Jahren immer wieder bemerkenswerte »Entdeckungen« in den Museumsdepots gemacht werden: So wurde bekannt, dass das Linden-Museum in Stuttgart die 1893 erbeutete Familienbibel des eingangs genannten Hendrik Witbooi besitzt; im Ethnologischen Museum in

Berlin rücken Objekte aus dem Maji-Maji-Krieg in Tansania (1905–1907) wieder ins Bewusstsein.[6] Die genaue Erforschung von Provenienzen – wie sie an den beiden genannten Institutionen derzeit unternommen wird – ist kompliziert und ressourcenintensiv, vor allem weil die Dokumentation der Erwerbsprozesse oftmals spärlich ist. Zentrale Herausforderung in den nächsten Jahren wird der Übergang von einer derzeit »anlassbezogenen« zu einer systematischen Provenienzforschung sein. Letztere zielt nicht allein auf die Bestimmung von Authentizität, Wert und Legitimität von Einzelstücken, sondern auf eine kritische Auseinandersetzung mit europäischer Institutions- und Wissenschaftsgeschichte insgesamt sowie mit lokalen, nationalen und globalen Kulturerbe-Diskursen.

(Post-)Koloniale Provenienzforschung macht die deutsche koloniale Vergangenheit wieder sicht- und verhandelbar. Dabei rücken (post-)koloniale Verflechtungen und lokale historische Akteure wie König Njoya verstärkt ins Blickfeld. Zusätzlich werden so Objekte, die europäische Museen vor rund hundert Jahren in ihre Depots oder Ausstellungen aufnahmen, reaktiviert und in Beziehung zu zeitgenössischen Fragen, Praktiken und Akteuren, gerade auch außerhalb des Museums, gesetzt.

Im deutschsprachigen Raum gelten Objekte aus Kriegsbeute – ebenso wie menschliche Überreste – aufgrund der problematischen Erwerbsumstände zunehmend als »sensible Objekte« oder »sensible Sammlungen«.[7] Mit ihnen müssen sich Museen und Universitäten nicht nur forschend

Wilhelm Doegen mit Kriegsgefangenen bei Proben zu Lautaufnahmen in einem deutschen Kriegsgefangenenlager während des Ersten Weltkriegs.
Deutsches Historisches Museum, Berlin. → Kat.-Nr. 3-39.

Die Königlich Preußische Phonographische Kommission sammelte während des Ersten Weltkriegs Lautaufnahmen in deutschen Kriegsgefangenenlagern für die Sprachforschung. Wilhelm Doegen, kommissarischer Leiter der Kommission, übernahm die Aufnahmeleitung vor Ort. Die Fotografie zeigt ihn bei einem Probelauf zu einer Aufnahme mit der Stoppuhr in der Hand, da die Länge der jeweiligen Aufnahme auf dreieinhalb Minuten beschränkt war.

und reflektierend auseinandersetzen, sondern sie müssen auch administrative und kulturpolitische Schlussfolgerungen ziehen, selbst wenn die Erwerbsumstände heute nicht mehr justiziabel sein sollten. Entsprechend verhandeln im sogenannten *Benin Dialogue* – wenn auch erst seit 2010 – europäische und nordamerikanische Museen mit dem nigerianischen Staat und dem beninischen Königshaus über die Frage, wie mit den Benin-Bronzen in weltweitem Museumsbesitz in Zukunft gemeinsam verfahren werden könnte;[8] die Berliner Charité hat zwischen 2011 und 2014 menschliche Überreste nach Namibia – und Australien – zurückgegeben; und auch die Bibel von Hendrik Witbooi und der Tange (Schiffsschnabel) von Kum'a Mbape sind mittlerweile Gegenstand von Gesprächen über Fragen des recht- und unrechtmäßigen Besitzes.

Postkoloniale Nationalstaaten sowie indigene Gemeinschaften richten jedoch bereits seit den 1970er Jahren Forderungen auf Rückgabe von menschlichen Überresten, Zeremonialobjekten oder Kriegsbeute an europäische und nordamerikanische Museen. Sie fragen damit nicht nur nach historischem Recht und Unrecht und bringen divergierende Konzepte von Besitz, Eigen-

Postkarte mit den Unterschriften von Hendrik Witbooi und seinem Sohn Isaak, Verlag von D. Boysen, Windhoek, vor 1898.
Übersee-Museum Bremen. → Kat.-Nr. 5-5.

Lange Zeit widersetzte sich Hendrik Witbooi dem deutschen Machtanspruch in der Kolonie Deutsch-Südwestafrika (heute Namibia). Ab 1894 unterstützte er die Kolonialmacht, führte aber schließlich 1904 die Nama in den Kolonialkrieg. Auch in Deutschland genoss Witbooi große Popularität. Zahlreiche Postkarten zeigten Witboois Porträt, seine Unterschrift wurde zum begehrten Sammelobjekt.

tum, Nutzung und ethischem Umgang ins Spiel, sondern sie stellen Wissenshierarchien und vor allem die Dichotomie von »kuratierten« und »kuratierenden« Kulturen, wie es der Kunsthistoriker Gerardo Mosquera einmal bezeichnet hat, in Frage.[9] Kulturhistorische Museen in den ehemaligen Siedlerkolonien USA, Kanada, Australien und Neuseeland, in denen beide »Kulturen« Teil der Gesellschaft sind, haben auf die Rückgabeforderungen spätestens seit den 1990er Jahren reagiert. Die USA beispielsweise verabschiedeten 1990 ein nationales Gesetz, den Native American Graves Protection and Repatriation Act, das öffentlich finanzierte Museen verpflichtet, Bestandslisten zu erstellen, anhand derer indianische Gemeinschaften Zeremonial- und Sakralobjekte sowie menschliche Überreste zurückfordern können.

Darüber hinaus wurden in den ehemaligen Siedlerkolonien Formen von *traditional care* in die etablierten Museumspraktiken integriert, die bei der Aufbewahrung und Pflege von Objekten Kriterien berücksichtigen, die aus indigenen kosmologischen, spirituellen und geschlechtsspezifischen Konzepten abgeleitet sind. Einzelne Institutionen ermöglichen sogar die Ausleihe und Benutzung von Zeremonialobjekten in zeitgenössischen Kontexten. Eine Dekolonisierung nicht nur der musealen Wissensordnungen, sondern auch der musealen Praktiken ist auch in Deutschland und Europa unumgänglich.

1 Ich danke Annette Motz und Oliver Lueb vom Rautenstrauch-Joest-Museum für diese Information. | **2** Schultze 1908, S. VIII. | **3** Vgl. Deutscher Museumsbund 2013, S. 9. | **4** Vgl. Stelzig 2006, S. 188f. | **5** Bergner 1996. | **6** Berner/Hoffmann/Lange 2011. | **7** Plankensteiner 2016. | **8** Zit. nach Karentzos 2012, S. 251.

AUSSTELLUNG

1

DEUTSCHER KOLONIALISMUS IM GLOBALEN KONTEXT

DER DEUTSCHE KOLONIALISMUS entwickelte sich vor dem Hintergrund weitreichender globaler Transformationen im 19. Jahrhundert. Neue Transport- und Kommunikationsmittel überzogen den Globus mit einem stetig dichter werdenden Netz regelmäßiger Verbindungen. Wirtschaft und Handel verbanden immer größere Teile der Welt zu einer Weltwirtschaft im heutigen Sinne. Auf dem afrikanischen Kontinent – dem Hauptschauplatz des deutschen Kolonialismus – war eine wachsende Zahl von Menschen von dieser Entwicklung betroffen. Auch wenn umstritten ist, inwieweit politische und gesellschaftliche Veränderungen in Afrika mit weltwirtschaftlichen Entwicklungen in Verbindung standen, so befand sich Afrika lange vor Beginn der Kolonisierung in einem beschleunigten politischen Wandel, der sich nicht allein aufgrund eines europäischen Einwirkens vollzog.

Händler, Forscher, Reisende und Missionare aus Europa waren während des gesamten 19. Jahrhunderts in Afrika und im pazifischen Raum präsent. Sie waren auf die Zusammenarbeit mit lokalen Gesellschaften angewiesen und betätigten sich zunehmend als Akteure im politischen Gefüge – teils auf eigene Initiative, teils als erwünschte Verbündete. Auf diesen Beziehungen gründeten häufig jene Vertragsschlüsse der 1880er Jahre, auf die Kolonialmächte wie das Deutsche Reich ihre Herrschaftsansprüche stützten. Die formale Übernahme der Kolonialherrschaft markiert somit nur scheinbar eine Zäsur. Tatsächlich war sie lediglich eine – keineswegs zwangsläufige – Station in einem langen Prozess der Verflechtung. Hierbei waren deutsche Aktivitäten nicht auf die späteren Kolonialgebiete beschränkt; ebenso standen Deutsche im Dienst anderer Kolonialmächte und griffen auf deren Wissen und Infrastruktur zurück.

Auch die Berliner Afrika-Konferenz von 1884/85, die gemeinhin für den Beginn der Aufteilung Afrikas steht, war nur ein Höhepunkt in einem längeren Prozess: In der Phase des »Hochimperialismus« ab circa 1880 verschärfte sich die imperiale Konkurrenz der europäischen Mächte. Bei der Durchsetzung territorialer Ansprüche spielte die präventive Sicherung potenzieller Rohstoff- und Absatzmärkte eine wichtige Rolle – denn über das tatsächliche Potenzial der okkupierten Gebiete wusste man oftmals nur wenig.

Neue wissenschaftliche Disziplinen wie die moderne Geografie oder die Völkerkunde zielten darauf, Land, Natur und Bewohner entfernter Weltregionen möglichst vollständig zu erfassen. Rassentheorien interpretierten menschliche Vielfalt zunehmend in den Kategorien einer Rangordnung. In der zweiten Hälfte des 19. Jahrhunderts verbanden sie sich mit Elementen der Evolutionslehre Charles Darwins zu einem aggressiven Rassismus, der das imperiale Ausgreifen rechtfertigte und das Verhalten der Europäer in den Kolonien prägte.

Vor der Gründung des deutschen Nationalstaats hatten Kolonialfantasien der nationalen Identitätsfindung gedient. Als die Reichseinigung von 1871 Deutschland zu einem potenziellen Mitspieler in der imperialen Mächtekonkurrenz machte, entwickelte sich eine Kolonialbewegung, welche den Erwerb und Besitz von Kolonien zu einer nationalen Frage stilisierte. Aus Motiven wie Handelsinteressen, Auswandererpolitik oder der Ideologie einer Zivilisierungsmission drängte diese Bewegung auf eine aktive Kolonialpolitik. Sie entdeckte nun auch koloniale Unternehmungen früherer Epochen wieder – wie etwa die brandenburgisch-preußische Kolonie Groß Friedrichsburg im heutigen Ghana – und erklärte sie zum Bestandteil einer deutschen Kolonialtradition. *SG*

→ Literatur: Osterhammel 2009; Conrad 2008; Reid 2009; Speitkamp 2007; Geulen 2007b; Zantop 1999.

→

**Zuckerdose mit Figur einer afrikanischen Frau,
Königliche Porzellan Fabrik Meißen, um 1740.**
Deutsches Historisches Museum, Berlin. → Kat.-Nr. 1-17.

Mit dem Aufbau des spanischen Kolonialreichs in Amerika
begann dort der plantagenwirtschaftliche Anbau von
Zuckerrohr, wozu die lokale Bevölkerung gewaltsam herangezogen wurde. Der krankheits- und arbeitsbedingte Rückgang der Bevölkerung veranlasste die spanische Kolonialmacht zur Rekrutierung afrikanischer Sklaven. Der sogenannte
atlantische Dreieckshandel bildete sich heraus, bei dem
europäische Schiffe Waren wie Waffen oder Textilien in Afrika
gegen Sklaven eintauschten, die anschließend zur Planta-
genarbeit in die Karibik und nach Brasilien verbracht wurden.
Von Amerika transportierten die Schiffe Zucker und andere
Rohstoffe nach Europa zurück. Dort war Zucker bis zum
beginnenden 19. Jahrhundert eine Luxusware. Diese barocke
Zuckerdose verdeutlicht nicht nur die Exklusivität des
Zuckers als Statussymbol, sondern verweist mit der afrikanischen Frauenfigur zugleich auf die Herkunfts- und Produk-
tionsbedingungen von Zucker. Die exotisierende Darstellung
der Frau offenbart Vorstellungen von europäischer
Dominanz. *SM*
→ Literatur: Merki 1994.

←

**»Mohrenmaske« als Wechselvisier, Prager Hofplattnerei
(wohl Wolfgang Keiser, Melchior Pfeifer), Prag, um 1555.**
Deutsches Historisches Museum, Berlin. → Kat.-Nr. 1-13.

Nach der Schlacht bei Mohács 1526 in Ungarn geriet die
christliche Mitte Europas zunehmend in Gefahr, von den
muslimischen Osmanen unterworfen zu werden. Kaiser Karl V.
intensivierte den Abwehrkampf daraufhin propagandistisch
und militärisch. In Böhmen kommandierte Erzherzog Ferdi-
nand II. von Österreich 1556 die kaiserlichen Truppen im Krieg
gegen die Türken. Nach seiner Rückkehr veranstaltete Ferdi-
nand II. in seiner Prager Residenz ein »Huszarisches Turnier«
nach ungarischem Vorbild, bei dem eine Partei aus gerüste-
ten christlichen Rittern bestand, die andere durch Masken
auf den Visieren als feindliche Türken und »Mohren« verklei-
det war. Für dieses Turnier wurden wahrscheinlich 24 Masken
gefertigt, von denen sich zwölf in verschiedenen europäischen Sammlungen erhalten haben. Nach Art eines Rollen-
spiels dienten diese »Turniermummereien« der Verarbeitung
von Kriegserfahrungen und propagierten zugleich den Kampf
gegen das Osmanische Reich. In ihnen spiegelt sich die Fremd-
heitserfahrung und Exotik im Europa des 16. Jahrhunderts
wider. *SL*
→ Literatur: Gamber/Beaufort u. a. (Hg.) 1990; Ausst.-Kat.
Berlin 1992; Haag/Messling (Hg.) 2015.

↑

Der grose Fridrichsberg, **Zeichnung der brandenburgisch-preußischen Kolonie Groß Friedrichsburg, abgedruckt in Otto Friedrich von der Gröben:** *Gvineische Reise-Beschreibung nebst einem Anhange der Expedition in Morea*, **Marienwerder 1694.**
Deutsches Historisches Museum, Berlin. → Kat.-Nr. 1-16.

In seiner Reisebeschreibung berichtet Gröben von einer Expedition an die westafrikanische Küste im heutigen Ghana, wo er im Auftrag des Großen Kurfürsten Friedrich Wilhelm von Brandenburg 1683 die Kolonie Groß Friedrichsburg gründete. Festungsartige Stützpunkte in Westafrika dienten zu dieser Zeit fast allen europäischen Großmächten zum Handel mit Gold, Elfenbein und Sklaven. Nach einigen geschäftlich erfolgreichen Jahren, in denen Brandenburg-Preußen zwischen 10 000 und 30 000 Sklaven nach Amerika verkaufte, zeichnete sich ein allmählicher Niedergang ab; der Stützpunkt wurde an die Niederländische Westindien-Kompanie verkauft. Obwohl das brandenburgisch-preußische Kolonialprojekt in die merkantilistische Handelspolitik eingebunden war und keine unmittelbaren Kontinuitäten zum deutschen Kolonialismus des 19. und 20. Jahrhunderts bestanden, berief sich die spätere Kolonialbewegung darauf, um die eigenen Pläne in eine kolonialdeutsche Traditionslinie einzureihen und historisch zu legitimieren. *SG*
→ Literatur: Heyden 2001; Conrad 2008.

↑

Elle, Rudolf Kirner, Zittau 1873.
Deutsches Historisches Museum, Berlin. → Kat.-Nr. 1-28.

Die Einführung des metrischen Systems in allen deutschen
Ländern erfolgte mit der Gründung des Deutschen Reiches
1871, wie an dieser Elle aus Elfenbein, Mahagoni und Ebenholz zum Abmessen eines halben Meters sowie einer säch-
sischen Elle deutlich wird. Die Vereinheitlichung von Maßen,
Gewichten und der Währung gehörte zu den wesentlichen
Voraussetzungen für den Aufstieg Deutschlands zu einer
führenden Wirtschafts- und Industriemacht. Reichseinigung
und Wirtschaftswachstum waren Motor der kolonialen Expansion, sie verstärkten nationalistische Empfindungen und
globale Machtfantasien. In den Jahren nach der Reichsgründung formierte sich eine deutsche Kolonialbewegung, zu
deren Motiven neben der Idee einer Zivilisierungsmission und
der Ansiedlung deutscher Auswanderer auch die Suche nach
Rohstoff- und Absatzmärkten gehörte. Die Forderung nach
staatlichem Schutz privater Wirtschaftsinteressen in Afrika
und im Pazifik bereitete die aktive deutsche Kolonialpolitik
vor. *OS*
→ Literatur: Conrad 2012a; Leicht 2015; Ulrich 2010.

↙

**Geografisches Mosaik, P. Eitner, Verlag C. Flemming,
Glogau, um 1860.**
Deutsches Historisches Museum, Berlin. → Kat.-Nr. 1-26.

Aus den allseitig mit Kartenausschnitten beklebten Würfeln
dieses Spiels lassen sich jeweils die Karten der fünf Kontinente
oder eine Weltkarte zusammensetzen. In der zweiten Hälfte
des 19. Jahrhunderts kam es zu einer heute als Globalisierung
bezeichneten wachsenden Verflechtung aller Weltregionen.
Zu diesem Prozess einer Verdichtung der Welt gehörte neben
neuen Kommunikations- und Transportmitteln eine Erweiterung und Popularisierung des geografischen Wissens:
Europäische Forschungsreisende durchzogen in immer dich-
terer Folge nahezu alle Weltregionen und verbreiteten mit
ihren Reiseberichten Bilder und Vorstellungen anderer Welt-
gegenden. Gleichzeitig professionalisierte sich in den Metro-
polen Europas die Geografie als wissenschaftliche Disziplin
und trieb die kognitive Erfassung des Erdraumes und seine
kartografische Darstellung voran. Sowohl als praktische
Voraussetzung als auch als im Hinblick auf das Denken in
zunehmend globalen Kategorien war die Erweiterung des
geografischen Wissens, zu dessen Verbreitung das Mosaik
spielerisch beitrug, ein wichtiger Kontext des europäischen
Kolonialismus. *SG*
→ Literatur: Schröder 2011; Osterhammel 2009; Bell/Butlin/
Heffernan (Hg.) 1995.

Figurengruppe im Glaskasten, Tiere mit Urmenschen, München, um 1870.
Deutsches Historisches Museum, Berlin. → Kat.-Nr. 1-27.

Die an eine Krippe erinnernden Schnitzereien mehrerer Tiere und vier sowohl affen- als auch menschenähnlicher Gestalten sind als Kommentar auf die Herausforderung naturtheologischer Vorstellungen durch die Evolutionstheorie Charles Darwins zu verstehen. An die Stelle einer zielgerichteten Entwicklung und eines Schöpfers setzte diese den Zufall und den Filter der Selektion. Darwins Werke wurden auch außerhalb der Wissenschaft stark rezipiert. Englische Schlagwörter wie *struggle for existence* (Kampf ums Dasein) und *survival of the fittest* (Überleben des Stärksten), die ursprünglich nicht von Darwin stammten, wurden populär und von Vertretern aller politischen und sozialen Ausrichtungen genutzt. Die Evolutionstheorie beeinflusste kaum eine Ideologie oder Weltanschauung so stark wie den Rassismus: Sie verband sich mit den bestehenden Lehren zu einem aggressiven Rassismus, der im »Kampf der Rassen« ein wesentliches Prinzip der Menschheitsentwicklung sah und die europäische Weltsicht stark beeinflusste. *OS*
→ Literatur: Geulen 2007a; Osterhammel 2013; Speitkamp 2014.

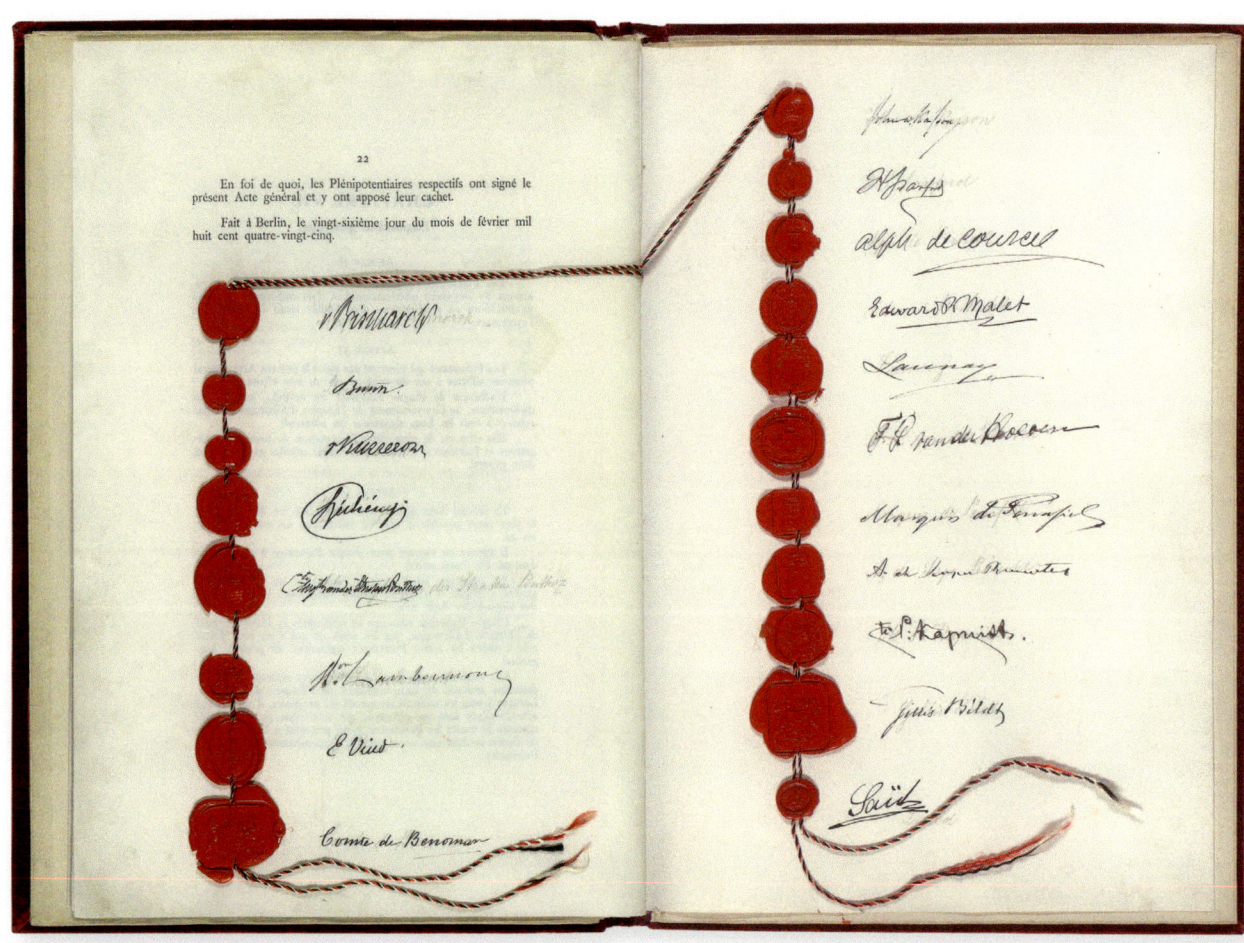

22

En foi de quoi, les Plénipotentiaires respectifs ont signé le présent Acte général et y ont apposé leur cachet.

Fait à Berlin, le vingt-sixième jour du mois de février mil huit cent quatre-vingt-cinq.

↑

General-Akte der Berliner Konferenz. Vom 26. Februar 1885.
Auswärtiges Amt – Politisches Archiv, Berlin. → Kat.-Nr. 1-47.

Als europäische Mächte vermehrt von den Küsten landeinwärts in den ihnen bis dahin weitgehend unbekannten afrikanischen Kontinent vorstießen, steigerten sich die Konkurrenzen im letzten Drittel des Jahrhunderts zu einem »Wettlauf um Afrika«. Reichskanzler Otto von Bismarck berief eine Zusammenkunft ein, die meist als Berliner Afrika-Konferenz bezeichnet wird, da die politischen Beziehungen zwischen den europäischen Mächten aufgrund der konkurrierenden Interessen an Afrika gefährdet erschienen. Vom 15. November 1884 bis 26. Februar 1885 tagten in Berlin diplomatische Vertreter von Belgien, Großbritannien, Portugal, den USA, Frankreich, Deutschland sowie Österreich-Ungarn, Dänemark, den Niederlanden, Italien, Russland, Spanien, Schweden und des Osmanischen Reiches. Sie handelten aus, wann ein Küstenterritorium von den Unterzeichnermächten als Einflussgebiet anerkannt werden musste, welche Ansprüche auf das Hinterland erhoben werden konnten und dass in den Territorien eine Obrigkeit einzusetzen war. Weiter wurden der Freihandel im Kongobecken sowie die Schifffahrt auf Kongo und Niger geregelt. Die Verhandlungen waren durchzogen

von einer humanitären Rhetorik. Die Schlussakte bot das Regelwerk, um zukünftigen Konflikten zwischen den Imperialmächten bei der Durchdringung des Kontinents vorzugreifen. Auch wenn konkrete Grenzverläufe nicht verhandelt, sondern in bilateralen Verträgen festgelegt wurden – von vielen Gebieten hatte man kaum eine Vorstellung –, gilt die Berliner Afrika-Konferenz bis heute als zentraler Erinnerungsort, mit dem die Aufteilung des Kontinents unter Ausschluss afrikanischer Vertreter verbunden wird. Bismarcks Siegel unter der *Acte Général de la Conférence de Berlin. Du 26 février 1885* markierte den Eintritt des Deutschen Reiches in den Kreis der Kolonialmächte. Die persönlichen Siegel und Unterschriften der Staatenvertreter stehen in alphabetischer Reihenfolge der Staatenbezeichnung in französischer Sprache, in welcher das Vertragswerk abgefasst wurde. *SM/HH*
→ Literatur: Chico-Kaleu Muyemba 1996; Eckert 2009; Gründer 2002.

↙

Arthur Conan Doyle: *Das Congo-Verbrechen.*
***Eine Streitschrift*, Berlin 1909.**
Evangelisches Zentralarchiv in Berlin. → Kat.-Nr. 1-52.

Auf der Berliner Afrika-Konferenz hatte sich der belgische
König Leopold II. mit dem Kongo-Freistaat einen immensen
persönlichen Kolonialbesitz in Zentralafrika gesichert, indem
er sich als persönlicher Garant des Freihandels und als Alternative im politischen Kräftefeld darstellte. Leopolds Er-
mächtigung zogen im Verlauf der »Kautschukkriege« Gewalt-
exzesse nach sich, die unter dem Schlagwort »Kongo-Greuel«
verhandelt wurden. Nach ersten Augenzeugenberichten von
Reisenden und Missionaren in den 1890er Jahren weitete sich
die öffentliche Kritik mit dem Bericht des britischen Konsuls
Roger Casement und der Gründung der Congo Reform Association (CRA) 1904 zu einer transnationalen Reformbewe-
gung aus. Diese prangerte den Missbrauch an der kongolesischen Bevölkerung an, stellte jedoch nicht den Kolonialismus
als solchen in Frage. In Deutschland war das Echo vergleichsweise gering, nicht zuletzt aufgrund der gleichzeitigen Kolonialkriege fiel die diplomatische Kritik zurückhaltend aus.
Die deutsche Kongoliga wurde erst 1910 ins Leben gerufen,
nachdem Leopold II. den Kongo 1908 an Belgien abgetreten
hatte und im Jahr darauf verstorben war. Der Literat Arthur
Conan Doyle unterstützte mit seiner auch ins Deutsche
übersetzten Streitschrift die Aufklärungsarbeit der CRA.
Conan Doyle griff dabei auf von der CRA zur Verfügung
gestellte Schockfotos zurück. Die Aufnahmen von abge-
schlagenen Gliedmaßen und verstümmelten Körpern von
Kongolesen mobilisierten international Entrüstung. Ihre
Verbreitung gilt als erste humanitäre Kampagne mit den
Mitteln der Fotografie, heute zählen sie zu den Ikonen
des europäischen Kolonialismus. *HH*
→ Literatur: Stiegler 2014; Lindner 2011.

←

***Aufziehen der deutschen Flagge in Angra Pequena*, W. Belck,
7. August 1884.**
Staatsarchiv Bremen. → Kat.-Nr. 1-37.

Noch vor Abschluss der Berliner Afrika-Konferenz erwarben
deutsche Kolonial- und Handelsgesellschaften Gebiete in
Togo, Kamerun, Ostafrika und Südwestafrika, 1885 folgte
Neuguinea. Die Besitzungen von Adolf Lüderitz im heutigen
Namibia waren die ersten, die unter den Schutz des Deutschen Reiches gestellt wurden. Von den Nama um Joseph
Frederick hatte der Bremer Kaufmann 1883 Angra Pequena
gekauft, und durch betrügerische Verträge erwarb er weiteres Land, das den zentralen Teil der späteren Kolonie
Deutsch-Südwestafrika ausmachte. Das Hissen der kaiserlichen Kriegsflagge in der Bucht Angra Pequena (später Lüderitzbucht) fand knapp ein Jahr nach dem Landerwerb in
Anwesenheit der Mannschaft der S. M. S. Elisabeth statt und
sollte die territoriale Inbesitznahme markieren. Auch wenn
vertragliche Beziehungen zu vielen regionalen Machthabern
geknüpft wurden, blieb die deutsche Präsenz in Namibia in
den folgenden Jahren nur ein Randphänomen: Lüderitz' Han-
delsniederlassung bestand aus wenigen Hütten, und vor der
Ankunft deutscher Soldaten 1888 standen dem Kaiserlichen
Kommissar Ernst Heinrich Göring nur ein Sekretär und ein
leitender Polizeibeamter zur Seite. Die Vorstellung des
Reichskanzlers Otto von Bismarck, die Handelsgesellschaften würden die Verwaltung der Gebiete vor Ort selbst orga-
nisieren, ließ sich nicht realisieren, und so gelangten die Gebiete schrittweise unter die Verwaltung des Reiches, was
auch die Entsendung von »Schutztruppen« bedeutete. *OS*
→ Literatur: Engehausen u. a. 2015; Ulrich 2010; Wallace 2015.

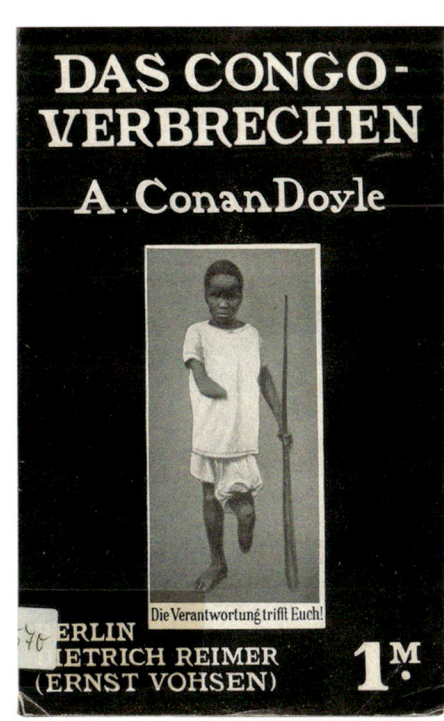

2

KOLONIALE WELTBILDER UND KOLONIALE HERRSCHAFT

DER EUROPÄISCHE KOLONIALISMUS stützte sich im Kern auf die Behauptung einer grundlegenden zivilisatorischen Überlegenheit Europas gegenüber dem Rest der Welt. Die daraus abgeleitete Zivilisierungsmission, die die gewaltsame Beherrschung anderer Gesellschaften rechtfertigen sollte, durchzog den kolonialen Diskurs um Bildung oder »Erziehung zur Arbeit« und wurde gestützt durch Missionskampagnen, wissenschaftliche Theorien und rassistische Prämissen. Zwar prägten diese Vorstellungen von der europäischen Überlegenheit das Denken und Handeln der Kolonialherren, die koloniale Praxis war jedoch ebenso stark von den Menschen und Verhältnissen vor Ort bestimmt.

Trotz des grundsätzlichen Anspruchs, in den Kolonien durch eine staatliche Verwaltung nach europäischem Vorbild zu regieren, manifestierte sich deutsche Kolonialherrschaft in einem großen Spektrum von Herrschaftsformen. Vor allem jenseits der Küstenregionen fand koloniale Herrschaft lange Zeit nur dort statt, wo sich der zuständige Beamte gerade befand. Mit Inszenierungen, bei denen die Vertreter der Kolonialmacht Herrschaftssymbole wie Flaggen oder Uniformen einsetzten oder das Zerstörungspotenzial europäischer Waffen demonstrierten, versuchten sie dennoch Präsenz zu zeigen.

Eine tatsächliche Herrschaftsausübung gelang oftmals nur dadurch, dass man sich auf die bereits existierenden Infrastrukturen und Herrschaftsinstitutionen stützte: Politische Symbole und Rituale wurden ebenso in das koloniale System integriert wie lokale Machthaber und ihr Herrschaftsapparat. Im kolonialen Alltag spielten indigene Dolmetscher, Führer, Soldaten, Polizisten oder Verwaltungsangestellte eine wesentliche Rolle. Aus der Perspektive dieser Akteure waren Kooperationen eine Form des Umgangs mit dem europäischen Herrschaftsanspruch, der gerade für lokale Eliten einen Machtzuwachs bedeuten konnte – oft zum Nachteil ihrer politischen Gegner.

An vielen Stellen trafen die Kolonisatoren auf entschiedenen Widerstand. Dort, wo dieser gewaltsam auftrat und die Kolonialherrschaft existenziell bedrohte, stieß er auf massive und rücksichtslose Gegengewalt der Kolonialmacht, die zwischen 1904 und 1908 im heutigen Namibia in den Völkermord an den Herero und Nama mündete und im heutigen Tansania ganze Landstriche entvölkerte. Neben der gewaltsamen Gegenwehr reichte das Spektrum des Widerstands von individueller Verweigerung, ausweichender Mobilität und eigensinniger Interpretation kolonialer Forderungen bis zu Zeitungsartikeln und Petitionen, etwa an den deutschen Reichstag. Auch in Deutschland kritisierten oppositionelle Politiker die koloniale Herrschaftspraxis. Hierbei stellten sie allerdings nicht die grundsätzliche Ungleichbehandlung der Kolonisierten in Frage.

Die Skandalisierung spektakulärer Fälle von brutaler oder sexueller Gewalt verdeckte jedoch, dass koloniale Herrschaft grundsätzlich durch ein hohes Maß an Gewalt gekennzeichnet war. Gewalt beschränkte sich nicht auf das Militär, das in Hunderten »Strafexpeditionen« eingesetzt wurde. Zwar dominieren in der Wahrnehmung auch heutiger Betrachter vor allem die großen Kolonialkriege. Doch Gewalt war im kolonialen Alltag vielerorts allgegenwärtig – sowohl strukturell, wenn etwa die geschaffenen kolonialen Arbeits- und Lebensbedingungen Menschen in ausbeuterische Arbeitsverhältnisse zwang, als auch körperlich, wenn nicht nur Staatsvertreter, sondern praktisch alle Europäer in den Kolonien Gewalt als »väterliches Züchtigungsrecht« ausübten. *SG*

→ Literatur: Pesek 2005; Trotha 1994; Eckert 2008; Habermas 2015.

→
Kilimandscharospitze, Hans Meyer, Deutsch-Ostafrika (heute Tansania), 6. Oktober 1889.
Privatsammlung Wolfgang Benn, Weinheim. → Kat.-Nr. 2-6.

Schon bevor die Missionare Johannes Rebmann und Johann Ludwig Krapf 1848/49 von ihren Sichtungen des Kilimandscharo berichtet hatten, bildeten Schneegipfel in Äquatornähe eine mythische Landmarke in den Beschreibungen des afrikanischen Kontinents. Dem 31-jährigen Leipziger Verleger und Geografen Hans Meyer gelang nach mehreren gescheiterten Versuchen am 6. Oktober 1889 als erstem Deutschen die Besteigung des Kibo, höchster Berg des Kilimandscharomassivs. Er taufte den Gipfel Kaiser-Wilhelm-Spitze und schlug sie ab, nachdem er noch eine kleine Reichsflagge gehisst hatte. In Meyers Expedition verbanden sich geografische Erfassung, symbolische Einverleibung und nationale Ausdeutung des Gebirgszugs, die ein Jahr später endgültig zur Anerkennung des Territoriums als deutsches Kolonialgebiet seitens der Briten führten. Einen Teil der Gesteinsprobe übergab Meyer bei einer Privataudienz Wilhelm II. Der Deutsche Kaiser ließ die Spitze in den ursprünglich für den preußischen König Friedrich II. errichteten Grottensaal des Neuen Palais in Potsdam bringen. Für Wilhelm war der Raum mit Tausenden Mineralien, Edelsteinen, Fossilien, Schnecken und Muscheln ein Ausweis von Macht und Reichtum, den er für Staatsempfänge zu nutzen wusste. Für das Deutsche Reich bedeuteten Kolonialexpeditionen auch das Aufspüren von Absatz- und Rohstoffmärkten. Geografen wie Meyer waren in diesem Sinne »Vordenker der Weltwirtschaft« (Sebastian Conrad). Die Trophäe verschwand nach dem Zweiten Weltkrieg aus Potsdam und wurde durch ein Gesteinsstück ersetzt. Die andere Hälfte des Handstücks vom einstmals »höchsten Punkt afrikanischer und deutscher Erde«, so Meyer, war in Familienbesitz verblieben. *OS*
→ Literatur: Brogiato (Hg.) 2008; Conrad 2012a; Hamann/Honold 2011; Honold 2004.

→
Kilimandscharo – Deutsch-Ost-Afrika 1914, **Walter von Ruckteschell, Deutsch-Ostafrika (heute Tansania), 1914.**
Deutsches Historisches Museum, Berlin. → Kat.-Nr. 2-9.

Der Münchener Künstler Walter von Ruckteschell reiste im Dezember 1913 in Begleitung seiner Ehefrau, der Bildhauerin Clary von Ruckteschell-Truëb, und des Schweizer Künstlers Carl von Salis nach Deutsch-Ostafrika. Im Auftrag der Hamburger Reederei Woermann sammelte Ruckteschell künstlerische Motive für die Innenraumgestaltung eines Dampfschiffes der Deutschen Ost-Afrika-Linie. Nach langen Aufenthalten am Kilimandscharomassiv sandte Ruckteschell seine Auftragsarbeiten am 31. März 1914 nach Hamburg, als Variation entstand kurz darauf dieses Gemälde des schneebedeckten Gipfels. Mit Ausbruch des Ersten Weltkriegs schloss sich Walter von Ruckteschell den deutschen Kolonialtruppen an und diente als Adjutant unter Paul von Lettow-Vorbeck. Nach seiner Rückkehr prägte er mit seinen Vorträgen, Illustrationen und Denkmälern sowie als Verfasser des unter Lettow-Vorbecks Namen veröffentlichten Jugendbuches *Heia Safari!* (1920) den kolonialrevisionistischen Diskurs um die vergangene und zukünftige Rolle der deutschen Kolonialmacht. *MK*
→ Literatur: Hamann/Honold 2011; Pesek 2005; Ausst.-Kat. Dachau 1993/94; Archiv des Künstlerhauses Walter von Ruckteschell, Dachau.

**Bau eines Freiluftateliers nahe dem Kilimandscharo,
Deutsch-Ostafrika (heute Tansania) 1914.**
Deutsches Historisches Museum, Berlin. → Kat.-Nr. 2–8.

Bereits im Januar 1914 erreichte die Künstlergruppe um
Walter von Ruckteschell erstmalig das Kilimandscharomassiv.
Mehr als zwanzig afrikanische Träger und sechs Diener
begleiteten die Künstler. Südöstlich des Kibogipfels ließ
Ruckteschell auf dem »Bismarckhügel« ein Freiluftatelier
errichten, wo er seine künstlerische Arbeit am Motiv des
Kilimandscharo aufnahm. Die nahegelegene Bismarckhütte
diente als Unterkunft und Ausgangspunkt der erfolgreichen
Besteigung des Kibogipfels am 13. Februar, die Ruckteschell
gemeinsam mit seiner Ehefrau Clary und dem Schweizer
Künstler Carl von Salis unternahm. Bei einer kurzen Rückkehr
nach Neu-Moschi/Moshi am 22. Februar hatte Ruckteschell
zusammen mit von Salis bereits dreißig Arbeiten zum Kibo
geschaffen, die von der Faszination der Künstler für das
Bergmassiv zeugen. Der Kilimandscharo ist auch ein wieder-
kehrendes Motiv in der über 1000 Fotografien und Postkarten zählenden Bildsammlung, die Ruckteschells Eindrücke
von der Künstlerreise und seine anschließende Kriegsteil-
nahme in Deutsch-Ostafrika dokumentieren. *MK*
→ Literatur: Bührer 2011; Lettow-Vorbeck/Ruckteschell 1919;
Pesek 2005; Ausst.-Kat. Dachau 1993/94; Archiv des Künstlerhauses Walter von Ruckteschell, Dachau.

**Reichsflagge an einem afrikanischen Speer,
Deutsch-Ostafrika (heute Tansania), 1889.**
Deutsches Historisches Museum, Berlin. → Kat.-Nr. 2-14.

Die an einem Bambusspeer befestigte deutsche Flagge wurde in dieser Form durch Hermann von Wissmann in den 1880er und 1890er Jahren in Ostafrika benutzt. Wissmann war zunächst als Forschungsreisender in der Region. 1889 wurde er von der Reichsregierung beauftragt, den Widerstand der Küstenbevölkerung gegen die Herrschaftsansprüche der Deutsch-Ostafrikanischen Gesellschaft niederzuschlagen. Wissmann brach den Widerstand in einem brutalen Feldzug und übernahm die Kontrolle über das Gebiet, das 1891 offiziell zur Kolonie Deutsch-Ostafrika erklärt wurde. Die Reichsflagge als Herrschaftssymbol war im kolonialen Alltag allgegenwärtig. Sie bildete einen festen Bestandteil kolonialer Zeremonien, Paraden und anderer Rituale. Diese wurden inszeniert, um die häufig umkämpfte Kolonialherrschaft symbolisch abzusichern, die gerade in den ersten Jahrzehnten jenseits der Machtzentren wenig präsent war. *SG*
→ Literatur: Pesek 2005.

Maxim Maschinengewehr, 1900.
National Army Museum, London. → Kat.-Nr. 2-13.

Das von Hiram Maxim 1884 in London konstruierte selbstladende Maschinengewehr war mit über 500 Schuss in der Minute die wirkungsvollste Waffe ihrer Zeit und ein Symbol für die koloniale Unterwerfung Afrikas. Ab den 1890er Jahren fand es in nahezu sämtlichen kolonialen Kriegen und vielen »Strafexpeditionen« weite Verbreitung. Alle europäischen Kolonialmächte vertrauten auf seine Feuerkraft, um bei der Niederschlagung von Widerstand ihre zahlenmäßige Unterlegenheit auszugleichen. Jenseits der Kampfeinsätze nutzten die Militärs das Maschinengewehr in entlegeneren Gebieten auch für inszenierte Machtdemonstrationen: Das Niederschießen dicker Bäume in kürzester Zeit etwa sollte Respekt und Furcht einflößen, nachhaltigen Eindruck hinterlassen und so die vergleichsweise geringe Präsenz der kolonialen Truppen kompensieren. *AS*
→ Literatur: Pesek 2005; Trotha 1994.

Fotoalbum eines deutschen Offiziers aus seiner Zeit als Distriktchef in Rehoboth und Hoachanas, Deutsch-Südwestafrika (heute Namibia), 1896–1906.
Deutsches Historisches Museum, Berlin.→ Kat.-Nr. 2-24.

Die sogenannten Baster erhielten 1870, aus der britischen Kapkolonie kommend, das Siedlungsrecht in Rehoboth. Als Verbündete der Deutschen erlangten sie einen Günstlingsstatus, der auch auf ihrer teils europäischen Herkunft beruhte. 1885 erkannte Kaptein Hermanus van Wyk vertraglich die Kolonialmacht an und sicherte sich selbst Befugnisse. Ab 1895 verpflichteten sich die Baster zur Unterstützung der »Schutztruppe«, für ihre militärische Ausbildung war ab 1897 Friedrich von Schönau-Wehr verantwortlich. Als Distriktchef leitete er die Verwaltungseinheit im Süden der Kolonie, wobei ihm in Rehoboth vier Mann und in Hoachanas drei Mann zur Verfügung standen. Sein Dienst in der »afrikanischen Provinz« fern des Verwaltungssitzes in Windhoek ermöglichte ihm Freiheiten. Zugleich oblagen ihm allein die Verhandlungen mit den lokalen Verbündeten, die dadurch erschwert wurden, »dass teilweise Bedingungen und Abmachungen im Kontrakt mit der Regierung nicht ganz korrekt eingehalten sind, was die Leute dann stutzig und argwöhnisch und mißtrauisch macht« (Brief vom 9. März 1897). *HH*
→ Literatur: Wallace 2015; Steinmetz 2007; Sammlung Dokumente des Deutschen Historischen Museums (von Schönau-Wehr), Berlin.

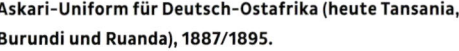

Askari-Uniform für Deutsch-Ostafrika (heute Tansania, Burundi und Ruanda), 1887/1895.
Deutsches Historisches Museum, Berlin. → Kat.-Nr. 2-39.

Ab 1884 rekrutierten deutsche Kolonialakteure afrikanische Männer an der Küste Ostafrikas, im Sudan und in Ägypten, die zunächst nicht einheitlich uniformiert waren. Mit dem Aufbau der »Schutztruppe« wurden ab den Jahren 1889 bis 1891 einheitliche Uniformen eingeführt, nach dem Vorbild der angloägyptischen Askaris im Sudan. Die Askaris, besoldete afrikanische Kolonialsoldaten, waren durch ihre Ausbildung und ihre Kleidung Teil der kolonialen Ordnung. Ihren islamischen Glauben behielten sie aber bei und waren jenseits des Dienstes in das soziale Leben vor Ort integriert. Ihre Uniformierung diente der Einordnung in die koloniale Hierarchie, wurde gesellschaftlich aber auch als Zeichen sozialen Aufstiegs und als Machtsymbol wahrgenommen. Ihre Träger waren gleichzeitig geachtete Amtspersonen und gefürchtete Gewaltakteure der kolonialen Herrschaft. *MK*
→ Literatur: De Quesada/Dale 2013; Kraus/Müller 2009; Michels 2013a; Morlang 2008; Pesek 2005.

Kawaschale aus dem Besitz von Wilhelm Solf, Samoa.
Staatliche Museen zu Berlin, Ethnologisches Museum.
→ Kat.-Nr. 2-35.

Die rituelle Zubereitung und Einnahme eines Aufgusses aus Teilen der Kawapflanze war ein wichtiger Bestandteil des politischen Zeremoniells in Samoa. Wilhelm Solf, der erste deutsche Gouverneur der Kolonie, verstand sich als intimer Kenner der samoanischen Kultur, in der er das europäische Ideal der »edlen Wilden« verwirklicht sah. Der mit relativ geringen Machtmitteln ausgestattete Solf trat als väterlicher Bewahrer dieser – keineswegs statischen – Kultur auf und etablierte ein sehr indirektes Herrschaftssystem, das viele Elemente der lokalen Strukturen übernahm. Dabei adaptierte er nicht nur Rituale wie das Kawa-Trinken, sondern etwa auch Aspekte der politischen Hierarchie und der Rechtskultur – nicht ohne sie den Bedürfnissen der Kolonialmacht anzupassen, wo es ihm geraten schien. Konservative und die wenigen deutschen Siedler auf Samoa kritisierten Solf. Da die samoanischen Eliten jedoch mehrheitlich mit ihm kooperierten und es kaum zu gewaltsamem Widerstand kam, galt Solfs Herrschaftsstil bald als erfolgreich und fortschrittlich. *SG*
→ Literatur: Hempenstall/Mochida 2005; Steinmetz 2007.

↑

**König Njoya mit Besuchergruppe, fotografiert von
Martin Göhring, Fumban/Foumban, Kamerun, 1905/1912.**
Archiv Basler Mission, Basel. → Kat.-Nr. 2-31.

Ibrahim Njoya regierte das Königreich Bamum von 1892 bis
1933 und manövrierte sein Herrschaftsgebiet erfolgreich
durch die politischen Umwälzungen, die mit der europäischen Kolonisierung Afrikas verbunden waren. Er schloss
strategische Bündnisse nicht nur mit den muslimischen
Fulbe-Herrschern im Nordosten, sondern auch mit der deutschen Kolonialmacht. Njoya bewegte sich in der komplizier-
ten diplomatischen und kulturellen Kontaktzone, indem er
politische Symbole seiner Bündnispartner übernahm und in
sein eigenes diplomatisches Repertoire integrierte. So ließ er
sich Uniformen im europäischen Stil anfertigen, die Elemente
deutscher Uniformen aufgriffen, um sich den deutschen Kolonisatoren als ebenbürtiges Gegenüber zu präsentieren und
die Allianz zu bekräftigen. Zur Verbreitung seiner Selbstreprä-
sentation nutzte er intensiv das Medium der Fotografie, das
ihm durch Missionare zu Verfügung stand. Deren Ansiedlung
in seinem Gebiet förderte er, ohne jedoch selbst zum Christentum zu konvertieren. *SG*
→ Literatur: Michels 2013; Geary/Njoya 1985; Geary 1996.

**Fotoalbum eines Offiziers in Deutsch-Südwestafrika
(heute Namibia), 1904/1905.**
Deutsches Historisches Museum, Berlin. → Kat.-Nr. 2-45.

Landverlust zugunsten deutscher Siedler, Pläne der Kolonialmacht zur Einrichtung von Reservaten mit ungenügendem
Weideland und mangelnden Wasserstellen, zunehmende
Entrechtung und Verarmung sowie alltägliche Misshandlun-
gen und nicht geahndete Vergewaltigungen führten am
12. Januar 1904 zum gewaltsamen Widerstand der Herero. Zu
dessen Niederschlagung schiffte das Deutsche Reich rund
14 000 Soldaten nach Deutsch-Südwestafrika ein. Der Kolonialkrieg gegen die Herero wurde vom Kommandeur Lothar
von Trotha bewusst als Vernichtungsfeldzug und »Rassenkampf« geführt. Der Großteil der Herero flüchtete noch während der entscheidenden Kämpfe am Waterberg im August
1904 in die unmittelbar angrenzende Omaheke-Wüste. Die
Deutschen besetzten anschließend lebensnotwendige Wasserstellen, riegelten Fluchtwege ab und trieben selbst Kinder
zurück in die Wüste. Tausende Herero fanden bis Jahresende
1904 den von deutscher Seite gezielt herbeigeführten Tod
durch Verdursten, Verhungern oder Entkräftung. Geschätzt
starb mehr als die Hälfte der Herero-Bevölkerung während
des Krieges oder an seinen unmittelbaren Folgen. *AS*
→ Literatur: Zimmerer/Zeller (Hg.) 2003; Kuß 2004; Kuß 2011.

**Handgezeichnete Karte der Haifischinsel von Emil Laaf,
Lüderitzbucht, Deutsch-Südwestafrika (heute Namibia),
1906.**
Archiv- und Museumsstiftung der VEM, Wuppertal.
→ Kat.-Nr. 2-51.

Im Oktober 1904 begannen auch die im Süden beheimateten
Nama einen Krieg gegen die Deutschen, der sich durch ihre
Guerilla-Taktik bis 1907 hinzog. Die Kolonialverwaltung internierte gefangengenommene Herero und Nama in Konzentrationslagern – ein Begriff, den Reichskanzler Bernhard von
Bülow am 11. Dezember 1904 in diesem Kontext erstmals offiziell verwendete. Mangelhafte Unterkünfte, unzureichende
Verpflegung, das Fehlen sanitärer Einrichtungen und medizi-
nischer Versorgung sowie körperlich harte Zwangsarbeit
führten in sämtlichen Lagern zu hohen Todesraten. Im größten dieser Konzentrationslager auf der Haifischinsel in der
Lüderitzbucht war die Sterblichkeit auch wegen rauher kli-
matischer Bedingungen, Krankheiten und Seuchen besonders hoch, allein zwischen September 1906 und April 1907
starben von 1795 Internierten 1032. Die Gefangenen sollten
für den Ausbau der Hafenanlage eingesetzt werden. Auf der
Karte des Missionars Emil Laaf, der in Briefen an die Rheinische Missionsgesellschaft erschüttert über die katastropha-
len Zustände berichtete, werden Gefangenenlager und
Bauprojekte sichtbar. *AS*
→ Literatur: Zimmerer 2001; Zimmerer/Zeller (Hg.) 2003.

Passmarke Windhoek, Deutsch-Südwestafrika (heute Namibia), 1907.
Afrikahaus Sebnitz. → Kat.-Nr. 2–42.

Um einem weiteren gewaltsamen Widerstand vorzubeugen, baute die Kolonialverwaltung 1907 ein rigides Kontrollsystem auf. Alle Nicht-Weißen ab dem siebten Lebensjahr hatten gut sichtbar eine durchnummerierte Passmarke zu tragen, auf der ihr Bezirk oder Distrikt vermerkt war. Die eingestanzten Nummern wurden mit den Daten ihrer Träger in Amtslisten eingetragen. Ohne die Zustimmung des Arbeitgebers und die Ausstellung eines Reisepasses durften die Bezirke und Distrikte nicht verlassen werden. Mit der Passpflicht sollten die Mobilität unterbunden und traditionelle Strukturen zerstört werden. Zugleich wollten die Deutschen mit der Enteignung von Land und Vieh den Kolonisierten ihre wirtschaftlichen Lebensgrundlagen entziehen, wodurch diese gezwungen waren, als Lohnarbeiter Geld zu verdienen. Weiße Arbeitgeber erhielten ein »väterliches Züchtigungsrecht«, so dass die Menschen weiterhin Willkürherrschaft und Prügelstrafen ausgesetzt waren. Die vollständige Kontrolle und ökonomische Unterwerfung der indigenen Bevölkerung konnten jedoch zu keinem Zeitpunkt in die Praxis umgesetzt werden. *AS*
→ Literatur: Zimmerer 2001; Zimmerer/Zeller (Hg.) 2003; Krüger 2004.

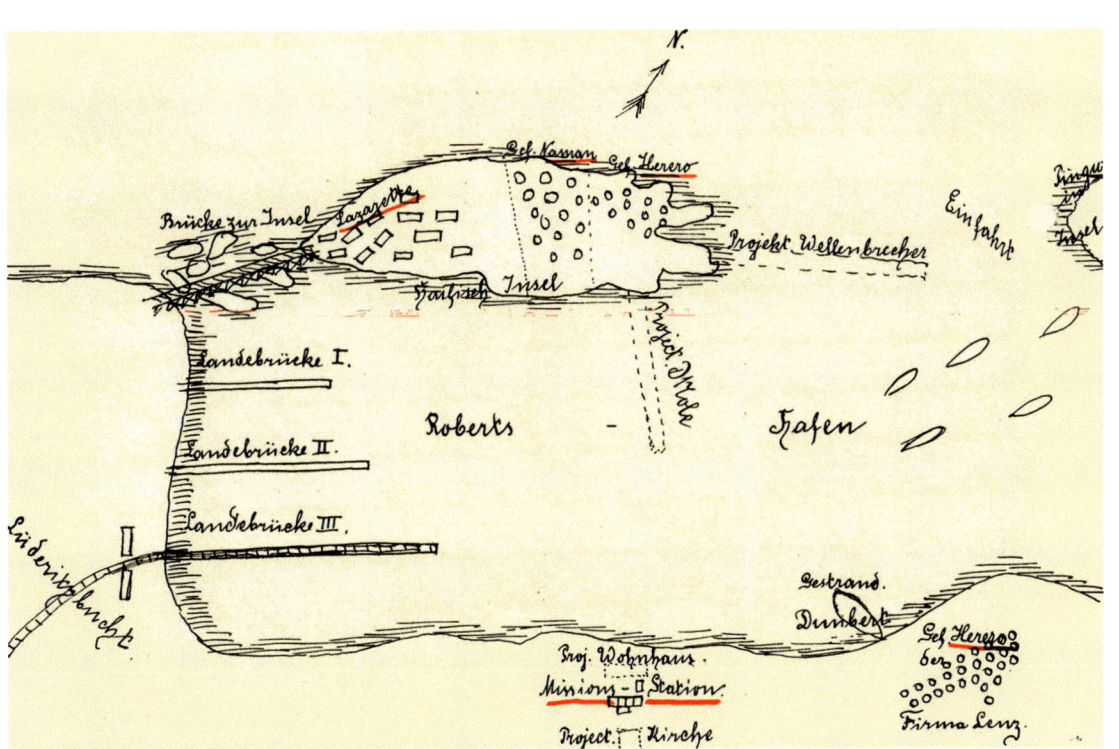

Feldpostkarten von Angehörigen der »Schutztruppe«, verschiedene Verlage, von Robert Steinfeldt, Fritz Sommerkorn und Jakob Waßmer aus Deutsch-Südwestafrika (heute Namibia) verschickt nach Deutschland zwischen November 1904 und Mai 1907.
Deutsches Historisches Museum, Berlin. → Kat.-Nr. 2-66.

In der Zeit des Kolonialkriegs gegen die Herero und Nama stellte Feldpost eine Verbindung zwischen Front und Heimat her. Der Ausbau der postalischen Infrastruktur mit Personal und vier mobilen Feldpoststationen spiegelte die militärische Durchdringung der Kolonie wider. In den ersten beiden Kriegsjahren wurden rund drei Millionen Sendungen an der Front aufgegeben, hauptsächlich Postkarten. In den Sammlungen des Deutschen Historischen Museums sind die Konvolute der Soldaten Robert Steinfeldt, Fritz Sommerkorn und Jakob Waßmer überliefert. Die drei schickten Feldpostkarten an Verwandte und Bekannte, die Serien geben Aufschluss über Befinden, Ortswechsel und Tätigkeiten der Absender. Steinfeldt, Sommerkorn und Waßmer waren erst Monate nach Ausbruch des Krieges an der Front angekommen, als sich das Geschehen mit dem Kriegseintritt der Nama zunehmend in den Süden verlagerte. Feldpostkarten wurden in Massen produziert, so auch der »Letzte Gruss« aus der Heimat vor der Ausreise nach Deutsch-Südwestafrika. Die Motive zeigen Landschaften und Aufmärsche der »Schutztruppe«, Kriegslogistik und inszenierte Darstellungen des Soldatenalltags. Doch während des Krieges kursierten auch weiterhin touristisch anmutende Bilder der lokalen Bevölkerung. Zeitnahe Motive setzten Gefangene als Trophäen ins Bild oder zeigten deutsche Farmen und Festen nach Angriffen als Tatorte. Veraltete Motive wurden handschriftlich oder durch Bildunterschriften aktualisiert. Der Rückgriff auf Fotografien aus Vorkriegszeiten fällt besonders bei wichtigen Protagonisten des Kolonialkriegs auf, die ihren Status als deutsche Verbündete aufgekündigt hatten. Das Porträt von Samuel Maharero zeigt ihn vor Kriegsbeginn in stolzer Pose und sprechender Diskrepanz zur diffamierenden Bildunterschrift: »Samuel Maharero, der feige Oberhäuptling der Hereros«. Eine gestreifte Binde an seinem linken Arm, vermutlich in den Reichsfarben, ist wegretuschiert. Im Zusammenspiel von Bildmotiv, Bildunterschrift und handschriftlicher Nachricht sind Feldpostkarten unvollkommene Dokumente des Völkermords. Die Verfasser sahen in ihnen auch Souvenirs, wie die Bitte nahelegt, die Steinfeldt auf der Postkarte der »Abteilung Estorff« vermerkte: »Hebe mir diese Karte ganz besonders auf!« *HH*
→ Literatur: Axster 2014; Axster 2012.

Hendrick Witboi auf Besuch in Rehoboth.

98935 Verlag der Swakopmunder Buchhandlung. Ges. m. b. H.

Feste in Otjimbingwe   Deutsch-Süd-West-Afrika

Franz Spenker, Hamburg 19. 5608.

Wagenbauerei von O. Gläditzsch nach der Zerstörung durch die Hereros (27. I. 04).
Deutsch-Süd-West-Afrika

Kettengefangene, Hottentotten   Deutsch-Süd-West-Afrika

Samuel Maharero
der feige Oberhäuptling der Hereros
Deutsch-Süd-West-Afrika

Auf Wiedersehen!

Letzter Gruss vom
Uebungsplatz Munster
vor der Ausreise nach Südwest-Afrika.

Verlag von H. A. Günther, Munster. Nachdruck verboten.

→
Postkarte aus einer Serie von elf Postkarten aus der Zeit des Maji-Maji-Krieges, Robert von Krieg, Iringa, Deutsch-Ostafrika (heute Tansania), 4. Januar 1906 (Poststempel).
Staatliche Museen zu Berlin, Ethnologisches Museum.
→ Kat.-Nr. 2-65.

Der Maji-Maji-Krieg war durch verschiedene Maßnahmen der deutschen Kolonialverwaltung verursacht worden, namentlich die Einführung der Kopfsteuer, die die Bevölkerung in der Kolonie Deutsch-Ostafrika in die Zwangsarbeit und zu Umsiedlungen in die Plantagengebiete führte. Maßgeblich war zugleich der Aufstieg des Propheten Kinjikitile, der das namensgebende *maji* – Suaheli für »Wasser« – verbreitete: Im Vertrauen auf diese Medizin aus mit Mais und Hirse versetztem Wasser, mit der unter anderem Unverwundbarkeit verbunden wurde, sammelte sich eine spirituelle Bewegung. Erste Angriffe ab Juli 1905 richteten sich gegen alle Repräsentanten des Kolonialsystems. In der Folge schlossen sich dem gewaltsamen Widerstand große Bevölkerungsteile aus dem Süden der Kolonie an, über sprachliche, religiöse, kulturelle und politische Unterschiede hinweg. Die massivsten Kampfhandlungen kamen in April 1906 zum Erliegen, weitere Operationen zogen sich bis 1908 hin. Die deutschen Truppen wendeten auch eine Taktik der verbrannten Erde an, die auf die Zerstörung der Lebensgrundlage der Bevölkerung zielte. 180 000 Opfer auf afrikanischer Seite werden heute als wahrscheinlich angenommen. Durch den Krieg und seine Folgen ging die Bevölkerung im Kriegsgebiet um ein Drittel zurück. Auf Seiten der Kolonialmacht starben 15 deutsche

Soldaten und rund 450 afrikanische Soldaten und Träger. Die Opferzahlen zeigen auf, dass die Kolonialregierung nur über ein geringes Kontingent deutscher Truppen verfügte, die eine große Zahl afrikanischer Askaris und *Ruga-ruga*-Hilfssoldaten in den Krieg führten. Der deutsche Offizier Robert von Krieg war zu Beginn des Krieges in Iringa nördlich der Kampfgebiete stationiert. Anfang November 1905 führte er einen Munitionstransport zu der umkämpften Station Mahenge im Zentrum des Kriegsgebiets und setzte seinen Dienst mit einem Kriegszug fort. In dem über elf Postkarten laufenden Schreiben an seinen Bruder gibt er die unerbittliche Perspektive vieler deutscher Offiziere wieder: »Den Schwarzen kann man nicht mit Friedenssachen kommen, es gebraucht eine starke Hand.« Stolz berichtet er, dass nach dem Schnellfeuer seiner Soldaten 150 Tote »auf dem Gefechtsplatz lagen«, und dass »dem Gegner enormer Schaden zugefügt [wurde] durch Verbrennen der Dörfer und Zerstörung der Felder, was meine Hilfskrieger ganz famos verstanden«. Dass die als weniger ehrenhaft betrachteten Aktionen den lokal rekrutierten Hilfstruppen übertragen wurden, war auf deutscher Seite ebenfalls gängige Praxis. *HH/SG*
→ Literatur: Kuß 2011; Becker/Beez (Hg.) 2005.

Inventarkarte einer Medizintasche aus der Kriegsbeute des Maji-Maji-Krieges, Leipzig 1907.
Staatliche Kunstsammlung zu Dresden,
GRASSI Museum für Völkerkunde zu Leipzig. → Kat.-Nr. 2-70.

Durch die Entwaffnung der kämpfenden Bevölkerung und die Plünderungen, zu denen die deutschen Truppen ab Ende 1905 übergegangen waren, wurde im Maji-Maji-Krieg umfangreiche Kriegsbeute gemacht. Die Gegenstände galten laut einem Runderlass als fiskalisches Eigentum und waren an das Zentralmagazin in Daressalam zu schicken. Die Kolonialabteilung des Auswärtigen Amtes setzte das Königliche Museum für Völkerkunde in Berlin von der Kriegsbeute in Kenntnis und der Ethnologe Karl Weule sichtete auf Bitten des Museums die Kriegsbeute vor Ort. Der Direktor des Leipziger Museums für Völkerkunde hielt sich auf einer Forschungsreise im Auftrag der Landeskundlichen Kommission der Kolonialabteilung des Auswärtigen Amtes in Deutsch-Ostafrika (heute Tansania) auf. Während des sechsmonatigen Aufenthalts hatte die »Aufstandsbekämpfung« Weules Expeditionsalltag und seine Forschungs- und Sammlungspraxis beeinflusst. Bei Sichtung der Kriegsbeute entschied sich Weule, »von dem ganzen großem Beutehaufen« überhaupt nur »etwa 2/5« auszuwählen. Weule schätzte den wissenschaftlichen Wert der Stücke als gering ein, da sie nur einen kleinen Ausschnitt der materiellen Kultur repräsentieren würden und die Herkunftsangaben dürftig seien. Schusswaffen musterte er aus, Speere und Bogen hatten einen improvisierten, der Kriegssituation geschuldeten Charakter. Rund 500 Pfeile, 1300 Speere, hundert Bogen sowie einige Trommeln und Munitionsgürtel ließ er in sechs Kisten nach Berlin verschiffen. Der strittige wissenschaftliche Wert spielte in der Folge eine Rolle in den Auseinandersetzungen um finanzielle Forderungen, die das Auswärtige Amt gegenüber den Museen geltend machte. Weule urteilte, die Sammlung trage »ganz den Charakter einer Trophäe« und empfahl, die Stücke an kleinere deutsche Museen zu verteilen, um den »kolonialen Gedanken« zu beleben. In seiner Einschätzung situierte Weule die Objekte an der Schwelle von kolonialer Kriegsbeute und ethnologischer Sammlungspraxis. In heutiger Perspektive bedingt Weules Standpunkt gegenüber den Zeugnissen des Maji-Maji-Krieges zudem, wie an das damalige Kriegsereignis erinnert werden kann. Die inventarisierte Medizintasche ist Teil eines Konvoluts aus dem »Aufstandsgebiet 1905–06«, das Weule 1907 auf Vermittlung der Kolonialabteilung für die Leipziger Sammlungen sicherte. *HH*
→ Literatur: Kuß 2011; Zimmerman 2006; Blesse 2009/10; Weule 1908; Archiv des Grassi Museums für Völkerkunde zu Leipzig.

Nilpferdpeitsche, 1900/1940.
Deutsches Historisches Museum, Berlin. → Kat.-Nr. 2-72.

Peitschen waren als Mittel körperlicher Züchtigung in den deutschen Kolonien weit verbreitet und ein Symbol alltäglicher kolonialer Gewalt. Kolonialbeamte verwendeten sie beim Vollzug der gesetzlichen Prügelstrafe, Missionare nutzten sie als Erziehungsmittel, und Siedler bestraften damit ihre Arbeiter, denn ein ziviles Züchtigungsrecht war ebenfalls gesetzlich festgeschrieben. Bis zur Ankunft der Europäer auf dem afrikanischen Kontinent in der Frühen Neuzeit war die Peitsche als Strafinstrument in Afrika fast unbekannt. Im europäischen Verständnis stellte das Auspeitschen eine Ungleichheit zwischen Bestrafendem und Bestraftem her, die sich in sozialen, zivilisatorischen und »rassischen« Kriterien manifestierte. Insbesondere die in Teilen der afrikanischen Kolonien eingesetzte Nilpferdpeitsche degradierte den Bestraften, weil er dadurch – neben der ohnehin vorhandenen Abwertung durch die Auspeitschung – in die Nähe des »Tierischen« gerückt wurde. Diese Peitschen waren aus der sehr robusten Nilpferdhaut gefertigt und rissen bei Gebrauch schwere Wunden. Unter den europäischen Zeitgenossen

wurde der Einsatz der Peitsche bei Afrikanern keineswegs in Frage gestellt. Die schweren Verletzungen, die Peitschenhiebe verursachten und die nicht selten zum Tod des Verurteilten führten, waren Bestandteil zahlreicher Debatten im deutschen Reichstag. Über politische Lager hinweg herrschte ein breiter Konsens über die Legitimität der körperlichen Bestrafung von »Eingeborenen« – lediglich die Häufigkeit und Intensität der vollzogenen Strafen stieß auf Kritik. Die Alltäglichkeit der Gewaltausübung in den Kolonien wurde mithin keineswegs angezweifelt. Sie kann als strukturelles Merkmal kolonialer Herrschaft gelten. Auspeitschungen fanden in der Regel öffentlich nach einem vorgegebenen Zeremoniell statt, und meist an zentralen Plätzen, wo deutsche Flaggen als Herrschaftssymbol gehisst waren. Hierdurch entstand eine Verbindung von brutaler Bestrafung und kolonialer Herrschaft, die bis heute als Teil der Erinnerungskultur postkolonialer Gesellschaften nachwirkt. *ChJ*
→ Literatur: Habermas 2015; Schröder 1997.

**»Eingabe der Eingeborenen von Lome«, Togo,
12. Oktober 1913.**

Bundesarchiv, Berlin, R 1001/4308, Bl. 149–150 R

→ Kat.-Nr. 2-82.

Widerstand gegen die Kolonialherrschaft konnte sehr unterschiedliche Formen annehmen. Er reichte von gewaltsamen Angriffen über Verweigerung und passive Gegenwehr bis hin zu öffentlichem Protest und schriftlich vorgetragener Kritik. Besonders da, wo es – wie in den westafrikanischen Küstenstädten – eine gut ausgebildete Elite gab, sah sich die deutsche Kolonialmacht einer Kritik ausgesetzt, die sich modernerer politischer Formen bediente: der Presse und der Petition. In Togo formierte sich im letzten Jahrzehnt der deutschen Kolonialherrschaft eine Protestbewegung, die nicht nur die ab 1902 in der britischen Nachbarkolonie erscheinende afrikanische Wochenzeitung *Gold Coast Leader* als ein Forum ihrer zum Teil scharfen Kritik nutzte, sondern auch wiederholt ausführliche Eingaben an das Reichskolonialamt und den Reichstag machte. Mehrere Vertreter der afrikanischen Oberschicht von Lome/Lomé – an erster Stelle Octaviano Olympio, einer der erfolgreichsten Geschäftsleute Togos – überreichten Kolonialstaatssekretär Wilhelm Solf auf einer Reise in die Kolonie eine Eingabe im Namen der »Eingeborenen von Lome«. Sie forderten darin in gewählten Worten

neben einer besseren Organisation des Rechtswesens und der Beseitigung von Prügelstrafe und Kettenhaft auch eine Vertretung im Gouvernementsrat, Steuerermäßigung und freien Handel. Die Petenten stellten die Kolonialmacht mithin nicht grundsätzlich in Frage, aber sie forderten die Errungenschaften des modernen westlichen Staates ein: Rechtsstaatlichkeit, politische Teilhabe und wirtschaftliche Gleichberechtigung. Die Kolonialherren verstanden die Forderungen jedoch als eine prinzipielle Infragestellung ihres Herrschaftsanspruchs, ja sie waren nicht einmal bereit, Afrikaner als gleichberechtigte Verhandlungspartner anzuerkennen: Während Staatssekretär Solf die Petition ignorierte, ließ die örtliche Kolonialverwaltung die Unterzeichner verhaften. *SG*

→ Literatur: Sebald 1988; Sebald 2013; Amos 2001.

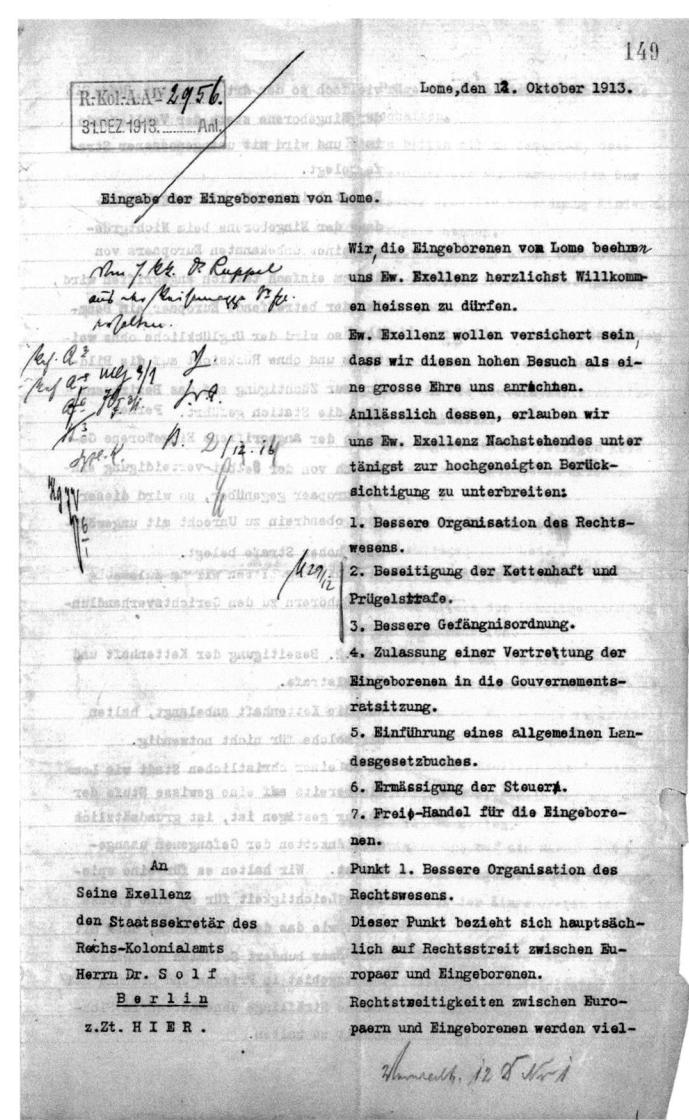

**Das Wissmann-Denkmal in Filmstills aus dem Dokumentarfilm *Majubs Reise*,
Regie: Eva Knopf, Deutschland 2013.**
Sammlung der Regisseurin, Hamburg. © 2013 Filmakademie Baden Würtemberg,
SWR. Fotos: Rainer Hoffmann

Nach Hermann von Wissmanns Tod 1905 hatte die Deutsche Kolonialgesellschaft
(DKG) mehrere Denkmäler zu Ehren des ehemaligen Reichskommissars und Gouverneurs von Deutsch-Ostafrika (heute Tansania, Burundi und Ruanda) angeregt.
Eine Statue des Bildhauers Adolf Kürle wurde 1909 in Daressalam eingeweiht.
Kürles Entwurf zeigt Wissmann mit einem Askari, einem afrikanischen Kolonialsoldaten, zu seinen Füßen, der die Reichsflagge über einen erlegten Löwen aus-
breitet. Nach dem Ersten Weltkrieg wurde die Statue als Kriegsbeute nach London
verbracht, auf Bitten der Kolonialbewegung 1921 freigegeben und im folgenden
Jahr vor der Universität Hamburg aufgestellt, der Nachfolgeeinrichtung des Ham-
burgischen Kolonialinstituts. An seinem neuen Standort bot das Denkmal einen
Schauplatz für kolonialrevisionistische Kundgebungen. Nach Kriegsschäden wurde
das Denkmal 1949 wieder aufgerichtet. 1961 forderten Studierende erstmals und
erfolglos die Demontage des Denkmals. Sie argumentierten unter anderem damit,
die Darstellung beleidige ihre afrikanischen Kommilitonen. Die Proteste verstärk-
ten sich mit der zunehmenden Politisierung der Studierenden, insbesondere in
Kreisen des Sozialistischen Deutschen Studentenbundes (SDS). Die Kritik brachte
die deutsche Kolonialvergangenheit mit den Befreiungsbewegungen des Globalen
Südens und der US-Politik in Vietnam in Zusammenhang. Von Einfluss war auch die
Hamburger Schule von Historikern um Fritz Fischer. Nach mehreren gescheiterten
Versuchen gelang der Denkmalsturz in der Nacht des 31. Oktober 1967 nach einer
Abstimmung des Studentenparlaments. Ein im Auditorium Maximum abgehaltenes,
öffentliches Verfahren verhandelte den Vorfall. In der Konsequenz verloren Beteiligte ihre Anstellung im akademischen Betrieb. Die Universitätsleitung ließ das
Denkmal in der Sternwarte der Universität Hamburg einlagern, wo es bis heute
aufbewahrt wird. Die Regisseurin Eva Knopf holte die Statue für die Dreharbeiten
zu *Majubs Reise* aus dem Schuppen hervor. In ihrem Film stellt sie den Denkmalsturz nach und widmet die zuvor nur als Wissmann-Denkmal bekannte Statue dem
namenlosen Askari. *HH*

→ Literatur: Cornils 2010; Slobodian 2012.

3

AUSHANDLUNGEN IM KOLONIALEN ALLTAG

DER ALLTAG IN DEN KOLONIEN, aber auch das Verhältnis zwischen Kolonien und Metropole, war von Prozessen geprägt, bei denen die Handlungsspielräume immer wieder neu ausgehandelt wurden. Kolonialismus war kein einseitiges Herrschaftsverhältnis, bei dem eine Gruppe von Herrschenden uneingeschränkt über eine Gruppe von Beherrschten verfügt hätte. Zwar steckten die ungleichen Machtverhältnisse den Rahmen der Handlungsspielräume ab, doch waren Aushandlungen im kolonialen Alltag auf ganz unterschiedlichen Ebenen unumgänglich. Hierbei trafen verschiedenste Akteure mit jeweils eigenen Interessen und Motiven aufeinander.

Diese Akteure gehörten jeweils Gesellschaften an, welche ihrerseits heterogen und von inneren Konflikten gekennzeichnet waren. Dies galt sowohl für die Kolonisatoren, die als Beamte, Kaufleute, Missionare oder Siedler aus ganz unterschiedlichen sozialen Gruppen und politischen Richtungen kamen, als auch für die kolonisierten Gesellschaften, die ebenfalls sozial differenziert waren und keineswegs eine geschlossene Einheit bildeten.

Zudem waren die Rollen nicht festgelegt, wenn Missionare Aufgaben der Kolonialverwaltung übernahmen oder Kolonialbeamte wissenschaftliche Sammlungen anlegten. Die evangelische Mission in Togo beispielsweise war auf dem Gebiet der Schulpolitik in langwierige Auseinandersetzungen um die Unterrichtssprache verstrickt. Das Gouvernement, die Missionsleitung in Deutschland und die deutsche Kolonialbewegung vertraten hierbei jeweils unterschiedliche Standpunkte. Gleichzeitig sah sich die Mission durch ehemalige Schüler herausgefordert, die nach ihrer Ausbildung in der Metropole kirchliche Stellen in der Kolonie besetzten und Positionen vertraten, welche die Politik der Mission in Frage stellten.

In den Kolonien fehlten den Kolonisatoren oftmals die Ressourcen und das Wissen über die lokalen Verhältnisse, so dass sie zur Erlangung ihrer Ziele auf Aushandlungen angewiesen waren. Versuche, die ungleichen Machtverhältnisse zum eigenen Vorteil zu nutzen und Aushandlungen zu umgehen, waren dennoch nicht selten, so etwa im wirtschaftlichen Bereich. In Kamerun gelang es deutschen Handelshäusern, das Zwischenhandelsmonopol der Duala mit Hilfe des kolonialen Staates zu durchbrechen. Das Kolonialwirtschaftliche Komitee (KWK) jedoch scheiterte bei dem Versuch, den lokalen Baumwollanbau in Togo durch Zwang im Sinne der deutschen Wirtschaft zu lenken und zu steigern. Für das Projekt hatte das KWK eigens afroamerikanische Baumwollexperten in die deutsche Kolonie geholt, um von deren Kenntnissen zu profitieren. Transfers vollzogen sich nicht nur zwischen Kolonie und Metropole, sie fanden auch zwischen den Imperialmächten statt.

Wissenschaftler waren auf die Unterstützung lokaler Gesellschaften in den Kolonien ebenso angewiesen wie auf die fachliche Anerkennung ihrer Arbeit in der Metropole. In den von ihnen angelegten Archiven und Sammlungen verschwand das Wissen der lokalen Akteure und deren Handlungsmacht weitgehend. Andere Archive entstanden nur in der Metropole: Die phonographischen Aufzeichnungen des Lautarchivs, für die Kolonialsoldaten der Alliierten in deutschen Kriegsgefangenenlagern formalisierte Proben ihrer Muttersprache einsprechen mussten, wurden unter restriktiven Bedingungen erstellt. Dennoch weisen sie Spuren von Handlungsmacht und Aushandlungen auf: Einige der Aufnahmen enthalten eigensinnige und kritische Botschaften der Gefangenen. *SG*

→ Literatur: Stoler/Cooper 1997; Trotha 2004; Habermas/Przyrembel (Hg.) 2013; Habermas/Hölzl 2014; Balandier 1970.

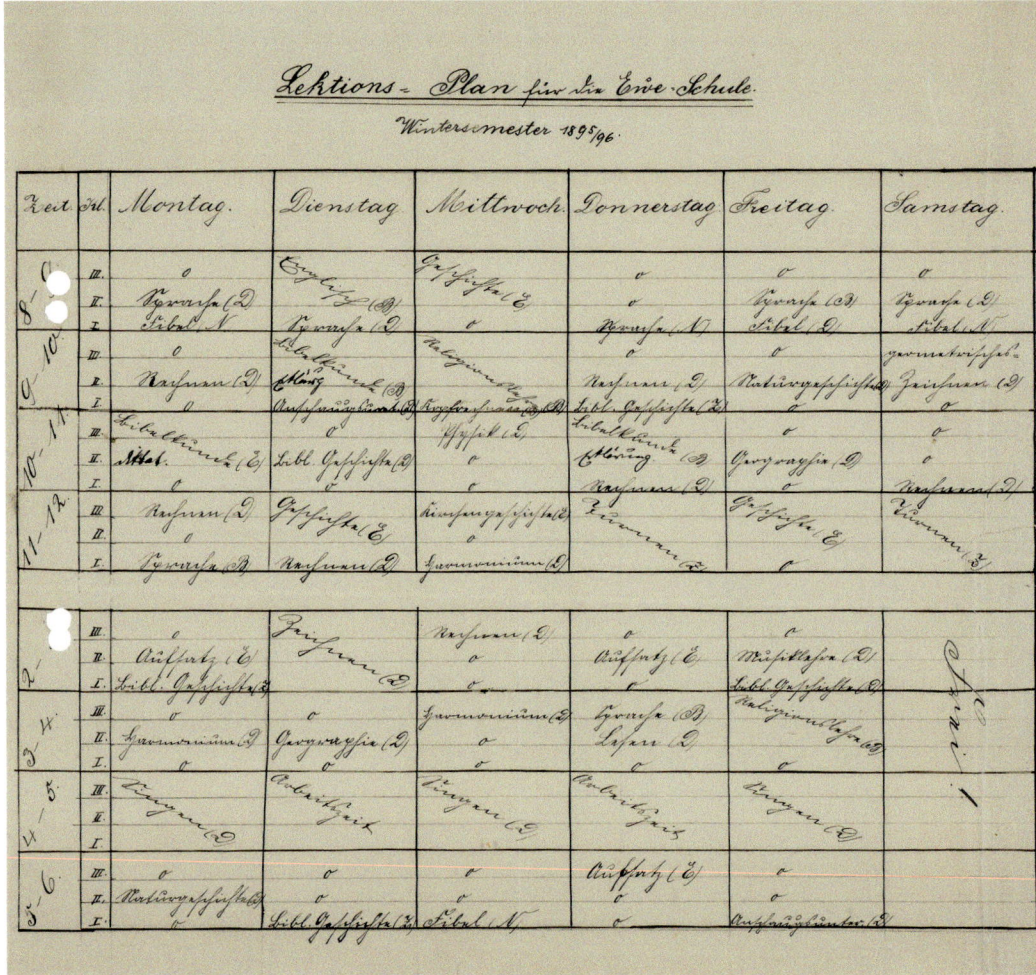

↑

Lektions-Plan für die Ewe-Schule im Wintersemester
1895/1896, Westheim 1895.

Staatsarchiv Bremen. → Kat.-Nr. 3-7.

Ab 1847 waren Missionare der Norddeutschen Mission im
Süden Togos tätig und bauten ein Netz an Stationen mit an-
geschlossenen Schulen auf. Für deren Betrieb waren die
Missionare auf die Hilfe afrikanischer Mitarbeiter angewiesen.
Zwischen 1871 und 1900 entsandten sie daher besonders
talentierte Schüler nach Deutschland, wo sie das Christentum und die europäische Lebensweise verinnerlichen sollten,
um sie im Missionsdienst in Togo weiterzutragen. Während
ihres Aufenthalts in relativ geschlossenen pietistischen
Gemeinden in Württemberg lebten die Schüler in Missionarsfamilien und erhielten Unterricht unter anderem in Lesen,
Rechnen, Bibelkunde und Geschichte, wie dieser Stunden-
plan zeigt. Nach zwei- bis vierjähriger Ausbildung kehrten
sie mit guten Deutschkenntnissen nach Togo zurück, wo sie
Aufgaben im Missions- und Kolonialdienst übernahmen.
Der hohe Bedarf an ausgebildetem Personal war einer der
Gründe, die den Gouverneur von Togo, Julius von Zech,
ab 1904 zur Einführung von Deutsch als Verkehrssprache
bewog. Damit wollte er auch den breiten Einfluss des Englischen im Handelswesen zurückdrängen sowie eine innere
Konsolidierung des »Schutzgebiets« und dessen Bindung an

das »Mutterland« erreichen. Diese Sprachpolitik war jedoch
umstritten. Befürworter führten an, der soziale Aufstieg der
in deutscher Sprache und Schrift Geschulten könne deren
Loyalität fördern. Doch die Norddeutsche Mission als primärer
Bildungsträger hatte in Togo ursprünglich die Lokalsprache
Ewe für den Austausch mit der Bevölkerung in Schule und
Mission gewählt. Sie stand den Maßnahmen Zechs kritisch
gegenüber, da sie befürchtete, Bildung könne die Bevölkerung zur Emanzipation aus kirchlichen Strukturen befähigen.
In der Tat eröffnete ihre Ausbildung den ehemaligen Missions-
schülern Handlungsspielräume – etwa zu schriftlicher und
öffentlicher Kritik an Mission oder Kolonialregierung. Kritiker
der Sprachpolitik Zechs, die es auch innerhalb der Kolonialbewegung im Kaiserreich gab, hatten dies vorhergesagt.
Bereits 1910 nahm Zech seine Entscheidung wieder zurück;
die afrikanische Bevölkerung sollte stattdessen in der
Ewe-Sprache »zur Arbeit erzogen« werden. *SM*
→ Literatur: Sokolowsky 2004; Azamede 2010.

→
**Christian Alifodzi Sedode mit Missionarskind Julie
Weyhe im Arm während seines Aufenthalts in Deutsch-
land, aufgenommen von Ernst Wolfram, um 1872.**
Staatsarchiv Bremen. → Kat.-Nr. 3-15.

Alifodzi Sedode wurde um 1857 als Sohn einer bäuerlichen
Familie bei Keta im heutigen Ghana geboren. Nach einer
schweren Hungersnot verschuldete sich die Familie, wodurch
Alifodzi in Pfandsklaverei geriet. Aus dieser kaufte ihn ein
Missionar der Norddeutschen Mission 1865 mit Spenden aus
Deutschland frei. Bis zum Verbot 1867 galt der Sklavenfrei-
kauf in der Missionsgesellschaft als übliches Mittel der
Missionierung. Sedode wuchs in der Missionsstation auf und
erhielt den Taufnamen Christian. Der Missionar Johannes
Conrad Binder reiste 1871 mit seiner Familie nach Deutschland zurück und nahm den 14-jährigen Schüler als Hilfskraft
mit. Sedode begleitete die Familie Binder nach Wilhelmsdorf
bei Ravensburg und wurde in der Volksschule sowie von
Binder selbst unterrichtet. Später wechselte Binder ins württembergische Westheim, wo er in seiner Missionsgehilfen-
schule weitere 19 Schüler ausbildete, die so auf ihren späteren Dienst in der Norddeutschen Mission vorbereitet werden
sollten. Im August 1873 kehrte Sedode nach Westafrika zurück und trat nach weiterer Ausbildung 1876 als Lehrer in den
Dienst der Norddeutschen Mission. Nach seiner krankheits-
bedingten Pensionierung 1888 bekleidete Sedode das Amt
des Kirchenältesten in Keta und war bis zu seinem Tod 1907
ein strenger Verfechter des europäisch-christlichen Lebens-
wegs. So kritisierte er in seinen Abhandlungen einerseits die
Vielehe der Ewe-Gesellschaft, andererseits den Alkoholismus
und die mangelnde Vorbildfunktion deutscher Kaufleute und
Beamter. Wie Sedode nahmen zahlreiche der in Westheim
ausgebildeten Ewe-Schüler nach ihrer Rückkehr nach Togo
Funktionen im Missions- und Kolonialdienst sowie in Handelsgesellschaften ein. Ermächtigt durch ihre Ausbildung
und ihre gesellschaftliche Stellung äußerten zahlreiche
ehemalige Schüler aus Westheim intern wie auch öffentlich
Kritik an der Kolonialverwaltung und den Missionen. *SM*
→ Literatur: Azamede 2014; Azamede 2010; Firla 2001.

↓

**Mikroskopische Präparate Robert Kochs von der Schlaf-
krankheitsexpedition, deutsche und britische Kolonien
in Ostafrika (heute Tansania und Uganda), 1906/1907.**
Robert Koch-Institut, Berlin. → Kat.-Nr. 3-20.

Vorrangiges Ziel der Expedition war zunächst, das Wissen um
die Übertragungswege der Schlafkrankheit zu vermehren.
Da es insbesondere um die Rolle von Tieren als Überträger
und Zwischenwirte ging, untersuchten die Mediziner um
Robert Koch das Blut von Hunderten Fliegen sowie von
Krokodilen und Nilpferden unter dem Mikroskop, indem sie
Ausstriche zwischen gläsernen Deckgläschen präparierten.
Die Blutuntersuchung lieferte bei Tieren zufriedenstellende
Resultate. Für den Nachweis der Erreger beim Menschen war
das Mikroskopieren von Flüssigkeit aus den Lymphdrüsen
zuverlässiger, die bei akut Erkrankten stark anschwellen.
Die dazu notwendige Punktion der Drüsen war allerdings
sehr schmerzhaft. Diese Methode stieß deshalb oft auf den
Widerstand der Patienten, vor allem, wenn diese noch keine
Symptome zeigten und bei Verdacht untersucht werden
sollten. *SG*
→ Literatur: Isobe 2009; Eckart 1997.

←

Glossinenfang am See-Ufer, Fotografie aus dem Fotoalbum Robert Kochs von der Schlafkrankheits-expedition, deutsche und britische Kolonien in Ostafrika (heute Tansania und Uganda), 1906/1907. Robert Koch-Institut, Berlin. → Kat.-Nr. 3-24.

Die Aktivitäten von Kolonialwissenschaftlern erschienen im Nachhinein oft als die genialen Taten eines Einzelnen. Dieses meist von ihnen selbst genährte Bild verdeckt, dass an Expeditionen stets zahlreiche lokale Führer, Informanten, Träger und Helfer teilnahmen, ohne deren Wissen und Arbeitskraft ein Erfolg unmöglich gewesen wäre. Auch an Robert Kochs Expedition war – neben weiteren deutschen Ärzten – eine größere Zahl afrikanischer Mitarbeiter beteiligt, die unter anderem die zu untersuchenden Tiere herbeischafften – vor allem die Glossinen genannten Tsetsefliegen. In den folgenden Jahren spielten »Drüsenfühler« eine wichtige Rolle bei der Bekämpfung der Schlafkrankheit: meist junge afrikanische Männer, die im Auftrag der Kolonialärzte sowie mit Zustimmung und Unterstützung kooperierender lokaler Herrscher Reihenuntersuchungen in der Bevölkerung anstellten, um Schlafkranke zu identifizieren. *SG*
→ Literatur: Webel 2013; Habermas 2013.

Packung »Germanin« (»Bayer 205«), Leverkusen, um 1925. Robert Koch-Institut, Berlin. → Kat.-Nr. 3-31.

Neben der Erforschung ging es den Kolonialmedizinern auch um die Bekämpfung der Schlafkrankheit. Die Motive hierfür waren vielfältig. Unter anderem fürchteten alle Kolonialmächte tödliche tropische Krankheiten wegen der möglichen Bevölkerungsverluste, die der Kolonialwirtschaft Arbeitskräfte entzogen. Auf der Suche nach einem Heilmittel experimentierten die Mediziner mit Arsenpräparaten – ohne nachhaltige Heilerfolge, aber mit erheblichen schmerzhaften Nebenwirkungen bis zur Erblindung der Behandelten. Erst 1916 wurde in den Laboratorien von Bayer ein wirksames und ungiftiges Präparat entwickelt: Bayer 205. In den 1920er Jahren wurde das auf Anregung des Auswärtigen Amtes »Germanin« genannte Medikament als Errungenschaft deutscher Kolonialforschung gefeiert – und als Argument für die Forderung nach Wiedererlangung der aberkannten Kolonien angeführt. *SG*
→ Literatur: Isobe 2009; Eckart 1997; Eckart 1990.

↘

**Personalkarte des Kriegsgefangenen Him Bahadur,
um 1916.**
Berlin-Brandenburgische Akademie der Wissenschaften,
Archiv, Berlin. → Kat.-Nr. 3-49.

Die Königlich Preußische Phonographische Kommission wurde 1915 eingerichtet, um lautliche Aufnahmen zu sprachwissenschaftlichen, anthropologischen und musikwissenschaftlichen Zwecken in deutschen Kriegsgefangenenlagern durchzuführen. Die organisatorischen und logistischen Vorarbeiten für die praktische Umsetzung unterlagen einem strengen Vorgehen. Nachdem zunächst ein dreiteiliger Fragebogen in die Kriegsgefangenenlager verschickt wurde, sollten anschließend sogenannte Personalkarten in nunmehr ausgewählten Lagern von der Kommandantur ausgefüllt werden. Die unterschiedlichen Farben der Karten markierten die jeweilige Herkunft der befragten Soldaten. Neben Name, Alter und Geburtsort wurden Informationen über Sprach-, Lese- und Schreibkenntnisse, Religionszugehörigkeit und die vor dem Krieg ausgeführte Berufstätigkeit festgehalten. Die letzte Frage lautete: »Ist anzunehmen, daß er [der Kriegsgefangene] gern in den Phonographen spreche oder singe?« Von den vier Antwortmöglichkeiten – »Ja, Wahrscheinlich, Ungewiß, Nein« – musste eine unterstrichen werden. Diese erste Bestandsaufnahme diente der systematischen Auswahl von Kriegsgefangenen, von denen später tatsächlich Tondokumente entstanden. Offiziell erstellten die Kommissionsmitglieder vom 29. Dezember 1915 bis zum 19. Dezember 1918 Aufnahmen von internierten Soldaten und zivilen Gefangenen und dokumentierten in diesem Zeitraum mehr als 250 verschiedene Sprachen und Dialekte. *IH*
→ Literatur: Bayer/Mahrenholz 2000.

Martin Heepe und Kriegsgefangene von der französischen Kolonie Komoren-Inseln im Lager Wünsdorf, 1918.
Deutsches Historisches Museum, Berlin. → Kat.-Nr. 3-39.
Der Sprachlehrer Wilhelm Doegen war als kommissarischer Leiter der Phonographischen Kommission für die akustischen Aufzeichnungen in den Kriegsgefangenenlagern verantwortlich. Mit den grammofonischen Aufnahmen begründete er 1920 das Lautarchiv an der Preußischen Staatsbibliothek. In dem Manuskript der ersten zwei Kapitel seiner nie veröffentlichten Autobiografie berichtet Doegen von seiner Forschungstätigkeit in den Kriegsgefangenenlagern und seiner Vision, die Sprachlehre und -forschung mit Hilfe der Lautplatte grundlegend zu verändern. Seine schriftlichen Aufzeichnungen sind gespickt mit Fotografien, darunter die des Afrikanisten Martin Heepe, und Bildunterschriften, die zwischen deskriptiver Genauigkeit und subjektiven Eindrücken wechseln. So heißt es in einem erläuternden Text, dass die Kriegsgefangenen Heepe »als Freund sehr schätzten, insbesondere weil er ihre Sprache so ausgezeichnet beherrschte«. Heepe hatte über die Dialekte Ngazidja, Nzwani und Mwali promoviert und sich von 1914 bis Anfang 1918 in Afrika aufgehalten. Vor dem Hintergrund der Kriegssituation ist es nicht verwunderlich, dass Doegen den Kontakt zu den Wissenschaftlern als positiv wertete. Dennoch sollten die hierarchischen Strukturen und die daraus resultierenden Machtverhältnisse zwischen der Heeresleitung und den Soldaten, der Lagerkommandantur und den Internierten oder eben zwischen den Wissenschaftlern und den zu Untersuchungsobjekten gemachten Personen nicht übersehen werden. *IH*
→ Literatur: Stoecker 2008.

Schellackplatte mit einem Tondokument des Kriegsgefangenen Sadak Ber-resid, 1916.
Lautarchiv der Humboldt-Universität zu Berlin.
→ Kat.-Nr. 3-41.

Die Aufnahme PK 257 entstand im Mai 1916 von Sadak Ber-resid im Kriegsgefangenenlager Wünsdorf. Neben den Aufnahmedetails ist schriftlich festgehalten, dass der in Monastir geborene Sänger zum Zeitpunkt der akustischen Aufzeichnung 37 Jahre alt und ein Volksdichter war. In einem selbstverfassten Kriegslied singt Sadak Ber-resid in Tunesisch-Arabisch nicht nur über seine Einberufung und eine erlittene Kriegsverletzung, sondern auch über die Gefangenschaft. »Nun sitze ich verlassen hier«, heißt es in der letzten Zeile der zweiten Strophe. Das Tondokument stellt eine eindrückliche und seltene Quelle dar, gibt sie doch die Kriegserfahrungen eines tunesischen Wehrpflichtigen in poetischer Form wieder. Nicht als persönliches Zeugnis, sondern als Sprachbeispiel eines arabischen Dialekts wurde die Aufnahme 1928 in der *Lautbibliothek* der Preußischen Staatsbibliothek veröffentlicht, die phonetische Platten und Umschriften zu Sprachlernzwecken herausgab. In dem Begleitheft wird jedoch an keiner Stelle darauf verwiesen, unter welch prekären Umständen die verwendeten Aufnahmen entstanden. Ein Großteil der Forschungen fand in dem nahe Berlin gelegenen Wünsdorf statt, wo im »Halbmondlager« zahlreiche Gefangene interniert waren, die als »Kolonialsoldaten« für das britische Empire und die französischen Truppen an der Westfront gekämpft hatten. Die gezielte Internierung in politischen »Sonderlagern« erfolgte nicht zuletzt aus propagandistischen Gründen, da man die Soldaten gegen ihre Kolonialherren aufbringen und politisch indoktrinieren wollte. *IH*
→ Literatur: Lange 2012; Roy/Liebau/Ahuja (Hg.) 2011; Kahleyss 1998; Höpp 1997.

↓

Frauenkappe mit Paradiesvogelfedergarnierung,
Anfang 20. Jahrhundert.
Städtisches Historisches Museum/Museum im
Gotisches Haus, Bad Homburg. → Kat.-Nr. 3-70.

Der Einsatz von Federn in der Mode ist in Europa seit der Antike bekannt und war lange Zeit streng nach Gesellschaftsschichten reglementiert. Federschmuck in der weiblichen
Mode erreichte einen Höhepunkt zwischen 1870 und 1920.
Als besonders teuer wurden neben Straußen-, Marabu- und
Reiherfedern vor allem die Federn des Paradiesvogels gehandelt. Sie galten als Ausdruck des gesellschaftlichen Status,
Wohlstands und der Weltläufigkeit ihrer Trägerinnen. In ihrem Verbreitungsgebiet auf den pazifischen Inseln wurden
die zahlreichen Paradiesvogelarten bereits seit Jahrhunderten von der dortigen Bevölkerung wegen ihrer Federn gejagt,
die als Schmuck und Tauschgut dienten. Mit Beginn der Kolonialherrschaft bot die Jagd auf Paradiesvögel einen einträglichen Nebenerwerb für Siedler, Kolonialbeamte und Pflanzer,
die einheimische Auftragsjäger aussandten. Als zentrale Exportware der deutschen Kolonien im Pazifik wurden Bälge
und Federn nach Europa ausgeführt, wo sie vorrangig an
Damenhüten Verwendung fanden. Als eines der wenigen,
vollständig erhaltenen Exemplare verfügt diese Frauenkappe
aus schwarzem Samt über eine Garnierung mit Paradiesvogelfedern und einem ganzen Balg. *SM*
→ Literatur: Gißibl 2005; Müller 2004/05; Müller-Langenbeck
2001.

←

**»Was hat Sie veranlasst, dem Vogelschutz-Verein
beizutreten?« – »Die Hutrechnung meiner Frau und
meiner vier Töchter.«, erschienen in *Fliegende Blätter*, 1911.**
Staatsbibliothek zu Berlin, Preußischer Kulturbesitz.
→ Kat.-Nr. 3-75.

Im Kaiserreich nahm um die Wende zum 20. Jahrhundert die
Kritik an der massenhaften Jagd auf edle Vögel zu. Die sich
gründenden Tier- und Naturschutzvereine machten mit Pro-
testen, Flugblättern und Eingaben an politische Gremien auf
ihr Ziel eines Einfuhrverbots aufmerksam. Es entstanden
Kampagnen im engen Austausch mit Gleichgesinnten in anderen europäischen Staaten und den USA. Der Kampf gegen
die Federmode entwickelte sich seit den 1890er Jahren zur
zentralsten und öffentlichkeitswirksamsten Kampagne der
Naturschutzbewegung. Gegen das Tragen von Schmuckfe-
dern wurden vor allem emotionale und ethische Aspekte angeführt, wobei auch gesellschaftliche Frauenbilder zur Diskussion standen. Gleichzeitig fanden in Deutschland etwa
30 000 größtenteils weibliche Beschäftigte in den einschlä-
gigen Berufszweigen Arbeit. Im Gegensatz zu den USA oder
Großbritannien erreichte die deutsche Vogelschutzbewe-
gung vor dem Ersten Weltkrieg jedoch kein generelles Verbot
des Federschmucks und auch kein Jagdverbot für Paradiesvögel in den pazifischen Kolonien. *SM*
→ Literatur: Gißibl 2005; Müller-Langenbeck 2001; Wöhse
2004/05.

↗
**Carl Georg Schillings: *Mit Blitzlicht und Büchse*,
Leipzig 1905.**
Deutsches Historisches Museum, Berlin. → Kat.-Nr. 3-62.

Während der Kolonialzeit zirkulierten lebende Tiere, Trophä-
en und Präparate zwischen Jägern, Tier- und Naturalien-
händlern sowie Jagdausstellungen und naturkundlichen
Museen, die auf der Suche nach spektakulären Schaustücken
waren. Der Großwildjäger Carl Georg Schillings unternahm
von 1896 bis 1903 vier Reisen ins heutige Tansania. Er machte
dabei nicht nur umfangreiche Jagdbeute für seine eigene
Sammlung sowie für Naturkundemuseen und übermittelte
Tiere an zoologische Gärten. Mit seiner Tier- und Nachtfoto-
grafie brachte er zu diesem Zeitpunkt auch einmalige Aufnahmen der »Großtierwelt« Deutsch-Ostafrikas ins Kaiserreich mit. Das Buch *Mit Blitzlicht und Büchse* versammelte
rund 300 unretuschierte und in diesem Sinne »urkundtreue«
Fotografien, in denen die Tiere erstmals lebend in ihrer natürlichen Umgebung betrachtet werden konnten. Spektaku-
lär waren Schillings Nachtaufnahmen, für die er die Tiere in
die Falle seines Magnesiumblitzes gehen und diesen auslösen
ließ. Das Buch war ein großer Erfolg und erlebte auch eng-
lischsprachige Auflagen. Die sogenannten Natururkunden
dienten als Vorlage für naturkundliche Dioramen und insze-
nierten zugleich einen herrschaftlichen Anspruch: In den
kolonialen Blick genommen, belegen sie die Vorstellung von
einer menschenleeren afrikanischen Landschaft, die die
Kamera als Sinnbild des Fortschritts und der europäischen
Überlegenheit unterwarf. Der Gedanke einer schützens-
werten Tierwelt scheint in den Fotografien Schillings nicht
durch, der für seine Aufnahmen Stiere als Köder opferte und
den Blick des Jägers erkennen lässt. Dennoch gingen von
Schillings, wie auch vom ehemaligen Gouverneur von
Deutsch-Ostafrika, Hermann von Wissmann, Initiativen für
eine Verschärfung des Wildschutzes aus. Zu Beginn des
20. Jahrhunderts formierte sich ein Netzwerk innerhalb der
europäischen Kolonialmächte, das den Naturschutz für
geboten hielt und langsam durchsetzte. *OS*
→ Literatur: Becker [2008]; Gißibl 2005/06; Schillings 1905;
Sheail 2010; Köstering 2003.

↑
Bootsmodell der Duala, Kamerun, o. J.
Staatliche Kunstsammlungen Dresden,
Museum für Völkerkunde Dresden. → Kat.-Nr. 3-78.

Bereits im 17. Jahrhundert hatten sich die Duala im Kame-
runästuar niedergelassen, einem Zusammenfluss verschiedener Flussläufe in der Bucht von Biafra am Ort der heutigen
Stadt Douala in Kamerun. Neben dem Fischfang betrieben
die Duala mit ihren Booten einen regen Handel mit verschiedenen Gesellschaften im Landesinneren, die sie über das von
ihnen zunehmend kontrollierte Flusssystem gut erreichen
konnten. Die aus dem Inland an die Küste gebrachten Güter
– bis in die 1840er Jahre Sklaven, danach Elfenbein und vor
allem Palmöl – verkauften sie an europäische Kaufleute, die
die westafrikanische Küste befuhren. Den verschiedenen
Duala-Gruppen erwuchs aus ihrer Monopolstellung als Zwischenhändler ein erheblicher Wohlstand. Dieser förderte allerdings auch die soziale Mobilität, so dass es in der zweiten
Hälfte des 19. Jahrhunderts zunehmend zu Konflikten zwischen den etablierten Autoritäten – von den Europäern als
kings bezeichnet – und jüngeren Aufsteigern kam, die die in-
nenpolitische Stabilität der Gesellschaften in Frage zu stellen drohten. *SG*
→ Literatur: Eckert 1991; Austen/Derrick 1999; Wirz 1972.

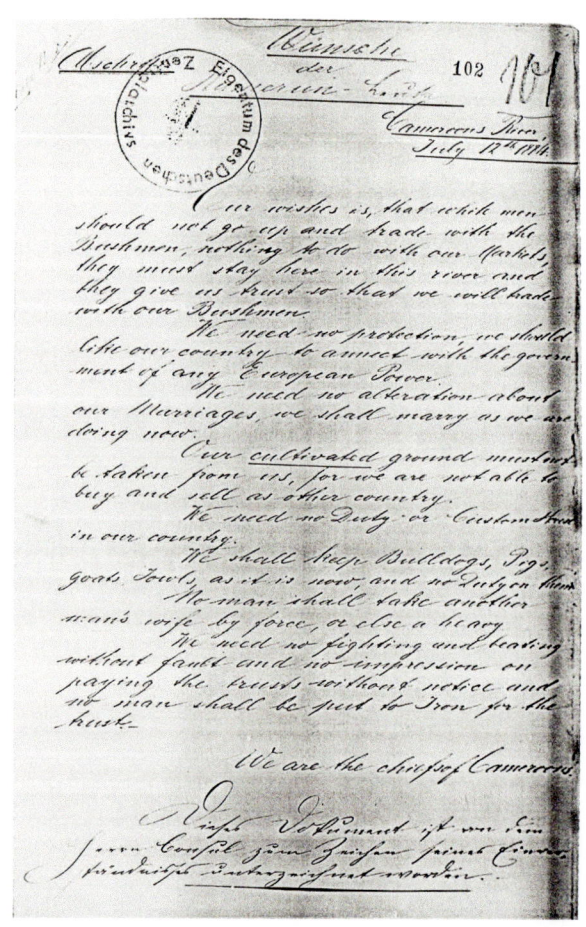

»Wünsche der Kamerun-Leute«, Cameroons River/Douala, Kamerun, 12. Juli 1884.**
Bundesarchiv, Berlin, R 1001/4202, Bl. 101. → Kat.-Nr. 3-85.

Als das Deutsche Reich 1884 die kolonialpolitische Bühne betrat, ergriffen die beiden im Gebiet der Duala aktiven deutschen Handelshäuser – C. Woermann und Jantzen & Thormählen – die Initiative und traten an die *kings* der Duala heran, um über eine deutsche »Schutzherrschaft« zu verhandeln. Den Kaufleuten ging es vor allem um eine Brechung des Zwischenhandelsmonopols der Duala mit staatlicher Hilfe. Die *kings* waren einem Vertragsschluss nicht abgeneigt: Sie hofften, mit Hilfe einer starken Präsenz des Reiches ihrer innenpolitischen Schwierigkeiten Herr werden zu können. Ihr Handelsmonopol stand für sie aber nicht zur Disposition. Nach zähen Verhandlungen wurden schließlich zwei Schriftstücke unterzeichnet: das von den Deutschen als »Wünsche der Kamerun-Leute« bezeichnete Dokument vom 12. Juli 1884, in dem das Monopol ausdrücklich bestätigt wurde, und ein »Schutzvertrag«, der es nicht erwähnte. Gegen die Proteste der Duala setzte die Kolonialregierung nur das zweite Abkommen um: Die Duala verloren neben der Kontrolle über ihr Gebiet auch ihr Handelsmonopol. *SG*
→ Literatur: Eckert 1991; Austen/Derrick 1999; Wirz 1972.

Manga Ndumbe/August Manga Bell in seinem Schreibzimmer in Bellstadt, fotografiert von Johannes Immanuel Leimenstoll, Duala/Douala, Kamerun, 1900/1904.**
Archiv Basler Mission, Basel. → Kat.-Nr. 3-82.

Der Überseehandel brachte den Duala nicht nur einen erheblichen Wohlstand, den diese zu einem Teil in europäische Luxusgüter investierten, er brachte sie auch in Kontakt mit der europäischen Kultur. Da ihnen der Erwerb europäischer Bildung Vorteile im Umgang mit europäischen Geschäftsleuten und Staatsvertretern verschaffte, schickten die einflussreichen Familien nicht nur ihre Söhne zur Ausbildung nach Europa, sie förderten auch die Gründung von Missionsschulen in ihren Machtbereichen. Von der deutschen »Schutzherrschaft« erhofften sie sich schließlich auch die Einrichtung von Schulen. Obwohl sie durch die Kolonialherrschaft ihre unangefochtene Stellung im Handel verloren, blieben mächtige Duala-Familien wie die Familie Manga Bell auch in der Kolonialzeit einflussreich: Durch ihre langjährigen Kontakte zu Europäern und ihre europäische Bildung konnten sie auch im Kolonialsystem wichtige Positionen in Politik und Verwaltung besetzen. *SG*
→ Literatur: Eyoum/Michels/Zeller 2005; Eckert 1991; Eckert 1999; Austen/Derrick 1999.

↑

**Ward'scher Kasten zum Transport lebender Pflanzen
per Schiff, Berlin, um 1900.**
Botanischer Garten und Botanisches Museum Berlin,
Freie Universität Berlin. → Kat.-Nr. 3-100.

Seit Beginn der europäischen Kolonialexpansion kamen
Pflanzen aus Übersee nach Europa. Liebhaber sammelten
seltene exotische Gewächse, und die Botanischen Gärten
waren an der systematischen Erfassung der Pflanzenwelt
interessiert. Im Mittelpunkt wirtschaftlicher und politischer
Interessen standen jedoch Nutzpflanzen. Ziel war es, in
Europa deren Nutzwert zu erforschen, um danach in Übersee den Anbau zu erproben und Nutzpflanzen im Austausch
zwischen den Kolonien in großem Stil auf Plantagen anzubauen. Auf diese Weise sollten die Kolonien landwirtschaftlich ausgebeutet werden. Insbesondere zwischen den
britischen, holländischen, französischen, deutschen und
amerikanischen Botanischen Gärten in den »Mutterländern«

und in den Kolonien entwickelten sich weltweite Netzwerke,
in denen neben Pflanzenmaterial Wissen zu ertragreichen
Arten und Anbaumethoden zirkulierte. Der Transport von
lebenden Pflanzen war lange Zeit problematisch. Auf den
weiten Seereisen gefährdeten Temperaturschwankungen,
Wassermangel, Schädlinge und die salzige Gischt die kostbare Fracht. Erst nach der Erfindung eines mobilen Gewächs-
hauses als geschlossenes System durch den Briten Nathaniel
Ward etablierte sich ab den 1830er Jahren der Versand in
Ward'schen Kästen unterschiedlichster Ausführungen als
kostspielige, aber erfolgreiche Variante für den Überseetrans-
port von lebenden Pflanzen. *KK*
→ Literatur: Timler 1987; Lack 2010; Klemun 2012.

Gin-Station 1907.

Togo
(Gouvernements-Ackerbauschule Nuatjä)
Sea Island

←

Pflüge in der Gouvernements-Ackerbauschule in Nuatjä/ Notsé, 1907.

Staatsarchiv Bremen. → Kat.-Nr. 3-98.

↓

Baumwollprobe der Gouvernements-Ackerbauschule in Nuatjä/Notsé, um 1910.

Botanischer Garten und Botanisches Museum Berlin, Freie Universität Berlin. → Kat.-Nr. 3-90.

Im Jahr 1900 rief das Kolonialwirtschaftliche Komitee (KWK) ein Projekt ins Leben, um den Baumwollanbau in Togo zu fördern. Das KWK, eine private Organisation, zu dessen Mitgliedern neben Unternehmen mehrere wissenschaftliche Institutionen zählten, finanzierte Expeditionen in die deutschen und andere Kolonialgebiete sowie Vorhaben, die dem Handel, der Industrie, der Landwirtschaft und der Erschließung der Kolonien dienten. Das Fernziel der Baumwollinitiative bestand darin, den Anbau in den deutschen Kolonien so zu steigern, dass er den Rohstoffbedarf der deutschen Textilindustrie deckte. Dafür warb das KWK afroamerikanische Experten aus den Südstaaten der USA an. Sie hatten den Auftrag, Anbaugebiete und geeignete Anbausorten zu erkunden, Versuchs- und Modellfarmen anzulegen, den lokalen Bauern moderne und rationale Methoden des Baumwollanbaus für den Weltmarkt zu zeigen und sie mit Saatgut zu versorgen. Das Konzept des KWK sah den Aufbau einer »Baumwoll-Volkskultur« vor, wobei nicht europäische Großplantagen, sondern einheimische Bauern den Anbau der Baumwolle besorgten – und das wirtschaftliche Risiko trugen. Dabei sollte gleichzeitig umgesetzt werden, was in kolonialen Kreisen unter dem Schlagwort einer »Erziehung zur Arbeit« als Kulturmission verbrämt wurde: Die afrikanische Bevölkerung sollte ihre Arbeitskraft der Kolonialwirtschaft zur Verfügung stellen und zugleich eine christliche und monogame Lebensweise übernehmen. In Nuatjä gründete das KWK eine Baumwollschule, um lokale junge Männer als Multiplikatoren der Volkskultur auszubilden. Die Maßnahme scheiterte jedoch, weil sie für die lokalen Bedingungen ungeeignet war: Die neueingeführte Baumwollsorte kreuzte sich leicht mit anderen. Geringere Erträgen und eine schlechtere Qualität waren die Folge. Zudem starben die als Zugvieh eingeführten Rinder an einer durch die Tse-Tse-Fliege übertragenen Seuche. Darüber hinaus leistete die einheimische Bevölkerung Widerstand gegen die unter staatlichem Zwang implementierte »Volkskultur«. Obwohl vorübergehend eine Steigerung des Anbaus erreicht wurde, blieben die in Togo für die deutsche Textilwirtschaft gewonnenen Mengen marginal. *SG/KK*
→ Literatur: Zimmerman 2012; Beckert 2014.

4

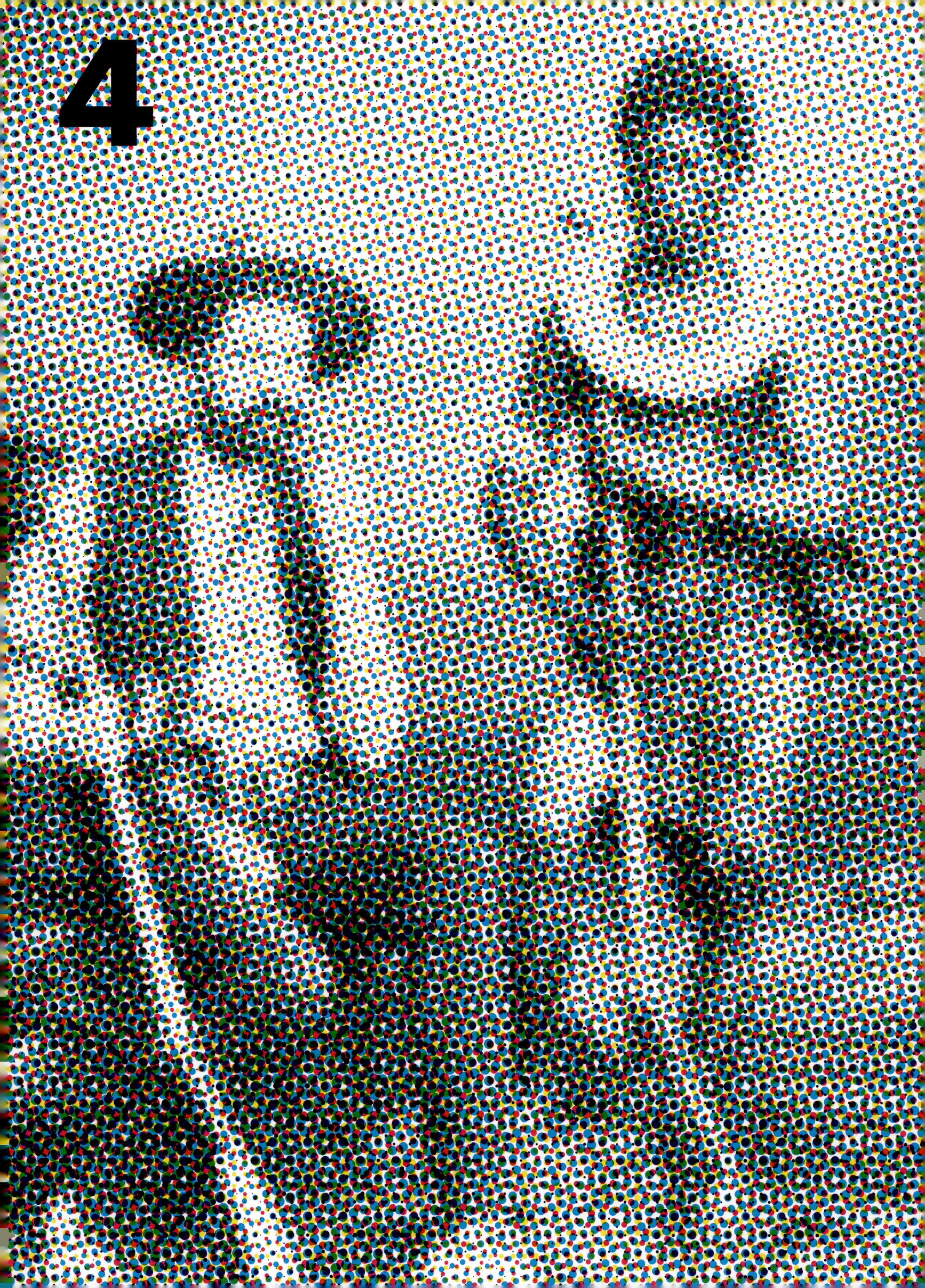

GRENZZIEHUNGEN UND GRENZÜBERSCHREITUNGEN IM KOLONIALEN VERHÄLTNIS

KOLONIALISMUS DRÄNGTE AUF KLARE Verhältnisse in unübersichtlichen Situationen und zog Grenzen zwischen Menschen, Räumen und Gesellschaften. Grenzziehungen sollten eine fremde Welt nach eigenen Kategorien ordnen und beherrschbar machen. Auf sprachlicher Ebene prägten Gegensatzpaare wie »schwarz« und »weiß«, »zivilisiert« und »unzivilisiert« den kolonialen Diskurs. In der Praxis vor Ort wurden Lebenswelten voneinander getrennt und Bevölkerungen verwaltet. In solchen Grenzziehungen kam immer auch eine Hierarchisierung zum Tragen, insofern koloniale Herrschaft durch die Behauptung gerechtfertigt wurde, Europäer seien ihrem Gegenüber überlegen.

Wissenschaften wie die Ethnologie und die physische Anthropologie klassifizierten nichteuropäische Menschen, Körper und Kulturen nach Kategorien wie »Rasse« oder »Stamm«. Auch wenn ihr Forschungsgegenstand in Gestalt von Individuen den Ordnungsmodellen empirisch widersprach, verliehen die Wissenschaftler rassistischen Grenzziehungen Autorität, die in populären Theorien weite Verbreitung fanden.

Durch das Ziehen von Grenzen versicherten sich die Kolonisatoren immer wieder ihrer eigenen Identität. Diese wurde in der kolonialen Gesellschaft, in der eine Minderheit von Europäern der einheimischen Bevölkerung gegenüberstand, beständig herausgefordert. Europäer, die unter dem Verdacht standen, sich den lokalen Gegebenheiten anzupassen, riefen eine identitäre Verunsicherung sowie Ängste hervor – etwa, wenn deutsche Männer Ehen mit afrikanischen Frauen eingingen und die Trennung zwischen Herrschern und Beherrschten verlorenzugehen drohte. Durch Verordnungen gegen »Mischehen« versuchte der koloniale Staat, diese Grenze zu definieren und festzuschreiben und löste damit auch im Deutschen Reich Debatten über Geschlechterverhältnisse und nationale Zugehörigkeit aus. Das Streben nach klaren Grenzen ließ sich nie vollständig und dauerhaft durchsetzen. Selbst als im deutschen Pachtgebiet Kiautschou/Jiaozhou in China mit Tsingtau/Qingdao am Reißbrett eine segregierte Stadt entstand, in der Deutsche und Chinesen in getrennten Vierteln wohnen mussten, gelang es Chinesen, in der »Europäerstadt« Grundstücke zu kaufen und dort zu wohnen. Die koloniale Ordnung scheiterte an der Komplexität der Wirklichkeit, an den eigenen Widersprüchen und vor allem am Handeln der Menschen, die sie auf vielfältige Art und Weise unterliefen und überschritten.

Sogenannte Völkerschauen im Deutschen Reich beruhten auf der Idee, Teilnehmerinnen und Teilnehmer aus nichteuropäischen Gegenden dem Blick des deutschen Publikums als exotisches Spektakel preiszugeben. Dennoch fielen sowohl Teilnehmende als auch Publikum aus der Rolle, wenn sie die Interaktion suchten. Einige Teilnehmende entschieden sich, in Deutschland zu bleiben und eine Existenz aufzubauen. Ebenso wie Afrikanerinnen und Afrikaner, die aus anderen Gründen und auf verschiedensten Wegen nach Deutschland gekommen waren, beanspruchten sie trotz anhaltender rassistischer Diskriminierung einen gleichberechtigten Platz in der deutschen Gesellschaft.

Umgekehrt eröffneten die Kolonien den Bewohnern der Metropole Freiräume, um die Grenzen der eigenen Gesellschaft in Frage zu stellen und zu überschreiten. Der koloniale Raum diente Lebensreformern und Utopisten unterschiedlicher politischer Couleur als Projektionsfläche ihrer Visionen, in manchen Fällen auch als Experimentierfeld für alternative Lebensentwürfe. *SG*

→ Literatur: Stoler/Cooper 1997; Comaroff 2002; Chatterjee 1993; Walgenbach 2005a; Kundrus 2003.

→
Otto Finsch und Tapinowanne Torondoluan,
Atelier L. Herzog, Bremen 1882/1883.
Berlin-Brandenburgische Akademie der Wissenschaften,
Archiv, Berlin. → Kat.-Nr. 4-1.

→
Gipsstückform zur Gesichtsmaskeeines Mannes aus Matupi,
Neu-Britannien (heute Papua-Neuguinea),
Herstellung: Louis und Gustave Castan, Berlin wohl
1883/1887, 1902 (Eingang).
Staatliche Museen zu Berlin, Gipsformerei. → Kat.-Nr. 4-9.

Die der Form zugrunde liegende Maske zählt zu der Samm-
lung, die der Zoologe, Ethnologe und Anthropologe Otto
Finsch während seiner Reise zu den pazifischen Inseln in den
Jahren 1879 bis 1882 zusammentrug. Um die lokale Bevölkerung unter anthropologischen Fragestellungen zu untersu-
chen, wählte er als Belegstücke Schädel, Skelettteile, Haar-
proben und Fotografien aus sowie Gesichts- und
Körperabformungen, wobei er Letzteren eine übergeordnete
Bedeutung zumaß. Von den Abformungen listete Finschs
Katalog *Anthropologische Ergebnisse einer Reise in der Süd-*
see und dem malayischen Archipel (1884) 164 Abformungen,
davon 155 Gesichtsmasken, mit den Namen und Herkunfts-
orten der erfassten Menschen auf. In der Einführung ist die
qualvolle Prozedur, der sich diese ausgesetzt sahen, wie auch
Finschs abschätzige Sicht auf ihren Widerstand beschrieben:
»Ich […] verwundere mich jetzt zuweilen selbst, wie es möglich war, die Betreffenden, darunter sogenannte Wilde, von
deren Sprache ich auch nicht ein Wort verstand, zu dem nicht

eben angenehmen Process des Abgiessens willig zu machen.«
In heutiger Lesart dokumentiert Finschs Kommentar die Gewalt, die in der anthropologischen Praxis gebilligt wurde. Die
physische Anthropologie nahm den menschlichen Körper in
den Blick. Material wie Messdaten, Skelettteile, Abformungen
und Fotografien aus allen Erdteilen wurde herangezogen, um
den Wissenschaftlern die unmittelbare Anschauung zu erset-
zen. Die entscheidende Kategorie, um Körper zu klassifizieren, war die der »Rasse«. Indem physische Merkmale mit intellektuellen Eigenschaften und moralischen Qualitäten
gleichgesetzt und hierarchisch interpretiert wurden, manifestierte sich ein spezifischer wissenschaftlicher Rassismus.
Finschs Felderfahrung stand in eindrücklichem Gegensatz
zur Theoriebildung. In einem unter dem Titel *Die Rassenfrage*
in Oceanien veröffentlichten Brief führt Finsch aus, wie es
ihm vor Ort nicht gelang, »typische« menschliche Vertreter
auszuwählen. Denn kulturelle Einflüsse machten die Bestimmung der Herkunft ebenso unmöglich wie seine mangelnden
Sprachkenntnisse, körperliche Merkmale stellten sich ihm in

fließenden Übergängen dar: »Ueberhaupt sind alle diese Charaktere: Größe, Färbung, Mund, Nase, Ausdruck u.s.w. so variabel, dass ich darauf keine Rassen-Charaktere basiren kann [...]. Ich habe mit dem Buch in der Hand die Charaktere der genannten Rassen verglichen und gefunden, dass Alles im Grossen und Ganzen unrichtig ist.« Finsch kommt zu der Überzeugung, dass sich Menschen »naturhistorisch nicht wohl durch Kennzeichen unterscheiden lassen, sondern so in einander übergehen, dass der Unterschied zwischen Europäern und Papuanern schliesslich ganz unbedeutend wird«. Finschs Scheitern an der Auswahl von Individuen, die der Erfassung als »Rassentypen« immer vorauszugehen hatte, deckt Widersprüche auf und weist die Kategorie »Rasse« als Konstrukt aus. Der renommierte Anthropologe Rudolf Virchow lobte die Sammlung hingegen als »sichere Grundlage der anthropologischen Erörterungen«. Um die Abformungen respektive die Masken reproduzieren zu können, wurden ab 1883 in Castan's Panoptikum Gipsstückformen angefertigt. Der Berliner Schaubetrieb mit

Wachsfigurenkabinett übernahm auch die Herstellung von kolorierten Gesichtsmasken und deren Vertrieb. Finsch bot sie Museen und Lehranstalten als »Lehrmittel für Völkerkunde« an. Darüber hinaus fanden die Masken ein breites Publikum in populären Ausstellungen.

Die gezeigte Gipsstückform lenkt die Aufmerksamkeit auf die wissenschaftlichen Praktiken im kolonialen Kontext, ohne den erfassten Menschen erneut den Blicken preiszugeben. Ihr ist auch die Gewalt in der Anfertigung der anthropologischen Beweisstücke eingeschrieben. Als nummerierte Serie dokumentieren die Formen die entmenschlichende Katalogisierung. Die Fotografie zeigt Otto Finsch mit Tapinowanne Torondoluan, der seine Heimat im Bismarck-Archipel (heute Papua-Neuginea) 1881 verließ und Finsch auf seiner weiteren Expeditionsroute bis nach Deutschland begleitete. Im Oktober 1883 kehrte Torondoluan auf die Insel Matupi zurück. *HH*
→ Literatur: Lange 2013; Howes 2013; Howes 2011; Friederici 2014; Finsch 1883; Finsch 1882; Finsch 1887.

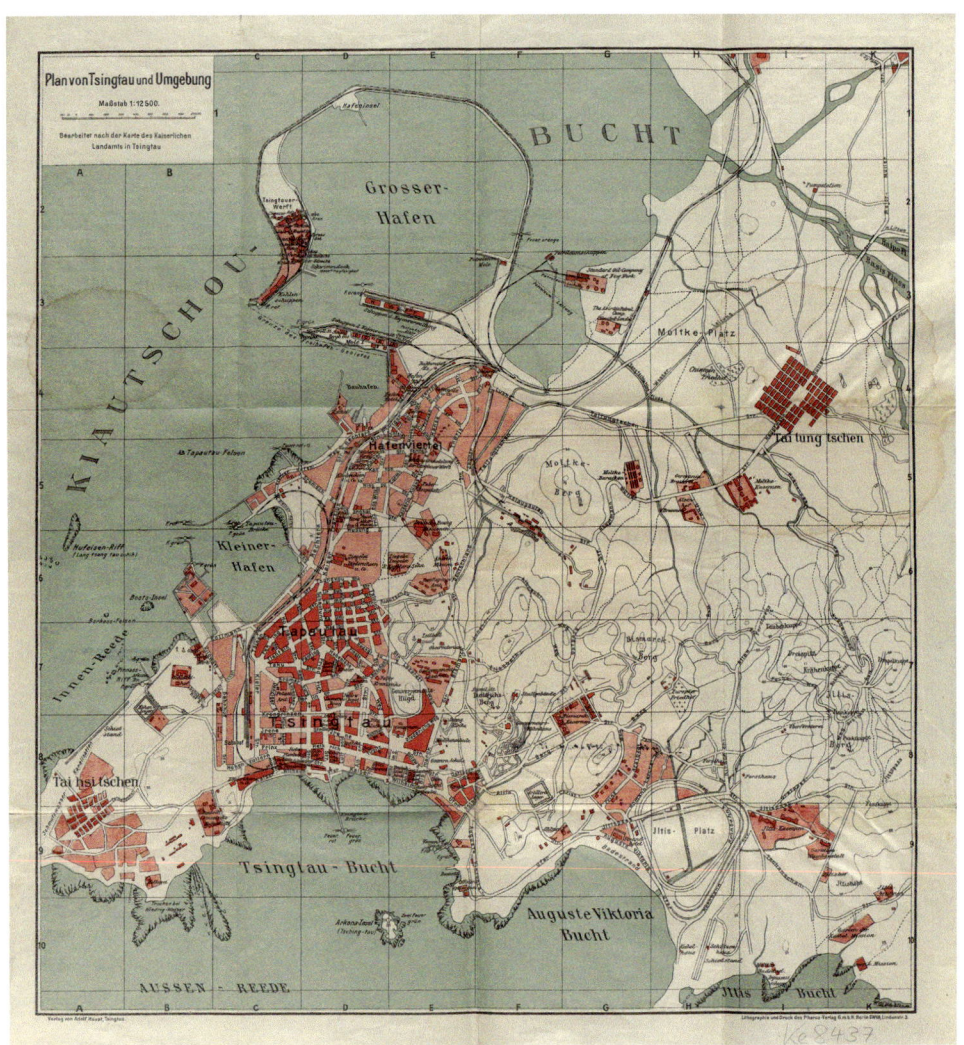

 ↑

***Plan von Tsingtau und Umgebung** bearb. nach der Karte des Kaiserl. Landamts in Tsingtau mit Adressen-Nachweis (M.: 1:12 500), Tsingtau/Qingdao, um 1910.*
Universitätsbibliothek Kiel. → Kat.-Nr. 4-21.

Zum Zeitpunkt der Einnahme als Flottenstützpunkt für die deutsche Marine 1897 war die Bucht von Kiautschou/ Jiaozhou (heute China) eine von Fischerdörfern besiedelte Halbinsel. Es wurde daher mit der Planung der neuen Stadt Tsingtau/Qingdao und der Errichtung einer umfassenden Infrastruktur begonnen. Dazu erwarb das Gouvernement die Grundstücke im geplanten Stadtgebiet von den chinesischen Eigentümern. Es folgten die Erstellung eines Bebauungs- plans und die Versteigerung der Baugrundstücke. Nach dem Kauf mussten diese vom Eigentümer innerhalb einer Frist entsprechend den Bauvorgaben bebaut werden, andernfalls drohten Sanktionen. Vorgesehen war eine zonale Bebauung: die sogenannte Europäerstadt und das Villenviertel im Süden sowie nördlich ein chinesisches Händler- und Geschäftsvier- tel – »Chinesenstadt«, Tapatau/Dabaodao. Zwischen Tapatau und dem Großen Hafen im Norden entstand die Hafenstadt

mit deutschen und chinesischen Industrieansiedlungen. Der erste Bebauungsplan sah zunächst keine Wohnviertel für die zum Stadtausbau benötigten Arbeiter vor. Diese errichteten sich folglich provisorische Unterkünfte, was zum Ausbruch von Seuchen führte. Das Gouvernement beschloss daher, Arbeiterviertel anzulegen, die südwestlich und nordöstlich von Tapatau lagen. Mit ihrer schachbrettartigen Anlage sollten Kontrollmöglichkeiten geschaffen sowie die hygie- nischen Standards gesteigert und damit die Arbeitskraft erhalten werden. Mit der Bodenpolitik und dem Bebauungs- plan sollten einerseits Bodenspekulation und unkontrollier- tes Bauen verhindert werden, andererseits sollte Tsingtau als »Musterkolonie« die Leistungsfähigkeit des Kaiserreichs reprä- sentieren und so die deutsche Vorherrschaft legitimieren. *SM* → Literatur: Lind 1998; Matzat 1985; Mühlhahn 2000; Warner 1998.

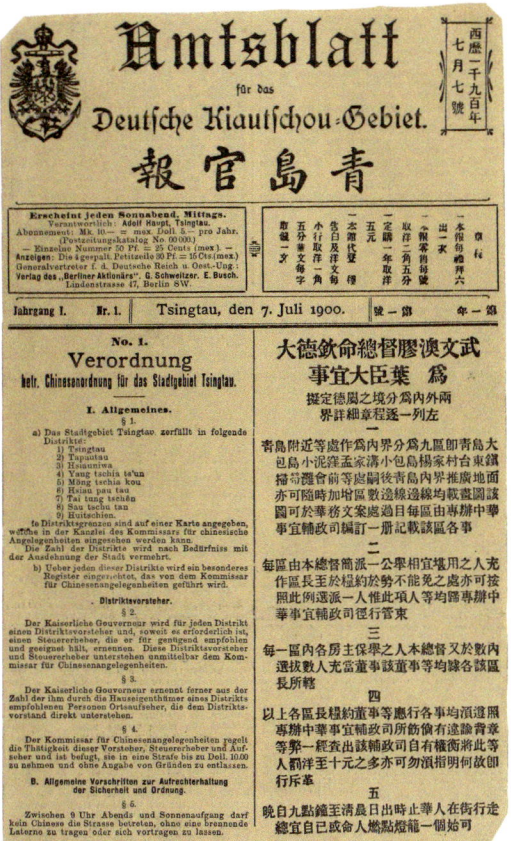

Familie Li (v. l. n. r.): Tochter Friederika Li mit ihrem Mann Fritz Irmer, die Kinder Erich und Charlotte Li sowie das Ehepaar Li Deshun und Margarete Li, vermutlich Herbst 1913.
Privatsammlung Dr. Wilhelm Matzat, Bonn. → Kat.-Nr. 4-20.

Verbindungen zwischen deutschen Frauen und einheimischen Männern waren in allen deutschen Kolonien selten und als Umkehrung der kolonialen Ordnung sehr verpönt. Insbesondere in Tsingtau/Qingdao im Pachtgebiet Kiautschou/Jiaozhou (heute China) gab es kaum derartige Beziehungen. In den wenigen Fällen hatten sich die Paare zumeist in Europa kennengelernt – ebenso das deutsch-chinesische Paar Margarethe Li und Li Deshun. Der aus Peking stammende Li Deshun arbeitete an der chinesischen Gesandtschaft in Berlin, wo er zwischen 1899 und 1903 als erster Chinese im Deutschen Kaiserreich an der Universität immatrikuliert war. Dort lernte er um 1900 die Schuhmachertochter Margarethe Krüger kennen. Das Paar siedelte nach China um, wo Li Deshun im Auswärtigen Amt und bei der Tianjin-Pukou-Bahn tätig war, bis die Familie 1909 nach Tsingtau zog. Aufgrund seines Vermögens und seiner politischen Beziehungen erhielt Li Deshun als erster Chinese das Recht, in der »Europäerstadt« zu wohnen, wo Magarete Li Anfang 1910 sieben Grundstücke erworben und damit das Niederlassungsverbot umgangen hatte. *SM*
→ Literatur: Biener 2001; Kaiser 2009; Klein 2004.

↑

Amtsblatt für das Deutsche Kiautschou-Gebiet mit Verordnung betreffend Chinesenordnung für das Stadtgebiet Tsingtau, in deutscher und chinesischer Sprache, 7. Juli 1900.
Deutsches Historisches Museum, Berlin. → Kat.-Nr. 4-17.

In der »Chinesenordnung« für das Stadtgebiet Tsingtau/Qindao im Pachtgebiet Kiautschou/Jiaozhou (heute China) vom 14. Juni 1900 definierte das deutsche Gouvernement Vorgaben zur Hygiene und zu sanitären Einrichtungen in Wohn- und Arbeitsgebäuden, deren Belegungszahlen sowie Meldepflichten für Mieter. Ebenso regelte die Verordnung Steuererhebung und -einzug sowie Aufenthaltsbestimmungen und öffentliche Aktivitäten ausschließlich für die chinesische Bevölkerung. Sie legte die strikte Trennung chinesischer und deutscher Wohnquartiere fest. Der chinesischen Bevölkerung war es somit verboten, in der »Europäerstadt« zu wohnen. Selbst der Aufenthalt in diesem Viertel war nur zu Arbeitszwecken und unter bestimmten Auflagen gestattet. Als Argument für die strikte Segregation wurden hygienische Notwendigkeiten hervorgebracht. Sie resultierten vor allem aus den rassistischen Zuschreibungen an die chinesische Bevölkerung, die als weniger sauber und damit auf einem niedrigeren kulturellen Niveau befindlich beschrieben wurde. Eine städtebauliche Trennung rekurrierte auf die vermeintliche deutsche Überlegenheit und die Gleichsetzung von Krankheitsursachen mit der chinesischen Bevölkerung, vor der die europäischen Einwohner in den spezifischen Stadtteilen zu schützen seien. *SM*
→ Literatur: Biener 2001; Matzat 1998, Warner 1998.

↑

Postkarte »Ein Sieger«, Verlag F. E. Metzler, Berlin 1900.
Deutsches Historisches Museum, Berlin. → Kat.-Nr. 4-28.

Sexuelle Kontakte von europäischen Männern mit einheimischen Frauen in den Kolonien galten als Vorrecht der Eroberer
und waren Ausdruck kolonialer Hierarchien. Postkarten bildeten vielfach deutsche Matrosen mit afrikanischen, chinesischen oder samoanischen Frauen ab. Die bildliche Darstellung setzte die Einnahme überseeischer Gebiete in Analogie
zur Inbesitznahme lokaler Frauen. Der Verfasser der 1900
in China versandten Karte nimmt in seinen handschriftlichen
Zeilen Bezug auf das »niedliche Geklammer« im Motiv, das
die »Sieger« erwarte und für die Schrecken des zu der Zeit
geführten Boxerkriegs belohne. Verbindungen zwischen
deutschen Männern und einheimischen Frauen wurden in der
Anfangszeit der Kolonialexpansion hingenommen. Ehen zwischen den jungen deutschen Kolonisten und einheimischen
Frauen erschienen zunächst zumindest den Missionen aus
ökonomischen, politischen und moralischen Überlegungen
sogar als erstrebenswert, denn sie ermöglichten den Zugang
zu Besitz und nützlichen Kenntnissen und versprachen geordnete Verhältnisse, anders als die zahlreichen unehelichen
Lebensgemeinschaften. Der zeitgenössische Sprachgebrauch
bezeichnete diese Ehen als »Mischehen«. *KK*
→ Literatur: Axster 2014; Kundrus 1997.

31

Kaiserliches Gouvernement.

J.№ 11709.   W i n d h u k, den 23. September 1905.

R u n d v e r f ü g u n g
an sämtliche Standesämter.

Ich beabsichtige eine Entscheidung des Auswärtigen Amts,
Kolonial=Abteilung, über die nach der neuen Fassung des Schutz-
gebiets=Gesetzes vom 10. September 1900 zweifelhaft gewordene
Zulässigkeit standesamtlicher Trauungen zwischen Weissen und
Eingeborenen beziehungsweise Bastards herbeizuführen. Mit Rücksicht hierauf sind solche Trauungen bis auf weiteres nicht vorzunehmen.

Ich bemerke ausdrücklich, dass dieselben diesseits wegen der
rechtlichen, politischen und sozialen Folgen als durchaus uner-
wünscht erachtet werden.

Der Kaiserliche Gouverneur.
In Vertretung.
gez. TECKLENBURG.

An
das Kaiserliche Standesamt

Rundverfügung, Hans Tecklenburg, Windhuk/Windhoek, 23. September 1905.
Bundesarchiv, Berlin, R 1001/2042, Bl. 31. → Kat.-Nr. 4-22.

Fotoalbum, Hans Buchinger, Tsingtau/Qingdao, Juni 1910.
Deutsches Historisches Museum, Berlin. → Kat.-Nr. 4-36.

Die Verwaltung der einzigen Siedlungskolonie Deutsch-Südwestafrika (heute Namibia) bewertete die steigende Zahl der bikontinentalen Partnerschaften und deren Nachkommen zunehmend kritisch. Der als »Rassenkrieg« verstandene Kampf gegen die Herero und Nama ab 1904 verschärfte die Situation. Da sich der Machtanspruch der kolonisierenden Nationen auf die behauptete kulturelle und »rassische« Differenz und Überlegenheit gegenüber der kolonisierten Bevölkerung stützte, sollte eine Vermischung der beiden Gruppen vermieden werden. Nach dem Reichsangehörigkeitsgesetz erhielten die Ehefrauen und die ehelichen Kinder eines deutschen Staatsbürgers zudem dessen Staatsangehörigkeit. Ängste vor dem Aufstieg einer gleichberechtigten »Mischlingsrasse« und dem Verlust der politischen Kontrolle sowie des gesellschaftlichen Machtanspruchs ließen eine Klärung der Frage, wie die Grenzen zwischen Herrschenden und Beherrschten eindeutiger zu markieren seien, immer dringlicher erscheinen. Um weitere »Mischehen« zu verhindern, erließ der stellvertretende Gouverneur Hans Tecklenburg eine Anweisung an die Standesämter in Deutsch-Südwestafrika, keine Trauungen zwischen Deutschen und »Eingeborenen« vorzunehmen. Wenige Monate später erging eine ähnliche Anordnung für Deutsch-Ostafrika (heute Tansania, Burundi und Ruanda), im Januar 1912 folgte ein formelles »Mischehen«-Verbot für die Kolonie Samoa. Als zweite Maßnahme förderten die Kolonialverwaltung und koloniale Interessenvereine die Auswanderung deutscher Frauen in die Kolonien, um so dem Mangel an deutschen Frauen zu begegnen, in dem man die Ursache für die »Mischehen« sah. Die Frauen sollten zur Gründung deutscher Familien beitragen und als »Kulturträgerinnen« nationale Eigenheiten wie die deutsche Sprache, Küche und Kleidung pflegen. Die Fotografien aus dem Nachlass des in Tsingtau stationierten Marinestabsarztes Hans Buchinger dokumentieren das Alltagsleben im deutschen Pachtgebiet in China und die Präsenz von deutschen Frauen und Mädchen in den typischen weißen Kleidern, die auch der Abgrenzung von der lokalen Bevölkerung dienten. *KK*
→ Literatur: Sippel 1995; Wildenthal 2001.

**»Deutsche Kolonial-Ausstellung. Die Hereros«,
aufgenommen von Franz Kullrich, Treptow 1896.**
Landesarchiv Berlin. → Kat.-Nr. 4-51.

Zu den Höhepunkten der Berliner Gewerbeausstellung 1896
gehörten neben Marineschauspielen die Nachbauten von
»Kairo« und »Alt-Berlin« sowie insbesondere die Kolonialausstellung, die Erzeugnisse und Einwohner der Kolonien präsentierte und das Interesse am kolonialen Projekt fördern
sollte. Dem Publikum versprachen die Organisatoren Authentizität. In Abgrenzung zu üblichen Völkerschauen betonten sie, dass die auf Vorschlag der Gouverneure Angeworbe-
nen »sich nicht berufsmässig zu Schaustellungen hergeben«.
Umgekehrt sollten sich die etwa hundert Teilnehmerinnen
und Teilnehmer ein Bild von Deutschland machen und es in
ihren Heimatländern vermitteln. Unter ihnen befanden sich
fünf Herero und vier Nama aus Deutsch-Südwestafrika (heute Namibia). Die Männer fielen dadurch auf, dass sie sich weigerten, ihre klassischen Herrenanzüge gegen eine vermeintlich traditionelle Kleidung einzutauschen: Sie waren
christlich getauft, einige sprachen Deutsch und hatten Er-
kundigungen bei der Rheinischen Mission eingeholt, die sie in
ihrem Selbstverständnis unterstützte. Die Gruppe um Friedrich Maharero (4. v. l.) verstand sich in erster Linie als diplomatische Delegation. Maharero, Josaphat Kamatoto, Ferdi-
nand Demôndja und Petrus Witbooi besuchten hierzu nicht
nur die Rheinische Mission in Barmen, sie erhielten auch eine
Audienz bei Kaiser Wilhelm II. Gelernt hätten sie in Deutschland nichts, berichtete Maharero 1947, man habe sie hauptsächlich gedrillt wie Soldaten. *OS*
→ Literatur: Arbeitsausschuss der Deutschen Kolonial-
Ausstellung (Hg.) 1896; Badenberg 2004; Kerr 1997;
Oermann 1999; Pracht-Album 1896; Zeller 2002.

**Plakat »Ausstellung Samoa. Unsere neuen Landsleute«,
1900/1901.**
Stiftung Stadtmuseum Berlin. → Kat.-Nr. 4-44.

Ab Mitte des 19. Jahrhunderts entwickelten sich sogenannte
Völkerschauen zu einem Massenphänomen, bei dem außereuropäische Darsteller vermeintlich landestypische Bräuche,
Tänze und Alltagsszenen vorführten. Zur Steigerung der Be-
sucherzahlen wurden die Schauen exzessiv mit Anzeigen und
Plakaten beworben, die sich vorherrschender Stereotypen
bedienten. Nur wenige Schausteller kamen aus den deutschen Kolonialgebieten; anlässlich der deutschen Inbesitznahme Westsamos bewarb dieses Plakat jedoch eine Gruppe,
die von Mai 1900 bis Sommer 1901 durch verschiedene deutsche Städte tourte. Te'o Tuvale, der der Gruppe vorstand, sah
in der Reise die Möglichkeit zur Informationsbeschaffung
über die neue Kolonialmacht. Wie erfolgreich er war, belegen
Zusammentreffen mit dem Kaiser sowie die spätere

**Toby John und Moses Joss in Fotografien von der Kolonial-
ausstellung 1896, erschienen im *Amtlichen Bericht über die
Erste Deutsche Kolonial-Ausstellung,* Berlin 1897.**
Deutsches Historisches Museum, Berlin. → Kat.-Nr. 4-49.

Fotografien *en face* und im Profil zählten zu den Methoden,
mit denen die Anthropologie den menschlichen Körper er-
fasste. Unter Anthropologen war es gängig, Völkerschauen
für Vermessungen und die Aufnahme physischer Merkmale
zu nutzen. Felix von Luschan vom Königlichen Museum für
Völkerkunde in Berlin hatte bereits zur Organisation der Kolonialausstellung beigetragen und sah in den Teilnehmerinnen
und Teilnehmern »reiches Material« für seine Studien. Im
Amtlichen Bericht bereitete er seine Beobachtungen für ein
breites Publikum auf. Seine Auflistung aller Teilnehmenden
mit Beschreibungen ihrer körperlichen Merkmale in Text,
Fotografien und Maßtabellen dokumentiert in ihrer Lücken-
haftigkeit jedoch auch, dass sich diese seinem Zugriff entzogen: Viele verweigerten das Vermessen- und Fotografiert-
Werden, ließen sich bezahlen und begegneten dem
Anthropologen mit »ausgesuchtester Frechheit«, wie er in
kurzen Charakterisierungen beklagte. Dass die Ordnung von
Beobachtern und Beobachteten nicht aufrechtzuerhalten
war, zeigt auch von Luschans Bemerkung über den Kameruner Toby John: »Hat Visitenkarten mit dem Namen Toby John,
verlangt von mir, dass ich ihm gegen Bezahlung 6 Dutzend
fotografische Porträts mache, und scheint auch sonst recht
beschränkt zu sein.« *HH*
→ Literatur: Badenberg 2004; Arbeitsausschuss der
Deutschen Kolonial-Ausstellung (Hg.) 1897.

Übernahme zahlreicher Teilnehmer in den Kolonialdienst. Die
Deutsche Kolonialgesellschaft und Missionskreise teilten die
Begeisterung für die Schaustellungen nicht: Sie fürchteten
einen negativen Einfluss auf die Reichsbevölkerung bis hin zu
sexuellen Verbindungen mit Schauteilnehmerinnen und
-teilnehmern. Das Auswärtige Amt hingegen befürchtete,
das Verhalten der deutschen Besucher könne das Ansehen
der Kolonialmacht in den Augen der Kolonisierten herabset-
zen und so Widerstand in den Kolonien fördern. 1901 wurde
daher ein Anwerbeverbot von Menschen aus deutschen
Kolonien erlassen. *SM*
→ Literatur: Arnold 1995; Gründer 2003; Thode-Arora
2001/02; Ausst.-Kat. München 2014.

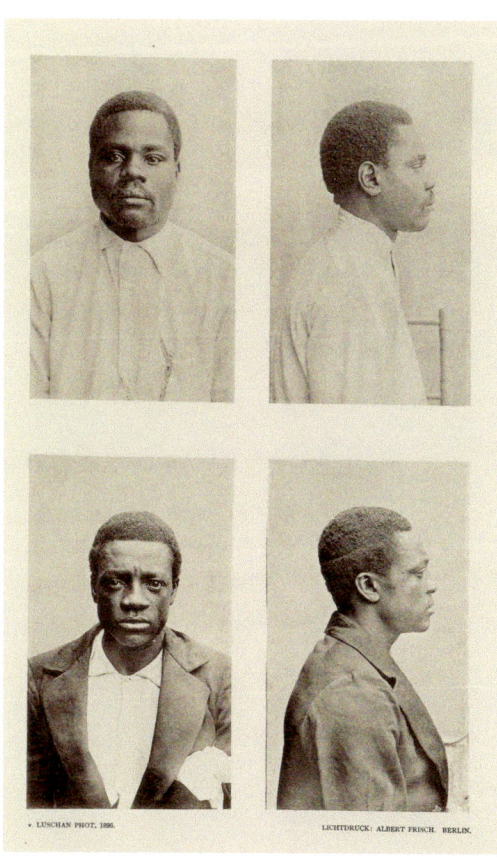

**Quane a Dibobe/Martin Dibobe mit Arbeitskollegen
der Berliner Hoch- und Untergrundbahn auf dem
U-Bahnhof Warschauer Brücke, 1902/1904.**
Das BVG-Archiv, Berlin. → Kat.-Nr. 4-54.

Der am 31. Oktober 1876 in Bonapriso in Douala, Kamerun,
geborene Quane a Dibobe, der von einem Pastor der Basler
Mission auf den Namen Martin getauft wurde, schloss sich
1896 der Duala-Gruppe an, die Kamerun auf der Kolonial-
schau der Berliner Gewerbeausstellung vertreten sollte. Im
Gegensatz zur Mehrzahl der afrikanischen Teilnehmer der
Schau blieb Dibobe nach deren Ende in Deutschland und begann eine Schlosserlehre in Strausberg bei Berlin. Der Verlo-
bung Anfang des Jahres 1900 mit Helene Noster, der Tochter
seines Vermieters, folgte eine längere Auseinandersetzung
mit den Behörden. Nach mehreren Schreiben Dibobes wurden seine fehlenden Papiere schließlich ausgestellt und das
Paar heiratete 1902. Im gleichen Jahr nahm er eine Tätigkeit
bei der Berliner Hoch- und Untergrundbahn auf, wo Dibobe
1906 zum Zugführer befördert wurde und zu städtischer
Bekanntheit gelangte. Für die deutsche Regierung reiste er
1906/07 nach Kamerun, um dort beim Aufbau einer Bahnlinie
mitzuwirken. Während dieses Aufenthalts soll Dibobe mit
politischen Aktivitäten begonnen haben, die er nach seiner

Rückkehr nach Deutschland fortsetzte. Er trat als Vertreter
der Kameruner Duala auf und tätigte zahlreiche Eingaben an
verschiedene deutsche Behörden. Von besonderer Bedeutung war dabei das *32-Punkte Papier als Bedingung »Deutsche« zu bleiben* vom 27. Juni 1919 an das Reichskolonialministerium, in dem er und einige afrikanische Vertreter das
Fehlverhalten der deutschen Kolonialmacht darstellten und
zukünftig Gleichberechtigung einforderten. Dibobes Bitten,
nach dem Ende des Ersten Weltkriegs nach Kamerun zu reisen und dort für die Deutschen zu werben, wurden jedoch
abgelehnt. Vermutlich wegen seines politischen Engage-
ments verlor er 1920 seine Beschäftigung bei den Berliner
Verkehrsbetrieben. Im Folgejahr soll Dibobe nach Kamerun
aufgebrochen sein; ob er mit seiner Frau und den vermutlich
zwei Kindern reiste, ist unklar. Seine Spur verliert sich in
Monrovia, Liberia. *SM*
→ Literatur: Rosenhaft/Aitken 2008; Reed-Anderson 2000.

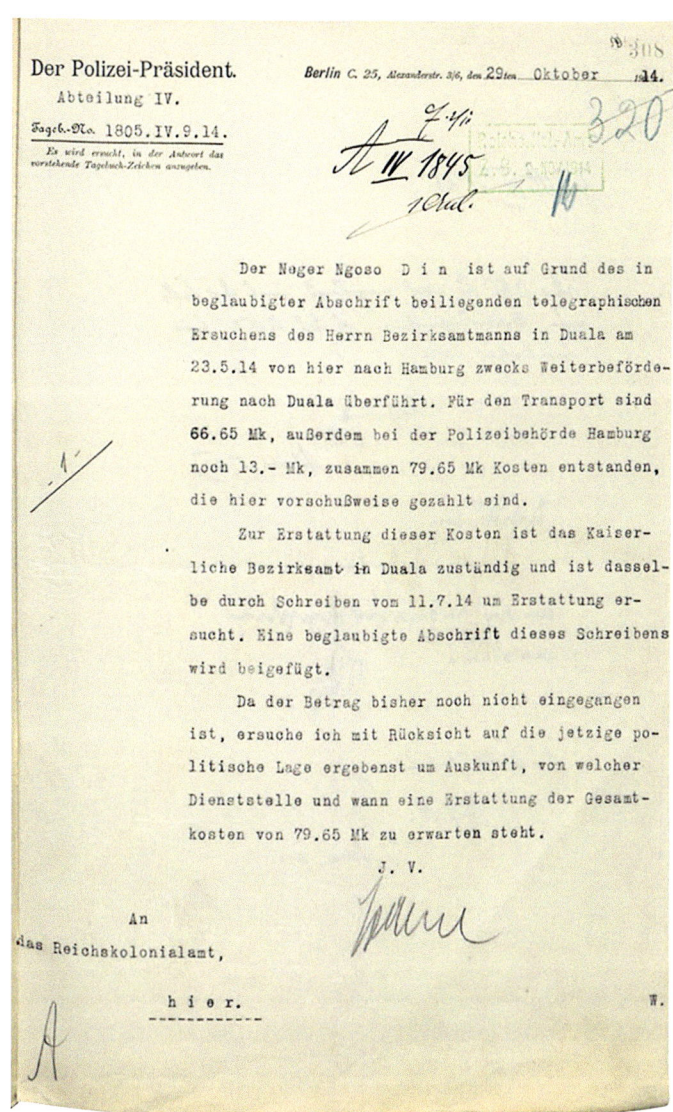

Der Polizei-Präsident.
Abteilung IV.
Tageb.-No. 1805.IV.9.14.
Es wird ersucht, in der Antwort das vorstehende Tagebuch-Zeichen anzugeben.

Berlin C. 25, Alexanderstr. 3/6, den 29ten Oktober 14.

Der Neger Ngoso D i n ist auf Grund des in beglaubigter Abschrift beiliegenden telegraphischen Ersuchens des Herrn Bezirksamtmanns in Duala am 23.5.14 von hier nach Hamburg zwecks Weiterbeförderung nach Duala überführt. Für den Transport sind 66.65 Mk, außerdem bei der Polizeibehörde Hamburg noch 13.- Mk, zusammen 79.65 Mk Kosten entstanden, die hier vorschußweise gezahlt sind.

Zur Erstattung dieser Kosten ist das Kaiserliche Bezirksamt in Duala zuständig und ist dasselbe durch Schreiben vom 11.7.14 um Erstattung ersucht. Eine beglaubigte Abschrift dieses Schreibens wird beigefügt.

Da der Betrag bisher noch nicht eingegangen ist, ersuche ich mit Rücksicht auf die jetzige politische Lage ergebenst um Auskunft, von welcher Dienststelle und wann eine Erstattung der Gesamtkosten von 79.65 Mk zu erwarten steht.

J. V.

An
das Reichskolonialamt,

hier.

↗

Brief der Polizeibehörde an das Reichskolonialamt zur Übernahme von Kosten, die bei der Rückführung von Adolf Ngoso Din nach Kamerun entstanden sind, Berlin, 29. Oktober 1914.

Bundesarchiv, Berlin, R1001/4430, Bl. 320. → Kat.-Nr. 4-55.

Deutschlands Entwicklung zur Kolonialmacht veränderte Ende des 19. Jahrhunderts die Gesellschaft im Kaiserreich. Menschen aus den Kolonien kamen aus unterschiedlichen Motiven in die Metropole und begründeten die erste Generation einer Schwarzen Präsenz. Sie landeten als Mitglieder von Schiffsbesatzungen in deutschen Häfen an, nahmen an Schaustellungen teil oder bereiteten als Sprachlehrer an den Hochschulen Beamte auf den Kolonialdienst vor. Bis 1900 warben deutsche Stellen um die Ausbildung von Angehörigen der afrikanischen Elite, um dem steigenden Bedarf an einheimischen Fachkräften in der Kolonialverwaltung und -wirtschaft zu begegnen. Auch Missions- und Handelsgesellschaften bildeten Fachpersonal im Reich aus. Andere Menschen fanden individuelle Wege. Junge Männer, hauptsächlich aus Kamerun, Togo und Ostafrika, bildeten das Zentrum dieser Schwarzen Bevölkerung, die jedoch nicht auf die Herkunft aus deutschen Kolonien beschränkt blieb. Bis 1914 hielten sich mehrere Tausend kürzer oder länger im Kaiserreich auf, ihre Zahl belief sich wohl auf bis zu 1000 Menschen gleichzeitig. Viele lebten in Kolonialmetropolen wie Hamburg oder Berlin, in denen sich ein kollektives Leben entwickelte. Vor unterschiedlichem Hintergrund teilten sie Erlebnisse von rassistischer Ausgrenzung und die Erfahrung, als anders zu gelten; mit Vereinsgründungen und politischer Organisierung fanden sie gemeinsame Antworten. Im stetigen Fluss von Kommen und Gehen hinterließen diese Menschen im Kaiserreich Spuren, entlang derer sich manche Lebenswege für eine Weile nachzeichnen lassen. Wegen der Diskriminierung und Verfolgung in der NS-Zeit finden sich nur selten geschlossene Familienerinnerungen. Hinweise geben zeitgenössische Medienberichte, vor allem aber Akten und Behördenvorgänge. Die behördliche Erfassung prägte den Alltag der Menschen, zugleich dokumentiert sie auch Aushandlungen mit staatlichen Stellen, die ihrerseits auf die Begegnungen nicht vorbereitet waren. Fragmentarische Nennungen und Vorgänge werfen auch die Frage auf, ob und wann man ihnen als Andere oder Kolonisierte begegnete. *SM/HH*
→ Literatur: Rosenhaft/Aitken 2013; Rosenhaft 2008.

↓
**»Schriftsteller und Pflanzer August Engelhardt mit
dem Klavier- und Geigenvirtuosen Max Lützow«, Kabakon,
21. Juli 1906.**
Archiv Dieter Klein, Wuppertal. → Kat.-Nr. 4-66.

August Engelhardts Drang, gesellschaftliche Konventionen
nicht gelten zu lassen, wurde offenkundig, als er sich 1899
einer naturverbundenen und nudistischen Vegetariergruppe
im Harz anschloss. Diese wurde staatlicherseits misstrauisch
beäugt und schließlich aufgelöst. Engelhardt beschloss, die
moderne Welt zu verlassen und im Pazifik eine eigene Gesellschaft ins Leben zu rufen. 1902 erreichte er das Bismarck-
Archipel und erstand eine Kokosplantage auf der Insel Kabakon. Fortan propagierte Engelhardt die Idee, ausschließlich
von Sonnenlicht und Kokosnüssen zu leben, die seiner Philosophie des »Kokovorismus« und seinem »Kokosevangelium«
zugrunde lag. Engelhardts Idee übte eine gewisse Faszination aus. Max Lützow, ein bekannter Musiker, der aus der Zivilisation und einem ungesunden Lebenswandel ins vermeintliche Paradies geflüchtet war, verfasste begeisterte Briefe
über den alternativen Lebensentwurf, die Engelhardts »Sonnenorden – Äquatoriale Siedelungsgemeinschaft« für kurze
Zeit popularisierten – bis Lützow 1905 an Erschöpfung verstarb. Im selben Jahr traf der Autor August Bethmann auf der
Insel ein. Er arbeitete gemeinsam mit Engelhardt an der
fünften Auflage seines Buches *Eine sorgenfreie Zukunft*. Darin werden die Tropen als naturgemäßer Lebensraum verstanden und Vegetarismus zur Lösung aller Sorgen bereitenden
Probleme erklärt, auf Kleidung könne verzichtet werden.
Auch wenn die Gruppe klein blieb, fanden sich immer wieder
zumeist männliche Neugierige auf Kabakon im heutigen
Papua-Neuguinea ein, die mehrheitlich erkrankten oder ums
Leben kamen. Die lebensreformerische Selbstverwirklichung
des Aussteigers Engelhardt war zunächst von den deutschen

Autoritäten weitgehend unbehelligt geblieben, bis die Verwaltung erste Krankenhausrechnungen von Anhängern zu
begleichen hatte. Mehrere Hundert Reichsmark mussten nun
für eventuelle Behandlungs- oder Rückreisekosten hinter-
legt werden, außerdem wurden zumindest Warnungen ausgesprochen, so vom Gouverneur von Neu-Guinea. Bei Engelhardt setzte bald der körperliche Niedergang ein. Kurz vor
dem Ersten Weltkrieg war er das einzig verbliebene Mitglied
des Sonnenordens; er zog seine Überzeugungen in Zweifel
und verfasste sein Testament. Während des Krieges wurde
Engelhardt für kurze Zeit interniert, konnte aber auf seine
Insel zurückkehren. Er verstarb im Mai 1919. *OS*
→ Literatur: Klein 2006; Mönter 2008; Zehrer 2012;
Bethmann/Engelhardt 1906.

Schriftsteller und Pflanzer August Engelhardt mit dem
Klavier und Geigenvirtuosen Max Lützow auf seiner Insel Kabakon.
Kabakon, Bismarckarchipel, 1906,

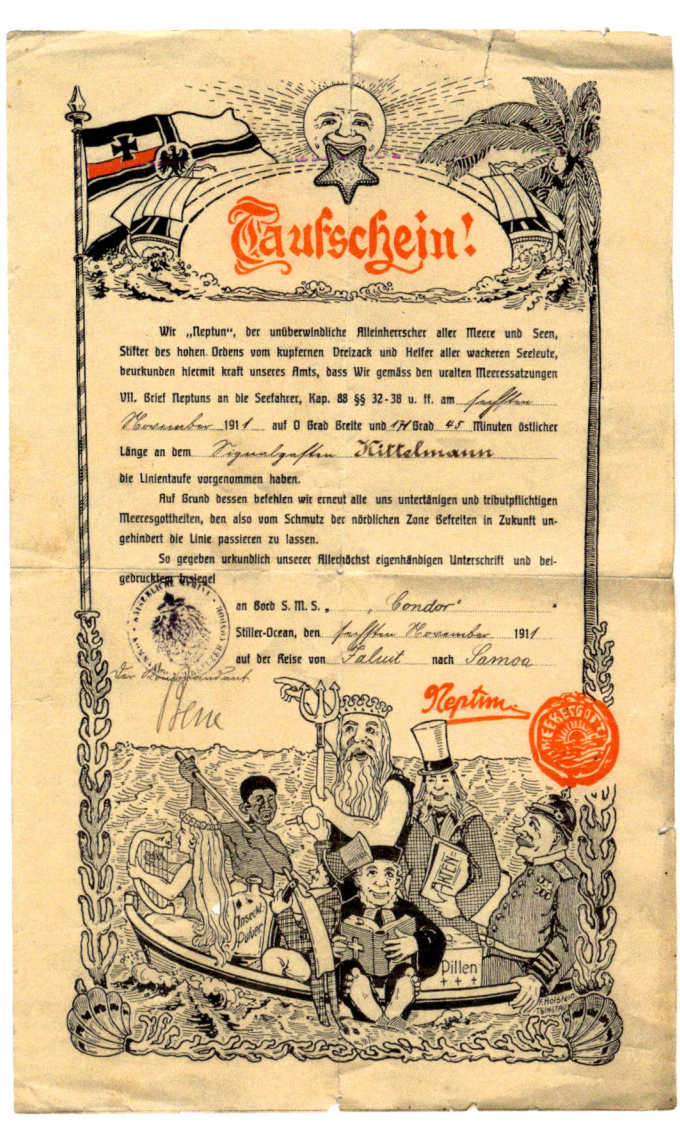

↗

**Taufschein von der Linientaufe auf der S. M. S. Condor,
5. November 1911.**

Deutsches Historisches Museum, Berlin. → Kat.-Nr. 4-63.

Von »Neptun« und dem Schiffskommandanten unterzeichnet, beglaubigt der Taufschein seinem Inhaber Paul Kittelmann, auf der Reise von Jaluit nach Samoa erstmals die Äquatorlinie überschritten und zu diesem Anlass seine Linientaufe durchlaufen zu haben. Kittelmann diente ab Mai 1911 für rund zwei Jahre auf der S. M. S. Condor, die der australischen Station des Ostasiengeschwaders zugeordnet und mit Routen durch den Südpazifik beauftragt war. Der Aufnahmebrauch der Linientaufe richtete sich an die Besatzungsmitglieder, die erstmals in die südliche Hemisphäre einfuhren, und setzte die übliche Rangordnung an Bord außer Kraft. Linientaufen wurden seit dem 16. Jahrhundert auf Handels- und Marineschiffen verschiedener europäischer Nationen begangen. Die Kritik an der männliche Härte ausstellenden Praxis reicht fast ebenso weit zurück. Zum Programm zählten Erniedrigungen der Initianden mit Torturen wie Tauchbädern, Penetration oder dem Verabreichen von verunreinigter Kost, gerahmt von Proklamationen, Scheinverhören und Schwüren. Zentral war eine die Neptun-Mythologie aufgreifende Kostümierung der Besatzung mit karnevalesken Zügen. Gängige Figuren im Gefolge des römischen Meeresgottes waren seine Frau Amphitrite, ein Priester, Doktor und Richter sowie weitere Ordnungshüter, wie auch der Taufschein zeigt. Die Figur des Fremden, von den Matrosen dargestellt in *blackface*, erweiterte das Repertoire der furchterregenden Charaktere. In Kostümierung und Handlungen spiegelt sich das symbolische Überschreiten der Grenze des Vertrauten und der Eintritt in eine mit Gefahren besetzte Welt. Die Äquatorlinie wird nach kolonialen Mustern aufgeladen als Grenze zwischen den nördlichen, mit Heimat und Realität verbundenen Meeren, und der »Südsee«, die in den Vorstellungen für Ferne, Exotismen und den Bruch mit Konventionen von Bekleidung und Sexualität stand. *HH*

→ Literatur: Bronner 2006; Steusloff 1992; Sammlung Dokumente des Deutschen Historischen Museums (Kittelmann), Berlin.

KOLONIALE SAMMLUNGEN, KOLONIALER BLICK

VIELE MUSEUMSSAMMLUNGEN SIND mit den kolonialen Machtverhältnissen eng verflochten. Mit der kolonialen Expansion kamen naturkundliche Präparate, Alltagsgegenstände und sakrale Objekte, Fotografien, anthropologische Daten und menschliche Skelettteile in Umlauf. Geleitet von Ideen der Vollständigkeit und dem unter Ethnologen verbreiteten Antrieb, einem vermuteten Niedergang der »Naturvölker« zuvorzukommen, stiegen die Sammlungsbestände rasch an. Vor Ort banden die Museen Kolonialverwaltung, Militär, Handel und Missionen in die Sammlungsaktivitäten ein, Leitfäden instruierten Laien in der Auswahl und Dokumentation der Einlieferungen.

Heute lagern Sammlungsgegenstände aus kolonialen Zusammenhängen in immensem Umfang in den Depots, ihre Wege ins Museum und die diese Transfers konturierenden Machtverhältnisse bleiben unsichtbar. So sind die Namen von lokalen Herstellern und Vorbesitzern sowie das Wissen von lokalen Informanten zumeist unterdrückt oder verloren. Geschenke, die lokale Eliten den europäischen Machthabern übergaben, sind Zeichen ihrer Einsicht in die Machtgefüge – unabhängig davon, ob die Schenkenden damit ihre lokale Macht zu sichern wussten oder Forderungen nachkamen. Unmissverständlich treten die Verflechtungen von Sammlungspraxis und Herrschaftsverhältnissen im Fall von Kriegsbeute oder der Bibel von Hendrik Witbooi hervor, die die »Schutztruppe« raubte.

Wenn sich Museen aktuell ihrer Kolonialvergangenheit zu stellen haben, stehen zumeist Fragen nach Eigentum und Erwerbsumständen im Fokus, denen nicht zuletzt von Seiten der Herkunftsgesellschaften Nachdruck verliehen werden. Diese Fragen setzen eine Auseinandersetzung mit der Bedeutung und Geschichte der Objekte in Gang. Sammlungspraktiken, die während der Kolonialzeit gesellschaftliche Akzeptanz fanden, werden heute neu bewertet.

Menschlichen Überresten sind diese Grenzüberschreitungen und ihr oft gewaltförmiger Erwerbskontext deutlich eingeschrieben. So bezeugt der abgeschnittene Zopf eines Chinesen, der im Imperialkrieg gegen die chinesische Boxerbewegung zur Trophäe wurde, eine vorsätzliche Demütigung.

Wie das Sammeln selbst als Akt der Aneignung koloniale Machtverhältnisse spiegelte, waren auch das Klassifizieren und Exponieren der Sammlungen in der Metropole mit kolonialen Diskursen verflochten. Anthropologische Sammlungen wurden als rassentheoretische Beweisstücke ausgelegt, die Vorstellungen von der europäischen Überlegenheit mit wissenschaftlicher Autorität ausstatteten. Bezwungene Raubtiere und Pflanzen galten, mit lateinischen Namen versehen, als neue Arten, Ausstellungen popularisierten hierarchisierende Blicke auf »Naturvölker«.

Dass Blickverhältnisse auch Machtverhältnisse sind, kommt darüber hinaus in einer kolonialen Bilderwelt zum Tragen, die die Alltagskultur im Kaiserreich durchdrang. Werbung und Warengestaltung trugen Motive kolonialer Eroberungen bis in die private Sphäre. Die Hüllen von »Kolonialwaren« beschönigten die koloniale Arbeitsteilung mit beschaulichen Exotismen und verbreiteten rassistische Stereotype. Die Dramaturgie von sogenannten Völkerschauen verfestigte den herrschaftlichen Blick, das »Kaiser-Panorama« bot die Illusion einer Reise als kollektives Erlebnis. In Bildern und Gegenbildern vergewisserten sich Konsumenten und Betrachter ihrer selbst und übten koloniale Deutungsmuster ein, die ihre Wirkmächtigkeit bis heute nicht verloren haben. *HH*

→ Literatur: Lange 2013, Berner/Hoffmann/Lange 2011, Henrichsen/Krüger 2012, Ciarlo 2003.

Tigergabel *(Fu Pa)*, China, 19. Jahrhundert.
Deutsches Historisches Museum, Berlin. → Kat.-Nr. 5-12.

Breitschwert *(Guan Dao)*, China, 19. Jahrhundert.
Deutsches Historisches Museum, Berlin. → Kat.-Nr. 5-14.

Am Ende des 19. Jahrhunderts bemühte sich das Deutsche Reich nach dem Vorbild anderer europäischer Nationen, den wirtschaftlichen und strategischen Interessen in China durch Erwerb eines festen Handels- und Marinestützpunktes Halt zu geben. Im Zentrum stand nach längerer Diskussion die Bucht von Kiautschou/Jiaozhou. Die Ermordung deutscher Missionare diente der Kaiserlichen Marine 1897 als Vorwand, die Bucht zu besetzen. Am 6. März 1898 wurde ein Pachtvertrag auf 99 Jahre unterzeichnet. Während es im Auswärtigen Amt und selbst in der Kaiserlichen Marine zögerliche Stimmen gab, war Kaiser Wilhelm II. ein engagierter Befürworter der Annexion Kiautschous. Bereits im Mai 1898 ließ er einige zuvor erbeutete chinesische Waffen – darunter auch eine Tigergabel und ein Breitschwert – als Trophäen an das Berliner Zeughaus überweisen, damals das zentrale preußische Heeresmuseum. Das Inventarbuch vermerkt, dass diese Waffen vom »Yamen«, dem Amtssitz des lokalen chinesischen Militärbefehlshabers stammen, wo sie bis zur Besetzung

durch deutsche Soldaten als Herrschaftszeichen angebracht waren. Der Direktorialassistent des Königlichen Museums für Völkerkunde in Berlin, Friedrich Karl Wilhelm Müller, leistete Amtshilfe und rechtfertigte die Erbeutung des Breitschwerts: Es sei seit fast 2000 Jahren Teil der chinesischen Kriegsbewaffnung. Die chinesischen Waffen sind nicht nur Zeichen für die persönliche Rolle des Kaisers bei der Annexion Kiautschous. Sie dienten später auch dem Direktor des Zeughauses, Edgar von Ubisch, Einsprüche des preußischen Kriegsministeriums gegen eine Ausweitung und Globalisierung der Sammlungskonzeption des Zeughauses zurückzuweisen. Die Sammlung sollte von der Beschränkung auf Waffen der brandenburgisch-preußischen und damit der europäischen Geschichte auf Waffen ostasiatischer und weltweiter Herkunft erweitert werden. *SL*
→ Literatur: Müller 1993; Mühlhahn 2000.

Das Neue Testament in der Nama-Sprache,
hg. v. Johann Georg Krönlein, mit handschriftlichen
Eintragungen u. a. von Hendrik, Christina und
Salomo Witbooi, Berlin 1866.
Linden-Museum Stuttgart, Staatliches Museum für
Völkerkunde, Stuttgart. → Kat.-Nr. 5–8.

Die in Gibeon (heute Namibia) ansässige Witbooi-Familie hatte mit der Erbeutung von Vieh und dessen Weiterverkauf Macht erlangt. In einer Zeit der Neuordnung der Machtverhältnisse in den 1880er Jahren sammelte Hendrik Witbooi eine wachsende Gefolgschaft um sich. *Das Neue Testament in der Nama-Sprache* verweist auf Witboois christlichen Glauben und das religiöse Sendungsbewusstsein, mit dem er seinen Machtansprüchen Geltung verlieh und nicht nur bei Missionaren auf Misstrauen stieß. Lange verweigerte er die Unterzeichnung eines deutschen »Schutzvertrags«. Nachdem er keine Allianz gegen die Kolonialmacht aufbauen konnte, unterstützte er ab 1894 die deutsche Seite, anfangs auch im Krieg gegen die Herero, der im Völkermord mündete. Im Oktober 1904 kündigte Witbooi die Allianz mit der Kolonialmacht auf, führte die Nama in den Krieg und starb im Gefecht. Witboois besondere Bedeutung liegt in seiner weitsichtigen Einschätzung der kolonialen Begegnung, die insbesondere in seinen Briefen überliefert ist. Von Witboois Bedeutung zeugten und zeugen auch Gegenstände und Dokumente mit persönlichem Bezug, die in deutsche Sammlungen gelangten. Sie sind Zeugnisse der Kolonialvergangenheit und des antikolonialen Widerstands, im Fall der Familienbibel aus Witboois Besitz entfalten sie eine postkoloniale Verflechtungsgeschichte bis in die Gegenwart.

Die Bibel wurde am 12. April 1893 beim Überfall der »Schutztruppe« auf Witboois Sitz in Hoornkrans erbeutet. Zu dem Angriff unter dem Kommando von Curt von François hatte die als Bedrohung angesehene Allianz von Samuel Maharero und Witbooi geführt. Witbooi, der sich selbst mit den meisten seiner Männer nicht vor Ort befunden hatte, schrieb in einem Brief an den Baster-Kaptein Hermanus van Wyk, »[Hauptmann Curt von François] plünderte das Lager auf so brutale Art, wie ich es mir nie von einem Angehörigen einer weißen zivilisierten Nation hätte vorstellen können«. Nach seiner Zählung fielen dem Überfall zehn Männer sowie 78 Frauen und Kinder zum Opfer. Über den Umweg der britischen Presse löste das Massaker auch in Deutschland Kritik aus. Welche Wege die Bibel nach ihrer Erbeutung nahm, ist nur unzureichend dokumentiert. 1902 ging sie als Schenkung von Hofrat P. Wassmannsdorf aus der Kolonialabteilung des Auswärtigen Amtes an das Linden-Museum. In den Debatten um postkoloniale Provenienzforschung und Restitution bietet die Bibel einen Bezugspunkt, nachdem seit 2013 Gespräche über eine Rückforderung der Bibel von Seiten der Familie Witbooi geführt werden. *HH*
→ Literatur: Lau (Hg.) 1996; Hillebrecht 2004/05; Hillebrecht 2015; Olusoga/Erichsen 2010; Förster 2013.

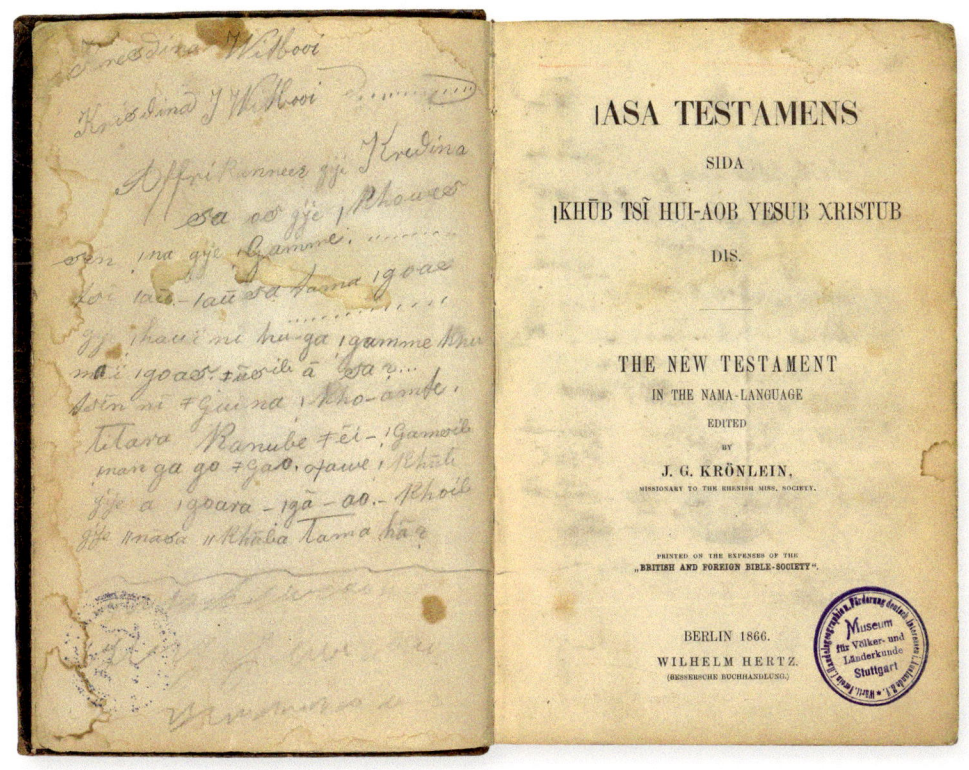

↑

Mit Haifischzähnen besetzte Keule, Sammler:
von Burski, Matty-Insel/Insel Wuvulu, Bismarck-Archipel
(heute Papua-Neuguinea), o. J.
Staatliche Museen zu Berlin, Ethnologisches Museum.
→ Kat.-Nr. 5-27.

Die ethnologischen Museen legten in der Kolonialzeit immense Sammlungen an, auf deren Grundlage sich die Ethnologie als wissenschaftliche Disziplin etablierte. Ihre Vertreter sahen ihre Aufgabe darin, durch ihre Sammlungsaktivitäten dem Wandel der Lebensweisen – bis hin zu deren Zugrundegehen – zuvorzukommen, der im Zuge der kolonialen Expansion unvermeidlich erschien. Diesem Rettungsparadigma lag ein Verständnis von »Naturvölkern« in Unterscheidung von »Kulturvölkern« zugrunde, das die koloniale Ideologie spiegelte. Zugleich bedrohte in dieser Sicht die koloniale Expansion den Untersuchungsgegenstand und machte das Sammeln der materiellen Kultur umso dringlicher, so dass die Einbindung von Laien vor Ort zweckmäßig erschien. Die Museen warben in den Netzwerken von Kolonialverwaltung, Militär, Handel und Missionen um Sammler. Als die Neuguinea-Compagnie 1893 auf Wuvulu anlandete, um Plantagenarbeiter zu rekrutieren, war die abgelegene Insel, die auf frühen Karten als Matty-Insel verzeichnet war, von den Ethnologen noch unbeachtet. Der Stationsbeamte Ludwig Kärnbach sandte eine Auswahl von 37 Waffen an das Königliche Museum für Völkerkunde in Berlin. Der Direktorialassistent des Museums, Felix von Luschan, war von deren Originalität angetan, und sein 1895 veröffentlichter Artikel schuf einen Markt für Artefakte von Wuvulu, an dem sich Ethnologen, Handelsgesellschaften und lokale Hersteller beteiligten.

Mit Aussicht auf einen lukrativen Handel mit Ethnographica gründete Hernsheim & Co. eine Station auf Wuvulu. Bereits 1896 verschiffte die Handelsgesellschaft mehr als 2000 Objekte, in den Jahren 1902 bis 1904 trug Hernsheim rund 3300 Objekte zusammen. Die Bewohner von Wuvulu hatten sich mit der Herstellung von Waffen auf die Nachfrage eingestellt. Von Luschan sah trotz der großen Anzahl keine Neuheiten darin und kritisierte die Sammlungspraktiken als »ungeheure und in der Geschichte der Ethnographie wohl unerhörte Plünderung«. Die Vermarktung von Ethnographica fand in der Region vorerst keine Nachahmer. Für die Produzenten auf Wuvulu war die Episode jedoch folgenschwer. Der Handel hatte die Malaria eingeschleppt, die einen massiven Rückgang der Bevölkerung zur Folge hatte. Die der »Rettungsethnologie« zugrunde liegende Denkweise hatte eine rücksichtslose Sammlungspraxis in Gang gesetzt, die als »selbsterfüllende Prophezeiung« zum Niedergang der Kulturen auf Wuvulu führte. *HH*
→ Literatur: Buschmann 2009; Luschan 1895; Luschan 1897; Arbeitsausschuss der Deutschen Kolonial-Ausstellung (Hg.) 1897; Förster 2013a.

Präparat der Spinnenart *Lycosa lüderitzi Simon*, 1910
Sammler: Leonhard Schultze, Lüderitzbucht
(heute Namibia), 1903/1905.
Museum für Naturkunde, Leibniz-Institut für Evolutions- und
Biodiversitätsforschung, Berlin. → Kat.-Nr. 5–24.

In der zoologischen Erforschung der Kolonien ersetzten Präparate ihre lebenden Entsprechungen. Die fragilen Körper
dieser Spinnenart in verschiedenen Lebensstadien hielten
dem Transport nur in Alkohol stand, auch wenn er sie bleichte
und verhärtete. Der rote Rand des Gefäßes kennzeichnet das
Präparat als Typusexemplar, anhand dessen diese Art erstmals klassifiziert wurde und an dem der Artenname verankert ist. Dass die europäischen Wissensordnungen und die
koloniale Agenda verflochten waren, wird von dieser nach
Adolf Lüderitz benannten Spinnenart über den Käfer *Didimus
wissmanni* bis hin zum Dinosaurier *Dysalotosaurus lettowvorbecki* sichtbar. Mit ihnen gewidmeten Artnamen, gebildet
aus dem Gattungsnamen und einem Nachnamen mit lateinischer Endung, haben sich Protagonisten des deutschen Kolonialismus unter anderem aus Handel, Politik oder Militär in
die zoologischen Nomenklaturen eingeschrieben. Im Fall der
Lycosa lüderitzi Simon oblag die Erstbeschreibung dem französischen Zoologen Eugène Simon, ein Wegbereiter der
Spinnenforschung. Das Exemplar war ihm zur Bestimmung
überlassen worden von dem in der europäischen

Wissenschaftslandschaft weitvernetzten Leonhard Schultze
aus Jena. Der Zoologe hatte 1903 im Auftrag der Reichsregierung fischereiwirtschaftliche Untersuchungen aufgenommen und den Aufenthalt im südlichen Afrika bis Ende 1905
ausgedehnt, zeitweise verband er seine Forschung mit einer
Stellung als offizieller Kriegsberichterstatter im Kolonialkrieg. Mit dem Zoologischen Museum in Berlin hatte Schultze
im Vorhinein vereinbart, diesem die Aufsammlungen nach
wissenschaftlicher Bearbeitung zu überlassen. Simons Erstbeschreibung der *Lycosa lüderitzi Simon* erschien in Schultzes mehrbändigem Forschungsbericht, das Typusexemplar
blieb im Berliner Depot. Und auch als die Art einer anderen
Gattung, den Wolfspinnen, zugeordnet wurde, hatte die Widmung Bestand. Heute firmiert sie unter *Hogna lüderitzi*. HH
→ Literatur: Förster/Stoecker 2016; Simon 1910; Schiebinger
2007.

←

Prunkvase mit dem Porträt Kaiser Wilhelms II., Alexander Kips, Königliche Porzellan-Manufaktur Berlin, 1891.
Deutsches Historisches Museum, Berlin. → Kat.-Nr. 5-29.

Am 1. Juli 1890 schlossen das Deutsche Reich und das Vereinigte Königreich den sogenannten Helgoland-Sansibar-Vertrag, der die Gebietsansprüche beider Mächte in Afrika regeln sollte. Gegen Gebietsabtretungen in Ost- und Südwest-Afrika erhielt das Kaiserreich die Nordseeinsel Helgoland, die für den Flottenausbau als strategisch wichtig galt. Aus diesem Anlass überreichte Kaiser Wilhelm II. im Sommer 1891 diese Prunkvase an Sir Eduard Malet, den britischen Botschafter in Berlin. Sie zeigt das Porträt Kaiser Wilhelms II. sowie das Berliner Stadtschloss und das Neue Palais in Potsdam. Mit Henkeln und posaunenden Engeln verziert, ist die Porzellanvase im Rokokostil zusätzlich mit Blumengirlanden, Blattwerkranken und Rautendekor bemalt. Der Vasendeckel trägt die Inschrift »Suum Cuique« (Jedem das Seine) und nimmt Bezug auf die Regelung der kolonialen Gebietsansprüche. Wilhelm II. bestellte die Vase mehrfach in der Königlichen Porzellan-Manufaktur Berlin; ein 1901 hergestelltes Exemplar war für den Schah von Persien bestimmt. *SM*
→ Literatur: Butz 1998; Stölzl (Hg.) 1995; Klein 2005.

↑

**Chinesische Langhalsflasche, Ming-Dynastie, Ära Wanli
(1572–1620).**
Staatliche Museen zu Berlin, Museum für Asiatische Kunst.
→ Kat.-Nr. 5-34.

Gegen die europäische Einflussnahme in China formierte
sich ab 1899 die »Boxerbewegung«, deren Proteste bald
Peking erreichten, wo es im Juni 1900 zum tödlichen Atten-
tat an dem deutschen Gesandten kam. Daraufhin erklärten
die »Boxer« den westlichen Kolonialmächten den Krieg,
wurden aber von diesen geschlagen. Im »Boxerprotokoll«
verlangte das Kaiserreich unter anderem die Entsendung
einer »Sühnemission« nach Deutschland. Die chinesische
Delegation unter Leitung des Prinzen Chun vollzog im September 1901 das »Sühnezeremoniell« im Neuen Palais in
Potsdam. Gleichzeitig trafen in der chinesischen Gesandtschaft in Berlin Geschenke ein, die Prinz Chun dem Kaiserpaar
überreichen wollte. Das Auswärtige Amt bat jedoch darum,
von einer offiziellen Übergabe abzusehen, woraufhin die
Stücke ihren Weg in verschiedene Museen in Deutschland
fanden. Insgesamt handelte es sich um 36 exklusive Stücke
aus unterschiedlichen Epochen der chinesischen Geschichte.
Diese Langhalsflasche aus Porzellan mit Dekor in Schmelz-
farben stammt aus der Ära Wanli der Ming-Dynastie und
zeigt typischen floralen Schmuck mit Drachen, eingefasst
durch ornamentale und florale Friese. *SM*
→ Literatur: Butz 1998; Klein 2005.

↓

**Pfeife aus dem Besitz von Mirambo, Zentral-/Ostafrika,
19. Jahrhundert, von Hermann Wissmann erworben 1883.**
Staatliche Museen zu Berlin, Ethnologisches Museum.
→ Kat.-Nr. 5-32.

Vor dem Hintergrund sich verändernder Machtansprüche
und Handelsinteressen in Ostafrika wechselte diese Pfeife
aus hellgrünem Speckstein ihren Besitzer. Ihr ursprünglicher
Eigentümer Mirambo, seit den 1860er Jahren politischer
Führer der Uvowa, beherrschte große Gebiete im heutigen
Tansania. Als zentraler Akteur des Karawanenhandels hatte
er ein großes Vermögen erworben und eine Armee aufgebaut. Durch seinen Einfluss entwickelte sich Mirambo zu einem Konkurrenten der dominierenden arabischen Händler
– insbesondere, als er ab 1875 direkten Kontakt zu Europäern
an der ostafrikanischen Küste suchte, um Zwischenhändler
auszuschalten und europäisches Wissen für seinen
Machtausbau zu nutzen. Mit Unterstützung der Association
internationale africaine (AIA) erwirkten die arabischen Händler 1881 ein Waffenembargo gegen Mirambo. Die Gesellschaft war 1876 auf Initiative des belgischen Königs Leopold
II. gegründet worden und unterhielt in den Folgejahren im
Zuge einer erstarkenden Kolonialbewegung nationale Komitees in verschiedenen europäischen Ländern. Unter dem
Deckmantel philantropischer und wissenschaftlicher Interessen verfolgte die AIA das Ziel, die Handelswege in Ostafrika
für Europäer zu öffnen. In ihrem Dienst wurde Hermann
Wissmann 1881 zu einer Expedition von der West- bis an die
Ostküste Afrikas entsandt. Nach seiner Rückkehr sicherte ihm
die Reise Ruhm und ebnete den Weg zu einer Karriere im
deutschen Kolonialdienst. Während der Expedition war Wissmann mit Mirambo zusammengetroffen, von dem er diese
Pfeife erhielt, die er an das Königliche Museum für Völkerkunde in Berlin gab. *HH/SM*
→ Literatur: Bennett 1971; Bückendorf 1997; Reid 1998;
Wagner 2015.

←

Herbarbeleg *Nymphaea zenkeri Gilg*, gesammelt von Georg Zenker, Bipindi, Kamerun, Juli 1899.
Botanischer Garten und Botanisches Museum,
Freie Universität Berlin. → Kat.-Nr. 5-39.

Diese zur Familie der Seerosengewächse gehörende Wasserpflanze sammelte der Leipziger Georg Zenker 1899 in Kamerun. Auf dem Etikett ist ihre weiße Blütenfarbe vermerkt und dass sie in langsam fließenden Bächen wachse. Zenker sandte sie getrocknet und gepresst an den Berliner Botanischen Garten mit der Botanischen Zentralstelle für die deutschen Kolonien. Der rote Aufkleber kennzeichnet den Herbarbeleg als Typusbeleg, als Exemplar also, das der Beschreibung einer noch unbekannten Art zugrunde lag. Der Botaniker Ernst Friedrich Gilg, der die Erstbeschreibung vornahm, verewigte den Sammler im Artnamen. Der gelernte Gärtner Zenker hielt sich bereits ab 1887 in Westafrika auf. Er arbeitete zunächst in Gabun als Leiter einer Farm des Hamburger Reeders Adolph Woermann, danach als Sammler von Heilpflanzen für ein Hamburger pharmazeutisches Unternehmen. Im Jahr 1889 wechselte er in den deutschen Kolonialdienst als Präparator für geologische, zoologische und botanische Zwecke und leitete die Station Jaunde in Kamerun. Die Regierungsstationen in den deutschen Kolonialgebieten dienten militärischen, administrativen und wissenschaftlichen Zwecken. Das Sammeln fand hier im Kontext einer staatlich finanzierten Beschaffung von Daten und Objekten statt, die der zentralen wissenschaftlichen Auswertung und Archivierung in Berlin zugeführt wurden, um praktisch verwertbares Wissen für die Kolonialverwaltung zu erhalten. In Jaunde arbeitete Zenker eng mit afrikanischen Stationsmitarbeitern zusammen und erhielt über seine beiden afrikanischen Frauen Zugang zur Sprache und zu Wissen über Land und Bevölkerung. Auch nach seinem Ausscheiden aus dem Kolonialdienst 1895 sandte er Pflanzenmaterial an das Botanische Museum, das insgesamt etwa 5000 Nummern von Zenker erhielt, die bestimmt und teilweise an die großen Herbarien weltweit verteilt wurden. Für die weitergegebenen Belege erhielt Zenker eine finanzielle Entlohnung. Die wissenschaftliche Sammeltätigkeit stellte somit eine zusätzliche Einnahmequelle für Zenker dar, der außerdem die Plantage Bipindihof betrieb. *KK*
→ Literatur: Mildbraed 1923; Köstering 2003.

Kolorierte Zeichnung eines Fisches mit einheimischem Namen »Invõng« , Georg Zenker, Jaunde/Yaoundé, Kamerun, 1889/1895.

Museum für Naturkunde, Leibniz-Institut für Evolutions- und Biodiversitätsforschung, Berlin. → Kat.-Nr. 5-43.

Die von Georg Zenker anfertigte Zeichnung eines in Kameruner Bächen vorkommenden Süßwasserfischs zeigt diesen in seiner natürlichen Größe. Um die Skizze herum hielt Zenker anatomische Informationen zum Tier fest und vermerkte Analogien zu bekannten Arten. Auch der einheimische Namen Invõng ist angegeben. Obwohl die lokalen Bezeichnungen von Tieren und Pflanzen häufig mitgesammelt wurden, fanden sie keine Aufnahme in die lateinische Nomenklatur und erfuhren somit eine Abwertung bei der Eingliederung der Sammlungsobjekte in die westliche Wissensordnung. Hinweise darauf, dass den Sammlungen auch Beziehungen zur lokalen Bevölkerung zugrunde lagen, die als Informanten, Sammler, Präparatoren und Übersetzer eingebunden waren, finden sich selten in den Objekten oder ihrer wissenschaftlichen und musealen Dokumentation, denn die Beteiligung dieser Helfer wurde meist unterschlagen. Die Abhängigkeiten, die Zenkers Sammlungspraxis vor Ort bedingten, und das lokale Wissen, das zumeist unterdrückt wurde oder auf dem Weg in die Museen verlorenging, tauchen jedoch in seinen Korrespondenzen und begleitenden Quellen auf und werfen ein Licht auf die Aushandlung von Wissen über Kamerun. Die Zeichnung stammt aus der Zeit, als Zenker die Station Jaunde leitete. Er sammelte disziplinenübergreifend für die drei großen Berliner Museen – das Botanische Museum, das Zoologische Museum und das Königliche Museum für Völkerkunde –, denen aufgrund des Bundesratsbeschlusses von 1889 eine übergeordnete Position zukam. Alle auf Reichskosten beschafften naturkundlichen und ethnologischen Sammlungen aus den Kolonien sollten zunächst dorthin gehen für eine zentralisierte wissenschaftliche Auswertung. Für Zenker entwickelten sich die Berliner Museen zu wichtigen Partnern, die ihm Instruktionen zusandten, Sammlungen abkauften und ihm somit eine Karriere als Sammler und wissenschaftliche Autorität ermöglichten. *HH/KK*

→ Literatur: Habermas 2013; Köstering 2003.

Geschichte: Privat. Kolonialismus im privaten Gedächtnis,
Fotografien: Philip Kojo Metz, Deutschland 2016.
Deutsches Historisches Museum, Berlin. → Kat.-Nr. 8-7.

In fotografischen Porträts nimmt der Künstler Philip Kojo Metz die persönlichen
Beziehungen von Sammlern, Besitzern und Erben zu Relikten der deutschen Kolonialzeit in den Blick. Das Sammeln von kolonialen Gegenständen folgt ganz unterschiedlichen Motiven. Den Grundstein vieler Sammlungen legte noch eine in den
Kolonien aktive Generation, nachfolgende Generationen haben Gegenstände und
Erzählungen in ihre Familiengeschichten eingewoben. War die Erinnerung an die
koloniale Vergangenheit im öffentlichen Gedächtnis Konjunkturen unterworfen
und lange Zeit kaum präsent, so hat sie sich im Privaten bis in die Gegenwart fort-
geschrieben. Dies eröffnet die Frage, in welchem Verhältnis privates und öffentliches Erinnern heute stehen: Was geschieht, wenn Sammlungen und tradierte
Erzählungen auf postkoloniale Diskurse und gesellschaftliche Debatten treffen?
Philip Kojo Metz erschließt den jeweiligen persönlichen Umgang mit dem materiellen und immateriellen kolonialen Erbe in Porträts und Interviews. Dabei geht er
den Sammlungspraktiken und den Erinnerungen nach, die sich heute noch an die
Gegenstände knüpfen lassen. Die Porträtserie spiegelt die individuellen Positio-
nierungen hinsichtlich der kolonialen Vergangenheit wider und entwirft zugleich

Von links oben nach rechts unten:
Dieter Linke, Herzberg;
Susann Schneider, Berlin;
Reinhard Schneider, Berlin;
Wedig J. v. Below, Unterwössen

←

Werbeplakat »Sunlicht-Seife ist Reinheit, Frische, Sparsamkeit«, gestaltet von Hellmut Eichrodt für die Sunlicht-Seifenfabrik AG, Mannheim 1905.
Deutsches Historisches Museum, Berlin. → Kat.-Nr. 5-50.

Warengestaltung und Werbung trugen Bilder kolonialer Eroberungen und rassistische Stereotypen bis in die Haushalte. Mit dieser Frau in makellosem Weiß wurde Seife der Marke Sunlicht beworben. Sunlicht adaptierte den englischen Markennamen Sunlight (Sonnenlicht) als Inbegriff der Waschkraft, unter dem der Fabrikant William H. Lever ab 1884 erfolgreich den englischen Markt mit Kernseife belieferte. Am Mannheimer Standort unterhielt er eines der größten Seifenwerke Europas. Der Durchbruch im Markt von Seife zur Reinigung von Haushalt, Bekleidung und Körper war sowohl aufgrund der Inhaltsstoffe als auch der symbolischen Aufladung eng mit den kolonialen Verhältnissen verwoben. Die Rohstoffgewinnung von Palmöl und Kokosnussöl ließ Seife erschwinglich werden. Die Vermarktung setzte offensiv Bilder von kolonialem Fortschritt und rassifizierter Hygiene ein. Der Gebrauch von Seife markierte hierbei die Grenze zwischen »zivilisiert« und »unzivilisiert«. Viele Motive betrieben ein rassistisches Spiel mit Hautfarben. In diesem Plakatmotiv verkörpert die Frauenfigur in überhöhtem »Weiß«-Sein das Versprechen der Seife. *HH*
→ Literatur: Ciarlo 2011; McClintock 1995.

**Vorratsdose für Kaffee des Bremer Kolonialhauses
Kaffee F. Oloff und Co., um 1910.**
Deutsches Historisches Museum, Berlin. → Kat.-Nr. 5-49.

Mit der zunehmenden kolonialen Expansion veränderten sich
die europäischen Konsumgewohnheiten ab dem 19. Jahrhundert. Durch kürzere Transportwege, Zugang zu Rohstoffen
und Direktimporte wurden vormalige Luxusgüter wie Kaffee,
Tee oder Kakao für breite Bevölkerungsschichten erschwinglich. Obwohl als massenhafte Konsumgüter vertrieben, sollten die Verpackungen der Importwaren Exklusivität und Exotik vermitteln. Ihre Bildmotive kündeten vom beschaulichen
und vom Fortschritt unberührten Leben anderer Kontinente
im Kontrast zum hektischen europäischen Alltag der Industrialisierung. Nicht selten finden sich Darstellungen rein
manueller und als erfüllend assoziierter Arbeit, verkörpert
durch vermeintlich glückliche Arbeiter. Dieser ästhetisierte
Produktionsprozess blendete die tatsächlichen, vielfach
von Gewalt und Zwang geprägten Arbeitsbedingungen aus.
Legitimiert wurde der Zugriff auf Arbeitskräfte als ein wesentliches Element kolonialer Herrschaft vom Diskurs über
die »Erziehung zur Arbeit«, der körperliche Arbeit zu einem
Mittel der »Zivilisierung« erklärte. *SM*
→ Literatur: Conrad 2008; Stölzl (Hg.) 1995.

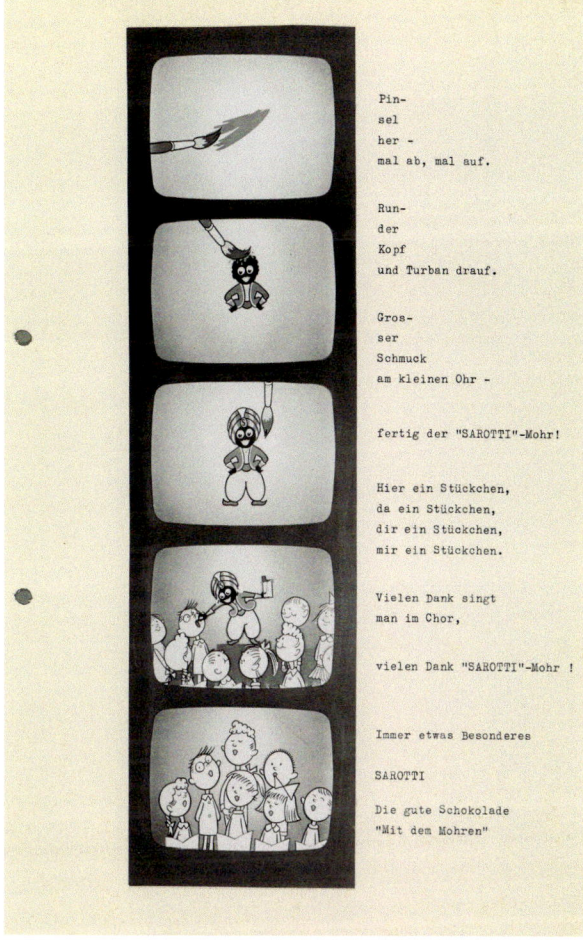

**Texte und Bilder eines Sarotti-Werbespots,
Bundesrepublik Deutschland 1957.**
Deutsches Historisches Museum, Berlin. → Kat.-Nr. 5-60.

1852 gründete H. L. Neumann in Berlin die Confiseur-
Waaren-Handlung Felix & Sarotti, die Feinkostprodukte
verkaufte. Später zog das Geschäft in die Mohrenstraße, was
den Grafiker Julius Gipkens 1918 vermutlich dazu inspirierte,
für eine Pralinenverpackung ein Firmenzeichen zu entwerfen, das aus drei »Mohren« mit Tablett bestand. Erst 1922
wurde das Markenzeichen auf den sogenannten Sarotti-
Mohren reduziert. Die Figur und der Begriff des »Mohren«
wurden in Europa seit dem 16. Jahrhundert als Sinnbild und
allgemeine Bezeichnung für Menschen dunkler Hautfarbe
verwendet. Die Figur der Sarotti-Werbung kombinierte in
ihrer Gestaltung populäre Orientklischees mit der Diener-
funktion des »Mohren«, der wegen rassistischer Zuschreibungen als weniger kultiviert erachtet wurde. Die Prominenz des
»Sarotti-Mohren« überdauerte auch die Zeit des Nationalsozialismus und fand ab den 1950er Jahren Eingang in das
Werbefernsehen. *SM*
→ Literatur: Arndt 2009; Gabelmann 2004; Gundermann
2009.

↑

Kaiser Wilhelm II. in der Kairo-Ausstellung der Berliner Gewerbeausstellung, 1896.
Deutsches Historisches Museum, Berlin. → Kat.-Nr. 5-63.

Als der Unternehmer August Fuhrmann 1880 erstmals das Kaiser-Panorama vorführte, waren stereoskopische Fotografien keine Neuheit mehr. Seit den 1850er Jahren hatten Betrachtungsgeräte auch in privaten Haushalten weite Verbreitung erlangt. Der Erfolg von Fuhrmanns fotografischen Schaustellungen, die sich im Kaiserreich zu großstädtischen Anziehungspunkten entwickelten, beruhte auf der durchdachten Apparatur: In einem hölzernen Zylinder blickten bis zu 25 rundum angeordnete Besucher durch zwei Okulare auf kolorierte stereoskopische Glasdiapositive, die vom Apparat hinterleuchtet und automatisiert am Auge vorbeitransportiert wurden. Von der Berliner Geschäftszentrale aus tauschte Fuhrmann eine immense Zahl von thematischen Bildzyklen zwischen seinen Filialen aus. Neben freischaffenden Fotografen, die ihm aktuelle Stereobilder aus aller Welt verkauften, waren für Fuhrmann zeitweise bis zu acht reisende Mitarbeiter mit firmeneigener Ausrüstung tätig. Bis 1910 baute er einen Fundus von mehr als 100 000 Aufnahmen auf, die er mit über 250 Zweigstellen geschäftstüchtig

auswertete. »Durch das Kaiser-Panorama ist das Problem gelöst: Die Welt mit der Welt bekannt zu machen!«, pries Fuhrmann seine Schaustellungen an. Stereoskopische Stadtspaziergänge übten den touristischen Blick, Motive zu politischen Ereignissen und der aktuellen Hofberichterstattung wurden fortwährend ergänzt. Zyklen zur Palästinareise von Wilhelm II. oder zum Burenkrieg verankerten deutsche Weltpolitik im Bewusstsein der Betrachter, Reisebilder nahmen die Besucher auf alle Kontinente mit. Zyklen von Welt- und Gewerbeausstellungen zeigten Inszenierungen kolonialer Bildwelten. Der räumliche Bildeindruck erzeugte den Effekt von Unmittelbarkeit: »Denn was ist für den modernen Menschen die Entfernung!«, bewarb Fuhrmann das Kaiser-Panorama als Fortschrittserfahrung und Reiseersatz. Die Illusion traf sich mit der Schaulust und Wissbegierde der Gesellschaft, an welche die Welt in Zeiten kolonialer Expansion, neuer Verkehrswege und Medien näher heranrückte. *HH*
→ Literatur: Bienert/Senf 1999; Rauschgatt 1994.

**Einsatz eines fotografischen Apparats auf der Reise,
Gustav Adolph Riemer, Tonga 1874/1877.**
Deutsches Historisches Museum, Berlin. → Kat.-Nr. 5-64.

**Gefolge des Königs Aibethul von der Pazifikinsel Koror
an Bord der S. M. S. Hertha, Gustav Adolph Riemer,
Palau 1874/1877.**
Deutsches Historisches Museum, Berlin. → Kat.-Nr. 5-64.

1874 bis 1877 bereiste die S. M. S. Hertha der Kaiserlichen Marine Ziele in China, Japan und im Pazifik, die Rückkehr erfolgte über Neuseeland und Australien. In den 1870er Jahren erhöhte sich die Reisetätigkeit von deutschen Marineschiffen in den Pazifik. Vor dem Hintergrund einer beginnenden Kolonialbewegung fuhren sie in diplomatischer Mission und vertraten deutsche Handelsinteressen, die Firmen wie Joh. Ces. Godeffroy & Sohn, ein Hamburger Handelsunternehmen, bereits vor Ort verfolgten. Insbesondere der Landerwerb brachte Konflikte mit sich, bei denen die Firmen Unterstützung durch die Marine erfuhren. So hatte 1874 die S. M. S. Arcona einen samoanischen bewaffneten Widerstand niedergeschlagen. Ein Jahr nach der britischen Inbesitznahme berichtete die S. M. S. Gazelle von Fiji. 1876

folgte die Reise der S. M. S. Hertha. Die gute Lage machte Samoa zu einem vorrangigen Ziel der Imperialmächte. Während in Samoa der Abschluss eines Vertrags zur Sicherung deutscher Interessen scheiterte, war die S. M. S. Hertha auf ihrer Weiterfahrt in Tonga erfolgreich. Der Marine-Zahlmeister Gustav Adolph Riemer dokumentierte die Expedition der S. M. S. Hertha als Amateurfotograf, unter anderem auch mit einer Stereokamera. 1878 veröffentlichte Riemer ein Fotoalbum mit mehr als 300 Originalaufnahmen. Während das Album offenbar nur in sehr geringer Auflage erschien, kamen Riemers Bilder sowohl als Serie von Stereofotografien für den privaten Gebrauch in Umlauf als auch im Kaiser-Panorama zur Vorführung vor einem großen Publikum. *HH*
→ Literatur: Lüthje 2004; Masterman 1934.

KOLONIALISMUS OHNE KOLONIEN (1919–1945)

DIE MEISTEN DEUTSCHEN KOLONIEN fielen nach Beginn des Ersten Weltkriegs 1914 vergleichsweise schnell in die Hände der gegnerischen Truppen. Einzig in Deutsch-Ostafrika dauerte der Krieg bis November 1918. Er verwüstete Gebiete, löste Hungersnot und Seuchen aus. An seinen Folgen starben geschätzt bis zu 500 000 Menschen. Die Niederlage Deutschlands im Ersten Weltkrieg bedeutete das Ende seines Kolonialreichs, der Schlusspunkt kolonialer Ambitionen war damit jedoch nicht gesetzt. Auch nach 1918 war das Deutsche Reich nach wie vor durch Kolonialismus und europäisches Überlegenheitsdenken geprägt.

Der Versailler Vertrag, der in Deutschland mehrheitlich als Demütigung empfunden wurde, regelte 1919 die Abtretung der deutschen Kolonialgebiete als Völkerbundmandate. Die meisten Deutschen erzürnte insbesondere die Begründung der Siegermächte, in den deutschen Kolonien hätten Greuel und extreme Formen von Willkür vorgeherrscht, weshalb sich das Deutsche Reich als unfähig zur Führung seiner Kolonien erwiesen hätte. In den Folgejahren erschien eine Flut von Memorialliteratur und politischen Artikeln, die nicht nur die sogenannte Kolonialschuldlüge zu widerlegen versuchte, sondern unter Betonung des angeblich ausgezeichneten Einvernehmens zwischen Deutschen und lokaler Bevölkerung die Rückgabe der Kolonien forderte. Der in dieser Zeit geschaffene Mythos einer kolonialen Idylle war während des gesamten 20. Jahrhunderts prägend für die öffentliche Wahrnehmung der Kolonialgeschichte.

Unter Losungen wie »Deutschland benötigt Kolonien« wurden vor allem wirtschaftliche Gründe für die Rückgabe angeführt. Für die kolonialrevisionistische Propaganda war es angesichts der wirtschaftlichen Krisensituation im Deutschen Reich bis 1924 nicht schwierig zu behaupten, Armut und Not seien auch eine Folge des Verlusts der Kolonien und ihrer Rohstoffe. Getragen wurde die kolonialrevisionistische Bewegung von Organisationen, deren Mitglieder sich zumeist schon im Kaiserreich engagiert hatten oder die in unterschiedlicher Funktion in den ehemaligen Kolonien tätig gewesen waren.

Ihre führenden Köpfe verfügten auf lokaler wie reichsweiter Ebene über hervorragende Verbindungen in Politik und Wirtschaft. Von der extremen Rechten bis in die Sozialdemokratie hinein waren die Forderungen nach Rückgabe der Kolonien fester Bestandteil ihres allgemeinen Kampfes gegen die Versailler Vertragsbestimmungen. So sehr das koloniale Thema innenpolitisch virulent war, so wenig Priorität genoss es bei den führenden deutschen Außenpolitikern. Sie waren realitätsbezogen genug, die Unmöglichkeit einer Restitution des ehemaligen Kolonialreichs zu erkennen.

Konkrete Hoffnungen der Kolonialbewegung ruhten ab 1933 auf den nationalsozialistischen Machthabern, denen mehrheitlich eine deutlich schlagkräftigere Außenpolitik zugetraut wurde. Ab Mitte der 1930er Jahre nutzte Adolf Hitler die koloniale Frage immer wieder öffentlich für sein außenpolitisches Taktieren gegenüber Großbritannien. Er ließ jedoch nie Zweifel daran aufkommen, dass sein vorrangiges Ziel die Eroberung von »Lebensraum im Osten« war, welche die NS-Führung ab 1939 mit den Überfällen auf Polen und die Sowjetunion in die Tat umsetzte. Noch während des Zweiten Weltkriegs endeten die nationalsozialistischen Kolonialplanungen für Afrika. Die in den 1920er Jahren geprägte idealisierte Sicht auf die koloniale Vergangenheit lebte jedoch ungebrochen fort. *AS*

→ Literatur: Linne 2008; Pesek 2010; Schilling 2014.

↑

Letztes deutsches M. G., **Walter von Ruckteschell,**
Ostafrika (heute Tansania, Burundi und Ruanda), 1918.
Deutsches Historisches Museum, Berlin. → Kat.-Nr. 6-10.

Als Adjutant des Kommandeurs Paul von Lettow-Vorbeck
erlebte Walter von Ruckteschell den Ersten Weltkrieg in Ostafrika. Die Deutschen wollten dort feindliche Truppen binden, um deren Einsatz auf dem europäischen Kriegsschauplatz zu verhindern. Gegen die britischen, belgischen und
portugiesischen Verbände vermieden die deutschen Truppen
eine offene Feldschlacht, vielmehr nutzten sie insbesondere
die tropischen Wälder für einen Guerillakrieg. Die Briten setzten in Ostafrika vor allem Soldaten aus Indien und der Südafrikanischen Union ein. Alle Seiten waren neben einheimischen Kämpfern aber auch auf Träger angewiesen, die in der
Regel unter Gewaltanwendung zu Hunderttausenden aus
ihren Dörfern verschleppt worden waren. Wer zu fliehen versuchte, wurde meist erschossen. Die Zahl der in der deutschen Truppe kämpfenden Askaris stieg von 1914 bis 1916 von
etwa 2500 auf rund 12 000 Mann. Als der Krieg im November
1918 endete, bestand die sogenannte Schutztruppe nur noch
aus 155 Europäern und 1168 Askaris. Ruckteschells Illustrationen sowie eine Vielzahl nach 1918 erschienener bildlicher
Darstellungen und Bücher vom Krieg in Ostafrika festigten
in Deutschland für Jahrzehnte die Legende von einem

weitgehend freundschaftlichen Miteinander der Deutschen
und ihren bis zuletzt in Treue ergebenen »afrikanischen Kameraden«. In der Weimarer Republik und unter dem NS-Regime
gehörte der Askari-Mythos zum Grundkanon der deutschen
Kolonialpropaganda. Als zentraler Bestandteil der kolonialrevisionistischen Bewegung diente die Figur des Seite an Seite kämpfenden Askaris als Beweis der tiefen Dankbarkeit für
die »segensreiche« deutsche Kolonialherrschaft. Für die
meisten Deutschen war die Legende vom »treuen Askari«
keine: Sie bezweifelten nicht die Behauptungen, die afrikanische Bevölkerung warte sehnlichst auf die Rückkehr der
Deutschen. Insbesondere in Kreisen der vormals in Afrika
lebenden Deutschen diente der Askari-Mythos der Aufwertung des Selbstwertgefühls nach dem Verlust der Kolonien. *AS*
→ Literatur: Michels 2009; Morlang 2008; Pesek 2010.

Im Lazarett in Indien, Carl Lindemann, Ahmednagar 1919.
Ulrike Badstuber, Börnsen. → Kat.-Nr. 6-5.

Der aus Bergedorf bei Hamburg stammende Maler Carl
Lindemann kam 1911 als Gouvernementssekretär nach Tanga
in Deutsch-Ostafrika (heute Tansania). Während des Krieges
wurde er zur deutschen »Schutztruppe« eingezogen. Wenige
Monate nach der Geburt der Tochter Gertrud 1915 musste
seine Ehefrau Johanna wie alle deutschen Staatsangehörigen
den Weg in ein britisches Internierungslager antreten. Carl
Lindemann zog bis zu seiner schweren Schussverletzung 1917
mit den Truppen Paul von Lettow-Vorbecks durch Deutsch-
Ostafrika, Ende des Jahres geriet er in britische Kriegsgefangenschaft. Wie die meisten deutschen Militärs und Zivilisten
aus Deutsch-Ostafrika wurde Lindemann in das Kriegs-
gefangenen- und Internierungslager Ahmednagar in Indien
verschifft. In einer Reihe von Aquarellen hielt er das dortige
Lagerleben und insbesondere das Lazarett fest, in dem er
sich langsam von seiner Verwundung erholte. Nach seiner
Entlassung 1920 kehrte Lindemann zu Frau und Tochter zurück, die Daressalam bereits im Jahr zuvor verlassen hatten. *AS*
→ Literatur: Bergedorfer Museumslandschaft (Hg.) 2015.

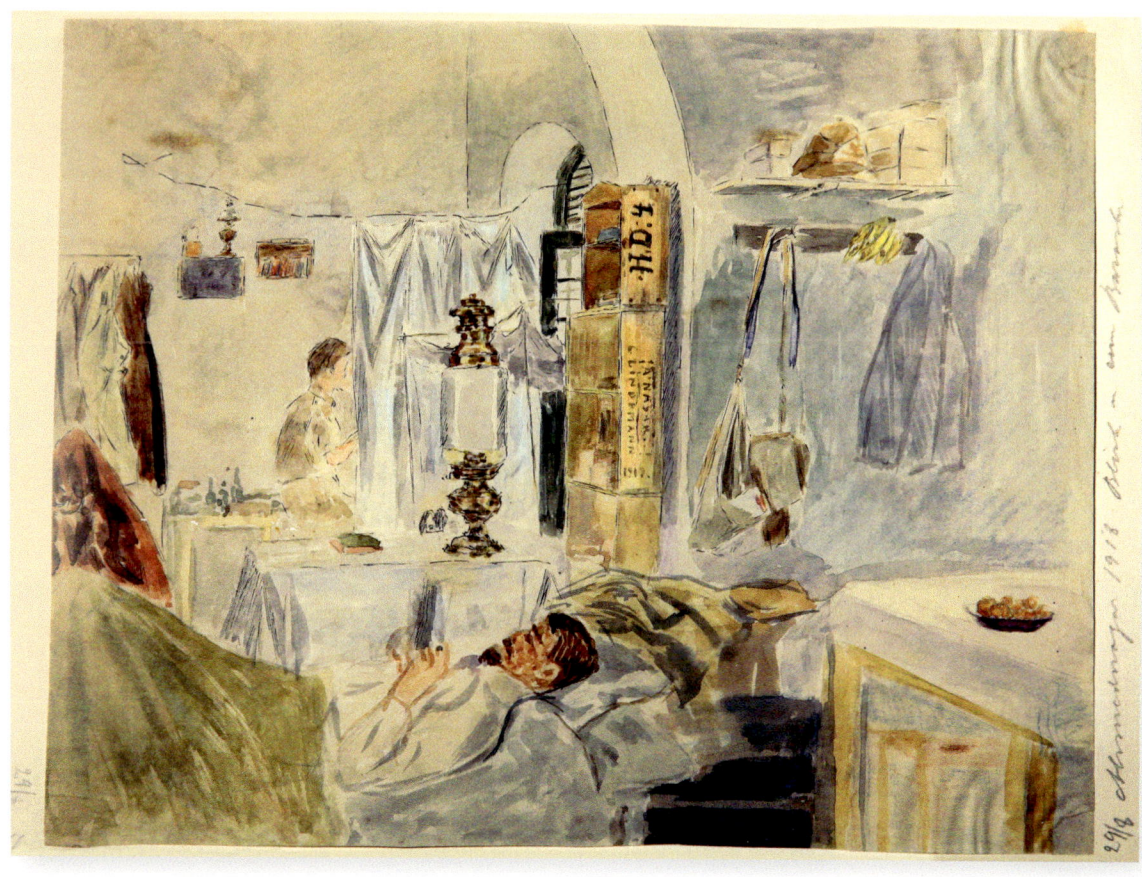

Die Reichsregierung.   Berlin, den 25. Januar 1919.

Auf Jhr gefälliges Schreiben vom 14.d.Mts. erwidere ich Jhnen ergebenst, dass über das Schicksal der deutschen Kolonien auf der Friedenskonferenz entschieden werden wird. Leider ist unsere Stellung den Gegnern gegenüber durch die von den früheren Machthabern getriebene Politik und deren Folgen so ausserordentlich geschwächt, dass uns eine Bekämpfung der Gewaltannektionsgelüste der Alliierten ungeheuer erschwert ist. Die Reichsregierung steht aber heute noch auf ihrem alten Standpunkt, dass ein Friede ohne Annektionen und Entschädigungen abgeschlossen werden soll. Wir beanspruchen die uns entrissenen Gebiete und Kolonien genau so zurück, wie wir die unsererseits besetzten Gebiete geräumt haben. Dabei würdigen wir durchaus den Wert, den brauchbare Kolonien für das deutsche Volk haben.

An
Herrn Heinrich Gerhard

Berlin-Friedenau.

↑
Handsigniertes Schreiben von Friedrich Ebert zum
»Schicksal der deutschen Kolonien«, Berlin, 25. Januar 1919.
Deutsches Historisches Museum, Berlin. → Kat.-Nr. 6-18.

Schon unmittelbar nach Ende des verlorenen Ersten Weltkriegs beschäftigte viele Deutsche die Zukunft der von den Siegermächten verwalteten Kolonien. Der am 9. November 1918 zum Reichskanzler ernannte Friedrich Ebert verdeutlicht in diesem Schreiben die Position der Reichsregierung und deren Anspruch, den ehemaligen Kolonialbesitz zurückzuerlangen. Ab dem 18. Januar 1919 berieten die Repräsentanten von 32 Siegermächten und den sogenannten Dominions über die Friedensverträge mit den Verliererstaaten. Unter keinen Umständen wollten sie die »Wiedereinsetzung Deutschlands in seine kolonialen Rechte« zulassen, wie es die in Weimar tagende Nationalversammlung am 1. März 1919 mit der großen Mehrheit von 414 gegen sieben Stimmen gefordert hatte. Vielmehr beharrten die Siegermächte auf die vorbehaltlose Annahme der von ihnen in Versailles ausgehandelten Friedensbedingungen. Als diese Anfang Mai 1919 in Deutschland bekannt wurden, riefen sie mehrheitlich

blankes Entsetzen hervor. Das Deutsche Reich musste unter anderem ein Siebtel seines Gebietes mit einem Zehntel seiner Bevölkerung an Nachbarstaaten abtreten. Artikel 119 des Versailler Vertrags verfügte unmissverständlich: »Deutschland verzichtet zugunsten der alliierten und assoziierten Hauptmächte auf alle seine Rechte und Ansprüche bezüglich seiner überseeischen Besitzungen.« Die ehemals deutschen Kolonien wurden zu Mandatsgebieten des Völkerbunds erklärt. Aus diesem Grund erfolgte 1920 die Auflösung des Reichskolonialamts respektive des Reichskolonialministeriums, wie das Amt seit dem 20. Februar 1919 hieß. Dessen Angelegenheiten wurden der Kolonial-Zentralverwaltung im Reichsministerium für Wiederaufbau übertragen. Zu den Aufgaben der Kolonial-Zentralverwaltung gehörte es dabei auch, die Möglichkeiten einer Wiedererlangung der Kolonien zu sondieren. *AS*
→ Literatur: Nöhre 1998.

→

Paul von Lettow-Vorbeck: *Heia Safari! Deutschlands Kampf in Ostafrika*, **Leipzig 1920.**
Deutsches Historisches Museum, Berlin. → Kat.-Nr. 6-46.

Erst nachdem er vom Waffenstillstand in Europa erfahren hatte, legte Paul von Lettow-Vorbeck als Kommandeur der »Schutztruppe« am 25. November 1918 die Waffen nieder. In der Öffentlichkeit galt er damit als der einzige unbesiegte deutsche General des Ersten Weltkriegs. Entsprechend begeistert empfingen ihn Tausende, als er am 2. März 1919 mit dem Rest seiner deutsch-ostafrikanischen »Schutztruppe« Einzug in Berlin hielt. Die von ihm selbst beschworene Rücksichtslosigkeit, mit der er über vier Jahre den Krieg in Ostafrika auch gegen die einheimische Zivilbevölkerung geführt hatte, ließ ihn in den Augen seiner Bewunderer »Heldenstatus« erreichen. Seine Popularität nutzte Lettow-Vorbeck in den Folgejahren durch gutdotierte Vorträge auch in wirtschaftlicher Hinsicht geschickt aus. Schon 1920 erschienen *Meine Erinnerungen aus Ostafrika*, die er im selben Jahr unter maßgeblicher Mitwirkung von Walter von Ruckteschell in gekürzter Fassung als *Heia Safari!* auch als Jugendbuch veröffentlichte. Dieses offen kriegsverherrlichende Werk, das im NS-Regime in die Grundbuchliste für Schülerbüchereien aufgenommen wurde, erschien noch bis 1952 in einer Gesamtauflage von 281 000 Exemplaren. Aus seiner Ablehnung gegenüber der parlamentarischen Demokratie der Weimarer Republik machte Lettow-Vorbeck kein Geheimnis: Im März 1920 beteiligte er sich maßgeblich am rechten Militärputsch zur Absetzung der gewählten Reichsregierung, was die Entlassung aus der Reichswehr zur Folge hatte. Seiner Popularität schadete dies nicht – im Gegenteil, galt er in nationalkonservativen und weit rechtsgerichteten Kreisen nun umso mehr als »Mann der Tat«. *AS*
→ Literatur: Michels 2008; Schulte-Varendorff 2006.

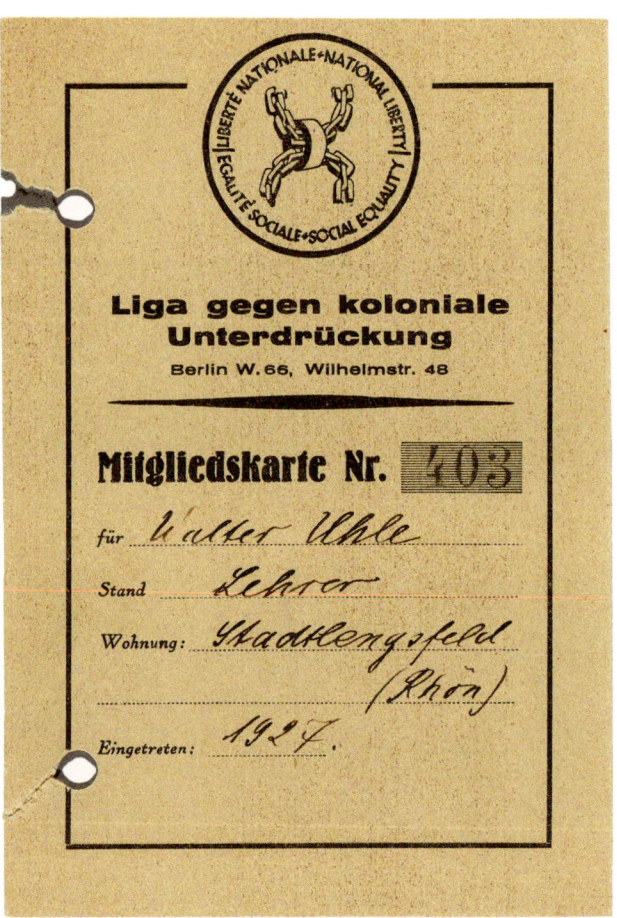

←

Mitgliedsausweis der Liga gegen koloniale Unterdrückung von Walter Uhle, Stadtlengsfeld 1927.
Deutsches Historisches Museum, Berlin. → Kat.-Nr. 6-26.

Mitte der 1920er Jahre wurden in Deutschland sowie in ganz Europa jene Stimmen lauter, die aus unterschiedlichen Motivationen heraus ein Ende des Kolonialismus forderten. Kolonialkritik übten Frauenrechtsorganisationen ebenso wie pazifistische Verbände und humanitäre Initiativen. Insbesondere die Kommunistische Partei Deutschlands (KPD) und ihr nahestehende Organisationen wie die Internationale Arbeiterhilfe (IAH) entfalteten in der Weimarer Republik zielgerichtet antikoloniale Aktivitäten. Der Vorsitzende der IAH, Willi Münzenberg, verfügte über direkte Verbindungen zur sowjetischen Führung. Deren unmissverständliches Ziel war es, nationale Befreiungsbewegungen und Widerstände in Afrika und Asien zu unterstützen, um die bestehenden kolonialen Ordnungen zu destabilisieren und unabhängige Staaten nach dem Vorbild der Sowjetunion aufzubauen. Münzenberg forcierte das Zusammenwirken der antikolonialen Bewegungen im Deutschen Reich, zu der auch Gruppierungen und Einzelpersönlichkeiten afrikanischer und asiatischer Herkunft gehörten. Viele von ihnen stammten aus den ehemaligen deutschen Kolonien und arbeiteten schon seit Jahren in Deutschland, andere waren als Studierende gekommen. Als ein Ergebnis von Münzenbergs Wirken gründete sich am 10. Februar 1926 die Liga gegen koloniale Unterdrückung. Ihre Zentren lagen in Berlin und anderen Großstädten, doch auch in ländlichen Gebieten hatte sie Mitglieder. Im thüringischen Stadtlengsfeld war während seiner Lehrertätigkeit von 1926 bis 1931 Walter Uhle Hauptaktivist der Liga, die nach eines maßgeblich von ihr organisierten *Kongresses gegen koloniale Unterdrückung und Imperialismus* in Brüssel im Februar 1927 in der Liga gegen Imperialismus und für nationale Unabhängigkeit aufging. *AS*
→ Literatur: Martin 2005.

↓

***Mahnruf. Organ für internationale Solidarität*, Berlin, Juli – August 1929.**
Deutsches Historisches Museum, Berlin. → Kat.-Nr. 6-25.

Die in der Zeitschrift der Internationalen Arbeiterhilfe *Mahnruf* abgedruckte Zeichnung lässt keinen Zweifel an den Zielen der Organisation aufkommen: die Ketten kolonialer Herrschaft weltweit zu sprengen. Um diese Bestrebungen voranzutreiben und die internationalen Aktivitäten zu vernetzen, tagte vom 10. bis 15. Februar 1927 der *Kongress gegen koloniale Unterdrückung und Imperialismus*. In Brüssel kamen 174 Delegierte aus Europa, Afrika, Asien, Ozeanien und Lateinamerika zusammen, die mehr als 130 antikoloniale, sozialistische, kommunistische, liberale, pazifistische und humanitäre Organisationen und Bewegungen repräsentierten. Ihr gemeinsames Feindbild war neben den Kolonialmächten der nach dem Ersten Weltkrieg gegründete Völkerbund, der nach Ansicht der Kongressteilnehmer ausschließlich die Interessen ebenjener »Unterdrückermächte« verfolgte. Um den Kampf gegen koloniale Herrschaft geschlossener und organisatorischer fortführen zu können, gründeten die Delegierten die Liga gegen Imperialismus und für nationale Unabhängigkeit. Sie entfaltete eine international weitverzweigte Tätigkeit und erreichte über Zeitschriften, Zeitungen, Flugblätter, Veranstaltungen und Kundgebungen eine vergleichsweise große Öffentlichkeit. Trotz gemeinsamer Ziele zeigten sich aber schon bald die Heterogenität und damit die Zerrissenheit der Liga, in der die Kommunisten zielstrebig ihren Einfluss ausbauten. Auf dem wegen behördlicher Schwierigkeiten kurzfristig von Paris nach Frankfurt am Main verlegten zweiten Kongress im Juli 1929 war die kommunistische Dominanz erdrückend. Ernüchtert zogen sich die übriggebliebenen sozialistischen und bürgerlichen Kräfte aus der Liga zurück, die bis zu ihrer Auflösung 1937 nicht mehr ansatzweise jenes antikoloniale Engagement wie vor 1929 entfalten konnte. *AS*
→ Literatur: Dinkel 2015; Martin 2005.

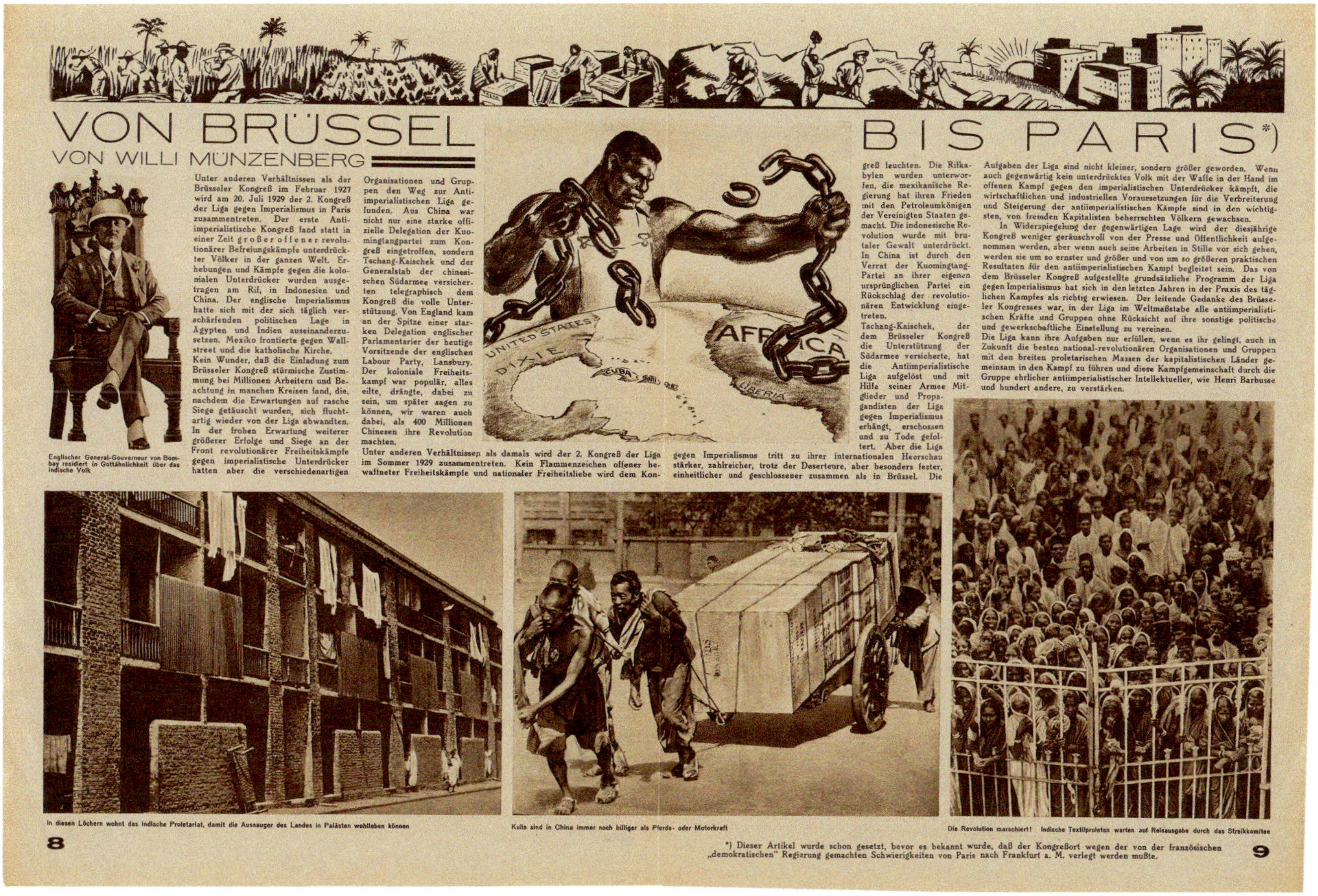

VON BRÜSSEL BIS PARIS*)

VON WILLI MÜNZENBERG

Unter anderen Verhältnissen als der Brüsseler Kongreß im Februar 1927 wird am 20. Juli 1929 der 2. Kongreß der Liga gegen Imperialismus in Paris zusammentreten. Der erste Antiimperialistische Kongreß fand statt in einer Zeit großer offener revolutionärer Befreiungskämpfe unterdrückter Völker in der ganzen Welt. Erhebungen und Kämpfe gegen die kolonialen Unterdrücker wurden ausgetragen am Rif, in Indonesien und China. Der englische Imperialismus hatte sich mit der sich täglich verschärfenden politischen Lage in Ägypten und Indien auseinanderzusetzen. Mexiko frontierte gegen Wallstreet und die katholische Kirche.
Kein Wunder, daß die Einladung zum Brüsseler Kongreß stürmische Zustimmung bei Millionen Arbeitern und Beachtung in manchen Kreisen fand, die, nachdem die Erwartungen auf rasche Siege getäuscht wurden, sich fluchtartig wieder von der Liga abwandten. In der frohen Erwartung weiterer größerer Erfolge und Siege an der Front revolutionärer Freiheitskämpfe gegen imperialistische Unterdrücker hatten aber die verschiedenartigen Organisationen und Gruppen den Weg zur Antiimperialistischen Liga gefunden. Aus China war nicht nur eine starke offizielle Delegation der Kuomingtangpartei zum Kongreß eingetroffen, sondern Tschang-Kaischek und der Generalstab der chinesischen Südarmee versicherten telegraphisch dem Kongreß die volle Unterstützung. Von England kam an der Spitze einer starken Delegation englischer Parlamentarier der heutige Vorsitzende der englischen Labour Party, Lansbury. Der koloniale Freiheitskampf war populär, alles eilte, drängte, dabei zu sein, um später sagen zu können, wir waren auch dabei, als 400 Millionen Chinesen ihre Revolution machten.
Unter anderen Verhältnissen als damals wird der 2. Kongreß der Liga im Sommer 1929 zusammentreten. Kein Flammenzeichen offener bewaffneter Freiheitskämpfe und nationaler Freiheitsliebe wird dem Kongreß leuchten. Die Rifkabylen wurden unterworfen, die mexikanische Regierung hat ihren Frieden mit den Petroleumkönigen der Vereinigten Staaten gemacht. Die indonesische Revolution wurde mit brutaler Gewalt unterdrückt. In China ist durch den Verrat der Kuomingtang-Partei an ihrer eigenen ursprünglichen Partei ein Rückschlag der revolutionären Entwicklung eingetreten.
Tschang-Kaischek, der dem Brüsseler Kongreß die Unterstützung der Südarmee versicherte, hat die Antiimperialistische Liga aufgelöst und mit Hilfe seiner Armee Mitglieder und Propagandisten der Liga gegen Imperialismus erhängt, erschossen und zu Tode gefoltert. Aber die Liga gegen Imperialismus tritt zu ihrer internationalen Heerschau stärker, zahlreicher, trotz der Deserteure, aber besonders fester, einheitlicher und geschlossener zusammen als in Brüssel. Die Aufgaben der Liga sind nicht kleiner, sondern größer geworden. Wenn auch gegenwärtig kein unterdrücktes Volk mit der Waffe in der Hand im offenen Kampf gegen den imperialistischen Unterdrücker kämpft, die wirtschaftlichen und industriellen Voraussetzungen für die Verbreiterung und Steigerung der antiimperialistischen Kämpfe sind in den wichtigsten, von fremden Kapitalisten beherrschten Völkern gewachsen.
In Widerspiegelung der gegenwärtigen Lage wird der diesjährige Kongreß weniger geräuschvoll von der Presse und Öffentlichkeit aufgenommen werden, aber wenn auch seine Arbeiten in Stille vor sich gehen, werden sie um so ernster und größer und von um so größeren praktischen Resultaten für den antiimperialistischen Kampf begleitet sein. Das von dem Brüsseler Kongreß aufgestellte grundsätzliche Programm der Liga gegen Imperialismus hat sich in den letzten Jahren in der Praxis des täglichen Kampfes als richtig erwiesen. Der leitende Gedanke des Brüsseler Kongresses war, in der Liga im Weltmaßstabe alle antiimperialistischen Kräfte und Gruppen ohne Rücksicht auf ihre sonstige politische und gewerkschaftliche Einstellung zu vereinen.
Die Liga kann ihre Aufgaben nur erfüllen, wenn es ihr gelingt, auch in Zukunft die besten national-revolutionären Organisationen und Gruppen mit den breiten proletarischen Massen der kapitalistischen Länder gemeinsam in den Kampf zu führen und diese Kampfgemeinschaft durch die Gruppe ehrlicher antiimperialistischer Intellektueller, wie Henri Barbusse und hundert andere, zu verstärken.

Englischer General-Gouverneur von Bombay residiert in Gottähnlichkeit über das indische Volk

In diesen Löchern wohnt das indische Proletariat, damit die Aussauger des Landes in Palästen wohlleben können

Kulis sind in China immer noch billiger als Pferde- oder Motorkraft

Die Revolution marschiert! Indische Textilproleten warten auf Reisausgabe durch das Streikkomitee

8

*) Dieser Artikel wurde schon gesetzt, bevor es bekannt wurde, daß der Kongreßort wegen der von der französischen „demokratischen" Regierung gemachten Schwierigkeiten von Paris nach Frankfurt a. M. verlegt werden mußte.

9

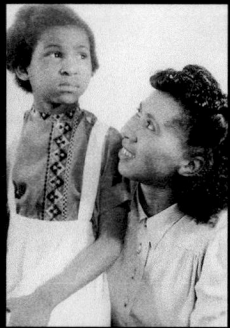

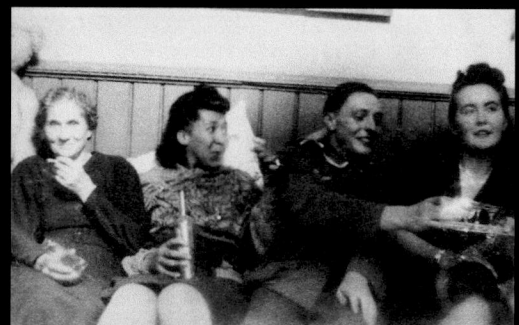

↑

von links oben nach rechts unten:
Emilie Diek und Tochter Doris mit Freunden an der Ostsee,
um 1930/
Mandenga Diek und seine Töchter Erika und Doris, 1928/
Doris und ihre Nichte Beryl Adomako (geb. Mpessa), um 1946/
Beryl Mpessa im Alter von zwei Jahren, 1940/
Emilie Diek und ihre Tochter Doris in Gesellschaft, 1945.

→

von links oben nach rechts unten:
Erika Ngambi Mpessa (geb. Diek) mit ihrer Tochter Beryl,
1960er Jahre/
Erika Mpessa (geb. Diek) und Doris Reiprich (geb. Diek) mit
der Schautruppe *Südseezauber*, um 1948/
Brian Adomako während seiner Studienzeit in Berlin (West),
1960/
Louis Brody Mpessa mit Frau Erika (geb. Diek) anlässlich
ihrer Hochzeit, 1938/
Doris Reiprich (geb. Diek) im Kostüm der Bühnenshow
Südseezauber, um 1948/
Doris Diek mit Schultüte und Schulranzen anlässlich
ihrer Einschulung, 1927/
Herbert und Doris Reiprich (geb. Diek) mit den Kindern,
1960er Jahre/
Abenaa Adomako anlässlich ihrer Einschulung, 1969/
Abenaa Adomako vor ihrer Reise nach London, 1980/
Roy Adomako anlässlich seiner Konfirmation, 1978

Vier Generationen der Familie Diek – Mpessa – Adomako – Reiprich in Fotografien.
Privatsammlung der Familie.

Die Geschichte der afrodeutschen Familie umspannt bis heute fünf Generationen:
Der Urgroßvater Mandenga Diek, Angehöriger einer Kameruner Duala-Familie, kam
1891 als 19-Jähriger zur Ausbildung nach Deutschland, blieb und wurde 1897 in
Hamburg eingebürgert. Seine Urenkelin Antonia Adomako ist heute 17 Jahre alt.
Die Fotografien aus dem Familienalbum zeigen die ersten vier Generationen und
erzählen vom Alltag und den Erfahrungen Schwarzer Menschen in Deutschland
seit dem Kaiserreich. Mandenga Diek lebte mit seiner ostpreußischen Frau Emilie
und den Töchtern Doris und Erika in Danzig und war als Großhandelsvertreter für
sogenannte Kolonialwaren tätig. Seitdem die deutschen Kolonien nach Ende des
Ersten Weltkriegs unter Mandatsherrschaft standen, lebte die Familie in prekären
staatsbürgerlichen Verhältnissen mit neuen Dokumenten, die sie als Angehörige
des ehemaligen »Schutzgebietes« auswiesen. Unter nationalsozialistischer Herrschaft erlebten sie Diskriminierung und Verfolgung. Doris floh mit ihrer Mutter
nach Berlin, wo Erika bereits mit ihrem Mann, dem kamerunischen UFA-Schauspie-
ler Louis Brody Mpessa, lebte. Nach Kriegsende verdienten sich die Schwestern in
der Berliner Pinguin-Bar und bei der Musikrevue *Südseezauber* ihren Unterhalt.
Dabei lernte Doris ihren zukünftigen Ehemann Detlef Reiprich kennen. Erikas Enkel
Abenaa und Roy Adomako, Kinder von Beryl und Brian Adomako, wurden während
der 1980er Jahren der Initiative Schwarze Menschen in Deutschland e. V. aktiv. Ihre
Tochter Antonia engagiert sich heute in der Jugendgruppe Black Diaspora School.
HH/KO
→ Literatur: Oguntoye 1997.

H. Mederer

BE-WA-BO-Revue-Südseezauber

↓

Fotoalbum von Ruth Rosenow mit Aufnahmen aus der Kolonialen Frauenschule Rendsburg, Rendsburg 1934.
Stadtarchiv Rendsburg. → Kat.-Nr. 6-33.

Bereits 1908 wurde der Deutschen Kolonialschule in Witzenhausen eine eigene Kolonialfrauenschule angegliedert. Wie die männlichen Lehrgangsteilnehmer sollten dort auch Frauen theoretisch und praktisch für ein Leben in den Kolonien vorbereitet werden. Damit verbunden war die Hoffnung, den enormen Überschuss an Männern aus dem Deutschen Reich in den Kolonialgebieten zumindest ansatzweise ausgleichen und Eheschließungen mit Siedlern, Kaufleuten oder Beamten arrangieren zu können. Allerdings beendeten bis zur Schließung der Frauenschule 1910 nur sechs Schülerinnen die Ausbildung in Witzenhausen. Nachdem von 1912 bis 1914 eine weitere Kolonialfrauenschule in Bad Weilbach existiert hatte, öffnete auf maßgebliche Initiative des Frauenbunds der Deutschen Kolonialgesellschaft 1927 die Koloniale Frauenschule Rendsburg ihre Pforten. Die meisten Schülerinnen waren um die zwanzig Jahre alt, als sie ihre einjährige Ausbildung begannen. Das Fotoalbum zeigt einen

Schwerpunkt ihres Lehrplans: Neben hauswirtschaftlicher Ausbildung zum Beispiel in Handarbeit, Kochen oder Tierschlachtung lag der Fokus auf landwirtschaftlichen Tätigkeiten wie Feld- und Gartenarbeit sowie der nutzbringenden Zucht und Haltung von Kleinvieh, Schweinen, Kühen und Pferden. Ausgestattet mit diesen Kenntnissen sollten die jungen Frauen befähigt sein, als Haushaltshilfe oder Farmhelferin in den ehemaligen deutschen Kolonien tätig sein zu können und ihren Beitrag zur dortigen »Erhaltung des Deutschtums« zu leisten. *AS*
→ Literatur: Siegle 2004.

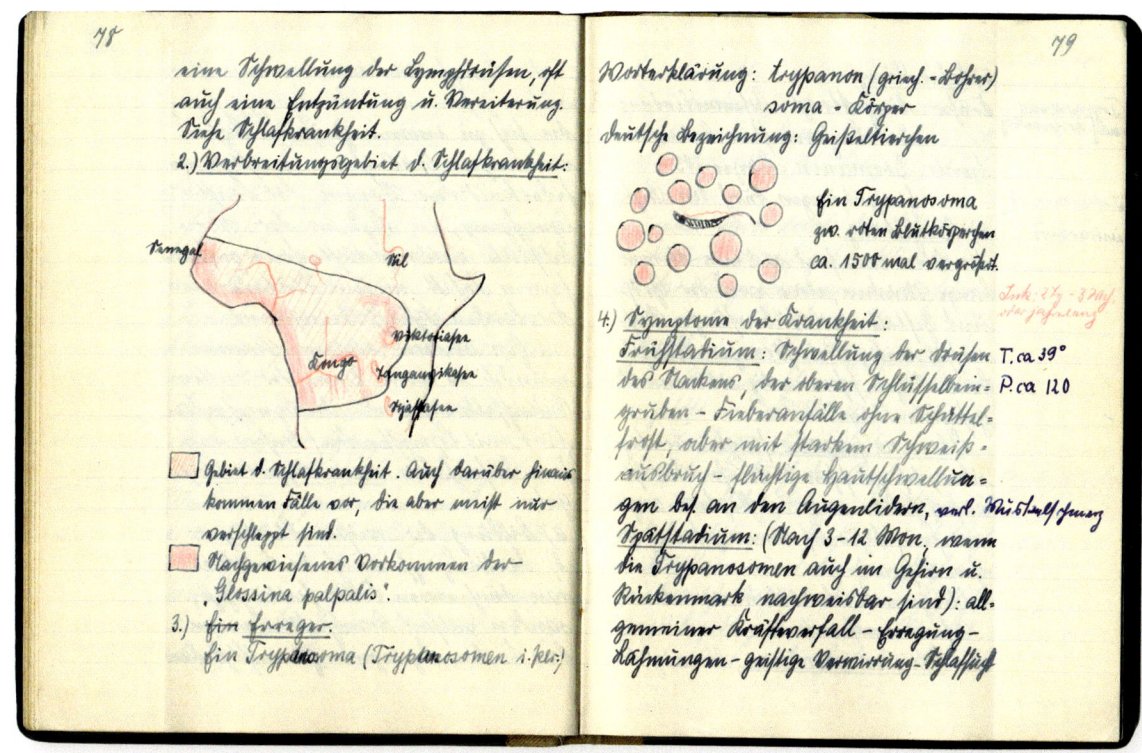

↑

Tropenhygienebuch einer Schülerin aus der Kolonialen Frauenschule Rendsburg, Rendsburg 1936.
Stadtarchiv Rendsburg. → Kat.-Nr. 6-34.

Zwischen 1933 und 1941 beherbergte die Koloniale Frauenschule jährlich um die fünfzig bis sechzig Schülerinnen. Unter ihnen befanden sich immer auch Frauen, die im Ausland, vornehmlich im ehemaligen Deutsch-Südwestafrika (Namibia), aufgewachsen waren und denen nun im Heimatland ihrer Eltern oder Großeltern eine Ausbildung ermöglicht werden sollte. Nach dem Ausbau der Schule 1942 waren es bis zu 200 junge Frauen, die neben einer praxisorientierten haus- und landwirtschaftlichen Ausbildung theoretischen Unterricht zum Beispiel in Nahrungsmittellehre, Buchführung oder Sprachen erhielten. Mitarbeiter des Tropeninstituts in Hamburg unterrichteten die Schülerinnen in Tropenhygiene, um über die Verbreitung und die Folgen von Malaria und der Schlafkrankheit oder die Auswirkungen von Hitze und Luftfeuchtigkeit auf den menschlichen Körper aufzuklären. Die Kranken- und Säuglingspflege waren ebenfalls feste Bestandteile des Lehrplans. Nach 1933 gewannen die sogenannte Rassenkunde, die Erbgesundheitslehre und der nationalpolitische Unterricht kontinuierlich an Stellenwert. Insgesamt durchliefen rund 1100 Schülerinnen die Koloniale Frauenschule Rendsburg, von denen etwa 800 die Ausbildung mit einem Abschlusszeugnis beendeten. Viele von ihnen zog es anschließend tatsächlich für eine bestimmte Zeit oder auf Dauer in die ehemaligen deutschen Kolonien oder in andere außereuropäische Territorien. Nach den Überfällen der Wehrmacht auf Polen 1939 und auf die Sowjetunion 1941 führte der Weg zahlreicher Absolventinnen vor allem nach Osten, um dabei mitzuhelfen, die neueroberten Gebiete im Sinne der nationalsozialistischen Machthaber deutsch zu kolonisieren. *AS*
→ Literatur: Siegle 2004.

↓

Uniformrock für Angehörige des Deutschen Kolonialkriegerbunds, um 1937.
Deutsches Historisches Museum, Berlin. → Kat.-Nr. 6-40.

Um die kolonialrevisionistischen Bestrebungen schlagkräftiger koordinieren und durch Propagandatätigkeit eine noch größere Öffentlichkeit erreichen zu können, schlossen sich die in der Weimarer Republik bestehenden Kolonialverbände 1922 organisatorisch zur Kolonialen Reichsarbeitsgemeinschaft (Korag) zusammen. Größte und einflussreichste Organisation innerhalb dieses Dachverbands war die 1887 gegründete Deutsche Kolonialgesellschaft (DKG), obwohl ihre Mitgliederzahl seit dem Ersten Weltkrieg stark abgenommen hatte: von rund 42 000 Personen im Jahr 1914 auf nur noch 15 000 Mitstreiter elf Jahre später. Als der ehemalige Gouverneur von Deutsch-Ostafrika (heute Tansania, Burundi und Ruanda), Heinrich Schnee, 1930 die Präsidentschaft der DKG übernahm, hatte diese ihre Mitgliederstärke auf etwa 25 000 Personen erhöhen können. Die Machtübernahme der Nationalsozialisten 1933 bedeutete zunächst keine wesentliche Zäsur für die Kolonialbewegung, auch wenn der neugegründete Reichskolonialbund (RKB) nun als Dachverband der entsprechenden Verbände fungierte. Erst 1936 erfolgte die Gleichschaltung der Einzelorganisationen, indem sie

aufgelöst und ihre Mitglieder in einem neustrukturierten RKB zusammengefasst wurden. Dessen Führung übernahm der Nationalsozialist Franz Ritter von Epp, der rund dreißig Jahre zuvor als Offizier der »Schutztruppe« an der Niederschlagung des Herero-Widerstands in Deutsch-Südwestafrika (heute Namibia) beteiligt gewesen war. Auf Veranstaltungen des RKB trat Epp in der Uniform des 1922 gegründeten Deutschen Kolonialkriegerbunds (DKKB) auf, dessen Bundesführer er war und der seine Eigenständigkeit unter dem Dach des RKB zunächst bewahren konnte. Unter der Leitung Epps stieg die Mitgliederzahl des RKB von 1936 bis zu dessen Auflösung 1943 rapide an, von unter 50 000 auf mehr als 2,1 Millionen Personen. Die aggressive Außenpolitik des NS-Regimes und die Erfolge der Wehrmacht zu Beginn des Zweiten Weltkriegs weckten bei vielen Deutschen den Glauben an ein neues Kolonialreich in Afrika. *AS*

→ Literatur: Linne 2008; Nöhre 1998; Schöfert 2012.

NS-Propagandaplakat mit der Werbung für den Besuch einer »kolonialen Erinnerungs- und Rohstoff-Ausstellung« in Dresden, Berlin 1937.
Deutsches Historisches Museum, Berlin. → Kat.-Nr. 6-37.

Die Hakenkreuzfahne als deutsches Hoheitszeichen über dem höchsten Berg Afrikas, dem Kilimandscharo – für viele Kolonialenthusiasten schien dieser Traum nach dem deutschen Sieg über Frankreich 1940 und dem zu erwartenden Triumph über Großbritannien in greifbare Nähe zu rücken. Bereits 1934 war innerhalb der NSDAP das Kolonialpolitische Amt (KPA) unter der Leitung von Franz Ritter von Epp ins Leben gerufen worden, das in den Folgejahren detaillierte Planungen und Gesetzesentwürfe für die Verwaltung der ehemaligen deutschen Kolonien nach deren erneuter Inbesitznahme ausarbeitete. Sprach- und Schulungskurse dienten Polizisten, Militärs, Medizinern, Wissenschaftlern und Verwaltungsbeamten zur Vorbereitung ihres Einsatzes in Afrika. Der Beginn des Zweiten Weltkriegs forcierte schließlich Planungen für ein gigantisches, territorial geschlossenes deutsches Kolonialreich vom Atlantik bis zum Indischen Ozean: »Mittelafrika« sollte neben den vormals deutschen Kolonien auch Belgisch-Kongo sowie französische und britische Kolonialgebiete umfassen. Neu waren diese Konzeptionen nicht, denn die Planer innerhalb des KPA sowie des Auswärtigen Amts und anderer Ministerien griffen auch auf ältere Pläne aus der Zeit des Ersten Weltkriegs zurück. Die NS-Planungen sahen keine massenhafte Ansiedelung von Deutschen in dem neuen mittelafrikanischen Reich vor, das der deutschen Wirtschaft vor allem als ergänzendes Rohstoffreservoir mit klar strukturierten Herrschaftsverhältnissen und rigoroser Rassentrennung dienen sollte. Adolf Hitler und mit ihm der Großteil der führenden NS-Politiker ließen jedoch keinen Zweifel aufkommen, dass die Errichtung eines »deutschen Mittelafrikas« bei ihnen keine hohe Priorität genoss und keinesfalls parallel zu den militärischen Eroberungen im Osten erfolgen sollte. Erst nach dem Sieg über die Sowjetunion und der Neuordnung Europas unter deutscher Herrschaft wäre die Zeit gekommen, sich »Mittelafrika« zuzuwenden. Doch mit der Kriegswende in der Sowjetunion verfügte das NS-Regime 1943 die Einstellung aller kolonialpolitischen Tätigkeiten. *AS*
→ Literatur: Linne 2008; Sippel 2002.

7

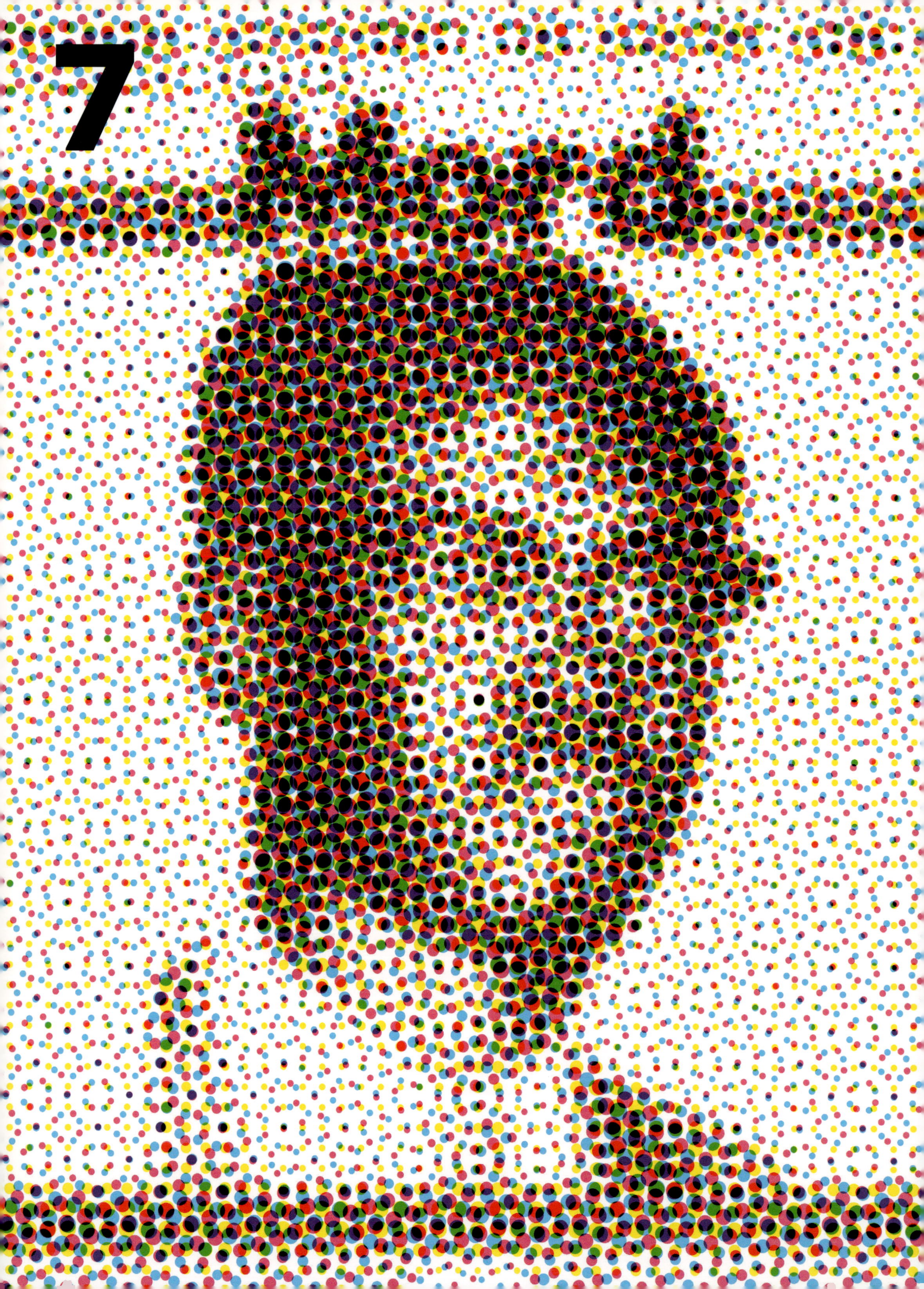

DEKOLONISIERUNG UND GETEILTE ERINNERUNG

IN DER PHASE von der Dekolonisation Indiens 1947 über die asiatisch-afrikanische Konferenz in Bandung 1955 bis zum Ende des portugiesischen Kolonialreichs 1975 erlangten weltweit über hundert Staaten die Unabhängigkeit. Sowohl gewaltsame Kriege als auch friedliche Übergänge prägten die Umbrüche. Das Jahr 1960 blieb als »afrikanisches Jahr« in Erinnerung, als sich auf dem Kontinent 17 unabhängige Staaten formierten. Wirtschaftliche Strukturen und Grenzziehungen der Kolonialzeit sowie das Blockdenken im Kalten Krieg bedingten ihre politischen Möglichkeiten. So entwickelte sich die Kongo-Krise, die 1961 mit der Ermordung des ersten Präsidenten Patrice Lumumba eskalierte, im Spannungsfeld von lokalen Machtkämpfen und internationalen Konstellationen. Die Kategorie der »Dritten Welt« als Schauplatz, an dem die »Erste«, demokratisch-kapitalistische und die »Zweite«, sozialistische Welt um die Vormacht konkurrierten, bot zugleich eine Projektionsfläche für eine neue Weltordnung.

Die Dekolonisierung hatte Auswirkungen auf die politische Agenda wie auch das Selbstbild der beiden deutschen Staaten. Im Kräftefeld des Kalten Krieges fachte sie deren Rivalität um diplomatische Anerkennung in der wachsenden Staatengemeinschaft an. Der einst als Demütigung empfundene Verlust der deutschen Kolonien wurde in der Bundesrepublik zum Vorteil umgedeutet, die sich als »unbelasteter« Akteur verstand. Darin kam zwar ein Neuanfang nach dem Nationalsozialismus zum Ausdruck, das Auftreten war jedoch nicht frei von einer Fortschreibung des kolonialrevisionistischen Mythos vom guten Kolonialherrn. Die Beziehungen zu den neuen Staaten waren geprägt vom Konzept der »Entwicklung«, das auch in der ab Ende der 1950er Jahre geleisteten »Entwicklungshilfe« zum Tragen kam.

In Abgrenzung vom westlichen »Neo-Kolonialismus« war die »antiimperialistische Solidarität« das zentrale Leitbild der DDR, die sich vom geteilten kolonialen Erbe distanzierte. Sozialistisch ausgerichtete Befreiungsbewegungen erhielten ideelle und materielle Hilfe bis hin zur Unterstützung des bewaffneten Kampfes. Technische Experten, Lehrer und Freiwillige der Brigaden der Freundschaft leisteten Hilfe vor Ort, während Angehörige der Befreiungsbewegungen in der DDR schulisch, beruflich und militärisch ausgebildet wurden. Das Solidaritätskomitee lenkte die propagierte Globalisierung des Klassenkampfs nach außen und innen. Zumeist von den staatlichen Massenorganisationen getragene Programme und Spendensammlungen bezogen weite Teile der Bevölkerung ein.

Im Westen ging die Solidarität mit den antikolonialen Bewegungen von linksgerichteten Initiativen und der Studierendenbewegung aus und mit einer Kritik an der Bundesrepublik für die wirtschaftlichen Verflechtungen und die Unterstützung autoritärer Staaten einher. Eine Identifikation und intellektuelle Auseinandersetzung mit der »Dritten Welt« entwickelte sich nicht zuletzt im Austausch mit Studierenden aus dem Globalen Süden, die bundesdeutsche Universitäten besuchten. Gegenüber den Migrationsbewegungen in anderen europäischen Staaten blieben postkoloniale Stimmen jedoch marginal. Erst Mitte der 1980er Jahre trat die Neue Schwarze Bewegung in Erscheinung. Das afrikanisch-diasporische Netzwerk forderte, auch mit den Mitteln einer Schwarzen Geschichtsschreibung, seine Anerkennung innerhalb der deutschen Gesellschaft ein. *HH*

→ Literatur: Ridha u. a. (Hg.) 2016; Florvil 2013; Hagen 2008; Slobodian (Hg.) 2015; Slobodian 2012; Dinkel 2014.

**Leuchttafel zum Stand der weltweiten diplomatischen
Anerkennung der DDR, 1974/1990.**
Deutsches Historisches Museum, Berlin. → Kat.-Nr. 7-4.

Seit ihrer Gründung im Oktober 1949 war die internationale
Anerkennung eines der wichtigsten Ziele der DDR. Zunächst
nahmen nur die Staaten des Ostblocks diplomatische Beziehungen auf, allen voran die Sowjetunion. 1955 erklärte sie die
DDR für souverän und eröffnete ihr damit außenpolitische
Spielräume, die aber gleichzeitig durch die westdeutsche
»Hallstein-Doktrin« konterkariert wurden. Diese besagte,
dass die Bundesrepublik es als »unfreundlichen Akt« betrach-
tete, sollten dritte Staaten die DDR völkerrechtlich anerkennen und diplomatische Beziehungen aufnehmen oder aufrechterhalten. Diese politische Leitlinie galt de facto bis zum
Amtsantritt des sozialdemokratischen Bundeskanzlers Willy
Brandt 1969. Als Mitglied der sozialistischen Staatengemeinschaft und Verfechterin der »antiimperialistischen Solidarität« engagierte sich die außenpolitisch weitgehend isolierte
DDR ideologisch und finanziell in den afrikanischen Befreiungsbewegungen und bemühte sich um offizielle Beziehungen
zu den jungen Staaten, oft jedoch mit wenig Erfolg: Häufig
konnte die Bundesrepublik ihren Alleinvertretungsanspruch
durchsetzen. Allerdings richtete die DDR bereits ab Mitte der
1950er Jahre Handelsvertretungen in verschiedenen afrikanischen Ländern ein, so etwa in Algerien und Tunesien, Ghana, Guinea, Mali, Marokko, Sambia und dem Sudan. Kontakte
gab es aber auch auf anderen Ebenen, zum Beispiel über die
staatlichen Massenorganisationen wie den Freien Deutschen
Gewerkschaftsbund (FDGB), über die technischen Hilfsein-
sätze der FDJ-Freundschaftsbrigaden oder über die militärische Beratung. Im Gegenzug erhielt die DDR Rohstoffe. Erst
ab 1973, nach der Aufnahme beider deutscher Staaten in die
UNO, konnte die DDR diplomatische Beziehungen mit Ländern weltweit aufnehmen, die in diesem Leuchtkasten mit
roten Lämpchen gekennzeichnet wurden. Enge politische
und wirtschaftliche Beziehungen gab es zu den afrikanischen
Ländern, die wie die DDR sozialistische Gesellschaftsmodelle
und Einparteiensysteme anstrebten oder durchgesetzt hatten: Aus Mosambik und Angola kamen in den 1980er Jahren
zahlreiche Vertragsarbeiter in die DDR. *CJ*
→ Literatur: Döring 2000; Ausst.-Kat. Berlin 1994.

**Cover der Zeitschrift *Konkret* zur Ermordung
von Patrice Lumumba, Hamburg, 20. Februar 1961.**
Deutsches Historisches Museum, Berlin. → Kat.-Nr. 7-6.

Im Jahr 1961 warf die Ermordung von Patrice Lumumba, dem
ersten Ministerpräsidenten der unabhängigen Demokratischen Republik Kongo, Fragen nach der Gestaltung der Dekolonisation und einer postkolonialen Weltordnung auf. Der
Wortführer des Mouvement National Congolais (MNC) hatte
eine politische Agenda vertreten, die Panafrikanismus, wirtschaftliche Unabhängigkeit und Prinzipien der Blockfreiheit
verband. Der Kampf um die politische Macht im Kongo, der
unmittelbar auf die Unabhängigkeit von Belgien folgte, weitete sich im Kräftefeld des Kalten Krieges zu einem internationalen Konflikt aus. Um eine Abspaltung der rohstoffreichen
Region Katanga zu verhindern, hatte Lumumba militärische
Hilfe der Sowjetunion angenommen. Belgien und die USA
unterstützten die separatistische Bewegung, die Lumumba
in der Nacht vom 17. auf den 18. Januar 1961 ermordete. Die
Ermordung löste eine weltweite Protestwelle aus, die sich
gegen die Einflussnahme früherer Kolonialmächte und die
Durchsetzung westlicher Wirtschaftsinteressen in den
dekolonisierten Staaten richtete. In mehreren bundesdeut-
schen Städten kam es zu Demonstrationen, auch auf Initiative von afrikanischen Studierenden. Das Cover der linksgerichteten Halbmonatszeitschrift *Konkret* diente hierbei als
Transparent. In Ost-Berlin gingen 15 000 Menschen auf die
Straße, und in der DDR entstanden mehrere künstlerische
Arbeiten in staatlichem Auftrag, die Lumumba als Identifika-
tionsfigur der antiimperialistischen Solidarität auswiesen.
Auch während des Bürgerkriegs in den Folgejahren trugen
die Blockmächte ihre Rivalitäten im Kongo aus. Berichte über
das brutale Vorgehen von Söldnern aus Europa, Südafrika
und Rhodesien, die auf Seiten von Moïse Tschombés westlich
orientierter Regierung kämpften, offenbarten die Beteiligung deutscher Söldner und machten den Kongo zu einem
deutschen Thema. *HH*
→ Literatur: Slobodian 2012.

→

Skulptur eines Soldaten der Befreiungsbewegung Frente de Libertação de Moçambique (FRELIMO), Mosambik 1974.
Deutsches Historisches Museum, Berlin. → Kat.-Nr. 7-17.

Die aus Ebenholz geschnitzte Figur eines Soldaten der mosambikanischen Befreiungsbewegung ergänzte ab 1975/76 die ständige Ausstellung des Museums für Deutsche Geschichte (MfDG), dessen Sammlungen mit der Deutschen Einheit 1990 in den Besitz des DHM übergingen. Als zentrales Geschichtsmuseum der DDR verschrieb sich das Haus in enger Abstimmung mit der Partei- und Staatsführung der Vermittlung eines marxistisch-leninistischen Geschichtsbilds. Zwischen weiteren Zeugnissen zu den Befreiungsbewegungen des Globalen Südens wurde diese Skulptur in der Sektion zur Gegenwart der DDR ausgestellt, wo auch dem »weltweite[n] Vormarsch der antiimperialistischen Kräfte« Raum gegeben wurde, der »im Zusammenbruch des portugiesischen Kolonialreichs [...] seinen sichtbarsten Ausdruck« fand, wie es im Museumsführer zur Ständigen Ausstellung von 1979 hieß. »Die Rhetorik der Solidarität appellierte an gemeinsame Wertevorstellungen im globalen Kampf gegen den Imperialismus, an deren Verbreitung Bildungs- und Kultureinrichtungen beteiligt waren. Für zentrale Kampagnen, Spendensammlungen sowie die Zusammenarbeit mit den Befreiungsbewegungen und unabhängigen Staaten war das 1960 eingerichtete Solidaritätskomitee zuständig, das auch diese Skulptur an das MfDG vermittelte. Der sozialistischen FRELIMO, die 1962 aus verschiedenen Befreiungsbewegungen im Kampf gegen die portugiesische Kolonialmacht in Mosambik hervorgegangen war, wurde schon bald nach ihrer Gründung mit Hilfsgütern, Ausbildungsmaßnahmen und finanzieller Hilfe der Rücken gestärkt. Auch der bewaffnete Kampf der Organisation wurde ab 1967 mit Waffenlieferungen, dann auch mit militärischem Training in der DDR unterstützt. Nach dem Sturz der portugiesischen Diktatur in der »Nelkenrevolution« führte FRELIMO-Präsident Samora Machel im Dezember 1974 Gespräche in Ost-Berlin in Vorbereitung eines unabhängigen Mosambik, in dem die FRELIMO ab 25. Juni 1975 die Regierung stellte und sich als Partei formierte. Ab 1979 kamen rund 20 000 Mosambikaner als Vertragsarbeiter in die DDR. *HH*
→ Literatur: Museum für Deutsche Geschichte (Hg.) 1979; Ausst.-Kat. Berlin 1994; Ausst.-Kat. Berlin 2015/16; Verber 2015.

Plakat »Freiheit für Namibia. Solidarität mit der SWAPO«, Entwurf: Edoardo Di Muro, verlegt vom Antiimperialistischen Solidaritätskomitee für Afrika, Asien und Lateinamerika, Frankfurt am Main 1976.
Basler Afrika Bibliographien (BAB), Basel. → Kat.-Nr. 7-15.

Mit der Flagge der South West Africa People's Organisation (SWAPO) führt in diesem Plakatmotiv Sam Nujoma den Befreiungskampf in Namibia an. Im Erscheinungsjahr 1976 wurde die SWAPO von der UN-Vollversammlung als einzig legitime Vertretung des namibischen Volkes anerkannt. Die Beschlüsse der Staatengemeinschaft verurteilten zugleich die Politik der südafrikanischen Besatzungsmacht, gegen die die SWAPO seit 1966 auch den bewaffneten Kampf führte. Die Bundesrepublik unterhielt enge politische, wirtschaftliche und kulturelle Beziehungen mit dem Apartheidstaat und auch zur deutschsprachigen Minderheit in Namibia. Diese Zusammenarbeit mit Südafrika stand in der Kritik der westdeutschen Anti-Apartheid-Bewegung, die sich 1974 als Dachorganisation für verschiedene Initiativen gründete. Bereits seit 1971 begegnete die Informationsstelle Südliches Afrika (ISSA) der vorherrschenden Medienberichterstattung mit kritischer Gegeninformation. Neben der Solidarität mit den Befreiungsbewegungen African National Congress (ANC) und SWAPO sowie deren politischen Gefangenen waren die wirtschaftlichen Verflechtungen der Bundesrepublik mit

Südafrika ein Arbeitsschwerpunkt. Ab 1976 richteten sich Proteste etwa gegen den laut UN-Resolution illegalen Export von Uran aus der namibischen Rössing-Mine, an der auch deutsche Investoren beteiligt waren. Aktionen wurden auch mit Vertretern der Befreiungsbewegungen koordiniert, die auf Rundreisen ihre Positionen vertraten oder in Ost- und Westdeutschland im Exil lebten; das 1982 initiierte Bonner Verbindungsbüro der SWAPO diente als Anlaufstelle. Zugleich wuchs ein globales Netzwerk von Solidaritätsorganisationen, die auch bei ihrer Kampagnenarbeit zusammenarbeiteten. Dieses Plakat, mit dem Spenden und Unterstützung für den namibischen Befreiungskampf mobilisiert wurden, erlebte verschiedene Auflagen in Angola, Amsterdam und Kalifornien. Auch als die deutsche Anti-Apartheid-Bewegung in den 1980er Jahren größeren Zulauf hatte, blieb sie – verglichen mit anderen westlichen Ländern – klein. Namibia wurde 1990 unabhängig und Sam Nujoma zum Präsident gewählt. *HH*
→ Literatur: Miescher/Rizzo/Silvester (Hg.) 2009; Bacia/Leidig 2008; Hartmann/Lewerenz 2014.

↑

Farbe bekennen. Afro-deutsche Frauen auf den Spuren ihrer Geschichte, hg. v. Katharina Oguntoye/May Opitz (Ayim)/ Dagmar Schultz, 1. Aufl., Berlin 1986.
Privatsammlung Katharina Oguntoye, Berlin. → Kat.-Nr. 7-19.

Mit *Farbe bekennen* erschien 1986 ein Schlüsselwerk Schwarzer Menschen in Deutschland und stellte einen entscheidenden Bezugspunkt in ihrer Selbstorganisierung dar, die sich parallel zum Arbeitsprozess am Buch entwickelte. Die Wege der Herausgeberinnen kreuzten sich an der Freien Universität in Berlin, wo Audre Lorde, afro-amerikanische Dichterin und Aktivistin der Frauen- und Lesbenbewegung, im Rahmen einer Gastprofessur afro-amerikanische Literatur lehrte. Lorde war einer Einladung von Dagmar Schultz, Professorin am John-F.-Kennedy-Institut für Nordamerikastudien, gefolgt. Schultz hatte auch eine Auswahl von Lordes gemeinsam mit Adrienne Rich verfassten Gesellschaftsanalysen in deutscher Übersetzung verlegt. Katharina Oguntoye und May Ayim, beide Anfang zwanzig, hatten Lordes Seminare besucht. Über zwei Jahre hinweg erarbeiteten die Frauen gemeinsam das Konzept des Buches zu Schwarzen Menschen in Deutschland, führten Interviews und spürten die anderen Autorinnen auf, die in historischen Essays, autobiografischen Erzählungen und Gedichten ihre Lebenswirklichkeit in jeweils verschiedenen Generationen sichtbar machten. Auf Grundlage ihrer Diplomarbeit steuerte May Ayim Hintergrundtexte bei. Erika und Doris Diek, als Töchter eines Kameruners und einer Ostpreußin in der Zeit der Weimarer Republik geboren,

eröffneten mit ihrer Familiengeschichte eine entscheidende Perspektive, die Schwarze Geschichte und Identität mit der deutschen Kolonialgeschichte verband. Schwarze Geschichtsschreibung war ein politischer Akt der Selbstermächtigung. *Farbe bekennen* etablierte »afro-deutsch« als eine Selbstbezeichnung für Menschen, die eine afrikanische oder afrikanisch-diasporische Herkunft haben und in Deutschland aufgewachsen sind oder hier leben. Die Publikation wurde 1986 erstmals auf der Frankfurter Buchmesse präsentiert und von zahlreichen Lesungen begleitet. Im gleichen Herbst fand das erste Bundestreffen der ISD – Initiative Schwarze Menschen in Deutschland e. V. statt, im Jahr darauf wurde mit ADEFRA die Organisation Schwarzer Frauen in Deutschland gegründet. *KO/HH*
→ Literatur: Oguntoye/Opitz/Schultz (Hg.) 1986; Oguntoye/ Ayim/Schultz (Hg.) 2016; Ridha u. a. (Hg.) 2016.

Generationentreffen mit Erika Diek beim dritten Bundestreffen der Initiative Schwarze Menschen in Deutschland (ISD), fotografiert von Roy Wichert-Gonsalves, West-Berlin 1987.
Roy Wichert-Gonsalves, Berlin. → Kat.-Nr. 7-26.

Das dritte Bundestreffen der ISD bot an einem Wochenende in Berlin Zeit für Vorträge, Workshops und die Community. Die Neue Schwarze Bewegung in Deutschland trat parallel zu anderen gegenkulturellen und alternativen Bewegungen Mitte der 1980er Jahre in Erscheinung und nahm vielfältige Anfänge. Ein Dokumentarfilmprojekt führte 1985 Beteiligte im Rhein-Main-Gebiet zusammen, die – anfangs als Initiative Schwarze Deutsche – mit einem Aufruf an die Öffentlichkeit gingen, der Mitstreiterinnen und Mitstreiter zu einem Treffen einlud, aus dem die jährlichen Bundestreffen hervorgingen. In West-Berlin versammelte sich im gleichen Zeitraum eine Gruppe von Frauen um das Buchprojekt *Farbe bekennen*. In der Folge traten bundesweit lokale Initiativen in Aktion, 1999 gründete sich die ISD in Vereinsstruktur. Das Netzwerk knüpfte internationale Kontakte. Bereits ab 1986 gab es einen persönlichen Austausch mit Gruppierungen in der DDR. Eine Redaktion arbeitete an der Zeitschrift *Afro Look*, deren erste Ausgabe 1986 noch den Titel *Onkel Tom's Faust* trug und die bis 1999 erschien. Die ISD schuf einen Erfahrungsraum, um die persönliche Isolation zu überwinden und aus einer auch kollektiv empfundenen gesellschaftlichen Unsichtbarkeit herauszutreten. Die Initiative bot eine Plattform, um den Alltagsrassismus aufzudecken und ihm zu begegnen. Gemeinsam forderten die Mitwirkenden der Initiative ihre Position innerhalb der deutschen Nachkriegsgesellschaft ein. Die Selbstbezeichnung als Schwarz und deutsch verband afrikanisch-diasporische mit nationaler Identität. Als Neue Schwarze Bewegung zollten sie auch früheren Phasen politischer Schwarzer Organisierung in Deutschland seit dem Kaiserreich Anerkennung. Die Rückbezüge waren wesentlich, um eine selbstbestimmte Identität innerhalb des nationalen Narrativs einzufordern. *HH*
→ Literatur: Wiedenroth-Coulibaly 2016; Florvil 2013.

POSTKOLONIALE GEGENWART?

DIE KOLONIALE VERGANGENHEIT IST bis heute präsent und umkämpft: Erinnerungen und Geschichtsschreibungen, Vergessen und Verleugnen treffen in transnationalen Zusammenhängen aufeinander. In Deutschland markierte das Jahr 2004 einen Wendepunkt, als mit dem hundertsten Jahrestag des Beginns des Herero- und-Nama-Krieges im damaligen Deutsch-Südwestafrika (heute Namibia) einer breiteren Öffentlichkeit die Kolonialverbrechen bekannt wurden und Forderungen nach der Übernahme staatlicher Verantwortung für den Genozid aufkamen. Die vom Auswärtigen Amt erstmals im Juli 2015 vorgenommene Bewertung des Vernichtungskriegs als Völkermord ist nicht von dem Engagement von Initiativen und Opfergruppenverbänden zu trennen.

Mit der derzeitigen breit geführten Debatte wird zugleich der Stellenwert des Kolonialismus in der deutschen Erinnerungskultur neu verhandelt. Seine bisher untergeordnete Rolle ist auch auf die starke Prägung der deutschen Erinnerungskultur durch den Holocaust, den fehlenden Prozess der Dekolonisation und eine marginale Migration aus den Kolonien zurückzuführen. Dabei läuft die Diskussion Gefahr, Kolonialismus und formellen Kolonialbesitz gleichzusetzen und die deutsche Kolonialzeit aufgrund der vergleichsweise geringen Dauer und Ausmaße als nebensächlich zu erachten.

Koloniale Beziehungen umfassen jedoch ein weitaus größeres Spektrum. In den Postkolonialen Studien, die seit den 1990er Jahren in den Geschichts- und Kulturwissenschaften rezipiert werden, markiert »post« weniger ein zeitliches Danach, als vielmehr »ein kritisches Durcharbeiten des komplexen Gefüges« (Ulrike Lindner). Somit rücken die Auswirkungen des Kolonialismus auch auf die europäischen Gesellschaften in den Blick. In dieser Perspektive werden neben der akademischen Forschung auch alternative Geschichtsschreibungen wirksam. Postkoloniale Geschichtswerkstätten markieren die Einschreibungen des Kolonialismus im Stadtraum der Gegenwart. Selbstorganisationen von Menschen mit Schwarzer Erfahrung und zivilgesellschaftliche Initiativen fordern eine Neubestimmung Deutschlands als postkoloniale Gesellschaft ein. Kontroversen um Blackface in der Unterhaltungsbranche oder das Vokabular von Kinderbüchern haben zuletzt die Wirkmächtigkeit rassistischer Stereotype deutlich gemacht und aufgezeigt, dass sich gesellschaftliche Einstellungen nur wandeln, wenn historische Prozesse aufgearbeitet werden. In weiterer Perspektive gilt dies auch für aktuelle Phänomene und strukturelle Ungleichheiten, mit denen die Länder des Globalen Südens konfrontiert sind. Die Globalisierungserfahrung lenkt das Interesse auf die Kolonialvergangenheit, deren politische und ökonomische Machtverhältnisse bis heute fortwirken – wenn auch weder unweigerlich noch unhinterfragt.

Das koloniale Erbe ist an verschiedenen Orten in unterschiedlichen Ausprägungen präsent, nicht zuletzt ist es in Archive und Museumssammlungen eingeschrieben. Auch in seinem übertragenen Sinn ist dieses Erbe oft umstritten, wird eingefordert oder angefochten, stellt Beziehungen her zwischen potenziellen Erben und fordert den Umgang mit einer geteilten Geschichte ein. *HH*

→ Literatur: De l'Estoile 2008; Arndt/Hornscheid (Hg.) 2009; Eckert/Wirz 2013; Lindner 2011a.

Die Ausstellungselemente zum Thema *Postkoloniale Gegenwart* durchziehen als Unterbrechungen diesen Begleitband.

Unterspülter Bahndamm zwischen Keetmanshoop und Lüderitz, Deutsch-Südwestafrika (heute Namibia), um 1910.
Deutsches Historisches Museum, Berlin. → Kat.-Nr. 8-11.

Der Damm bei Feldschuhhorn wurde von der deutschen Kolonialmacht zwischen 1906 und 1907 an jener Bahnstrecke errichtet, die Keetmanshoop im Süden der Kolonie Deutsch-Südwestafrika an den Hafen in Lüderitz anbinden sollte. Der Eisenbahn fiel bei der infrastrukturellen Erschließung der Kolonien eine besondere Bedeutung zu. Als Sinnbild des Fortschritts wurde der Bau von Bahnstrecken von Befürwortern beschworen und von Kritikern als Utopie abgelehnt. Die wenige Jahre nach der Errichtung aufgenommene Fotografie zeigt einen Schutztruppensoldaten, der auf den unterspülten Gleisen kauert und jeglicher heroischen Pose entbehrt. Diese Momentaufnahme des Scheiterns wurde daher als Hauptmotiv der Ausstellung *Deutscher Kolonialismus. Fragmente seiner Geschichte und Gegenwart* gewählt. Unsichtbar bleibt die Baugeschichte der Eisenbahnstrecke, die in unmittelbarem Zusammenhang mit dem Völkermord an den Herero und Nama stand. Der zügig vorangetriebene Streckenabschnitt sollte eine direkte Versorgung der deutschen Kolonialtruppen ermöglichen und langfristig die militärische Beherrschung des Südens der Kolonie absichern. Zu den Bauarbeiten wurden Kriegsgefangene aus dem Konzentrationslager auf der Haifischinsel in Lüderitz in Zwangsarbeit herangezogen. Zahlen der deutschen Kolonialverwaltung belegen, dass von den 2014 Häftlingen, die zwischen Januar 1906 und Juni 1907 eingesetzt wurden, 1359 während der Bauarbeiten starben. *HH/SG/SM*
→ Literatur: Erichsen 2003.

ANHANG

LITERATURVERZEICHNIS

Akakpo 2014
Akakpo, Kuassi Amétowoyona: Discours et contre-discours sur le Togo sous l'empire allemand, Paris 2014.

Albertini 1970
Albertini, Rudolf von: Moderne Kolonialgeschichte, Köln/Berlin 1970.

Altena 2003
Altena, Thorsten: »Ein Häuflein Christen mitten in der Heidenwelt des dunkeln Erdteils«. Zum Selbst- und Fremdverständnis protestantischer Missionare im kolonialen Afrika 1884–1918, Münster 2003.

Altmann 2005
Altmann, Gerhard: Abschied vom Empire. Die innere Dekolonisation Großbritanniens, Göttingen 2005.

Anderson 2015
Anderson, David M.: Guilty Secrets. Deceit, Denial and the Discovery of Kenya's Migrated Archive, in: History Workshop Journal 2015, Bd. 80,1, S. 142–160.

Amos 2001
Amos, Alcione M.: Afro-Brazilians in Togo. The Case of the Olympio Family, 1882–1945, in: Cahiers d'études africaines, 2001, Nr. 162, S. 293–314.

Anderson 2005
Anderson, David M.: Histories of the Hanged. Britain's Dirty War in Kenya and the End of Empire, London 2005.

Anquandah 1999
Anquandah, Kwesi James: Castles and Forts of Ghana, Atalante 1999.

Apoh 2008
Apoh, Wazi: The Akpinis and the Echoes of German and British Colonial Overrules. An Archaeology of Kpando, Ghana [Diss., Department of Anthropology, Binghamton Univ. 2008].

Apoh 2013
Apoh, Wazi: The Archaeology of German and British Colonial Entanglements in Kpando-Ghana, in: International Journal of Historical Archaeology, 2013, Bd. 17, No. 2, S. 351-375.

Apoh (im Druck)
Apoh, Wazi: Revelations of Domination and Resistance. Unearthing the Buried Past of the Akpini, Germans and British at Kpando, Ghana, Johannesburg (im Druck).

Apoh/Lundt (Hg.) 2013
Apoh, Wazi/Lundt, Bea (Hg.): Germany and Its West African Colonies. »Excavations« of German Colonialism in Post-Colonial Times, Berlin 2013.

Arbeitsausschuss der Deutschen Kolonial-Ausstellung (Hg.) 1896
Arbeitsausschuss der Deutschen Kolonial-Ausstellung (Hg.): Offizieller Katalog und Führer. Deutsche Kolonial-Ausstellung. Gruppe XXIII der Berliner Gewerbe-Ausstellung 1896, Berlin 1896.

Arbeitsausschuss der Deutschen Kolonial-Ausstellung (Hg.) 1897
Arbeitsausschuss der Deutschen Kolonial-Ausstellung (Hg.): Deutschland und seine Kolonien im Jahre 1896. Amtlicher Bericht über die erste deutsche Kolonial-Ausstellung, Berlin 1897.

Archiv des Grassi Museums für Völkerkunde zu Leipzig
Abschrift eines Briefs von Karl Weule an das Kaiserliche Gouvernement zu Daressalam vom 12. Dezember 1906, unveröffentlichte Quelle, Archiv des Grassi Museums für Völkerkunde zu Leipzig (Aktenstück 1907/43 Kriegsbeute DOA).

Archiv des Künstlerhauses Walter von Ruckteschell, Dachau
Briefe Walter von Ruckteschells an seine Familie, November 1913 – August 1914, unveröffentlichte Quelle, Archiv des Künstlerhauses Walter von Ruckteschell, Dachau.

Arendt 1950/1993
Arendt, Hannah: Elemente und Ursprünge totaler Herrschaft [1950], München 1993.

Arndt 2009
Arndt, Susann: »Mohr/Mohrin«, in: Arndt/Hornscheid (Hg.) 2009, S. 168–172.

Arndt/Hornscheid (Hg.) 2009
Arndt, Susan/Hornscheid, Antje (Hg.): Afrika und die deutsche Sprache. Ein kritisches Nachschlagewerk, Münster 2009.

Arnold 1995
Arnold, Stefan: Propaganda mit Menschen aus Übersee.
Kolonialausstellungen in Deutschland 1896 bis 1940, in:
Debusmann/Riesz (Hg.) 1995, S. 1–24.

Assima-Kpatcha/Tsigbé (Hg.) 2013
Assima-Kpatcha, Essoham/Tsigbé, Koffi Nutefé (Hg.):
Le refus de l'ordre colonial en Afrique et au Togo (1884–1960),
Lomé 2013.

Atangana 2009
Atangana, Martin-René: French Investment in Colonial
Cameroon. The FIDES Era (1946–1957), New York u. a. O. 2009.

Ausst.-Kat. Berlin 1992
Quaas, Gerhard (Hg.): Eisenkleider. Plattnerarbeiten aus drei
Jahrhunderten aus der Sammlung des Deutschen Histo-
rischen Museums, Ausst.-Kat. Deutsches Historisches
Museum, Berlin 1992, Berlin 1992.

Ausst.-Kat. Berlin 1994
Michaelis, Andreas (Hg.): DDR-Souvenirs. ... und sie nannten
es »Sonderinventar«/GDR Souvenirs/... And It was Called
›Sonderinventar‹, Ausst.-Kat. Deutsches Historisches
Museum, Berlin 1994, Köln 1994.

Ausst.-Kat. Berlin 1998
Hinz, Hans-Martin/Lind, Christoph (Hg.): Tsingtau. Ein Kapitel
deutscher Kolonialgeschichte in China 1897–1914, Ausst.-Kat.
Deutsches Historisches Museum, Berlin 1998, Eurasburg 1998.

Ausst.-Kat. Berlin 2012
Was Wir Sehen. Bilder, Stimmen, Rauschen. Zur Kritik anthro-
pometrischen Sammelns, von Annette Hoffmann, Ausst.-Kat.
Pergamon-Palais der Humboldt-Universität zu Berlin 2012,
Basel 2012 (= Basler Afrika Bibliographien).

Ausst.-Kat. Berlin 2015/16
Andrews, Mary-Elizabeth: Zeitschichten. Deutsche Geschichte
im Spiegel des Berliner Zeughauses/Layers of Time. German
History Through the Lens of the Berlin Zeughaus, Ausst.-Kat.
Deutsches Historisches Museum, Berlin 2015/16, Berlin 2015.

Ausst.-Kat. Bremen 2004/05
Federn kitzeln die Sinne, hg. v. Dorothea Deters/Michael
Gautier/Andrea Müller, Ausst.-Kat. Überseemuseum Bremen
2004/05, Bremen 2004.

Ausst.-Kat. Dachau 1993/94
Walter von Ruckteschell 1882–1941. Mit einem Text von Bir-
gitta Unger-Richter, Ausst.-Kat. Zweckverband Dauchauer
Galerien und Museen, Dachau 1993/94, Dachau 1993.

Ausst.-Kat. Essen 2005/06
Eskildsen, Ute/Lechtreck, Hans-Jürgen (Hg.): Nützlich, süß
und museal. Das fotografierte Tier. Ausst.-Kat. Museum
Folkwang, Essen 2005/06, Göttingen 2005.

Ausst.-Kat. Innsbruck 1994
Sandgruber, Roman/Kühnel, Harry (Hg.): Genuss & Kunst.
Kaffee, Tee, Schokolade, Tabak, Cola, Ausst.-Kat. Schloss
Schallaburg, Innsbruck 1994, Innsbruck 1994.

Ausst.-Kat. Köln/Berlin 2004/05
Namibia – Deutschland. Eine geteilte Geschichte. Wider-
stand, Gewalt, Erinnerung. Ausst.-Kat. Rautenstrauch-
Joest-Museum für Völkerkunde, Köln 2004/Deutsches
Historisches Museum, Berlin 2004/05, Wolfratshausen 2004.

Ausst.-Kat. Leipzig 2009/10
Auf der Suche nach Vielfalt. Ethnographie und Geographie in
Leipzig, hg. v. Claus Deimel/Sebastian Lentz/Bernhard Streck,
Ausst.-Kat. Leibniz-Institut für Länderkunde und Grassi
Museum für Völkerkunde zu Leipzig 2009/10, Leipzig 2009.

Ausst.-Kat. München 2014
Thode-Arora, Hilke (Hg.): From Samoa with Love? Samoa-
Völkerschauen im Deutschen Kaiserreich. Eine Spurensuche,
Ausst.-Kat. Staatliches Museum für Völkerkunde, München,
München 2014.

Ausst.-Kat. Oldenburg 2001/02
Schwarzweißheiten. Vom Umgang mit fremden Menschen,
Ausst.-Kat. Landesmuseum für Natur und Mensch, Oldenburg
2001/02, Oldenburg 2001 (= Schriftenreihe des Landesmuse-
ums für Natur und Mensch Oldenburg, 19).

Austen/Derrick 1999
Austen, Ralph A./Derrick, Jonathan: Middlemen of the
Cameroons Rivers. The Duala and their Hinterland,
c. 1600 – c. 1960, Cambridge 1999.

Axster 2012
Axster, Felix.: »… will try to send you the best views from here«. Postcards from the Colonial War in Namibia (1904–1908), in: Langbehn (Hg.) 2012, S. 55–70.

Axster 2014
Axster, Felix: Koloniales Spektakel in 9 x 14. Bildpostkarten im Deutschen Kaiserreich, Bielefeld 2014.

Azamede 2010
Azamede, Kokou: Transkulturationen? Ewe-Christen zwischen Deutschland und Westafrika 1884–1939, Stuttgart 2010 (= Missionsgeschichtliches Archiv, 14).

Azamede 2014
Azamede, Kokou: Ewe-Christen zwischen Württemberg und westafrikanischen Missionsstationen (1884–1939), in: Habermas/Hölzl (Hg.) 2014, S. 177–198.

Bacia/Leidig 2008
Bacia, Jürgen/Leidig, Dorothée: »Kauft keine Früchte aus Südafrika!«. Geschichte der Anti-Apartheid-Bewegung, Frankfurt am Main 2008.

Bade (Hg.) 1982
Bade, Klaus J. (Hg.): Imperialismus und Kolonialmission. Kaiserliches Deutschland und koloniales Imperium, Wiesbaden 1982.

Badenberg 2004
Badenberg, Nana: Zwischen Kairo und Alt-Berlin, in: Honold/Scherpe (Hg.) 2004, S. 190–199.

Balandier 1970
Balandier, Georges: Die koloniale Situation. Ein theoretischer Ansatz, in: Albertini 1970, S. 105–124.

Barth/Czetowski (Hg.) 2015
Barth, Volker/Czetowski, Roland (Hg.): Encounters of Empires. Interimperial Transfers and Imperial Manifestations, 1870–1950, London 2015.

Bayer/Mahrenholz 2000
Bayer, Kirsten/Mahrenholz, Jürgen-Kornelius: »Stimmen der Völker«. Das Berliner Lautarchiv, in: Bredekamp/Brüning/Weber (Hg.) 2000, S. 117–128.

Bayly 2004
Bayly, Christopher A.: The Birth of the Modern World, 1780–1914: Global Connections and Comparisons, Oxford 2004.

Bechhaus-Gerst/Horstmann (Hg.) 2013
Bechhaus-Gerst, Marianne/Horstmann, Anne-Kathrin (Hg.): Köln und der deutsche Kolonialismus. Eine Spurensuche, Köln u. a. O. 2013.

Bechhaus-Gerst/Leutner 2009
Bechhaus-Gerst, Marianne/Leutner, Mechthild (Hg.): Frauen in den deutschen Kolonien, Berlin 2009.

Becker [2008]
Becker, Manfred: Bwana Simba. Der Herr der Löwen. Carl Georg Schillings – Forscher und Naturschützer in Deutsch-Ostafrika, Düren [2008].

Becker (Hg.) 2004
Becker, Frank (Hg.): Rassenmischehen – Mischlinge – Rassentrennung. Zur Politik der Rasse im deutschen Kolonialreich, Stuttgart 2004 (= Beiträge zur deutschen Überseegeschichte, 90).

Becker/Beez (Hg.) 2005
Becker, Felicitas/Beez, Jugal (Hg.): Der Maji-Maji-Krieg in Deutsch-Ostafrika, 1905–1907. Berlin 2005.

Beckert 2014
Beckert, Sven: King Cotton. Eine Globalgeschichte des Kapitalismus, München 2014.

Beckmann 2012
Beckmann, Gitte (Hg.): »Man muss eben Alles Sammeln«. Der Zürcher Botaniker und Forschungsreisende Hans Schinz und seine ethnographische Sammlung Südwestafrika, Zürich 2012.

Bell/Butlin/Heffernan (Hg.) 1995
Bell, Morag/Butlin, Robin/Heffernan, Michael (Hg.): Geography and Imperialism, 1820–1940, Manchester u. a. O. 1995.

Bennett 1971
Bennett, Norman Robert: Mirambo of Tanzania. 1840?–1884, New York 1971.

Berding/Heller/Speitkamp (Hg.) 2000
Berding, Helmut/Heller, Klaus/Speitkamp, Winfried (Hg.): Krieg und Erinnerung. Fallstudien zum 19. und 20. Jahrhundert, Göttingen 2000.

Bergedorfer Museumslandschaft (Hg.) 2015
Bergedorfer Museumslandschaft (Hg.): Carl Lindemann. Ein Bergedorfer Maler auf drei Kontinenten, Hamburg 2015.

Bergner 1996
Bergner, Felicitas: Ethnografisches Sammeln in Afrika während der deutschen Kolonialzeit. Ein Beitrag zur Sammlungsgeschichte deutscher Völkerkundemuseen, in: Paideuma. Mitteilungen zur Kulturkunde, Bd. 42, 2006, S. 225–235.

Berman/Mühlhahn/Nganang (Hg.) 2014
Berman, Nina/Mühlhahn, Klaus/Nganang, Patrice (Hg.): German Colonialism Revisited. African, Asian and Oceanic Experiences, Ann Arbor 2014.

Berner/Hoffmann/Lange 2011
Berner, Margit/Hoffmann, Anette/Lange, Britta: Sensible Sammlungen. Aus dem anthropologischen Depot. Ethnografisches Sammeln in Afrika während der deutschen Kolonialzeit, Hamburg 2011.

Bethmann/Engelhardt 1906
Bethmann, August/Engelhardt, August: Eine Sorgenfreie Zukunft. Das neue Evangelium, Insel Kabakon bei Herbertshöhe 1906.

Biener 2001
Biener, Annette S.: Das deutsche Pachtgebiet Tsingtau in Schantung, 1897–1914. Institutioneller Wandel durch Kolonisierung, Bonn 2001 (= Studien und Quellen zur Geschichte Schantungs und Tsingtaus, hg. v. Prof. Dr. Matzat).

Bienert/Senf 1999
Bienert, Michael/Senf, Erhard: Berlin wird Metropole. Fotografien aus dem Kaiser-Panorama, Berlin 1999.

Bierschenk/Krings/Lentz (Hg.) 2013
Bierschenk, Thomas/Krings, Matthias/Lentz, Carola (Hg.): Ethnologie im 21. Jahrhundert, Berlin 2013.

Bischoff 2013
Bischoff, Eva: Tropenkoller. Male Self-Control and the Loss of Colonial Rule, in: Reinkowski/Thum (Hg.) 2013, S. 117–136.

Blanchard u. a. (Hg.) 2005
Blanchard, Pascal u. a. (Hg.): La fracture coloniale. La société française au prisme de l'héritage colonial, Paris 2005.

Blanchard/Veyrat-Masson (Hg.) 2008
Blanchard, Pascal/Veyrat-Masson, Isabelle (Hg.): Les guerres de mémoires. La France et son histoire. Enjeux politiques, controverses historiques, stratégies médiatiques, Paris 2008.

Blesse 2009/10
Blesse, Giselher: Karl Weule 1906. Sammeln nach dem Aufstand, in: Ausst.-Kat. Leipzig 2009/10, S. 295–302.

BMI/BAMF 2014
Abbildung 3–7: Ausländische Studierende (Bildungsinländer und Bildungsausländer) nach ausgewählten Staatsangehörigkeiten und Fächergruppen im Wintersemester 2014/2015, in: BMI/BAMF: Migrationsbericht des Bundesamts für Migration und Flüchtlinge im Auftrag der Bundesregierung. Migrationsbericht 2014, S. 63.

Bond (Hg.) 1967
Bond, Brian (Hg.): Victorian Military Campaigns, London 1967.

Branch 2009
Branch, Daniel: Defeating Mau Mau. Creating Kenya. Counter-insurgency, Civil War and Decolonization, New York 2009.

Bredekamp/Brüning/Weber (Hg.) 2000
Bredekamp, Horst/Brüning, Jochen/Weber, Cornelia (Hg.): Theater der Natur und Kunst, Berlin 2000.

Brogiato (Hg.) 2008
Brogiato, Heinz Peter (Hg.): Meyers Universum, Leipzig 2008.

Bronner 2006
Bronner, Simon J.: Crossing the Line. Violence, Play, and Drama in Naval Equator Traditions, Amsterdam 2006 (= Meertens Ethnology Cahier 2).

Buchter 2013
Buchter, Heike: Hedgefonds-Klage. Folgen einer Umschuldung, in: Die Zeit, 21.02.2013.

Bückendorf 1997
Bückendorf, Jutta: »Schwarz-weiß-rot über Ostafrika!«
Deutsche Kolonialpläne und afrikanische Realität,
Münster 1997 (= Europa – Übersee, 5).

Bührer 2011
Bührer, Tanja: Die Kaiserliche Schutztruppe für Deutsch-
Ostafrika, München 2011.

Bührer/Stachelbeck/Walter (Hg.) 2011
Bührer, Tanja/Stachelbeck, Christian/Walter, Dierk (Hg.):
Imperialkriege von 1500 bis heute. Strukturen, Akteure,
Lernprozesse, Paderborn 2011.

Bülow 1889/2012
Bülow, Frieda Freiin von: Reisescizzen und Tagebuchblätter
aus Deutsch-Ostafrika [1889], hg. v. Katharina von
Hammerstein, Berlin 2012.

Buschmann 2009
Buschmann, Rainer: Anthropology's Global Histories. The
Ethnographic Frontier in German New Guinea, 1870–1935,
Honolulu 2009.

Butz 1998
Butz, Herbert: Kniefall und Geschenke. Die Sühnemission des
Prinzen Chun in Deutschland, in: Ausst.-Kat. Berlin 1998,
S. 173–180.

Césaire 1968
Césaire, Aimé: Über den Kolonialismus, Berlin 1968.

Chatterjee 1993
Chatterjee, Partha: The Nation and its Fragments. Colonial
and Postcolonial Histories, Princeton 1993.

Chico-Kaleu Muyemba 1996
Chico-Kaleu Muyemba, Jean-Jérôme: Die Berliner Kongo-
Konferenz 1884/85 und die Aufteilung Afrikas. Eine sozio-
ökonomische Zerstörung mit Langzeitwirkung, Berlin 1996
(= Beiträge aus dem FB I, 49).

Ciarlo 2003
Ciarlo, David M.: Rasse konsumieren. Von der exotischen zur
kolonialen Imagination in der Bildreklame des Wilhelminischen Kaiserreichs, in: Kundrus (Hg.) 2003, S. 135–179.

Ciarlo 2011
Ciarlo, David: Advertising Empire. Race and Visual Culture in
Imperial Germany, Cambridge, MA u. a. O. 2011.

Clarke 1960
Clarke, Philip Henry Cecil: A Short History of Tanganyika,
London 1960.

Comaroff 1997
Comaroff, Jean und John: Of Revelation and Revolution.
The Dialectics of Modernity on a South African Frontier,
Chicago 1997.

Comaroff 2002
Comaroff, John: Governmentality, Materiality, Legality,
Modernity. On the Colonial State in Africa, in: Deutsch/
Probst/Schmidt (Hg.) 2002, S. 107–134.

Conrad 2008
Conrad, Sebastian: Deutsche Kolonialgeschichte, München
2008.

Conrad 2012
Conrad, Sebastian: German Colonialism. A Short History,
Cambridge 2012.

Conrad 2012a
Conrad, Sebastian: Deutsche Kolonialgeschichte, München
2012.

Conrad/Osterhammel 2004
Conrad, Sebastian/Osterhammel, Jürgen (Hg.): Das Kaiser-
reich transnational. Deutschland in der Welt 1871–1914,
Göttingen 2004.

Conrad/Randeria 2013
Conrad, Sebastian/Randeria, Shalini: Einleitung: Geteilte
Geschichten –Europa in einer postkolonialen Welt, in:
Conrad/Randeria/Römhild (Hg.) 2013, S. 32-70.

Conrad/Randeria/Römhild (Hg.) 2013
Conrad, Sebastian/Randeria, Shalini/Römhild, Regina (Hg.):
Jenseits des Eurozentrismus. Postkoloniale Perspektiven in
den Geschichts- und Kulturwissenschaften, 2. erw. Aufl.,
Frankfurt am Main/New York 2013.

Conrad/Sachsenmaier (Hg.) 2007
Conrad, Sebastian/Sachsenmaier, Dominic (Hg.): Competing Visions of World Order. Global Moments and Movements, 1880s–1930s, New York 2007.

Cooper/Stoler (Hg.) 1997
Cooper, Frederick/Stoler, Ann Laura (Hg.): Tensions of Empire. Colonial Cultures in a Bourgeois World, Berkeley u. a. O. 1997.

Cornils 2010
Cornils, Ingo: Denkmalsturz. The German Student Movement and German Colonialism, in: Perraudin/Zimmerer 2010, S. 196–212.

Cvetkovski/Barth (Hg.) 2015
Cvetkovski, Roland/Barth, Volker (Hg.): Imperial Co-operation and Transfer, 1870–1930. Empires and Encounters, London 2015.

Daaku 1970
Daaku, Kwame Yeboa: Trade and Politics on the Gold Coast 1600–1720, Oxford 1970.

De l'Estoile 2008
De l'Estoile, Benoît: The Past as it Lives Now. An Anthropology of Colonial Legacies, in: Social Anthropology, Jg. 16, 2008, H. 3, S. 267–279.

De Quesada 2013
De Quesada, Alejandro M./Dale, Chris: Imperial German Colonial and Overseas Troops 1885–1918, Oxford u. a. O. 2013 (= Osprey Men-at-arms, Bd. 490).

Debusmann/Riesz (Hg.) 1995
Debusmann, Robert/Riesz, János (Hg.): Kolonialausstellungen. Begegnungen mit Afrika?, Frankfurt am Main 1995.

Des Forges 2011
Des Forges, Alison L.: Defeat is the Only Bad News. Rwanda under Musinga 1896–1931, Madison, WI 2011.

Deutsch/Probst/Schmidt (Hg.) 2002
Deutsch, Jan-Georg/Probst, Peter/Schmidt, Heike (Hg.): African Modernities. Entangled Meanings in Current Debate, Portsmouth, NH 2002.

Deutscher Museumsbund 2013
Deutscher Museumsbund: Empfehlungen zum Umgang mit menschlichen Überresten in Museen und Sammlungen, Berlin 2013.

Dimier 2014
Dimier, Véronique: The Invention of a European Development Aid Bureaucracy. Recycling Empire, Basingstoke u. a. O. 2014.

Dinkel 2014
Dinkel, Jürgen: »Dritte Welt«. Geschichte und Semantiken, Version: 1.0, in: Docupedia-Zeitgeschichte, 06.10.2014, URL: http://docupedia.de/zg/Dritte_Welt (abgerufen am 12.08.2016).

Dinkel 2015
Dinkel, Jürgen: Die Bewegung Bündnisfreier Staaten. Genese, Organisation und Politik 1927–1992, Berlin 2015.

Dolz 2013
Dolz, Silvia: Weiße Herrschaft – Schwarze Macht. Das Bild des Europäers in der afrikanischen Kunst, in: Dresdner Kunstblätter, 2013, Bd. 4, S. 44–53.

Döring 2000
Döring, Hans-Joachim: »Es geht um unsere Existenz«. Die Politik der DDR gegenüber der Dritten Welt am Beispiel von Mosambik und Äthiopien, Berlin 2000.

dos Santos Lourenço/Keese 2011
dos Santos Lourenço, Isabel/Keese, Alexander: Die blockierte Erinnerung. Portugals koloniales Gedächtnis und das Ausbleiben kritischer Diskurse, in: Geschichte und Gesellschaft, Jg. 37, 2011, H. 2, S. 220–243.

Drechsler 1984
Drechsler, Horst: Südwestafrika unter deutscher Kolonialherrschaft. Der Kampf der Herero und Nama gegen den deutschen Imperialismus 1884–1915, 2. Aufl., Berlin 1984.

Eckart 1990
Eckart, Wolfgang U.: Die Medizin und das »Größere Deutschland«. Kolonialpolitik und Tropenmedizin in Deutschland, 1884–1914, in: Berichte zur Wissenschaftsgeschichte, 1990, Bd. 13, S. 129–139.

Eckart 1997

Eckart, Wolfgang U.: Medizin und Kolonialimperialismus. Deutschland 1884–1945, Paderborn 1997.

Eckert 1991

Eckert, Andreas: Die Duala und die Kolonialmächte. Eine Untersuchung zu Widerstand, Protest und Protonationalismus in Kamerun vor dem Zweiten Weltkrieg, Münster/Hamburg 1991.

Eckert 1999

Eckert, Andreas: Grundbesitz, Landkonflikte und kolonialer Wandel. Douala 1880 bis 1960, Stuttgart 1999.

Eckert 2000

Eckert, Andreas: Dekolonisationskrieg und Erinnerungspolitik in Kamerun: die »UPC Rebellion«, in: Berding/Heller/Speit-kamp (Hg.) 2000, S. 171–192.

Eckert 2008

Eckert, Andreas: Vom Segen der (Staats-)Gewalt? Staat, Verwaltung und koloniale Herrschaftspraxis in Afrika, in: Lüdtke/Wildt (Hg.) 2008, S. 145–165.

Eckert 2009

Eckert, Andreas: 125 Jahre Berliner Afrika-Konferenz. Bedeutung für Geschichte und Gegenwart, in: GIGA Focus, 2009, Nr. 12, S. 1–7.

Eckert/Wirz 2013

Eckert, Andreas/Wirz, Albert: Wir nicht, die Anderen auch. Deutschland und der Kolonialismus, in: Conrad/Randeria/Römhild (Hg.) 2013, S. 506–525.

Elkins 2005

Elkins, Caroline: Britain's Gulag. The Brutal End of Empire in Kenya, London 2005.

Elwert/Elwert 2011

Elwert, Annika/Elwert, Frederik: Qualifikation, Entwertung, Diskriminierung. Zur Arbeitsmarktintegration von Migranten aus dem subsaharischen Afrika und ihrer Erklärung, in: Baraulina, Tatjana u. a./BAMF/GIZ (Hg.): Potenziale der Migration zwischen Afrika und Deutschland, 2011, S. 91–126.

Engehausen u. a. 2015

Engehausen, Frank u. a.: Meilensteine der deutschen Geschichte, Bonn 2015 (= bpb-Schriftenreihe, Bd. 1642).

Erichsen 2003

Erichsen, Casper W.: Zwangsarbeit im Konzentrationslager auf der Haifischinsel, in: Zimmerer/Zeller (Hg.) 2003, S. 80–85.

Eurobarometer 421, 2015

Europäische Kommission, Spezial Eurobarometer 421: Das Europäische Jahr für Entwicklung. Die Ansichten der EU-Bürger zu Entwicklung, Zusammenarbeit und Hilfe. Umfrage durchgeführt von TNS Opinion & Social im Auftrag der Generaldirektion Entwicklung und Zusammenarbeit, EuropeAid, koordiniert von der Generaldirektion Kommuni-kation, Befragung im September 2014, Januar 2015.

Eyoum/Michels/Zeller 2005

Eyoum, Jean-Pierre Félix/Michels, Stefanie/Zeller, Joachim: Bonamanga. Eine kosmopolitische Familiengeschichte, in: Mont Cameroun. Afrikanische Zeitschrift für interkulturelle Studien zum deutschsprachigen Raum, 2005, Nr. 2, S. 11–48.

Falls 1967

Falls, Cyril: The Reconquest of the Sudan 1896–9, in: Bond (Hg.) 1967, S. 279–308.

Finsch 1882

Finsch, Otto: Die Rassenfrage in Oceanien, in: Zeitschrift für Ethnologie, 1882, Bd. 14, S. 163–166.

Finsch 1883

Finsch, Otto: Anthropologische Ergebnisse einer Reise in der Südsee und dem malayischen Archipel in den Jahren 1879–1882. Beschreibender Catalog der auf dieser Reise gesam-melten Gesichtsmasken von Völkertypen, in: Zeitschrift für Ethnologie, 1883, Bd. 15, Supplement.

Finsch 1887

Finsch, Otto: Für Museen und Lehranstalten! Lehrmittel für Völkerkunde zur Anschauung wie Unterricht. Gesichtsmasken von Völkertypen der Südsee und dem malayischen Archipel, nach Lebenden abgegossen in den Jahre 1879–1882, Bremen 1887.

Firla 2001
Firla, Monika: Exotisch – höfisch – bürgerlich. Afrikaner in Württemberg vom 15. bis 19. Jahrhundert, Ausst.-Kat. Hauptstaatsarchiv Stuttgart, Tübingen 2001.

Florvil 2013
Florvil, Tiffany Nicole: Writing Across Differences. Afro-Germans, Gender, and Diaspora, 1970s–1990s, [Diss. University of South Carolina] Columbia, SC 2013, URL: http://scholarcommons.sc.edu/etd/1457 (abgerufen am 10.08.2016).

Förster 2013
Förster, Larissa: Öffentliche Kulturinstitution, internationale Forschungsstätte und postkoloniale Kontaktzone. Was ist ethno am ethnologischen Museum, in: Bierschenk/Krings/Lentz (Hg.) 2013, S. 189–210.

Förster 2013a
Förster, Larissa: Objekte aus deutschen Kolonien im Rauten-strauch-Joest-Museum, in: Bechhaus-Gerst/Horstmann (Hg.) 2013, S. 229–236.

Förster/Henrichsen/Bollig (Hg.) 2004
Förster, Larissa/Henrichsen, Dag/Bollig, Michael (Hg.): Namibia – Deutschland: eine geteilte Geschichte. Widerstand – Gewalt – Erinnerung, Köln 2004.

Förster/Stoecker 2016
Förster, Larissa/Stoecker, Holger: Haut, Haar und Knochen. Koloniale Spuren in naturkundlichen Sammlungen der Universität Jena, Weimar 2016 (= Laborberichte Bd. 9).

Fowler (Hg.) 1996
Fowler, Ian (Hg.): African Crossroads. Intersections between History and Anthropology in Cameroon, Providence, RI u. a. O. 1996.

Frenssen 1906
Gustav Frenssen: Peter Moors Fahrt nach Südwest. Berlin 1906.

Friederici 2014
Friederici, Angelika: Otto Finsch. Lebendmasken aus der Südsee, Berlin 2014 (=Castan's Panopticum. Ein Medium wird besichtigt, H. D7.

Friedrich u. a. (Hg.) 1997
Friedrich, Annegret u. a. (Hg.): Projektionen. Rassismus und Sexismus in der visuellen Kultur, Marburg 1997.

Gabelmann 2004
Gabelmann, Rita: Der Sarotti-Mohr. Die bewegte Geschichte einer Werbefigur, Berlin 2004.

Gamber/Beaufort u. a. (Hg.) 1990
Gamber, Ortwin/Beaufort, Christian u. a. (Hg.): Kunsthistori-sches Museum, Wien. Hofjagd- und Rüstkammer. Katalog der Leibrüstkammer, II. Teil: Der Zeitraum von 1530–1560, Wien 1990.

Gatwa 2001
Gatwa, Tharcisse: Rwanda. Eglises: Victimes ou coupables? Yaoundé/Lomé 2001.

Geary 1996
Geary, Christraud M.: Political Dress. German-style Military Attire and Colonial Politics in Bamum, in: Fowler (Hg.) 1996, S. 165–192.

Geary/Njoya 1985
Geary, Christraud M./Njoya, Adamou Ndam: Mandu Yenu. Bilder aus Bamum, einem westafrikanischen Königreich, 1902–1915, München 1985.

Geulen 2007
Geulen, Christian: Gouverneure, Gouvernementalität und Globalisierung. Zur Geschichte und Aktualität imperialer Gewalt, in: Krasmann/Martschukat 2007, S. 117–135.

Geulen 2007a
Geulen, Christian: Geschichte des Rassismus, München 2007.

Geulen 2007b
Geulen, Christian: The Common Grounds of Conflict. Racial Visions of World Order 1880–1940, in: Conrad/Sachsenmaier (Hg.) 2007, S. 69–96.

Geulen 2014
Geulen, Christian: Geschichte des Rassismus, 2. Aufl., München 2014.

Gewald 1999
Gewald, Jan-Bart: Herero Heroes. A Socio-political History of the Herero of Namibia, 1890–1923, Oxford 1999.

Gißibl 2005
Gißibl, Bernhard: Paradiesvögel. Kolonialer Naturschutz und die Mode der deutschen Frau am Anfang des 20. Jahrhunderts, in: Paulmann (Hg.) 2005, S. 131–154.

Gißibl 2005/06
Gißibl, Bernhard: Exotische »Natururkunden«. Tierfotografie im Kontext des deutschen Kolonialismus, in: Ausst.-Kat. Essen 2005/06, S. 60–69.

Glasman 2015
Glasman, Joel: Les corps habillés. Genèse des métiers de police au Togo, Paris 2015.

Glick 1972
Glick, Thomas F.: The Comparative Reception of Darwinism, Austin 1972.

Glick/Dea/Höhne 2005
Glick Schiller, Nina/Dea, Data/Höhne, Markus: Afrikanische Kultur und der Zoo im 21. Jahrhundert: Eine ethnologische Perspektive auf das »African Village« im Augsburger Zoo. Bericht an das Max-Planck-Institut für ethnologische Forschung Halle/Saale, 04.07.2005, Halle/Saale 2005, URL: https://www.eth.mpg.de/3498250/africanZooVillage.pdf (abgerufen am 10.08.2016).

Groth/Bendix/Spiller (Hg.) 2015
Groth, Stefan/Bendix, Regina F./Spiller, Achim (Hg.): Kultur als Eigentum. Instrumente, Querschnitte und Fallstudien, Göttingen 2015 (= Göttinger Studien zu Cultural Property, Bd. 9).

Gründer 2002
Gründer, Horst: Der »Wettlauf« um Afrika und die Berliner Westafrika-Konferenz 1884/85, in: Heyden/Zeller (Hg.) 2002, S. 19–23.

Gründer 2003
Gründer, Horst: Indianer, Afrikaner und Südseebewohner in Europa. Vorgeschichte der Völkerschauen und Kolonialausstellungen, in: Jahrbuch für Europäische Geschichte, 2003, Bd. 3, S. 65–88.

Gründer 2004
Gründer, Horst: Geschichte der deutschen Kolonien, 5. Aufl., Paderborn u. a. O. 2004.

Gundermann 2009
Gundermann, Rita: Der Sarotti-Mohr. Ein schwarzer Knabe in der Werbung, in: Paul (Hg.) 2009, S. 276–283.

Haag/Messling (Hg.) 2015
Haag, Sabine/Messling, Guido (Hg.): Abendland und Halbmond. Der Osmanische Orient in der Kunst der Renaissance. Ein Rundgang durch die Sammlungen des Kunsthistorischen Museums Wien, Wien 2015.

Habermas 2008
Habermas, Rebekka: Mission im 19. Jahrhundert. Globale Netze des Religiösen, in: Historische Zeitschrift, 56, 2008, S. 629–679.

Habermas 2013
Habermas, Rebekka: Intermediaries, Kaufleute, Missionare, Forscher und Diakonissen. Akteure und Akteurinnen im Wissenstransfer, in: Habermas/Przyrembel (Hg.) 2013, S. 27–48.

Habermas 2014
Habermas, Rebekka: Lost in Translation. Transfer and Nontransfer in the Atakpame Colonial Scandal, in: Journal of Modern History, 2014, Bd. 86, S. 47–80.

Habermas 2015
Habermas, Rebekka: Peitschen im Reichstag oder über den Zusammenhang von materieller und politischer Kultur. Koloniale Debatten um 1900, in: Historische Anthropologie Jg. 23, 2015, H. 3, S. 391–412.

Habermas 2016
Habermas, Rebekka: Skandal in Togo. Ein Kapitel deutscher Kolonialherrschaft, Frankfurt am Main 2016.

Habermas/Hölzl (Hg.) 2014
Habermas, Rebekka/Hölzl, Richard (Hg.): Mission global. Eine Verflechtungsgeschichte seit dem 19. Jahrhundert, Köln u. a. O. 2014.

Habermas/Hölzl 2014
Habermas, Rebecca/Hölzl, Richard: Mission global. Religiöse Akteure und globale Verflechtung seit dem 19. Jahrhundert. Einleitung, in: Habermas/Hölzl (Hg.) 2014, S. 9–28.

Habermas/Przyrembel (Hg.) 2013
Habermas, Rebekka/Przyrembel, Alexandra (Hg.): Von Käfern, Märkten und Menschen. Kolonialismus und Wissen in der Moderne, Göttingen 2013.

Hagen 2008
Hagen, Katrina M.: Internationalism in Cold War Germany, (Diss. University of Washington, 2008).

Hamann/Honold 2011
Hamann, Christof/Honold, Alexander: Kilimandscharo. Die deutsche Geschichte eines afrikanischen Berges, Berlin 2011.

Hartmann/Lewerenz (Hg.) 2014
Hartmann, Heike/Lewerenz, Susann: Campaigning Against Apartheid in East and West Germany, in: Radical History Review, 2014, Nr. 119, S. 191–204.

Hauser 2015
Hauser, Julia: German Religious Women in Late Ottoman Beirut. Competing Missions, Leiden 2015.

Hauser-Schäublin/Prott (Hg.) 2016
Hauser-Schäublin, Brigitta/Prott, Lyndel V. (Hg.): Cultural Property and Contested Ownership. The Trafficking of Artefacts and the Quest for Restitution, Abingdon/New York 2016.

Heine/Heyden (Hg.) 1988
Heine, Peter/ Heyden, Ulrich van der (Hg.): Studien zur Geschichte des deutschen Kolonialismus in Afrika, Pfaffenweiler 1988.

Hempenstall/Mochida 2005
Hempenstall, Peter J./Mochida, Paula Tanaka: The Lost Man. Wilhelm Solf in German History, Wiesbaden 2005.

Hendrickson 1992
Hendrickson, Anne Alfhild Bell: Historical Idioms of Identity Representation among the Ovaherero in Southern Africa, (Dissertation) New York 1992.

Henrichsen 2003
Henrichsen, Dag: Heirat im Krieg. Erfahrungen von Kaera Ida Getzen-Leinhos, in: Zimmerer/Zeller (Hg.) 2003, S. 160–168.

Henrichsen/Krüger 2012
Henrichsen, Dag/Krüger, Gesine: Kreuz- und Querzüge in Afrika, in: Beckmann 2012, S. 127–135.

Heyden 2001
Heyden, Ulrich van der: Rote Adler an Afrikas Küste. Die brandenburgisch-preußische Kolonie Großfriedrichsburg in Westafrika, Berlin 2001.

Heyden (Hg.) 2008
Heyden, Ulrich van der (Hg.): Unbekannte Biographien. Afrikaner im deutschsprachigen Europa vom 18. Jahrhundert bis zum Ende des Zweiten Weltkrieges, Berlin 2008.

Heyden/Zeller (Hg.) 2002
Heyden, Ulrich van der/Zeller, Joachim (Hg.): Kolonialmetropole Berlin. Eine Spurensuche, Berlin 2002.

Heyden/Zeller (Hg.) 2005
Heyden, Ulrich van der/Zeller, Joachim (Hg.): »… Macht und Anteil an der Weltherrschaft«. Berlin und der deutsche Kolonialismus, Münster 2005.

Hiery 1993
Hiery, Hermann Joseph: Das Deutsche Reich in der Südsee (1900–1921), Göttingen/Zürich 1993.

Hiery (Hg.) 2001
Hiery, Hermann Joseph (Hg.): Die deutsche Südsee 1884–1914. Ein Handbuch, Paderborn u. a. O. 2001.

Hiery/Hinz (Hg.) 1999
Hiery, Hermann J./Hinz, Hans-Martin (Hg.): Alltagsleben und Kulturaustausch. Deutsche und Chinesen in Tsingtau 1897–1914. Wolfratshausen 1999.

Hillebrecht 2004/05
Hillebrecht, Werner: Hendrik Witbooi. Ikone und Inspiration des antikolonialen Widerstands und des unabhängigen Namibia, in: Ausst.-Kat. Köln/Berlin 2004/05, S. 144–153.

Hillebrecht 2015

Hillebrecht, Werner: Hendrik Witbooi and Samuel Maharero. The Ambiguity of Heroes, in: Silvester (Hg.) 2015, S. 38–54.

Hölzl 2014

Hölzl, Richard: »Mitleid« über große Distanz. Zur Fabrikation globaler Gefühle in Medien der katholischen Mission (1890–1940), in: Habermas/Hölzl (Hg.) 2014, S. 265–294.

Honke 1990

Honke, Gudrun: Für Kaiser und König, in: Honke (Hg.) 1990, S. 112–127.

Honke (Hg.) 1990

Honke, Gudrun (Hg.): Als die Weißen kamen. Ruanda und die Deutschen 1885–1919, Wuppertal 1990.

Honold 2004

Honold, Alexander: Kaiser-Wilhelm-Spitze, in: Honold/Scherpe 2004.

Honold/Scherpe (Hg.) 2004

Honold, Alexander/Scherpe, Klaus R. (Hg.): Mit Deutschland um die Welt. Eine Kulturgeschichte des Fremden in der Kolonialzeit, Stuttgart/Weimar 2004.

Hooks 1992

Hooks, Bell: Eating the Other. Desire and Resistance, in: dies.: Black Looks. Race and Representation, Boston 1992, S. 21–39.

Höpp 1997

Höpp, Gerhard: Muslime in der Mark. Als Kriegsgefangene und Internierte in Wünsdorf und Zossen, 1914–1924, Berlin 1997.

Howard-Hassmann 2004

Howard-Hassmann, Rhoda E.: Reparations to Africa and the Group of Eminent Persons, in: Cahiers d'Études Africaines, Jg. 42, 2004, H. 173–174, S. 81–97.

Howes 2011

Howes, Hilary: »It is not so!« Otto Finsch. Expectations and Encounters in the Pacific, 1865–85, in: Historical Records of Australian Science, 2011, Bd. 22, Nr. 1, S. 32–52.

Howes 2013

Howes, Hilary: The Race Question in Oceania. A. B. Meyer and Otto Finsch between Metropolitan Theory and Field Experience 1865–1914, Frankfurt am Main 2013.

Hull 2005

Hull, Isabel V.: Absolute Destruction. Military Culture and the Practices of War in Imperial Germany, Ithaca, NY 2005.

Ide 1899

Ide, Henry C.: The Imbroglio in Samoa, in: The North American Review, 1899, Bd. 168, S. 687–693.

Iliffe 1969

Iliffe, John: Tanganyika under German rule, 1905–1912, London 1969.

Iliffe 1979

Iliffe, John: A Modern History of Tanganyika, Cambridge u. a. O. 1979.

Isobe 2009

Isobe, Hiroyuki: Medizin und Kolonialgesellschaft. Die Bekämpfung der Schlafkrankheit in den deutschen »Schutzgebieten« vor dem Ersten Weltkrieg, Berlin 2009.

Johann (Hg.) 1966

Johann, Ernst (Hg.): Reden des Kaisers. Ansprachen, Predigten u. Trinksprüche Wilhelms II., München 1966.

Kahleyss 1998

Kahleyss, Margot: Muslime in Brandenburg. Kriegsgefangene im 1. Weltkrieg. Ansichten und Absichten, Berlin 1998.

Kaiser 2009

Kaiser, Katja: »Mischehen« in Kiautschou. Die deutsch-chinesische Familie Li, in: Bechhaus-Gerst/Leutner 2009, S. 91–95.

Kalter/Rempe 2001

Kalter, Christoph/Rempe, Martin: La République décolonisée. Wie die Dekolonisierung Frankreich verändert hat, in: Geschichte und Gesellschaft, Jg. 37, 2011, H. 2, S. 157–197.

Karentzos 2012

Karentzos, Alexandra: Postkoloniale Kunstgeschichte. Revisionen von Musealisierungen, Kanonisierungen, Repräsentationen, in: Reuter/Karentzos (Hg.) 2012, S. 249–266.

Kennedy 1974
Kennedy, Paul M.: The Samoan Tangle. A Study in Anglo German Relations 1878–1900, New York 1974.

Kerner 2012
Kerner, Ina: Postkoloniale Theorien zur Einführung, Hamburg 2012.

Kerr 1997
Kerr, Alfred: Wo liegt Berlin?, Berlin 1997.

Kimambo/Temu 1969
Kimambo, Isaria N./Temu, A. J.: A History of Tanzania, Evanston, IL 1969.

Klein 2004
Klein, Thoralf: Rasse-Kultur-soziale Stellung. Konzeptionen des »Eingeborenen« und koloniale Segregation in Kiautschou, in: Becker (Hg.) 2004, S. 304–328.

Klein 2005
Klein, Thoralf: Sühnegeschenke. Der Boxerkrieg, in: Heyden/Zeller (Hg.) 2005, S. 108–214.

Klein 2006
Klein, Dieter: Der Sonnenorden in der Südsee. Engelhardts Traum vom Paradies, in: Müller/Roder (Hg.) 2006, S. 85–92.

Klemun 2012
Klemun, Marianne: Live Plants on the Way: Ship, Island, Botanical Garden, Paradise and Container as Systemic Flexible Connected Spaces in Between, in: JOHOST, 2012, Bd. 5, S. 30–48.

Klose 1899
Klose, Heinrich: Togo unter deutscher Flagge, Berlin 1899.

Knoll 1978
Knoll, Arthur J.: Togo Under Imperial Germany 1884–1914. A Case Study in Colonial Rule, Stanford 1978.

Knoll/Gann (Hg.) 1987
Knoll, Arthur J./Gann, L. (Hg.): Germans in the Tropics: Essays in German Colonial History, London 1987.

Kohnert 2008
Kohnert, Dirk: EU-African Economic Relations. Continuing Dominance Traded for Aid?, GIGA Working Paper 82/2008.

Köstering 2003
Köstering, Susanne: Natur zum Anschauen. Das Naturkundemuseum des deutschen Kaiserreichs 1871–1914, Köln 2003.

Krasmann/Martschukat 2007
Krasmann, Susanne/Martschukat, Jürgen (Hg.): Rationalitäten der Gewalt. Staatliche Neuordnungen vom 19. bis zum 21. Jahrhundert, Bielefeld 2007.

Kraus/Müller 2009
Kraus, Jürgen/Müller, Thomas: Die deutschen Kolonial- und Schutztruppen von 1889 bis 1918. Geschichte, Uniformierung und Ausrüstung, Wien 2009 (= Kataloge des Bayerischen Armeemuseums Ingolstadt, Bd. 7).

Krings 2001
Krings, Matthias: Stimmen aus der Wildnis. Julius E. Lips: The savage hits back or the white man through native eyes London 1937, in: Paideuma, 2001, Bd. 47, S. 223–235.

Krüger 2004
Krüger, Gesine: Koloniale Gewalt, Alltagserfahrungen und Überlebensstrategien, in: Förster/Henrichsen/Bollig (Hg.) 2004, S. 92–105.

Kundrus 1997
Kundrus, Birthe: »Weiß und herrlich«. Überlegungen zu einer Geschlechtergeschichte des Kolonialismus, in: Friedrich u. a. (Hg.) 1997, S. 41–50.

Kundrus 2003
Kundrus, Birthe: Moderne Imperialisten. Das Kaiserreich im Spiegel seiner Kolonien, Köln u. a. O. 2003.

Kundrus 2004
Kundrus, Birthe: Weiblicher Kulturimperialismus. Die imperialistischen Frauenverbände des Kaiserreichs, in: Conrad/Osterhammel 2004, S. 213–235.

Kundrus (Hg.) 2003
Kundrus, Birthe (Hg.): Phantasiereiche. Zur Kulturgeschichte des deutschen Kolonialismus, Frankfurt am Main 2003.

Kuß 2004

Kuß, Susanne: Der Herero-Deutsche Krieg und das deutsche Militär. Kriegsursachen und Kriegsverlauf, in: Förster/Henrichsen/Bollig (Hg.) 2004, S. 62–77.

Kuß 2010

Kuß, Susanne: Deutsches Militär auf kolonialen Kriegsschauplätzen. Eskalation von Gewalt zu Beginn des 20. Jahrhunderts, Berlin 2010.

Kuß 2011

Kuß, Susanne: Deutsches Militär auf kolonialen Kriegsschauplätzen. Eskalation von Gewalt zu Beginn des 20. Jahrhunderts, 2. Aufl., Berlin 2011.

Lack 2010

Lack, Hans W./Grotz, Kathrin: Wardsche Kästen. Ein Dachbodenfund, in: MuseumsJournal, 2010, H. 4, S. 48–52.

Langbehn (Hg.) 2012

Langbehn, Volker Max (Hg.): German Colonialism, Visual Culture, and Modern Memory, New York 2012 (= Routledge Studies in Modern European History, 13).

Lange 2012

Lange, Britta: Was Wir Hören. Aus dem Berliner Lautarchiv, in: Ausst.-Kat. Berlin 2012, S. 61–78.

Lange 2013

Lange, Britta: Prekäre Situationen. Anthropologisches Sammeln im Kolonialismus, in: Stoecker/Schnalke/Winkelmann (Hg.) 2013, S. 45–68.

Lau (Hg.) 1996

Lau, Brigitte (Hg.): Hendrik Witbooi Papers, Windhoek 1996.

Lawrance u. a. (Hg.) 2006

Lawrance, Benjamin Nicholas u. a. (Hg.): Intermediairies, Interpreters and Clerks. African Employees in the Making of Colonial Africa, Madison 2006.

Lawrence 1963

Lawrence, A. W.: Trade Castles and Forts in West Africa, London 1963.

Lee 2009

Lee, Margaret C.: Trade Relations between the European Union and Sub-Saharan Africa under the Cotonou Agreement. Repartitioning and Economically Recolonising the Continent?, in: Southall, Roger/Melber, Henning (Hg.): A New Scramble for Africa? Imperialism, Investment and Development, Scottsville 2009, S. 83–110.

Leicht 2015

Leicht, Johannes: Die Vereinheitlichung von Münzen, Maßen und Gewichten, in: Lebendiges Museum Online (LeMO), Deutsches Historisches Museum, Berlin 2015, URL: https://www.dhm.de/lemo/kapitel/kaiserreich/industrie-und-wirtschaft/vereinheitlichungen.html (abrufen am 22.06.2016).

Lerp 2009

Lerp, Dörte: Zwischen Bevölkerungspolitik und Frauenbildung. Die Kolonialfrauenschulen in Witzenhausen und Bad Weilbach, in: Bechhaus-Gerst/Leutner 2009, S. 32–39.

Lettow-Vorbeck/Ruckteschell 1919

Lettow-Vorbeck, Paul von/Ruckteschell, Walter von: Um Vaterland und Kolonie. Der Feldzug in Ostafrika, Berlin 1919.

Leutner 2009

Leutner, Mechthild: »Schlitzäugige Schöne« und »gehorsame Dienerin des Mannes«. Deutsche Bilder von chinesischen Frauen in der Kolonialperiode, in: Bechhaus-Gerst/Leutner 2009, S. 194–204.

Leutner (Hg.) 1997

Leutner, Mechthild (Hg.): »Musterkolonie Kiautschou«. Die Expansion des Deutschen Reiches in China. Deutsch-chinesische Beziehungen 1897–1914. Eine Quellensammlung, Berlin 1997.

Lind 1998

Lind, Christoph: Heimatliches Idyll und kolonialer Herrschaftsanspruch. Architektur in Tsingtau, in: Ausst.-Kat. Berlin 1998, S. 96–105.

Lindner 2011

Lindner, Ulrike: Koloniale Begegnungen. Großbritannien und Deutschland als Imperialmächte in Afrika, Frankfurt am Main/New York 2011.

Lindner 2011a

Lindner, Ulrike: Neuere Kolonialgeschichte und Postcolonial Studies, Version: 1.0, in: Docupedia-Zeitgeschichte, 15.04.2011, URL: http://docupedia.de/zg/Neuere_Kolonialgeschichte_ und_Postcolonial_Studies (abgerufen am 09.08.2016).

Lindner 2015

Lindner, Ulrike: New Forms of Knowledge Exchange Between Imperial Powers. The Development of the Institut Colonial International (ICI) since the End of the 19th Century, in: Barth/Czetowski (Hg.) 2015, S. 57–78.

Linne 2008

Linne, Karsten: Deutschland jenseits des Äquators? Die NS-Kolonialplanungen für Afrika, Berlin 2008.

Lips 1937

Julius E. Lips, The Savage Hits Back, or the White Man Through Native Eyes, London 1937.

Lüdtke/Wildt (Hg.) 2008

Lüdtke, Alf/Wildt, Michael (Hg.): Staats-Gewalt. Ausnahmezustand und Sicherheitsregime. Historische Perspektiven, Göttingen 2008 (= Göttinger Gespräche zur Geschichtswissenschaft, Bd. 27).

Lundt 2013

Lundt, Bea: Introduction, in: Germany and Its West African Colonies: »Excavations« of German Colonialism in Post-Colonial Times, in: Apoh/Lundt (Hg.) 2013, S. 9–28.

Luschan 1895

Luschan, Felix von: Zur Ethnographie der Matty-Insel, in: Internationales Archiv für Ethnographie, 1895, Bd. 8, S. 41–56.

Luschan 1897

Luschan, Felix von: Beiträge zur Völkerkunde der deutschen Schutzgebiete, erweiterte Sonderausgabe aus dem Amtlichen Bericht über die Erste deutsche Kolonial-Ausstellung in Treptow 1896, Berlin 1897.

Lüthje 2004

Lüthje, Uwe. Tagebuchs-Auszug betreffend die Reise S.M.S. »Hertha« nach Ost-Asien und den Südsee-Inseln 1874–1877 im Museum für Völkerkunde der Universität Kiel, Frankfurt am Main 2004. URL: http://publikationen.ub.uni-frankfurt.de/frontdoor/index/index/docId/896 (abgerufen am 06.01.2015).

Maletz 1930

Maletz, Polizeisergeant Ludwig: »Aus meinem Dienstbuch. Auf Station Kalkfeld«, in: Rafalski 1930.

Mapunda/Mpangara 1969

Mapunda, O. B./Mpangara, G. P.: The Maji Maji War in Ungoni, Nairobi 1969.

Martin 1999

Martin, Bernd: Sichtweisen der Kolonialgeschichte von Kiautschou. Die deutsche Perspektive: Pläne – Besitznahme – Erwartungen, in: Hiery/Hinz (Hg.) 1999, S. 30–40.

Martin 2005

Martin, Peter: Die »Liga gegen koloniale Unterdrückung«, in: Heyden/Zeller (Hg.) 2005, S. 261–269.

Marx 2004

Marx, Christoph: Geschichte Afrikas. Von 1800 bis zur Gegenwart, Paderborn u. a. O. 2004.

Masterman 1934

Masterman, Sylvia: The Origins of International Rivalry in Samoa, 1845–1884, Stanford 1934.

Matzat 1985

Matzat, Wilhelm: Die Tsingtauer Landordnung des Chinesenkommissars Wilhelm Schrameier, Bonn 1985 (= Studien und Quellen zur Geschichte Schantungs und Tsintaus, 2).

McClintock 1995

McClintock, Anne: Imperial Leather. Race, Gender and Sexuality in the Colonial Contest, New York u. a. O. 1995.

Merki 1994

Merki, Christoph Maria: Die Kommerzialisierung des süßen Geschmacks. Zur Geschichte des Zuckers und seiner Substitute, in: Ausst.-Kat. Innsbruck 1994, S. 84–91.

Michels 2008

Michels, Eckard: »Der Held von Deutsch-Ostafrika«. Paul von Lettow-Vorbeck. Ein preußischer Kolonialoffizier, Paderborn 2008.

Michels 2009

Michels, Stefanie: Schwarze deutsche Kolonialsoldaten. Mehrdeutige Repräsentationsräume und früher Kosmopolitismus in Afrika, Bielefeld 2009.

Michels 2013

Michels, Stefanie: Die deutsche Uniform König Njoyas. Koloniale Ordnungsbehauptungen im Perspektivwechsel (1884–1914), in: Themenportal Europäische Geschichte (2013), URL: http://www.europa.clio-online.de/2013/Article=616 (abgerufen am 26.07.2016).

Michels 2013a

Michels, Stefanie: Der Askari, in: Zimmerer (Hg.) 2013, S. 294–308.

Miehe u. a. (Hg.) 2003

Miehe, Gudrun u. a. (Hg.): Kala Shairi German East Africa in Swahili Poems, Bd. VI., Köln 2003 (= Archiv afrikanistischer Manuskripte, Bd. 6).

Miescher/Rizzo/Silvester (Hg.) 2009

Miescher, Giorgio/Rizzo, Lorena/Silvester, Jeremy (Hg.): Posters in Action. Visuality in the Making of an African Nation, Basel 2009.

Mildbraed 1923

Mildbraed, Johannes: Georg Zenker, in: Notizblatt des Königl. botanischen Gartens und Museums zu Berlin, 01.02.1923, Bd. 8, Nr. 74, S. 319–324.

Mönter 2008

Mönter, Sven: Following a South Seas Dream, Auckland 2008.

Morlang 2008

Morlang, Thomas: Askari und Fitafita. »Farbige« Söldner in den deutschen Kolonien, Berlin 2008.

Moses (Hg.) 2008

Moses, A. Dirk (Hg.): Empire, Colony, Genocide. Conquest, Occupation and Subaltern Resistance in World History, New York 2008.

Moyd 2014

Moyd, Michelle: Violent Intermediaries. African Soldiers, Conquest, and Everyday Colonialism in German East Africa, Athens, OH 2014.

Mühlhahn 2000

Mühlhahn, Klaus: Herrschaft und Widerstand in der »Musterkolonie« Kiautschou. Interaktion zwischen China und Deutschland 1897–1914, München 2000 (= Studien zur Internationalen Geschichte, 8).

Müller 1993

Müller, Heinrich: Das Berliner Zeughaus. Vom Arsenal zum Museum, Berlin 1993.

Müller 2004/05

Müller, Andrea: Federn. Kulturgut und Handelsware, in: Ausst.-Kat. Bremen 2004/05, S. 31–42.

Müller-Langenbeck 2001

Müller-Langenbeck, Garlef: Die Tierwelt der ehemaligen deutschen Südsee, in: Hiery (Hg.) 2001, S. 92–112.

Müller/Roder (Hg.) 2006

Müller, Andrea/Roder, Hartmut (Hg.): 1001 Nacht. Wege ins Paradies, Mainz 2006.

Muschalek 2014

Muschalek, Marie: Everyday Violence and the Production of Colonial Order. The Police in German Southwest Africa, 1905–1915, (Diss., Cornell Univ.) 2014.

Museum für Deutsche Geschichte (Hg.) 1979

Museum für Deutsche Geschichte (Hg.): Sozialistisches Vaterland DDR. Entstehung und Entwicklung, Berlin (Ost) 1979.

Njoya 1952

Njoya, Sultan Ibrahim: Histoire et Coutumes des Bamum, tr. Henri Martin, Yaoundé 1952.

Nöhre 1998

Nöhre, Joachim: Das Selbstverständnis der Weimarer Kolonialbewegung im Spiegel ihrer Zeitschriftenliteratur, München 1998.

Ntezimana 1990

Ntezimana, Emmanuel: Ruanda am Ende des 10. Jahrhunderts, in: Honke (Hg.) 1990, S. 73–81.

Nyarko 2013

Nyarko, E.: Archaeology of Princes Town, Ghana (Masters' Thesis Univ. of Ghana 2013).

OECD 2015a

OECD, ODA as per cent of GNI (2015), URL: www2.compareyour-country.org/oda?cr=oecd&lg=en (abgerufen am 05.08.2016).

OECD 2015b

OECD, ODA by Multilaterals. EU Institutions, 5-year-average betreffend den Zeitraum 2002–2014, 2015, URLs: www.aid-flows.org und http://stats.oecd.org/Index. aspx?DatasetCode=TABLE2A (abgerufen am 04.08.2016).

OECD/DAC 1978/2016

DAC, Recommendation on Terms and Conditions of Aid [1978], http://www.oecd.org/dac/stats/31426776.pdf (abgerufen am 02.08.2016).

Oermann 1999

Oermann, Nils Ole: Mission, Church and State Relations in South West Africa under German Rule (1884–1915), Stuttgart 1999.

Oguntoye 1997

Oguntoye, Katharina: Eine afro-deutsche Geschichte. Zur Lebenssituation von Afrikanern und Afro-Deutschen in Deutschland von 1884 bis 1950, Berlin 1997.

Oguntoye/Ayim/Schultz (Hg.) 2016

Oguntoye, Katharina/Ayim, May/Schultz, Dagmar (Hg.): Farbe bekennen. Afro-deutsche Frauen auf den Spuren ihrer Geschichte, 4. Aufl., Berlin 2016.

Oloukpona-Yinnon 2013

Oloukpona-Yinnon, Adjaï A. Paulin: »Devoir d'indignation« – »devoir de mémoire«. Prolégomènes à l'étude de la résis-tance des Togolais sous l'administration colonial allemande (1884–1914), in: Assima-Kpatcha/Tsigbé (Hg.) 2013, S.161-183.

Olusoga/Erichsen 2010

Olusoga, David/Erichsen, Caspar W.: The Kaiser's Holocaust. Germany's Forgotten Genocide and the Colonial Roots of Nazism, London 2010.

Osei-Tutu/Smith (Hg.) (im Druck)

Osei-Tutu, John Kwadwo/Smith, Victoria Ellen (Hg.): Shadows of Empire in West Africa. New Perspectives on European Fortifications, New York (im Druck).

Osterhammel 2009

Osterhammel, Jürgen: Die Verwandlung der Welt. Eine Geschichte des 19. Jahrhunderts, München 2009.

Osterhammel 2013

Osterhammel, Jürgen: Die Verwandlung der Welt. Eine Geschichte des 19. Jahrhunderts, Jubiläumsedition, München 2013.

Paul (Hg.) 2009

Paul, Gerhard (Hg.): Das Jahrhundert der Bilder, Bd. 1 (1900 bis 1949), Bonn 2009.

Paulmann (Hg.) 2005

Paulmann, Johannes (Hg.): Ritual – Macht – Natur. Europäisch-ozeanische Beziehungswelten in der Neuzeit, Bremen 2005 (= TenDenZen, Sonderbd.).

Perras 2004

Perras, Arne: Carl Peters and German Imperialism 1856–1918. A Political Biography, Oxford 2004.

Perraudin/Zimmerer (Hg.) 2010

Perraudin, Michael/Zimmerer, Jürgen (Hg.): German Colonia-lism and National Identity, London 2010.

Pesek 2005

Pesek, Michael: Koloniale Herrschaft in Deutsch-Ostafrika. Expeditionen, Militär und Verwaltung seit 1880, Frankfurt am Main/New York 2005.

Pesek 2010

Pesek, Michael: Das Ende eines Kolonialreiches. Ostafrika im Ersten Weltkrieg, Frankfurt am Main 2010.

Peters 1887/1943

Peters, Carl: Deutsch-National [1887], in: ders.: Schriften, Bd. 1, hg. v. Walter Frank, München 1943.

Plankensteiner 2016

Plankensteiner, Barbara: The Benin Treasures. Difficult Legacy and Contested Heritage, in: Hauser-Schäublin/Prott (Hg.) 2016, S. 133–155.

Poddar u. a. (Hg.) 2008
Poddar, Prem u. a. (Hg.): A Historical Companion to Post-colonial Literatures. Continental Europe and Its Empires, Edinburgh 2008.

Pracht-Album 1896
Pracht-Album photographischer Aufnahmen der Berliner Gewerbeausstellung 1896 und der Sehenswürdigkeiten Berlins und des Treptower Parks, Alt-Berlin, Kolonial-Ausstellung, Kairo etc., Berlin 1896.

Rafalski 1930
Rafalski, Hans: Vom Niemandsland zum Ordnungsstaat. Geschichte der ehemaligen Kaiserlichen Landespolizei für Deutsch-Südwestafrika, Berlin 1930.

Rauschgatt 1994
Rauschgatt, Doris: Kaiserpanorama. Die Institutionalisierung massenmedialer Produktion und Rezeption stereoskopischer Fotografien im 19. Jahrhundert, (Magisterarbeit Universität Wien) Wien 1994.

Reagin 2007
Reagin, Nancy R.: Sweeping the German Nation. Domesticity and National Identity in Germany, 1870–1945, Cambridge u. a. O. 2007.

Reed-Anderson 2000
Reed-Anderson, Paulette: Rewriting the Footnotes. Berlin und die afrikanische Diaspora/Berlin and the African Diaspora, Berlin 2000.

Reid 1998
Reid, Richard: Mutesa and Mirambo. Thoughts on East African Warfare and Diplomacy in the Nineteenth Century, in: The International Journal of African Historical Studies, Jg. 31, 1998, Nr. 1, S. 73–89.

Reid 2009
Reid, Richard J.: A History of Modern Africa. 1800 to the Present, Malden, MA/Oxford 2009.

Reinkowski/Thum (Hg.) 2013
Reinkowski, Maurus/Thum, Gregor (Hg.): Helpless Imperialists. Imperial Failure, Fear and Radicalization, Göttingen 2013.

Reuter/Karentzos (Hg.) 2012
Reuter, Julia/Karentzos, Alexandra (Hg.): Schlüsselwerke der Postcolonial Studies, Wiesbaden 2012.

Richards 1992
Richards, Rhys: Samoa's Forgotten Whaling Heritage. American Whaling in Samoan waters, 1824–1878. A Chronological Selection of Extracts From Primary Sources, Mainly Whaling Logbooks, Journals and Contemporary News Items, Wellington, NZ 1992.

Ridha u. a. (Hg.) 2016
Ridha, Camilla u. a. (Hg.): Spiegelblicke. Perspektiven Schwarzer Bewegung in Deutschland, Berlin 2016.

Rohrbach 1907
Rohrbach, Paul: Deutsche Kolonialwirtschaft. Bd. 1: Südwest-Afrika, Berlin 1907.

Romberg 1914
Romberg, Kurt: Die politische und kulturelle Bedeutung des deutschen Kiautschougebietes. Ein erlebtes Kapitel politischer Theorie, in: Koloniale Monatsblätter. Zeitschrift für Kolonialpolitik, Kolonialrecht und Kolonialwirtschaft 16:2, 1914, S. 49–70.

Rosenhaft 2008
Rosenhaft, Eve: Black Germans, in: Poddar u. a. (Hg.) 2008, S. 211–212.

Rosenhaft/Aitken 2008
Rosenhaft, Eve/Aitken, Robbie: Martin Dibobe, in: Heyden (Hg.) 2008, S. 162–172.

Rosenhaft/Aitken 2013
Rosenhaft, Eve/Aitken, Robbie: Africa in Europe. Studies in Transnational Practice in the Long Twentieth Century, Liverpool 2013.

Roy/Liebau/Ahuja (Hg.) 2011
Roy, Franziska/Liebau, Heike/Ahuja, Ravi (Hg.): »When the War Began, We Heard of Several Kings.« South Asian Prisoners in World War I Germany, New Delhi 2011.

Rushdie 1988
Rushdie, Salman: The Satanic Verses, London 1988.

Saavedra Casco 2007
Saavedra Casco, José Arturo: Utenzi, War Poems and the German Conquest of East Africa. Swahili Poetry as Historical Source, Jersey, NY 2007**.**

Said 1998
Said, Mohamed: The Life and Times of Abdulwahid Sykes (1924–1968). The Untold Story of the Muslim Struggle against British Colonialism in Tanganyika, London 1998.

Schaller 2008
Schaller, Dominik: From Conquest to Genocide. Colonial Rule in German Southwest Africa and German East Africa, in: Moses (Hg.) 2008, S. 296–324.

Sammlung Dokumente des Deutschen Historischen Museums (Kittelmann), Berlin
Militärpass im Teilnachlass Paul Kittelmann, unveröffentlichte Quellen, Sammlung Dokumente des Deutschen Historischen Museums, Berlin (Do 2013/4).

Sammlung Dokumente des Deutschen Historischen Museums (von Schönau-Wehr), Berlin
Briefe im Nachlass Friedrich von Schönau-Wehrs an seine Eltern, unveröffentlichte Quelle, Sammlung Dokumente des Deutschen Historischen Museums, Berlin, Do 2015/127–141.

Schaper 2012
Schaper, Ulrike: Koloniale Verhandlungen. Gerichtsbarkeit, Verwaltung und Herrschaft in Kamerun 1884–1916, Frankfurt am Main 2012.

Scheen 2007
Scheen, Thomas: Unter Geiern. An Afrikas Schulden verdienen, in: FAZ, 21.05.2007.

Schiebinger 2007
Schiebinger, Londa: Plants and Empire. Colonial Bioprospecting in the Atlantic World, Cambridge 2007.

Schilling 2013
Schilling, Britta: Imperial Heirlooms. The Private Memory of Colonialism in Germany, in: The Journal of Imperial and Commonwealth History, 41:4, 2013, S. 663–682.

Schilling 2014
Schilling, Britta: Postcolonial Germany. Memories of Empire in a Decolonized Nation, Oxford 2014.

Schillings 1905
Schillings, Carl Georg: Mit Blitzlicht und Büchse, Leipzig 1905.

Schmidt-Lauber 1993
Schmidt-Lauber, Brigitta: Die abhängigen Herren. Deutsche Identität in Namibia, Münster/Hamburg 1993.

Schmidt-Lauber 1998
Schmidt-Lauber, Brigitta: »Die verkehrte Hautfarbe«. Ethnizität deutscher Namibier als Alltagspraxis, Berlin/Hamburg 1998.

Schnalke/Stoecker/Winkelmann (Hg.) 2013
Schnalke, Thomas/Stoecker, Holger/Winkelmann, Andreas (Hg.): Sammeln und Bewahren, Erforschen und Zurückgeben. Human Remains aus der Kolonialzeit in akademischen und musealen Sammlungen, Berlin 2013.

Schöfert 2012
Schöfert, Arne: Der Reichskolonialbund und seine kolonialrevisionistische Propagandatätigkeit zwischen 1933 und 1943, Greiz 2012.

Schröder 1997
Schröder, Martin: Prügelstrafe und Züchtigungsrecht in den deutschen Schutzgebieten Schwarzafrikas, Berlin 1997.

Schröder 2011
Schröder, Iris: Das Wissen von der ganzen Welt. Globale Geographien und räumliche Ordnungen Afrikas und Europas 1790–1870, Paderborn 2011.

Schulte-Varendorff 2006
Schulte-Varendorff, Uwe: Kolonialheld für Kaiser und Führer. General Lettow-Vorbeck – Eine Biographie, Berlin 2006.

Schultze 1908
Schultze, Leonhard: Zoologische und anthropologische Ergebnisse einer Forschungsreise im westlichen und zentralen Südafrika ausgeführt in den Jahren 1903–1905, Systematik und Tiergeographie, 1. Bd., Jena 1908.

Schultze 1910
Schultze, Leonhard: Zoologische und anthropologische Ergebnisse einer Forschungsreise im westlichen und zentralen Südafrika ausgeführt in den Jahren 1903–1905, Systematik und Tiergeographie, 4. Bd., Jena 1910.

Schumann/McGregor 2014
Schumann, Gunter von/McGregor, Gordon: The Equestrian Monument (Reiterdenkmal) 1912–2014. A chronological documentation of reports, newspaper clippings and photos/illustrations, Windhoek 2014.

Sebald 1972
Sebald, Peter: Malam Musa-Gottlob Adolf Krause, 1850–1938. Forscher, Wissenschaftler, Humanist. Leben und Lebenswerk eines antikolonial gesinnten Afrika-Wissenschaftlers unter den Bedingungen des Kolonialismus, Berlin 1972.

Sebald 1988
Sebald, Peter: Togo 1884–1914. Eine Geschichte der deutschen »Musterkolonie« auf Grundlage amtlicher Quellen, Berlin (Ost) 1988.

Sebald 2013
Sebald, Peter: Die deutsche Kolonie Togo, Berlin 2013.

Sheail 2010
Sheail, John: Nature's Spectacle: The World's First National Parks and Protected Places, Oxfordshire/New York 2010.

Siegle 2004
Siegle, Dorothea: »Trägerinnen echten Deutschtums«. Die Koloniale Frauenschule Rendsburg, Neumünster 2004.

Silvester (Hg.) 2015
Silvester, Jeremy (Hg.): Re-Viewing Resistance in Namibian History, Windhoek 2015.

Simon 1910
Simon, Eugène: Arachnoidea. Araneae (ii), in: Schultze 1910, S. 175–218.

Sippel 1995
Sippel, Harald: »Im Interesse des Deutschtums und der weißen Rasse«. Behandlung und Rechtswirkungen von »Rassenmischehen« in den Kolonien Deutsch-Ostafrika und Deutsch-Südwestafrika, in: Jahrbuch für afrikanisches Recht 1995, Bd. 9, S. 123–157.

Sippel 2002
Sippel, Harald: Kolonialverwaltung ohne Kolonien. Das Kolonialpolitische Amt der NSDAP und das geplante Reichskolonialamt, in: Heyden/Zeller (Hg.) 2002, S. 256–261.

Slobodian 2012
Slobodian, Quinn: Foreign Front. Third World Politics in Sixties West Germany, Durham, NC 2012.

Slobodian (Hg.) 2015
Slobodian, Quinn (Hg.): Comrades of Color. East Germany in the Cold War World, New York 2015.

Sokolowsky 2004
Sokolowsky, Celia: Sprachpolitik des deutschen Kolonialismus. Deutschunterricht als Mittel imperialer Herrschaftssicherung in Togo (1884–1914), Stuttgart 2004.

Soyinka 2001
Soyinka, Wole: Die Last des Erinnerns. Was Europa Afrika schuldet und was Afrika sich selbst schuldet, Düsseldorf 2001.

Speitkamp 2005
Speitkamp, Winfried: Deutsche Kolonialgeschichte, Stuttgart 2005.

Speitkamp 2007
Speitkamp, Winfried: Kleine Geschichte Afrikas, Stuttgart 2007.

Speitkamp 2014
Speitkamp, Winfried: Deutsche Kolonialgeschichte, 3. Auflage, Stuttgart 2014.

Statistisches Bundesamt 2015
Statistisches Bundesamt, Fachserie 1, Reihe 2.2. Bevölkerung und Erwerbstätigkeit. Bevölkerungen mit Migrationshintergrund. Ergebnisse des Mikrozensus 2014, Tabelle 9: Bevölkerung 2014 nach detailliertem Migrationsstatus, berufsqualifizierendem Bildungsabschluss und Geschlecht, 2015.

Steinmetz 2007
Steinmetz, George: The Devil's Handwriting. Precoloniality and the German Colonial State in Qingdao, Samoa, and Southwest Africa, Chicago/London 2007.

Stelzig 2006
Stelzig, Christine: »Afrika is a Sphinx - once she's taken hold of you, she won't let go so easily«. The Officer and Collector Hans Glauning, in: Tribus, 2006, Bd. 55, S. 155-200.

Steusloff 1992
Steusloff, Wolfgang: »... Inseipt, Afrasiert und rin na't küben!«. Linientaufen auf deutschen Schiffen von der Mitte des 19. bis zur Mitte des 20. Jahrhunderts«, in: Deutsches Schifffahrts-archiv, 1992, Bd. 15, S. 359-388.

Stevenson 1892/1967
Stevenson, Robert Louis: A Footnote to History. Eight Years of Trouble in Samoa [1892], London 1967.

Stiegler 2014
Stiegler, Bernd: Spuren, Elfen und andere Erscheinungen. Conan Doyle und die Photographie, Frankfurt am Main 2014.

Stoecker 2008
Stoecker, Holger: Afrikawissenschaften in Berlin von 1919 bis 1945. Zur Geschichte und Topographie eines wissenschaft-lichen Netzwerkes, Berlin 2008.

Stoecker/Schnalke/Winkelmann (Hg.) 2013
Stoecker, Holger/Schnalke, Thomas/Winkelmann, Andreas (Hg.): Sammeln, Erforschen, Zurückgeben? Menschliche Überreste aus der Kolonialzeit in akademischen und musea-len Sammlungen, Berlin 2013.

Stoler/Cooper 1997
Stoler, Ann Laura/Cooper, Frederick: Between Metropole and Colony. Rethinking a Research Agenda, in: Cooper/Stoler (Hg.) 1997, S. 1–56.

Stölzl (Hg.) 1995
Stölzl, Christoph (Hg.): Bilder und Zeugnisse der deutschen Geschichte. Aus den Sammlungen des Deutschen Histori-schen Museums, 2 Bde., Berlin 1995.

Stornig 2014
Stornig, Katharina: »... denn die ganz Sorge der Schwestern war darauf gerichtet, die Lage des weiblichen Geschlechts zu verbessern«. Geschlecht, Religion und Differenz in der Missionspraxis deutscher Ordensfrauen im kolonialen Togo (1896–1918), in: Habermas/Hölzl (Hg.) 2014, S. 111-134.

Tcham/Tchamie 2000
Tcham, Badjow/Tchamie, Thiou K.: L'intégration de l'hinterland à la colonie du Togo, Lomé 2000.

Terretta 2014
Terretta, Meredith: Nation of Outlaws, State of Violence. Nationalism, Grassfields Tradition, and State Buildung in Cameroon, Athens, OH 2014.

Thode-Arora 2001/02
Thode-Arora, Hilke: »Blutrünstige Kannibalen« und »wilde Weiber«. Extrembeispiele für Klischees in der Völkerschau-Werbung, in: Ausst.-Kat. Oldenburg 2001/02, S. 90–95.

Thomas 2013
Thomas, Dominic: Africa and France. Postcolonial Cultures, Migration, and Racism, Bloomington/Indiana 2013.

Trotha 1988
Trotha, Trutz von: »One for Kaiser«. Beobachtungen zur poli-tischen Soziologie der Prügelstrafe am Beispiel des »Schutz-gebietes Togo«, in: Heine/Heyden (Hg.) 1988, S. 521-551.

Trotha 1994
Trotha, Trutz von: Koloniale Herrschaft. Zur soziologischen Theorie der Staatsentstehung am Beispiel des »Schutz-gebietes Togo«, Tübingen 1994.

Trotha 2004
Trotha, Trutz von: Was war Kolonialismus? Einige zusammen-fassende Befunde zur Soziologie und Geschichte des Koloni-alismus und der Kolonialherrschaft, in: Saeculum, 2004, Bd. 55/I, S. 49–95.

Tshimanga/Gondola/Bloom (Hg.) 2009
Tshimanga, Charles/Gondola, Ch. Didier/Bloom, Peter J. (Hg.): French and the African Diaspora. Identity and Uprising in Contemporary France, Bloomington/Indiana 2009.

Tsigbé/Yigbe (Hg.) 2015
Tsigbé, Koffi N./Yigbe, Dotsé (Hg.): Août 1914–août 2014:
Bilan de l'oeuvre coloniale allemande en Afrique et au Togo,
cent ans après, Lomé 2015.

UIS.Stat 2013a
UNESCO Institute for Statistics (UIS.Stat), Education dataset.
Gross enrolment ratio, tertiary, both sexes, Stand 2013 (außer:
Kamerun: Stand 2011, Namibia: Stand 2008). Zusammenstellung
aus URL: http://data.uis.unesco.org (abgerufen am 05.08.2016).

UIS.Stat 2013b
UNESCO Institute for Statistics (UIS.Stat), Education dataset.
Inbound internationally mobile students by country of origin,
both sexes, Stand 2013, Zusammenstellung aus URL: http://
data.uis.unesco.org (abgerufen am 05.08.2016).

Ulrich 2010
Ulrich, Volker: Die nervöse Großmacht 1871–1918. Aufstieg
und Untergang des deutschen Kaiserreichs, Frankfurt am
Main 2010.

Van Dantzig 1980
Van Dantzig, Albert: Forts and Castles of Ghana, Accra 1980.

Verber 2015
Verber, Jason: True to the Politics of Frelimo? Teaching Socia-
lism at the Schule der Freundschaft, 1981–90, in: Slobodian
(Hg.) 2015, S. 188–210.

Wagner 2015
Wagner, Florian: Private Colonialism and International
Co-operation in Europe 1870-1914, in: Cvetkovski/Barth (Hg.)
2015, S. 79–105.

Walgenbach 2005
Walgenbach, Katharina: Emanzipation als koloniale Fiktion.
Zur sozialen Position Weißer Frauen in den deutschen Kolo-
nien, in: L'Homme, Jg. 16, 2005, H. 2, S. 47–67.

Walgenbach 2005a
Walgenbach, Katharina: »Die weiße Frau als Träger deutscher
Kultur«. Koloniale Diskurse über Geschlecht, »Rasse« und
Klasse im Kaiserreich, Frankfurt am Main 2005.

Wallace 2015
Wallace, Marion: Geschichte Namibias, Basel 2015.

Wallace/Kinahan 2011
Wallace, Marion/Kinahan, John: A History of Namibia from
the Beginning to 1990, London 2011.

Walther 2008
Walther, Daniel Joseph: Racializing Sex. Same-Sex Relations,
German Colonial Authority, and Deutschtum, in: Journal of
the History of Sexuality, Jg. 17, 2008, H. 1, S. 11–24.

Warneck 1897
Warneck, Gustav: Evangelische Missionslehre. Ein missions-
theoretischer Versuch, Gotha 1897.

Warner 1998
Warner, Torsten: Der Aufbau der Kolonialstadt Tsingtau.
Landordnung, Stadtplanung und Entwicklung, in: Ausst.-Kat.
Berlin 1998, S. 84–95.

Webel 2013
Webel, Mari: Medical Auxiliaries and the Negotiation of Public
Health in Colonial North-Western Tanzania, in: Journal of
African History, 2013, Bd. 54, S. 393–416.

Weber 1895/2002
Weber, Max: Der Nationalstaat und Volkswirtschaftspolitik
[1895], in: ders.: Schriften 1894–1922, hg. v. Dirk Kaesler,
Stuttgart 2002, S. 22–46.

Weis 2011
Weis, Toni: The Politics Machine. On the Concept of »Solidarity«
in East German Support for SWAPO, in: Journal of Southern
African Studies, Jg. 37, 2011, H. 2, S. 351–367.

Wesseling 1996
Wesseling, Henk L.: Divide and Rule. The Partition of Africa
1880–1914, Westport/London 1996.

Weule 1908
Weule, Karl: Wissenschaftliche Ergebnisse meiner ethnogra-
phischen Forschungsreise in den Süden Deutsch-Ostafrikas,
Berlin 1908 (= Mitteilungen aus den deutschen Schutzgebieten, Erg.-H. 1).

Wiedenroth-Coulibaly 2016
Wiedenroth-Coulibaly, Eleonore: Die multiplen Anfänge der
ISD, in: Ridha u. a. (Hg.) 2016, S. 28–32.

Wildenthal 2001

Wildenthal, Lora: German Women for Empire, 1884–1945, Durham/London 2001.

Wimmelbücker 2005

Wimmelbücker, Ludger: Verbrannte Erde. Zu den Bevölkerungsverlusten als Folge des Maji-Maji Krieges, in: Becker/Beez (Hg.) 2005, S. 87–99.

Wirz 1972

Wirz, Albert: Vom Sklavenhandel zum kolonialen Handel. Wirtschaftsräume und Wirtschaftsformen in Kamerun vor 1914, Zürich 1972.

Wöhse 2004/05

Wöhse, Anne-Katharina: Als eine Mode untragbar wurde. Die Kampagnen gegen den Federschmuck im Deutschen Kaiserreich, in: Ausst.-Kat. Bremen 2004/05, S. 43–50.

World Bank 2015

World Bank Bilateral Remittance Matrices in Mio. US$, Stand 2015, URL: http://www.worldbank.org/en/topic/migration-remittancesdiasporaissues/brief/migration-remittances-data (abgerufen am 05.08.2016).

Zantop 1999

Zantop, Susanne: Kolonialphantasien im vorkolonialen Deutschland (1770–1870), Berlin 1999.

Zaugg (im Druck)

Zaugg, Roberto: Grossfriedrichsburg, the First German Colony in Africa? Brandenburg-Prussian, Atlantic Entanglements and National Memory, in: Osei-Tutu/Smith (Hg.) (im Druck).

Zehrer 2012

Zehrer, Klaus Cäsar: Kokos, Kaiser der Pflanzen!, in: Das Magazin, Berlin 2012, S. 62–65.

Zeller 2002

Zeller, Joachim: Friedrich Maharero. Ein Herero in Berlin, in: Heyden/Zeller (Hg.) 2002, S. 206–211.

Zimmerer 2001

Zimmerer, Jürgen: Deutsche Herrschaft über Afrikaner. Staatlicher Machtanspruch und Wirklichkeit im kolonialen Namibia, Münster 2001.

Zimmerer 2004

Zimmerer, Jürgen: Deutsche Herrschaft über Afrikaner. Staatlicher Machtanspruch und Wirklichkeit im kolonialen Namibia, 3. Aufl., Münster 2004.

Zimmerer 2011

Zimmerer, Jürgen: Von Windhuk nach Ausschwitz? Beiträge zum Verhältnis von Kolonialismus und Holocaust, Münster 2011.

Zimmerer 2013

Zimmerer, Jürgen: Kolonialismus und kollektive Identität: Erinnerungsorte der deutschen Kolonialgeschichte, in: Zimmerer (Hg.) 2013, S. 9–38.

Zimmerer (Hg.) 2013

Zimmerer, Jürgen (Hg.): Kein Platz an der Sonne. Erinnerungsorte der deutschen Kolonialgeschichte, Frankfurt am Main 2013.

Zimmerer/Zeller (Hg.) 2003

Zimmerer, Jürgen/Zeller, Joachim (Hg.): Völkermord in Deutsch-Südwestafrika. Der Kolonialkrieg (1904–1908), Berlin 2003.

Zimmerer/Zeller (Hg.) 2016

Zimmerer, Jürgen/Zeller, Joachim (Hg.): Völkermord in Deutsch-Südwestafrika. Der Kolonialkrieg in Namibia (1904–1908) und seine Folgen, 3. Aufl., Berlin 2016.

Zimmerman 2006

Zimmerman, Andrew: »What do you really want in German East Africa, Herr Professor?«. Counterinsurgency and the Science Effect in Colonial Tanzania, in: Comparative Studies in Society and History, 2006, Bd. 48, S. 419–461.

Zimmerman 2012

Zimmerman, Andrew: Alabama in Africa, Princeton, NJ 2012.

Zollmann 2010

Zollmann, Jakob: Koloniale Herrschaft und ihre Grenzen. Die Kolonialpolizei in Deutsch-Südwestafrika 1894–1915, Göttingen 2010.

LEIHGEBER

Bad Homburg
Städtisches Historisches Museum/Museum im Gotischen Haus

Basel
Archiv Basler Mission
Basler Afrika Bibliographien (BAB)

Beeskow
Kunstarchiv Beeskow - Archivierte Sammlung von Kunst aus der DDR

Berlin
Archiv der Berliner Gesellschaft für Anthropologie, Ethnologie und Urgeschichte
Auswärtiges Amt - Politisches Archiv
Berlin-Brandenburgische Akademie der Wissenschaften, Archiv
Botanischer Garten und Botanisches Museum Berlin, Freie Universität Berlin
Bundesarchiv
Bundesarchiv, Abteilung Filmarchiv
Das BVG Archiv
Evangelisches Zentralarchiv in Berlin
Geheimes Staatsarchiv, Preußischer Kulturbesitz
Initiative Schwarze Menschen in Deutschland e.V. (ISD)
Landesarchiv Berlin
Lautarchiv der Humboldt-Universität zu Berlin
Philip Kojo Metz
Museum für Naturkunde, Leibniz-Institut für Evolutions- und Biodiversitätsforschung
Privatsammlung Katharina Oguntoye
Progress Filmverleih GmbH
Robert Koch-Institut
Staatliche Museen zu Berlin, Gipsformerei
Staatliche Museen zu Berlin, Ethnologisches Museum
Staatliche Museen zu Berlin, Kunstbibliothek
Staatliche Museen zu Berlin, Kunstgewerbemuseum Schloß Köpenick
Staatliche Museen zu Berlin, Museum Europäischer Kulturen
Staatliche Museen zu Berlin, Museum für Asiatische Kunst
Staatsbibliothek zu Berlin, Preußischer Kulturbesitz
Stiftung Stadtmuseum Berlin
Privatsammlung Susann Schneider
Privatsammlung Ursula Trüper
Verlag für Standesamtswesen GmbH
Roy Wichert-Gonsalves
Privatsammlung Joachim Zeller

Bonn
Privatsammlung Dr. Wilhelm Matzat

Börnsen
Ulrike Badstuber

Bremen
Staatsarchiv Bremen
Übersee-Museum Bremen

Dar es Salaam
National Museum of Tanzania

Darmstadt
Universitäts- und Landesbibliothek, Technische Universität Darmstadt

Dresden
Militärhistorisches Museum der Bundeswehr
Staatliche Kunstsammlungen Dresden, Museum für Völkerkunde Dresden

Düren
Leopold-Hoesch-Museum & Papiermuseum Düren

Essen
Museum Folkwang/Deutsches Plakatmuseum
Sammlung Thomas Morlang

Frankfurt am Main
Universitätsbibliothek Koloniales Bildarchiv

Freiburg
Bundesarchiv, Abteilung Militärarchiv
Museum Natur und Mensch

Halle/Saale
Max-Planck-Institut für ethnologische Forschung/Markus V. Hoehne, Nina Glick-Schiller, Data Dea

Hamburg
Ärztekammer Hamburg, Bibliothek des Ärztlichen Vereins
Museum für Kunst und Gewerbe Hamburg
Norddeutscher Rundfunk (NDR)
Universität Hamburg

Kiel
Kieler Stadt- und Schifffahrtsmuseum
Universitätsbibliothek Kiel

Köln
Privatsammlung Larissa Förster
WDR mediagroup GmbH

Leipzig
Staatliche Kunstsammlungen Dresden, GRASSI Museum für
Völkerkunde zu Leipzig
Leibniz-Institut für Länderkunde
Privatbesitz Jutta Niemann

London
National Army Museum

Mulhouse
Privatsammlung Dag Henrichsen

Nürnberg
Institute for Biomedical and Pharmaceutical Research (IBMP)
Stadtarchiv Nürnberg

Potsdam-Babelsberg
Deutsches Rundfunkarchiv (DRA)

Rendsburg
Stadtarchiv Rendsburg

Sebnitz
Afrikahaus Sebnitz

Stuttgart
Haus der Geschichte Baden-Württemberg
Linden-Museum Stuttgart
Staatsgalerie Stuttgart

Weinheim
Privatsammlung Wolfgang Benn

Witzenhausen
DITSL Deutsches Institut für tropische und subtropische
Landwirtschaft GmbH

Wuppertal
Archiv Dieter Klein
Archiv- und Museumsstiftung der VEM

Das Deutsche Historische Museum dankt allen Museen,
Archiven und Privatsammlungen, die Leihgaben für die
Ausstellung zur Verfügung gestellt haben. Unser Dank gilt
auch allen Mitarbeiterinnen und Mitarbeitern der Abteilung
Sammlungen des Deutschen Historischen Museums.

OBJEKTVERZEICHNIS

MIT BILDNACHWEIS

Bei den im Objektverzeichnis mit (R) gekennzeichneten Objekten handelt es sich um Reproduktionen. Hervorgehobene Katalognummern (Kat.-Nr.) verweisen auf Abbildungen der entsprechenden Objekte in diesem Begleitband. Infolge der Ausstellungsdauer werden ausgewählte Papierobjekte und Fotografien aus konservatorischen Gründen ausgetauscht oder durch Reproduktionen ersetzt. Daher führt das Objektverzeichnis auch Exponate auf, die nur einen Teil der Ausstellungslaufzeit gezeigt werden.

1
DEUTSCHER KOLONIALISMUS IM GLOBALEN KONTEXT

Kat.-Nr. 1-1
Le herós invisible **(Der unsichtbare Held)**
Philip Kojo Metz
Berlin; 2014
Holzkonstruktion mit Aufputz; 260 x 140 x 140 cm
Philip Kojo Metz, Berlin
© Philip Kojo Metz/Alejandra Baltazares

Kat.-Nr. 1-2
Figur mit Mütze
Bismarck-Archipel, Deutsch-Neuguinea (heute Papua-Neuguinea); um 1900
Holz; 18,5 x 11,5 x 11 cm
Staatliche Museen zu Berlin, Ethnologisches Museum
(Inv. VI 56800)

Kat.-Nr. 1-3
Tanzmaske
Edgar Walden (Sammler), Deutsche Marine Expedition 1907–1909 (Körperschaft)
Teaul, Neumecklenburg, Deutsch-Neuguinea (heute Papua-Neuguinea); o. J.
Holz, Stoff; 31 x 20 x 21,5 cm
Staatliche Museen zu Berlin, Ethnologisches Museum
(Inv. VI 32836)

Kat.-Nr. 1-4
Bootsaufsatz
Otto Schlaginhaufen (Sammler), Deutsche Marine Expedition 1907–1909 (Körperschaft)
Muliama, Neumecklenburg, Deutsch-Neuguinea (heute Papua-Neuguinea); o. J.
Holz, Glasperlen, Knöpfe; 84 x 15 x 25 cm
Staatliche Museen zu Berlin, Ethnologisches Museum
(Inv. VI 33868)

Kat.-Nr. 1-5
Doppelgesichtige Figur
Paul Güssfeldt (Sammler), Loango-Expedition der Deutschen Gesellschaft zur Erforschung Aequatorial-Africas 1873–1876 (Körperschaft)
o. O.; 1876 (Erwerbung)
Holz; 50,5 x 20 x 23,5 cm
Staatliche Museen zu Berlin, Ethnologisches Museum
(Inv. III C799)

Kat.-Nr. 1-6
Figur eines Offiziers
Georg Ludwig Rudolf Maercker (Sammler)
Königreich Dahomé (heute Republik Benin); Anfang 20. Jahrhundert, Mai 1920 (Schenkung)
Ton; 45 x 20 x 10,8 cm
Staatliche Kunstsammlungen Dresden, Museum für Völkerkunde Dresden (Inv. 36 299)
© Staatliche Kunstsammlungen Dresden, Museum für Völkerkunde Dresden/Foto: Eva Winkler

Kat.-Nr. 1-7
Figur eines Soldaten
Georg Ludwig Rudolf Maercker (Sammler)
Königreich Dahomé (heute Republik Benin); Mai 1920 (Schenkung)
Ton; 32 x 17,5 x 7 cm
Staatliche Kunstsammlungen Dresden, Museum für Völkerkunde Dresden (Inv. 36 297)
© Staatliche Kunstsammlungen Dresden, Museum für Völkerkunde Dresden/Foto: Eva Winkler

Kat.-Nr. 1-8
Figur mit Uhr
Carl Ribbe (Sammler)
Rubiana, Salomonen; um 1896
Holz; 16 x 6 x 4 cm
Staatliche Museen zu Berlin, Ethnologisches Museum
(Inv. VI 13694)
© Staatliche Museen zu Berlin, Ethnologisches Museum

Kat.-Nr. 1-9

Figur eines deutschen Offiziers in Paradeuniform

Vermutlich Nigeria oder Kamerun; um 1900

Holz; 88 cm

Deutsches Historisches Museum, Berlin (Inv. ZD041525)

© Deutsches Historisches Museum

Kat.-Nr. 1-10

Figur eines Polizeisoldaten

Atakpame/Atakpamé, Togo; o. J.

Holz; 25,5 x 10 x 8 cm

Staatliche Kunstsammlungen Dresden, GRASSI Museum für
Völkerkunde zu Leipzig (Inv. MAf 20479)

© Staatliche Kunstsammlungen Dresden, GRASSI Museum
für Völkerkunde zu Leipzig/Foto: Erhard Schwerin

Kat.-Nr. 1-11

Figur eines Missionars

Westafrika; o. J.

Holz; 29,5 x 7 x 8 cm

Staatliche Kunstsammlungen Dresden, GRASSI Museum für
Völkerkunde zu Leipzig (Inv. MAf 32 535)

© Staatliche Kunstsammlungen Dresden, GRASSI Museum
für Völkerkunde zu Leipzig/Foto: Erhard Schwerin

Kat.-Nr. 1-12

Figur eines Europäers zu Pferd

Königreich Bamum, Kamerun; o. J.

Ton; 25 x 21 x 12 cm

Staatliche Kunstsammlungen Dresden, GRASSI Museum für
Völkerkunde zu Leipzig (Inv. MAf 33089)

© Staatliche Kunstsammlungen Dresden, GRASSI Museum
für Völkerkunde zu Leipzig/Foto: Erhard Schwerin

Kat.-Nr. 1-13

»Mohrenmaske« als Wechselvisier

Vermutlich Wolfgang Keiser/Melchior Pfeifer, Prager Hofplattnerei

Prag; um 1555

Metall, Leder, Rosshaar; 25 x 19 x 16,5 cm

Deutsches Historisches Museum, Berlin (Inv. W 4892)

© Deutsches Historisches Museum

Kat.-Nr. 1-14

Karte von Afrika

Nicolas Sanson (Kartograph), Pierre Mariette (Verleger)

Paris; 1690

Kolorierter Kupferstich; 43 x 58 cm

Deutsches Historisches Museum, Berlin (Inv. Do 2006/194)

Kat.-Nr. 1-15

Kanonenkugel und Ziegel des Forts Groß Friedrichsburg

Groß Friedrichsburg (heute Ahanta West District, Ghana);
1683/1717

Metall, Holz, Ziegel; 27,5 x 47 cm

Deutsches Historisches Museum, Berlin (Inv. W 5552)

© Deutsches Historisches Museum

Kat.-Nr. 1-16

Guineisische Reise-Beschreibung nebst einem Anhange der
Expedition in Morea

Otto Friedrich von der Gröben (Autor), Simon Reiniger der
Jüngere (Druck)

Marienwerder; 1694

Buch; 20,8 x 16,4 x 5,8 cm

Deutsches Historisches Museum, Berlin (Inv. R 14/1352.2)

© Deutsches Historisches Museum

Kat.-Nr. 1-17

Zuckerdose mit Figur einer afrikanischen Frau

Königliche Porzellan Fabrik Meißen

Meißen; um 1740

Porzellan; 17 x 13 x 13 cm

Deutsches Historisches Museum, Berlin (Inv. KG 2001/11)

© Deutsches Historisches Museum

Kat.-Nr. 1-18

Porträt des niederländischen Theologen und Missionars
Jacobus Elisa Joannes Capitein

Johann Jakob Haid

Augsburg; 1742/1767

Mezzotinto; 30,2 x 19,1 cm

Deutsches Historisches Museum, Berlin (Inv. Gr 59/206)

Kat.-Nr. 1-19
Beschreibungen der Gattungen von Pflanzen auf einer Reise
nach den Inseln der Süd-See gesammelt, geschrieben und
abgezeichnet, während den Jahren 1772. bis 1775.
Johann Reinhold Forster/Georg Forster (Autoren),
C. G. Mäntler (Verleger)
Stuttgart; 1779
Buch; 21 x 17 cm
Deutsches Historisches Museum, Berlin (Inv. R 96/1315)

Kat.-Nr. 1-20
Guter Rath an Einwanderer in die Vereinigten Staaten von
Nordamerika
J. P. Dewis (Autor), W. K. Riedlen (Herausgeber), J. J. Christen
(Verlag)
Aarau; 1834
Buch; 17 x 12 x 1,5 cm
Deutsches Historisches Museum, Berlin (Inv. R 96/1666)

Kat.-Nr. 1-21
In Silber eingefasstes Muskatnuss-Amulett
o. O.; 18. Jahrhundert
Silber, Muskatnuss; 3 x 2 x 0,8 cm
Deutsches Historisches Museum, Berlin (Inv. AK 93/669)
© Deutsches Historisches Museum

Kat.-Nr. 1-22
1/4 Stuiver-Münze aus Niederländisch-Indien
Yman Dirk Christiaan Suermondt
Utrecht; 1836
Kupfer; Dm. 2,05 cm
Deutsches Historisches Museum, Berlin (Inv. N 2015/386)

Kat.-Nr. 1-23
Automatenstock
o. O.; 1850/1899
Holz, Silbermanschette, Horn, Elfenbein, Glas;
3,3 x 4,4 x 90 cm
Deutsches Historisches Museum, Berlin (Inv. KT 2013/303)

Kat.-Nr. 1-24
Porträt von Jonker Afrikaner
In: *Lake Ngami, or, Explorations and Discoveries, during four*
Years' Wanderings in the Wilds of South Western Africa, S. 235
Charles John Andersson (Autor), Hurst & Blackett (Verlag)
London; 1856
Illustration (R)
Staatsbibliothek zu Berlin, Preußischer Kulturbesitz
(Inv. Us 1764)

Kat.-Nr. 1-25
Modell des Dampf-Segelschiffs »Bremen« (Nachbau des
Originalmodells)
Erich Söth
Ribnitz-Damgarten; Original 1857, Nachbau um 1960
Holz, Leinen, Metall; 48 x 114 x 28 cm
Deutsches Historisches Museum, Berlin (Inv. Pro 60/62)

Kat.-Nr. 1-26
Geografisches Mosaik
P. Eitner (Stecher), C. Flemming (Verlag)
Glogau; um 1860
Holz, Papier; 6 x 29 x 24 cm
Deutsches Historisches Museum, Berlin (Inv. 1987/166)
© Deutsches Historisches Museum

Kat.-Nr. 1-27
Figurengruppe im Glaskasten, Tiere mit Urmenschen
München; um 1870
Holz, Glas; 36 x 20 x 39 cm
Deutsches Historisches Museum, Berlin (Inv. KG 2005/19)
© Deutsches Historisches Museum

Kat.-Nr. 1-28
Elle
Rudolf Kirner
Zittau; 1873
Holz, Elfenbein; 1,3 x 1,5 x 78 cm
Deutsches Historisches Museum, Berlin (Inv. HI 78/148)
© Deutsches Historisches Museum

Kat.-Nr. 1-29

Unterzeichnung des »Freundschaftsvertrags« an Bord der S. M. S. Hertha

Gustav Adolph Riemer

Nuku'alofa, Tongatapu, Tonga; 1. November 1876 (Aufnahme)

Stereofotografie (R)

Deutsches Historisches Museum, Berlin

(Inv. 63/0259/047/106/043)

© Deutsches Historisches Museum

Kat.-Nr. 1-30

Bedarf Deutschland der Colonien? Eine politisch-ökonomische Betrachtung von Friedrich Fabri

Friedrich Fabri (Autor), Friedrich Andrees Perthes (Verlag)

Gotha; 1884

Buch; 23 x 15 cm

Deutsches Historisches Museum, Berlin (Inv. 68/684<3>)

Kat.-Nr. 1-31

Ein Fremder im Eisenbahnabteil

Friedrich Peter Hiddemann

Düsseldorf; 1892

Öl/Lw.; 61 x 73,7 cm

Deutsches Historisches Museum, Berlin (Inv. Gm 98/40)

Kat.-Nr. 1-32

Deutsche Reichs-Colonial-Uhr

Badische Uhrenfabrik Furtwangen

Furtwangen; um 1905

Metall; 38 x 31,5 x 16 cm

Deutsches Historisches Museum, Berlin (Inv. AK 2009/107)

© Deutsches Historisches Museum

Kat.-Nr. 1-33

Porträt von Ndumb'a Lobe »King Bell«

In: *George Grenfell and the Congo: a history and description of the Congo independent state and adjoining districts of Congoland together with some account of the native peoples and their languages, the fauna and flora and similar notes on Cameroons and the Island of Fernando Pô the whole founded on the diaries and researches of the late Rev. George Grenfell; on the records of the British Baptist Missionary Society and on additional information contributed by the author, Rev. Lawson Forfeitt, Emil Torday and others*, Bd. 1, S. 56

Harry Johnston (Autor), Hutchinson & Co (Verlag)

London; 1908

Illustration (R)

Deutsches Historisches Museum, Berlin

Kat.-Nr. 1-34

Dose für »Albocoll. Weisses Kautschuk-Heftpflaster«

o. O.; 1900/1930

Metall; 5,6 x Dm. 2,6 cm

Deutsches Historisches Museum, Berlin (Inv. AK 94/516.5255)

Kat.-Nr. 1-35

Porträt von Muhammad al-Amin al-Kanemi

In: *Narrative of travels and discoveries in Northern and Central Africa, in the years 1822, 1823, and 1824*, Bd. I, Frontispiz

Francis Finden (Stich), Dixon Denham/Hugh Clapperton/Walter Oudney (Autoren), John Murray (Verlag)

London; 1828

Stich (R)

Deutsches Historisches Museum, Berlin

Kat.-Nr. 1-36

Utungo wa habari ya mrima. Gedicht über die Ereignisse an der Küste

Auszug aus: *Suaheli-Gedichte. Gesammelt und mit einer Übersetzung und Erläuterungen versehen von Prof. Dr. C. Velten.*

In: *Mitteilungen des Seminars für Orientalische Sprachen zu Berlin. Dritte Abteilung. Afrikanische Studien*, S. 61–182

Carl Velten (Autor), Carl Velten/Dietrich Westermann (Herausgeber), Kommissionsverlag von Georg Reimer (Verlag)

Berlin; 1917

Buch (R)

Staatsbibliothek zu Berlin, Preußischer Kulturbesitz

(Inv. Zt 268a)

Kat.-Nr. 1-37
»Aufziehen der deutschen Flagge in Angra Pequena am 07.08.1884 (aufgenommen von W. Belck, mein Begleiter) durch Mannschaften unserer Corvette Elisabeth, Leipzig«
Waldemar Belck (Fotograf), Franz Adolf Eduard Lüderitz (Beschriftung)
Angra Pequena/Lüderitzbucht, Deutsch-Südwestafrika (heute Namibia); 7. August 1884
Fotografie im Album; 26 x 32,5 cm
Staatsarchiv Bremen (Inv. 7,15 – 21/19)
© Staatsarchiv Bremen

Kat.-Nr. 1-38
»Aufhissen der kaiserlichen deutschen Flagge in Mioko, Herzog-York-Inseln, am 4. November 1884.«
In: *Illustrirte Zeitung*, Leipzig, 4. April 1885, S. 330
Stich nach einer Zeichnung von Otto Finsch
Illustration in Zeitung (R)
Deutsches Historisches Museum, Berlin (Inv. ZB 20-84.1885)

Kat.-Nr. 1-39
»Kameruner Landsleute«
In: *Kladderadatsch. Humoristisch-satirisches Wochenblatt*, Berlin, Nr. 14 und 15, 29. März 1885, S. 57
Illustration in Zeitung (R)
Deutsches Historisches Museum, Berlin (Inv. RZA 85-38.1885)
© Deutsches Historisches Museum

Kat.-Nr. 1-40
»Aus unseren Kolonien: Die Erstürmung von Belltown in Kamerun durch die Landungsabtheilung der deutschen Corvette Olga. Nach Skizzen des Lieutenant v. E. Gezeichnet von C. Saltzmann«
In: *Illustrirte Zeitung*, Leipzig, 28. Februar 1885, S. 210/211
C. Saltzmann (Illustration)
Stich (R)
Deutsches Historisches Museum, Berlin
(Inv. ZB 20-84.1885<a>)

Kat.-Nr. 1-41
»Neujahrs-Wünsche«
In: *Kladderadatsch. Humoristisch-satirisches Wochenblatt*, Beiblatt, Berlin, 4. Januar 1885, o. S.
Illustration in Zeitung (R)
Deutsches Historisches Museum, Berlin (Inv. RZA 85-38.1885)

Kat.-Nr. 1-42
»Deutsche Kolonien an der Westküste Afrikas, nach Skizzen von Chr. Lohmann«
In: *Über Land und Meer. Allgemeine Illustrirte Zeitung*, Stuttgart (1885), Nr. 22, S. 485
Chr. Lohmann (Illustration)
Illustration in Zeitung; 38,3 x 31,5 cm
Deutsches Historisches Museum, Berlin (ZB 399-53/54.1885)
© Deutsches Historisches Museum

Kat.-Nr. 1-43
Tagebuch von Emil Wichulla zu seinem Aufenthalt in Kamerun
Emil Wichulla
Kamerun; 1884
Tagebuch; 21 x 35 cm
Privatsammlung Susann Schneider, Berlin

Kat.-Nr. 1-44
»Freundschafts- und Schutzvertrag« mit lokalen Herrschern in Togo in englischer und deutscher Sprache
Bagida/Baguida, Togo; 5. Juli 1884
Papierdokument (R)
Bundesarchiv, Berlin (BArch R 1001/4452, Bl. 2-6)
© Bundesarchiv

Kat.-Nr. 1-45
Schnupftuch »Deutsch-Afrika«
Kattun-Druckerei und Färberei Rolffs & Cie (Druck)
Siegfeld bei Siegburg; nach 1885
Bedruckter Baumwollstoff; 59,5 x 64,5 cm
Deutsches Historisches Museum, Berlin (Inv. KTe 64/25)
© Deutsches Historisches Museum

Kat.-Nr. 1-46
Vorratsdose »Deutscher Ost-Afrikanischer CACAO«
Carl Grunow (Firma)
Berlin; 1884/1914
Metall; 28,5 x 16,3 cm
Deutsches Historisches Museum, Berlin (Inv. AK 94/516.3526)

Kat.-Nr. 1-47
General-Akte der Berliner Konferenz/Acte Général de la Conférence de Berlin
Berlin; 26. Februar 1885
Gebundenes Pergament mit Samtumschlag; 44 x 60 x 1 cm
Auswärtiges Amt – Politisches Archiv, Berlin
© Auswärtiges Amt – Politisches Archiv

Kat.-Nr. 1-48
Teilnehmer der Berliner Afrika-Konferenz
In: *Die Gartenlaube*, Leipzig, H. 49, Dezember 1884, S. 805
Stich nach einer Zeichnung von Hermann Lüders
Illustration in Zeitung (R)
Deutsches Historisches Museum, Berlin (Inv. ZA 185)
© Deutsches Historisches Museum

Kat.-Nr. 1-49
Globus
Geographisch-Artistische Anstalt Ludwig Julius Heymann
(Firma)
Berlin; vermutlich 1885
Pappmaché, Holz; 61 x Dm. 36 cm
Staatsbibliothek zu Berlin, Preußischer Kulturbesitz
(Inv. Kart. 41197 Glob.)

Kat.-Nr. 1-50
**»Kolonien in Afrika und in der Süd-See mit besonderer
Berücksichtigung des deutschen Kolonialbesitzes«**
In: *Illustrirte Zeitung*, Leipzig, 4. April 1885, S. 336
Illustration in Zeitung ; 41 x 56 cm
Deutsches Historisches Museum, Berlin (Inv. ZB 20-84.1885)

Kat.-Nr. 1-51
»Aufruf zum Beitritt zur Deutschen Kongo-Liga«
o. O.; um 1910
Papierdokument; 29,8 x 22,8 cm
Evangelisches Zentralarchiv in Berlin (Inv. 623/28)

Kat.-Nr. 1-52
Das Congo-Verbrechen. Eine Streitschrift
Arthur Conan Doyle (Autor), Reimer (Verlag)
Berlin; 1909
Buch; 22 x 14,3 x 1 cm
Evangelisches Zentralarchiv in Berlin (Inv. 1980/570)
© Evangelisches Zentralarchiv in Berlin

Kat.-Nr. 1-53
Katangakreuz *Hanga/Panda*
Region Katanga/Zentralafrika (heute Demokratische Republik
Kongo); um 1900
Kupfer; 24 x 22,5 x 1,1 cm
Deutsches Historisches Museum, Berlin (Inv. N 2007/197)
© Deutsches Historisches Museum

2
KOLONIALE WELTBILDER UND
KOLONIALE HERRSCHAFT

Kat.-Nr. 2-1
Kilimandscharo-Erde
August Widenmann (Sammler)
Deutsch-Ostafrika (heute Tansania); 1899
Erde im Glasfläschchen; 14,5 x 7 x 7 cm
Staatliche Museen zu Berlin, Ethnologisches Museum
(Inv. III E 12854)

Kat.-Nr. 2-2
Hans Meyer mit seiner Expedition
Marangu, Deutsch-Ostafrika (heute Tansania); 1889
Fotografie; 20,3 x 25,2 cm
Leibniz-Institut für Länderkunde, Leipzig (Inv. AF 45-147)

Kat.-Nr. 2-3
Teleaufnahme des Kibo von Kibotsiko aus
Hans Meyer
Kilimandscharo-Massiv, Deutsch-Ostafrika (heute Tansania);
1889/1898
Fotografie; 22,4 x 29,7 cm
Leibniz-Institut für Länderkunde, Leipzig (Inv. AF 45-092)

Kat.-Nr. 2-4
**Die Südostseite des Kibo mit der Aufstiegsroute vom
6. Oktober 1889**
Hans Meyer
Kilimandscharo-Massiv, Deutsch-Ostafrika (heute Tansania);
1889/1898
Fotografie; 31,7 x 24,5 cm
Leibniz-Institut für Länderkunde, Leipzig (Inv. AF 45-111)

Kat.-Nr. 2-5
**Panorama des Kibokraters, von der Hans-Meyer-Scharte
aus aufgenommen**
Hans Meyer
Kilimandscharo-Massiv, Deutsch-Ostafrika (heute Tansania);
1889/1898
Fünf Einzelfotografien im Album; 33,9 x 59 x 6 cm
Leibniz-Institut für Länderkunde, Leipzig (Inv. AF 045-052)

Kat.-Nr. 2-6
Kilimandscharospitze
Hans Meyer (Sammler)
Kilimandscharo-Massiv, Deutsch-Ostafrika (heute Tansania);
6. Oktober 1889
Stein, Metall; 11 x 12 x 9 cm
Privatsammlung Wolfgang Benn, Weinheim
© Wolfgang Benn

Kat.-Nr. 2-7
Afrikanische Träger bei einer Rast am Fuße des
Berges Mawensi
Kilimandscharo-Massiv, Deutsch-Ostafrika (heute Tansania);
1914
Fotografie; 22 x 17 cm
Deutsches Historisches Museum, Berlin (Inv. 1990/36.562a)

Kat.-Nr. 2-8
Bau eines Freiluftateliers nahe dem Kilimandscharo
Kilimandscharo-Massiv, Deutsch-Ostafrika (heute Tansania);
1914
Fotografie; 22 x 17 cm
Deutsches Historisches Museum, Berlin (Inv. 1990/36.368)
© Deutsches Historisches Museum

Kat.-Nr. 2-9
Kilimandscharo – Deutsch-Ost-Afrika 1914
Walter von Ruckteschell
o. O.; 1914
Öl/Lw.; 120 x 100 cm
Deutsches Historisches Museum, Berlin (Inv. 1990/38)
© Deutsches Historisches Museum

Kat.-Nr. 2-10
Arbeitszimmer von Heinrich Schnee bestehend aus Holz-
möbeln und zahlreichen Sammelstücken mit Kolonialbezug
wie Jagdtrophäen und -waffen, Skulpturen und Musik-
instrumenten
Heinrich Schnee (Sammler)
Neuguinea, Samoa, Ostafrika; 1898/1919
Metall, Holz, Bast, Horn, Elfenbein, Ei, Tierhaut, Leder,
Keramik, Stein
Geheimes Staatsarchiv Preußischer Kulturbesitz, Berlin
(Inv. I. HA Rep. 400, Nrn. 69–72, 74, 79, 81, 85, 86, 91, 96, 97/1,
103, 104, 105, 106/1, 106/2, 112, 115/2, 122/4, 122/8, 122/11,
123 /1-123/3, 123/7, 124/1, 124/6, 125/1, 126/2, 126/4)

Kat.-Nr. 2-11
Aufnahmen zur Rebellion der Sokehs auf Ponape
Ponape, Deutsch-Neuguinea (heute Pohnpei, Föderierte
Staaten von Mikronesien); 1910/1911
Fotoalbum; 27 x 36,2 x 6,5 cm
Sammlung Thomas Morlang, Essen

Kat.-Nr. 2-12
Offiziershut der »Schutztruppe« aus dem Besitz von
Friedrich von Schönau-Wehr
Friedrich von Schönau-Wehr (Träger)
Deutsch-Südwestafrika (heute Namibia); um 1896
Filz, Seide, Leder, Metall; 13 x 26 x 42 cm
Deutsches Historisches Museum, Berlin (Inv. U 2015/8)

Kat.-Nr. 2-13
Maxim Maschinengewehr
o. O.; 1900
Metall; 100 x 60 x 110 cm
National Army Museum, London (Inv. NAM. 1966-05-1-1)
© National Army Museum

Kat.-Nr. 2-14
Reichsflagge an einem afrikanischen Speer
Deutsch-Ostafrika (heute Tansania, Burundi und Ruanda);
1889
Wolle, Holz, Metall; 223 x 97 cm
Deutsches Historisches Museum, Berlin (Inv. Fa 76/14)
© Deutsches Historisches Museum

Kat.-Nr. 2-15
Tropenhelm für Reichsbeamte
London; 1888/1914
Baumwolle, Leder, Metall; 33 x 22,7 x 30,5 cm
Deutsches Historisches Museum, Berlin (Inv. U 65/140)
© Deutsches Historisches Museum

Kat.-Nr. 2-16
Rollfez für afrikanische Soldaten der »Schutztruppe«
Verwendet in Kamerun; 1895/1919
Wolle, Metall; Dm. 18 cm
Deutsches Historisches Museum, Berlin (U 2014/33)
© Deutsches Historisches Museum

Kat.-Nr. 2-17
Kriegerische Auseinandersetzung zwischen einheimischer
Bevölkerung und deutschen Offizieren sowie Askaris der
»Schutztruppe«
Themistokles von Eckenbrecher
Vermutlich Deutsch-Ostafrika (heute Tansania, Burundi und
Ruanda); 1896
Öl/Lw.; 69 x 103 cm
Deutsches Historisches Museum, Berlin (Inv. Gm 2015/3)
© Deutsches Historisches Museum

Kat.-Nr. 2-18
Proklamation zum Pachtvertrag zwischen dem Deutschen
Kaiserreich und China zum Gebiet Kiautschou/Jiaozhou
Chinesischer Kaiser Guangxu
Tsingtau/Qingdao, China; 20. April 1898
Papierdokument; 110 x 60 cm
Deutsches Historisches Museum, Berlin (Inv. Do 2013/408)
© Deutsches Historisches Museum

Kat.-Nr. 2-19
Deutscher Kolonialbeamter bei Verhandlungen mit der
örtlichen Bevölkerung im Kilimandscharogebiet
Deutsch-Ostafrika (heute Tansania, Burundi und Ruanda);
o. J.
Fotografie; 12,2 x 17,2 cm
Leibniz-Institut für Länderkunde, Leipzig (Inv. Af 045-133)

Kat.-Nr. 2-20
Fotoalbum mit Aufnahmen der Stationen Marangu und
Moschi
Marangu und Moschi/Moshi, Deutsch-Ostafrika (heute
Tansania); 1895
Fotoalbum; 33,9 x 29 x 6 cm
Leibniz-Institut für Länderkunde, Leipzig (Inv. AF 044-013 bis
Af 044-016)

Kat.-Nr. 2-21
Regierungsstation Molundu
Carl Koch (Fotograf)
Molundu/Moloundou, Kamerun; 1909/1910
Postkarte (R)
Deutsches Historisches Museum, Berlin (Inv. PK 2015/1657)

Kat.-Nr. 2-22
Der Leiter der Station Molundu auf einem Pferd neben
einem weiteren Europäer und afrikanischen Bediensteten
Carl Koch
Molundu/Moloundou, Kamerun; 1910
Fotografie (R)
Deutsches Historisches Museum, Berlin (Inv. BA 2015/1632)

Kat.-Nr. 2-23
Afrikanischer Bediensteter in der Station Molundu vor
einem Bücherregal
Carl Koch
Molundu/Moloundou, Kamerun; 1909/1912
Fotografie (R)
Deutsches Historisches Museum, Berlin (Inv. BA 2015/1646)

Kat.-Nr. 2-24
Fotoalbum eines deutschen Offiziers aus seiner Dienstzeit
in Rehoboth und Hoachanas
Friedrich von Schönau-Wehr
Rehoboth, Deutsch-Südwestafrika (heute Namibia);
1896/1906
Fotoalbum; 31,5 x 47,7 x 4,4 cm
Deutsches Historisches Museum, Berlin (Inv. Ph 2015/261)
© Deutsches Historisches Museum

Kat.-Nr. 2-25
Bamum-Königsgeschichte IV. **Geschichte der Bamum-Könige**
in Mungaka und Deutsch, aufgezeichnet von einem Missionar
Orig. »Excercise books«
Christian Geprägs
o. O.; vor 1911
Hefte; 21 x 14,8 cm
Archiv Basler Mission, Basel (Ref. Nr. E-20.06,10a)

Kat.-Nr. 2-26
»Beim Huldigungsfest in Fumban«
Martin Göhring
Fumban/Foumban, Kamerun; 1905/1912
Fotografie; 15,5 x 21 cm
Archiv Basler Mission, Basel (Ref. Nr. E-30.31.045)

Kat.-Nr. 2-27
Militär des Königs Njoya
Orig. »Militär des Häuptlings«
Vermutlich Martin Göhring
Kamerun; 1905/1914
Fotografie; 15,5 x 21 cm
Archiv Basler Mission, Basel (Ref. Nr. E-30.31.003)

Kat.-Nr. 2-28
Bruder des Königs Njoya
Orig. »Bruder des Häuptlings.«
Martin Göhring
Kamerun; 1905/1912
Fotografie; 21 x 15,5 cm
Archiv Basler Mission, Basel (Ref. Nr. E-30.30.010)

Kat.-Nr. 2-29
König Njoya mit Entourage
Orig. »Der Häuptling mit Grossen und Dienern.«
Martin Göhring
Kamerun; 1896/1915
Fotografie; 15,5 x 21 cm
Archiv Basler Mission, Basel (Ref. Nr. E-30.29.064)

Kat.-Nr. 2-30
Missionare zu Besuch bei König Njoya
Orig. »Missionare beim Besuch des Häuptlings in Fumban.«
Martin Göhring
Fumban/Foumban, Kamerun; 1907/1912
Fotografie; 15,5 x 21 cm
Archiv Basler Mission, Basel (Ref. Nr. E-30.29.033)

Kat.-Nr. 2-31
König Njoya mit Besuchergruppe
Orig. »Besuch beim Häuptling.«
Martin Göhring
Fumban/Foumban, Kamerun; 1905/1912
Fotografie; 15,5 x 21 cm
Archiv Basler Mission, Basel (Ref. Nr. E-30.29.037)
© Archiv Basler Mission

Kat.-Nr. 2-32
Margarethe Göhring-Kalmbach mit Frauen in Bamum
Orig. »Frau Missionar Göhring mit Häuptlingsfrauen.«
Martin Göhring
Fumban/Foumban, Kamerun; um 1910
Fotografie; 15,5 x 21 cm
Archiv Basler Mission, Basel (Ref. Nr. E-30.29.023)
© Archiv Basler Mission

Kat.-Nr. 2-33
Alphabet vom Hof König Njoyas
Orig. »kein Titel«
Königreich Bamum, Kamerun; 1907
Papier; 37 x 55 cm
Archiv Basler Mission, Basel (Ref. Nr. E-20.6#10b)
© Archiv Basler Mission

Kat.-Nr. 2-34
König Njoya in Uniform
Orig. »Der Häuptling von Bamum in Uniform.«
Martin Göhring
Fumban/Foumban, Kamerun; 1911/1915
Fotografie; 21 x 15,5 cm
Archiv Basler Mission, Basel (Ref. Nr. E-30.29.043)
© Archiv Basler Mission

Kat.-Nr. 2-35
Kawaschale
Wilhelm Solf (Sammler)
Samoa; o. J.
Holz, Kokosfaser; 19,5 x 53 cm
Staatliche Museen zu Berlin, Ethnologisches Museum
(Inv. VI 45073)
© Staatliche Museen zu Berlin, Ethnologisches Museum/
Foto: Thomas Bruns

Kat.-Nr. 2-36
Fliegenwedel
Wilhelm Solf (Sammler)
Samoa; o. J.
Holz, Kokosfaser; 6 x 59 x 20 cm
Staatliche Museen zu Berlin, Ethnologisches Museum
(Inv. VI 45074)

Kat.-Nr. 2-37
Rednerstab
Wilhelm Solf (Sammler)
Samoa; o. J.
Holz; 135 x 2,7 cm
Staatliche Museen zu Berlin, Ethnologisches Museum
(Inv. VI 21657)

Kat.-Nr. 2-38
Askari-Figur
o. O.; vor 1918
Holz; 69,5 x 18 x 15 cm
Deutsches Historisches Museum, Berlin (Inv. Pl 92/4)
© Deutsches Historisches Museum

Kat.-Nr. 2-39
**Uniform für Askaris, afrikanische Soldaten der »Schutz-
truppe«, bestehend aus Khakidrellrock, Hose, Stiefeln,
Kopfbedeckung, Tornister, Seitengewehr**
Getragen in Deutsch-Ostafrika (heute Tansania, Burundi und
Ruanda); 1887/1918
Baumwolle, Filz, Leder, Metall, Stroh
Deutsches Historisches Museum, Berlin (Inv. U 2015/19, U
2015/16, U 2015/21, U 2015/22, U 2015/15, U 2015/12.1-2, U
2015/23, U 2015/14, U 2015/13.1-2, U 2015/17, U 2015/9, U
2015/18, U 2015/11, U 2015/20.1-3, W 2015/2.1-3, U 2015/10)
© Deutsches Historisches Museum

Kat.-Nr. 2-40
Kriegskarte von Deutsch-Südwestafrika/Blatt Otawi
Paul Sprigade/Max Moisel (Kartografen), C. Jurisch/
H. Wehlmann (Zeichner), Dietrich Reimer (Ernst Vohsen) (Verlag)
Berlin; 1904
1 von 9 militärischen Karten im Schuber; 36,3 x 81,8 cm
Deutsches Historisches Museum, Berlin (Inv. Do 2015/158.5)

Kat.-Nr. 2-41
Passmarke Warmbad
Deutsch-Südwestafrika (heute Namibia); vermutlich 1907
Metall; 5 x 3,5 x 0,2 cm
Afrikahaus Sebnitz (Inv. N0011)

Kat.-Nr. 2-42
Passmarke Windhoek
Deutsch-Südwestafrika (heute Namibia); 1907
Metall; 5 x 3,5 x 0,2 cm
Afrikahaus Sebnitz (Inv. N0013)
© Afrikahaus Sebnitz/Foto: Andreas Süß

Kat.-Nr. 2-43
Passmarke Swakopmund
Deutsch-Südwestafrika (heute Namibia); vermutlich um 1907
Metall; 5 x 3,5 x 0,2 cm
Privatsammlung Joachim Zeller, Berlin

Kat.-Nr. 2-44
»Eine Kiste mit Hereroschädeln«
In: *Meine Kriegs-Erlebnisse in Deutsch-Süd-West-Afrika*
Von e. Offizier d. Schutztruppe (anonymer Autor), Wilhelm
Köhler (Verlag)
Minden i. W.; 1907
Illustration in Buch; 23 x 23 cm
Deutsches Historisches Museum, Berlin (Inv. 53/3052 Us
3615/95)

Kat.-Nr. 2-45
**Fotoalbum eines Offiziers der Kaiserlichen Schutztruppe
für Deutsch-Südwestafrika**
Deutsch-Südwestafrika (heute Namibia); 1904/1905
Fotoalbum; 34 x 50 x 5 cm
Deutsches Historisches Museum, Berlin (Inv. 1988/1551)
© Deutsches Historisches Museum

Kat.-Nr. 2-46
Bilder aus dem Krieg in Deutsch-Südwestafrika
Zusammengestellt von Lothar von Trotha
Deutsch-Südwestafrika (heute Namibia); 1904/1905
Seiten eines Fotoalbums; je 31 x 42,5 cm
Bundesarchiv, Abteilung Militärarchiv, Freiburg (Inv. BArch N
103/113 Nachlass Paul von Lettow-Vorbeck)
© Bundesarchiv

Kat.-Nr. 2-47
Kriegsgefangene Herero im Konzentrationslager Swakopmund
Fotoalbum von Friedrich Stahl
Deutsch-Südwestafrika (heute Namibia); um 1904/1905
Fotoalbum; 36 x 32 x 5 cm
Stadtarchiv Nürnberg (Inv. E 10/32, Nr. 45)
© Stadtarchiv Nürnberg

Kat.-Nr. 2-48
Proklamation des Generals v. Trotha an das Volk der Hotten-totten
In: Kriegsgeschichtliche Abt. I. des Großen Generalstabes: *Die Kämpfe der deutschen Truppen in Südwestafrika, Bd. 2/Der Hottentottenkrieg*, S. 186
Lothar von Trotha (Autor), Mittler & Sohn (Verlag)
Berlin, 22. April 1905 (Proklamation), Berlin, 1907 (Publikation)
Buch; 25 x 39 x 3 cm
Deutsches Historisches Museum, Berlin
(Inv. 12/1190-2<angeb.1a>)

Kat.-Nr. 2-49
»Vernichtungsbefehl« gegen die Herero (Abschrift)
Lothar von Trotha
o. O.; 2. Oktober 1904
Papierdokument; 30 x 21 cm
Bundesarchiv, Abteilung Militärarchiv, Freiburg (Inv. BArch RW 51/2, Bl. 1)
© Bundesarchiv

Kat.-Nr. 2-50
Brief von Missionar Nyhof an die Deputation in Wuppertal-Barmen über die verheerenden Zustände der Gefangenen auf der Haifischinsel
Hermann Nyhof
Lüderitzbucht, Deutsch-Südwestafrika (heute Namibia);
18. Januar 1907
Papierdokument; 30 x 21 cm
Archiv- und Museumsstiftung der VEM, Wuppertal (Inv. Archiv VEM RMG/1650a B/c II 77, Bl. 101-105)

Kat.-Nr. 2-51
Handgezeichnete Karte der Haifischinsel von Missionar Laaf
Emil Laaf
Lüderitzbucht, Deutsch-Südwestafrika (heute Namibia); 1906
Papierdokument; 21 x 30 cm
Archiv- und Museumsstiftung der VEM, Wuppertal (Inv. Inv. Nr: RMG 1.656a)
© Archiv- und Museumsstiftung der VEM

Kat.-Nr. 2-52
Südwestafrika-Denkmünze für Kämpfer mit Gefechtsspangen
Wilhelm II. (Entwurf), Otto Schultz (Herstellung)
Berlin; 1907
Metall, Seide; 17,5 x 3,5 cm
Deutsches Historisches Museum, Berlin (Inv. O 60/167)
© Deutsches Historisches Museum

Kat.-Nr. 2-53
Schützenscheibe mit Kolonialmotiv
Deutschland; um 1919
Holz; 3,8 x Dm. 58,5 cm
Deutsches Historisches Museum, Berlin (Inv. AK 2015/35)
© Deutsches Historisches Museum

Kat.-Nr. 2-54
Der Herero-Aufstand in Deutsch Süd-West-Afrika
Riedel & Engelmann (Herausgeber)
Dresden; um 1900
Sammelbilderserie; 7 x 10,8 cm
Deutsches Historisches Museum, Berlin (Inv. Do 2005/49)
© Deutsches Historisches Museum

Kat.-Nr. 2-57
»Die koloniale Lügenfabrik (Erzberger, Stadthagen & Co.)«
Paul Köhler (Verlag/Druck)
Berlin; 1906
Flugblatt; 31 x 23 cm
Haus der Geschichte Baden-Württemberg, Stuttgart
(Inv. 2010/0007; D-AS-8-A)

Kat.-Nr. 2-58
»Das ist Wahrheit«
Wilhelm Stahl
o. O.; 1907
Flugblatt; 34,5 x 24,8 cm
Haus der Geschichte Baden-Württemberg, Stuttgart
(Inv. 2010/0405; KD-AS-6-B)

Kat.-Nr. 2-59
Britisches Blaubuch *Report on the Natives of South-West Africa and their Treatment by Germany. Prepared in the Administrator's Office, Windhuk, South-West Africa*
South-West Africa. Administrator's Office (Autor), His Majesty's Stationery Office (Verlag)
London; Januar 1918
Buch; 33,5 x 21, cm
Basler Afrika Bibliographien (BAB), Basel

Kat.-Nr. 2-60
T-Shirt mit Aufdruck »Jamana ovandu ondjembo ja Katjivi tjo wanga. 1904–1908. 65,000 Ovaherero killed«
Namibia; um 2004
Baumwolle; 80 x 75 cm
Privatsammlung Larissa Förster, Köln

Kat.-Nr. 2-61
»Herero nach dem Kriege«
In: *Auf Adlers Flügeln*, Zweiter Teil, Rheinische Missionsschriften Nr. 141
August Kuhlmann (Autor), Verlag des Missionshauses
Barmen; 1911
Illustration in Buch; 23 x 15,5 cm
Archiv- und Museumstiftung der VEM, Wuppertal
(Inv. Cv 11066-139/150)

Kat.-Nr. 2-62
»Nach dem Kriege. Gruppe gefangener Hereros«
In: *Berliner Illustrirte Zeitung*, Berlin (1907), Nr. 4, S. 52
Illustration in Zeitung; 41 x 30,5 cm
Deutsches Historisches Museum, Berlin (Inv. ZB 395-16.1907)
© Deutsches Historisches Museum

Kat.-Nr. 2-63
»Hereros, die von den deutschen Schutztruppen in die Wüste getrieben und ausgehungert wurden«
In: *A-I-Z. Die Arbeiter-Illustrierte Zeitung aller Länder*, Berlin, Januar 1927, Nr. 1, o. S.
Willi Münzenberg (Redakteur), Neuer Deutscher Verlag
W. Münzenberg, Druckerei Carl Sabo
Illustration in Zeitung (R)
Deutsches Historisches Museum, Berlin (Inv. Do 54/84.1)
© Deutsches Historisches Museum

Kat.-Nr. 2-64
»Gefangene Hereros«
In: Fotoalbum *Otawibahn Deutsch-Südwest-Afrika*
Atelier Ziegler (Fotografie)
Deutsch-Südwestafrika (heute Namibia); um 1904
Fotoalbum; 26,5 x 34,5 x 5 cm
Übersee-Museum Bremen (Inv. FA4/14, Bild-Nr. P07222)

Kat.-Nr. 2-65
Elf Postkarten des deutschen Kolonialoffiziers Robert von Krieg an seinen Bruder
Robert von Krieg
Iringa, Deutsch-Ostafrika (heute Tansania); 4. Januar 1906 und 13. Juni 1906
Postkarten I.-XI. (R)
Staatliche Museen zu Berlin, Ethnologisches Museum (Archiv, Nachlass R. v. Krieg, 1011861)
© Staatliche Museen zu Berlin, Ethnologisches Museum/
Foto: Thomas Bruns

Kat.-Nr. 2-66
Feldpostkartenkonvolute dreier deutscher Soldaten der »Schutztruppe« aus dem Krieg gegen die Herero und Nama
Jakob Waßmer, Fritz Sommerkorn, Robert Steinfeldt (Sender)
Deutsch-Südwestafrika (heute Namibia); November 1904/
Mai 1907
Postkarten; circa 9 x 14 cm
Deutsches Historisches Museum, Berlin (Konvolut Robert Steinfeldt, Inv. PK 2005/89-PK 2005/111; Konvolut Fritz Sommerkorn Inv. 2012/66-PK 2012/107; Konvolut Jakob Waßmer, Inv. PK 2015/979-PK 2015/1126, PK 2015/1365-PK 2015/1380)
© Deutsches Historisches Museum

Kat.-Nr. 2-67
15 Speere aus einer Kriegsbeute des Maji-Maji-Krieges
Kolonialabteilung des Auswärtigen Amtes auf Vermittlung von Carl Weule (Sammlung)
Deutsch-Ostafrika (heute Tansania, Burundi und Ruanda); 1905/1906 (Kriegsbeute), 1907 (Erwerbung)
Holz, Metall; 104–154 x 2-9 cm
Staatliche Kunstsammlungen Dresden, GRASSI Museum für Völkerkunde zu Leipzig (Inv. MAf 13639, MAf 13642, MAf 13654, MAf 13658, MAf 13659, MAf 13663-MAf 13667, MAf 13672, MAf 13677, MAf 13679, MAf 13684, MAf 13686)

Kat.-Nr. 2-68
Medizintasche mit Glasperlenkette, Kalebassen, Stöcken, Rinden und Pflanzenfasern aus der Kriegsbeute des Maji-Maji-Krieges
Kolonialabteilung des Auswärtigen Amtes auf Vermittlung von Carl Weule (Sammlung)
Deutsch-Ostafrika (heute Tansania, Burundi und Ruanda); 1905/1906 (Kriegsbeute), 1907 (Erwerbung)
Baumwolle, Glasperlen, Holz; 24 x 33 x 10 cm (Tasche)
Staatliche Kunstsammlungen Dresden, GRASSI Museum für Völkerkunde zu Leipzig (Inv. MAf 13721)

Kat.-Nr. 2-69
Munitionsgürtel aus der Kriegsbeute des Maji-Maji-Krieges
Kolonialabteilung des Auswärtigen Amtes auf Vermittlung von Carl Weule (Sammlung)
Deutsch-Ostafrika (heute Tansania, Burundi und Ruanda); 1905/1906 (Kriegsbeute), 1907 (Erwerbung)
Leder; 55 x 55 x 15 cm
Staatliche Kunstsammlungen Dresden, GRASSI Museum für Völkerkunde zu Leipzig (Inv. MAf 13713)

Kat.-Nr. 2-70
Inventarkarten zu einer Medizintasche und einem Munitionsgürtel aus der Kriegsbeute des Maji-Maji-Krieges
Leipzig; 1907
Karton (R)
Staatliche Kunstsammlungen Dresden, GRASSI Museum für Völkerkunde zu Leipzig (o. Inv.)
© Staatliche Kunstsammlungen Dresden, GRASSI Museum für Völkerkunde zu Leipzig/Foto: Erhard Schwerin

Kat.-Nr. 2-71
Skulptur von Kettengefangene mit Aufseher
Deutsch-Ostafrika (heute Tansania, Burundi und Ruanda); 1902 (Erwerbung)
Holz; 21 x 52 x 7,5 cm
Staatliche Kunstsammlungen Dresden, GRASSI Museum für Völkerkunde zu Leipzig (Inv. MAf 86 33)

Kat.-Nr. 2-72
Nilpferdpeitsche
o. O.; 1900/1940
Leder, Holz; 194 x Dm. 3,5 cm
Deutsches Historisches Museum, Berlin (Inv. W 63/1)
© Deutsches Historisches Museum

Kat.-Nr. 2-73
Zinnfiguren
Vermutlich Ernst Heinrichsen (Firma)
Nürnberg; um 1900
Metall; 8 x 8 x 1,6 cm
Stiftung Stadtmuseum Berlin (Inv. SPG 79/12)
© Stiftung Stadtmuseum Berlin/Foto: Oliver Ziebe

Kat.-Nr. 2-74
Beschwerde über den Gouverneur von Kamerun
Mpundu Akwa
Altona; 30. Januar 1906
Papierdokument (R)
Bundesarchiv, Berlin (R 1001/4436, Bl. 3–12)

Kat.-Nr. 2-75
***Elolombé ya Kamerun. Illustrierte Monatsschrift in dt. u. Duala-Sprache*, Hamburg, 1908**
Mpundu Akwa (Herausgeber)
Zeitung; 29,1 x 22,7 x 0,4 cm
Universitäts- und Landesbibliothek, Technische Universität Darmstadt (Inv. 4 Per. 83 t-1908,1/2)

Kat.-Nr. 2-76
The Germans in Togoland
In: *The Gold Coast Leader*, Cape Coast (heute Ghana), 7. Juni 1913
A Reader (Pseudonym)
Zeitungsausschnitt (R)
Bundesarchiv, Berlin (R 1001/4308, hinter Bl. 137)

Kat.-Nr. 2-77
Togo-German and Immoralism and its Effect on the Gold Coast
In: *The Gold Coast Leader*, Cape Coast (heute Ghana), 6. Juli 1912
Quashie (vermutlich Autorenpseudonym)
Zeitungsausschnitt (R)
Bundesarchiv, Berlin (R 1001/4308, Bl. 117)

Kat.-Nr. 2-78
The Gold Coast and German Togoland
In: *The African Times and Orient Review*, London, Juli 1912 (Erstausgabe)
Quashie (vermutlich Autorenpseudonym)
Zeitungsausschnitt (R)
Bundesarchiv, Berlin (R 1001/4235, Bl. 203)

Kat.-Nr. 2-79

The Atrocities of the Togo Germans

In: *Gold Coast Leader*, Cape Coast (heute Ghana),
28. Juni 1913

Agoha of Quittah (vermutlich Autorenpseudonym)

Zeitungsausschnitt (R)

Bundesarchiv, Berlin (R 1001/4308, hinter Bl. 137)

© Bundesarchiv

Kat.-Nr. 2-80

Petition an den Reichstag

Herald Patriot Diasempra (vermutlich Autorenpseudonym)

Lome/Lomé, Togo; 12. Mai 1914

Papierdokument (R)

Bundesarchiv, Berlin (R 1001/4235, Bl. 164–202)

Kat.-Nr. 2-81

**Petition mehrerer Autoritäten aus Anecho an den deut-
schen Reichstag**

Anecho/Aného, Togo; 1. Mai 1914

Papierdokument (R)

Bundesarchiv, Berlin (R 1001/4235, Bl. 154–163)

© Bundesarchiv

Kat.-Nr. 2-82

»Eingabe der Eingeborenen von Lome«

Octaviano Olympio und andere

Lome/Lomé, Togo; 12. Oktober 1913

Papierdokument (R)

Bundesarchiv, Berlin (R1001/4308, B. 149–150 R)

© Bundesarchiv

Kat.-Nr. 2-83

»Die Kolonialküche«

In: *Kladderadatsch. Humoristisch-satirisches Wochenblatt*,
Berlin, 19. August 1906, H. 33, S. 132

Illustration in Zeitung; 32 x 25 cm

Deutsches Historisches Museum, Berlin (Inv. RZA 85-59.1906)

3
AUSHANDLUNGEN IM KOLONIALEN ALLTAG

Kat.-Nr. 3-1

Karte des Missionsgebiets der Norddeutschen Mission

Orig. »Das südwestliche Ewe-Sprachgebiet nach Original-
Zeichnungen der Missionare Ch. Hornberger und W. Brutschin«

In: *Mittheilungen aus Justus Perthes' Geographischer Anstalt
über wichtige neue Erforschungen auf dem Gesammtgebiete
der Geographie von Dr. A. Petermann*, Bd. 13, Tafel 3

Christian Hornberger/Wilhem Brutschin (Autoren), Justus
Perthes (Herausgeber, Verlag)

Gotha; 1867

Zeitung; 44 x 27 cm

Archiv Basler Mission, Basel (Ref. Nr. 96192)

© Archiv Basler Mission

Kat.-Nr. 3-2

Schlüssel zur Ewe-Sprache

Bernhard Schlegel (Autor), W. Valett & Co (Verlag)

Stuttgart; 1857

Buch; 20,5 x 13 x 2 cm

Staatsarchiv Bremen (Inv. NM-2600a)

© Staatsarchiv Bremen

Kat.-Nr. 3-3

**Stand der Schulen der Norddeutschen Mission in
Deutsch-Togo**

Norddeutsche Missionsgesellschaft

Togo; Oktober 1901

Papierdokument; 29,7 x 21 cm

Staatsarchiv Bremen (Inv. 7,1025-38/4)

© Staatsarchiv Bremen

Kat.-Nr. 3-4

**Übersicht der Unterrichtsgegenstände der vollen
Stationsschule (4. bis 7. Schuljahr)**

Norddeutsche Missionsgesellschaft

Togo; 1904

Heft; 28,5 x 40,7 cm

Staatsarchiv Bremen (Inv. 7,1025-39/1)

Kat.-Nr. 3-5
Schul- und Gehilfenordnung
Norddeutsche Missionsgesellschaft
Togo; 1913
Heft; 33 x 42 cm
Staatsarchiv Bremen (Inv. 7,1025-39/2)
© Staatsarchiv Bremen

Kat.-Nr. 3-6
Sammlung vierstimmiger Gesänge für gemischten Chor
Ernst Bürgi (Autor), Norddeutsche Missionsgesellschaft (Verlag)
Togo; 1901 und 1906
Heft; 30 x 41,7 cm
Staatsarchiv Bremen (Inv. 7,1025-42/7)
© Staatsarchiv Bremen

Kat.-Nr. 3-7
Lektions-Plan für die Ewe-Schule im Wintersemester 1895/96
Westheim; 1895
Papierdokument; 22 x 24 cm
Staatsarchiv Bremen (Inv. 7,1025 29/6)
© Staatsarchiv Bremen

Kat.-Nr. 3-8
Schüler und Missionsgeschwister in Westheim
Atelier Zinne
Westheim; 1900
Fotografie; 10,5 x 13,5 cm
Staatsarchiv Bremen (Inv. 7,1025-0145)
© Staatsarchiv Bremen

Kat.-Nr. 3-9
Andreas Aku und Hermann Yoyo
Atelier Eckelmann
Lome/Lomé, Togo; um 1901
Fotografie; 16,5 x 11 cm
Staatsarchiv Bremen (Inv. 7,1025-1958)

Kat.-Nr. 3-10
Zeugnis des letzten Studienjahrs in Deutschland für Hermann Yoyo
Ochsenbach; 28. Juli 1887
Papierdokument; 33,7 x 21 cm
Staatsarchiv Bremen (Inv. 7,1025 29/5)

Kat.-Nr. 3-11
Brief Nr. 1 von Kwadzo Outlooker
Hermann Yoyo/Kwadzo Outlooker (Pseudonym)
Kwitta/Keta, Togo (heute Ghana); 9. Mai 1902
Papierdokument; 33,5 x 21 cm
Staatsarchiv Bremen (Inv. 7,1025 17/1)

Kat.-Nr. 3-12
Prediger Andreas Aku mit Familie
Lome/Lomé, Togo; 1913
Postkarte; 9 x 14 cm
Staatsarchiv Bremen (Inv. 7,1025-0297)

Kat.-Nr. 3-13
Pastor Andreas Aku. Präses der Ewe-Kirche. 50 Jahre Missionsdienst in Togo
Robert Baëta (Autor), Norddeutsche Missionsgesellschaft (Verlag)
Bremen; 1934
Buch; 23 x 15,5 x 2 cm
Staatsarchiv Bremen (Inv. 7,1025 30/1)
© Staatsarchiv Bremen

Kat.-Nr. 3-14
Brief an den Inspektor mit der Klage über Vielehe und Trinksucht
Christian Alifodzi Sedode
Kwitta/Keta, Togo (heute Ghana); 3. Juli 1901
Papierdokument; 28,5 x 22,5 cm
Staatsarchiv Bremen (Inv. 7,1025 19/5)

Kat.-Nr. 3-15
Christian Alifodzi Sedode mit Missionarskind Julie Weyhe im Arm während seines Aufenthalts in Deutschland
Ernst Wolfram
Deutschland; o. J.
Fotografie; 10,5 x 6 cm
Staatsarchiv Bremen (Inv. 7,1025-3557)
© Staatsarchiv Bremen

Kat.-Nr. 3-16

Vokabelheft Deutsch – Suaheli von Robert Koch (Faksimile)

Robert Koch

Deutsche und britische Kolonien in Ostafrika (heute Tansania und Uganda); 1906/1907

Heft (Faksimile); 17,9 x 14,5 cm

Robert Koch-Institut, Berlin

© Deutsches Historisches Museum/Foto: Thomas Bruns

Kat.-Nr. 3-17

Fotoalbum Robert Kochs von der Schlafkrankheitsexpedition 1905/06 in Ostafrika

Robert Koch

Deutsch-Ostafrika (heute Tansania, Burundi und Ruanda); 1905/1906

Fotoalbum; 19 x 27 cm

Robert Koch-Institut, Berlin (Inv. 6105)

Kat.-Nr. 3-18

Schubfach mit Insektenpräparaten und Tafeln zu Krankheitsüberträgern

o. O.; o. J.

Holz, Glas; 51 x 42 x 6 cm

Museum für Naturkunde, Leibniz-Institut für Evolutions- und Biodiversitätsforschung, Berlin (Inv. Diptera 8919)

Kat.-Nr. 3-19

Mikroskop No. 8 aus dem Institut für experimentelle Therapie Frankfurt am Main

Frankfurt am Main; nach 1899

Metall, Glas; 36 x 20 x 17 cm

Institute for Biomedical and Pharmaceutical Research (IBMP), Nürnberg

Kat.-Nr. 3-20

Mikroskopische Präparate Robert Kochs von der Schlafkrankheitsexpedition

Deutsche und britische Kolonien in Ostafrika (heute Tansania und Uganda); 1906/1907

Glasbehälter im Pappkarton; 6 x 29 x 21 cm

Robert Koch-Institut, Berlin

© Deutsches Historisches Museum/Foto: Thomas Bruns

Kat.-Nr. 3-21

Zeichnungen von Trypanosomen mit Legende zu Reihenfolge und Zusammengehörigkeit

Robert Koch

Deutsch-Ostafrika (heute Tansania, Burundi und Ruanda); um 1907

Zeichnung mit Bleistift, Tinte, Buntstift; 29 x 21 cm

Robert Koch-Institut, Berlin (Inv. W6/002)

Kat.-Nr. 3-22

Skizze des Schlafkrankheits-Hauptlagers in Niansa

Niansa, Deutsch-Ostafrika (heute Tansania, Burundi und Ruanda); o. J.

Zeichnung mit Bleistift und Tinte (R)

Bundesarchiv, Berlin (R 86/2631)

Kat.-Nr. 3-23

Krankenbaracken

Robert Koch

Deutsch-Ostafrika (heute Tansania, Burundi und Ruanda); 1907

Zeichnung; 32,2 x 40,7 cm

Robert Koch-Institut, Berlin (Inv. W6/012)

Kat.-Nr. 3-24

Glossinenfang am See-Ufer

Robert Koch

Deutsch-Ostafrika (heute Tansania, Burundi und Ruanda); 1905/1906

Fotografie (R)

Robert Koch-Institut, Berlin (Inv. 6105028)

© Robert Koch-Institut

Kat.-Nr. 3-25

Kranke mit Erkennungsmarke

Robert Koch

Deutsch-Ostafrika (heute Tansania, Burundi und Ruanda); 1905/1906

Fotografie (R)

Robert Koch-Institut, Berlin (Inv. 6105)

Kat.-Nr. 3-26

Krankenuntersuchung durch Friedrich Karl Kleine

Deutsch-Ostafrika (heute Tansania, Burundi und Ruanda); o. J.

Fotografie; 4 x 6 cm

Robert Koch-Institut, Berlin (Inv. 6101047)

Kat.-Nr. 3-27
Atoxyl-Flasche
Robert Koch/Paul Ehrlich (Verwender); Vereinigte Chemische
Werke (Firma)
Berlin; um 1900
Glas; 7,5 x Dm. 3,5 cm
Institute for Biomedical and Pharmaceutical Research (IBMP),
Nürnberg

Kat.-Nr. 3-28
»Mit den englischen Ärzten unterwegs«
Homa Point, Kenia; 1927
Fotografie; 12 x 17,5 cm
Robert Koch-Institut, Berlin (Inv. Nachlass Karl Kleine Signa-
tur 6101041)
© Deutsches Historisches Museum/Foto: Thomas Bruns

Kat.-Nr. 3-29
**Brief Paul Ehrlichs an Henry George Plimmer zu Experimen-
ten mit Arsenpräparaten**
Paul Ehrlich
Frankfurt am Main; 12. März 1909
Papierdokument; 29 x 21 cm
Institute for Biomedical and Pharmaceutical Research (IBMP),
Nürnberg

Kat.-Nr. 3-30
Packung »Germanin« (»Bayer 205«) (ohne Inhalt)
o. O.; o. J.
Papierschachtel; 11 x 9,5 cm
Robert Koch-Institut, Berlin

Kat.-Nr. 3-31
Packung »Germanin« (»Bayer 205«) (mit Inhalt)
Verwendet in Deutsch-Ostafrika (heute Tansania, Burundi
und Ruanda); vermutlich um 1925
Papierschachtel; 11 x 9,5 cm
Robert Koch-Institut, Berlin (Inv. I B 2462)
© Deutsches Historisches Museum/Foto: Thomas Bruns

Kat.-Nr. 3-32
»Germanin. Die Geschichte einer kolonialen Tat«
In: *Illustrierter Film-Kurier*, Berlin (1943), Nr. 3333
Vereinigte Verlagsgesellschaften Franke und Co. KG. (Verlag)
Zeitung; 20,6 x 14,8 cm
Deutsches Historisches Museum, Berlin (Inv. Do2 91/3806)

Kat.-Nr. 3-33
Übersichtskarte zum Weltkrieg 1914–1918
In: *Deutschlands Gegner im Weltkriege*, S. 309
Leo Frobenius/Hugo Friedrich von Freytag-Loringhoven
(Autoren), Klemm (Verlag)
Berlin; 1925
Karte zum Ausfalten im Buch (R)
Deutsches Historisches Museum, Berlin (Inv. B 53/3008)
© Deutsches Historisches Museum

Kat.-Nr. 3-34
**Ansicht der Moschee im Kriegsgefangenenlager Wünsdorf
bei Zossen**
Wilhelm Puder (Druck)
Wünsdorf; 12. März 1916 (Poststempel)
Postkarte; 8,6 x 13,5 cm
Deutsches Historisches Museum, Berlin (Inv. PK 92/17.581)

Kat.-Nr. 3-35
Die Moschee im Gefangenenlager Wünsdorf
Wilhelm Puder (Druck)
Wünsdorf; 1914/1918
Postkarte; 8,6 x 13,5 cm
Deutsches Historisches Museum, Berlin (Inv. PK 2008/411.2)

Kat.-Nr. 3-36
**Lagerzeitung für Kriegsgefangene muslimischen Glaubens
El Dschihad, Nr. 86**
Wünsdorf; 27. Juli 1918
Zeitung; 48 x 31,4 cm
Deutsches Historisches Museum, Berlin (Inv. Do 57/168.4)

Kat.-Nr. 3-37
Lagerzeitung für indische Kriegsgefangene *Hindostan*, Nr. 9
Wünsdorf; 4. Juli 1915
Zeitung; 46,4 x 31,8 cm
Deutsches Historisches Museum, Berlin (Inv. Do2 2009/887)

Kat.-Nr. 3-38
**Statistische Übersicht über den Stand der lautlichen
Aufnahmen am 1. September 1916**
Wilhelm Doegen
Berlin; 1916
Papierdokument; 32,5 x 21 cm
Deutsches Historisches Museum, Berlin (Inv. Do2 98/2161)

Kat.-Nr. 3-39
F. C. Andreas mit Kriegsgefangenen;
Martin Heepe und Kriegsgefangene von der französischen
Kolonie Komoren-Inseln im Lager Wünsdorf;
Carl Meinhof mit kriegsgefangenen Suaheli;
Gurkhas werden im Wünsdorfer Lager für die Lautauf-
nahmen vorbereitet;
Wilhelm Doegen mit Kriegsgefangenen bei Proben zu
Lautaufnahmen;
Lautaufnahme eines Gurkha durch Wilhelm Doegen
Fotografien mit handschriftlichen Bildunterschriften, beilie-
gend dem Manuskript des ersten Kapitels der Autobiografie
von Wilhelm Doegen
Vermutlich Wünsdorf; um 1918 (Fotografien)/o. O.; um 1965
(Manuskript)
Papierdokument, Fotografien; 29,7 x 21 cm
Deutsches Historisches Museum, Berlin (Inv. Do2 98/2154)
© Deutsches Historisches Museum

Kat.-Nr. 3-40
Personalbogen von Sadak Ber-resid
Königlich Preußische Phonographische Kommission
Berlin; 1916
Papierdokument; 33 x 21 cm
Lautarchiv der Humboldt-Universität zu Berlin (Inv. PK 257_2)

Kat.-Nr. 3-41
Lautaufnahme von Sadak Ber-resid
Königlich Preußische Phonographische Kommission
Berlin; 1916
Schellackplatte; Dm. 27 cm
Lautarchiv der Humboldt-Universität zu Berlin (Inv. PK 257_2)
© Deutsches Historisches Museum

Kat.-Nr. 3-42
Umschrift und Übersetzung der Lautaufnahme von Sadak
Ber-resid
In: *Arabische und berberische Dialekte*, Lautbibliothek Nr. 45
Hans Stumme (Autor), Preussische Staatsbibliothek (Verlag)
Berlin; 1928
Heft; 23,5 x 15,8 cm
Lautarchiv der Humboldt-Universität zu Berlin (Inv. PK 257_2)

Kat.-Nr. 3-43
Porträt von Messaud Ben Mohammed Ben Salah
In: *Deutschlands Gegner im Weltkriege*, S. 101
Hans Looschen (Künstler), Leo Frobenius/Hugo Friedrich
Freytag-Loringhoven (Autoren), Klemm (Verlag)
Berlin; 1925
Illustration im Buch; 40 x 31 x 4,5 cm
Deutsches Historisches Museum, Berlin (Inv. B 53/3008)

Kat.-Nr. 3-44
Messaud Ben Mohammed Ben Salah
In: *Kriegsgefangene. Ein Beitrag zur Völkerkunde im Weltkriege.*
Einführung in die Grundzüge der Anthropologie von Prof. Dr.
von Luschan. Hundert Steinzeichnungen von Hermann Struck
Hermann Struck (Künstler), Felix von Luschan (Autor),
Dietrich Reimer (Ernst Vohsen) (Verlag)
Berlin; 1917
Illustration im Buch; 15,9 x 11,9 x 1,7 cm
Staatsbibliothek zu Berlin, Preußischer Kulturbesitz
(Inv. Krieg 1914/15052)

Kat.-Nr. 3-45
Personalbogen von Messaud Ben Mohammed Ben Salah
Königlich Preußische Phonographische Kommission
Berlin; 1916
Papierdokument; 33 x 21 cm
Lautarchiv der Humboldt-Universität zu Berlin
(Inv. PK 275_1_2)

Kat.-Nr. 3-46
Lautaufnahme von Messaud Ben Mohammed Ben Salah
Königlich Preußische Phonographische Kommission
Berlin; 1916
Schellackplatte; Dm. 30 cm
Lautarchiv der Humboldt-Universität zu Berlin
(Inv. PK 275_1_2)

Kat.-Nr. 3-47
Porträt von Him Bahadur
Berlin; 1916
Fotografie; 21,5 x 30 cm
Berlin-Brandenburgische Akademie der Wissenschaften,
Archiv, Berlin (Inv. ABBAW: Nl H.Lüders, Nr. 3 Bd. 1, Bl. 11)

Kat.-Nr. 3-48
Personalbogen von Him Bahadur
Königlich Preußische Phonographische Kommission
Berlin; 1916
Papierdokument; 33 x 21 cm
Lautarchiv der Humboldt-Universität zu Berlin (Inv. PK 283_2)

Kat.-Nr. 3-49
Personenkarte von Him Bahadur
Königlich Preußische Phonographische Kommission
Berlin; 1916
Papierdokument; 16 x 12 cm
Berlin-Brandenburgische Akademie der Wissenschaften,
Archiv, Berlin (ABBAW: Nl H.Lüders, Nr. 1 Bd. 4, Bl. 56)
© Berlin-Brandenburgische Akademie der Wissenschaften,
Archiv

Kat.-Nr. 3-50
Lautaufnahme von Gurkha Him Bahadur
Königlich Preußische Phonographische Kommission
Berlin; 1916
Schellackplatte; Dm. 27 cm
Lautarchiv der Humboldt-Universität zu Berlin (Inv. PK 283_2)

Kat.-Nr. 3-51
Reinschrift in Devnagari der Lautaufnahme von Him Bahadur
Heinrich Lüders
Berlin; 1916
Papierdokument; 30 x 21,5 cm
Berlin-Brandenburgische Akademie der Wissenschaften,
Archiv, Berlin (Inv. ABBAW: Nl H.Lüders, Nr. 4 Bd. 6, Bl. 47)

Kat.-Nr. 3-52
Porträt von Gangaram
In: *Unsere Feinde. 96 Charakterköpfe aus deutschen Kriegs-gefangenenlagern*, S. 53
Otto Stiehl (Fotograf/Autor), J. Hoffmann (Verlag)
Stuttgart; 1916
Illustration im Buch; 17,3 x 13,5 x 1,3 cm
Staatsbibliothek zu Berlin, Preußischer Kulturbesitz
(Inv. Krieg 1914/11958)

Kat.-Nr. 3-53
Personalbogen von Gangaram
Königlich Preußische Phonographische Kommission
Berlin; 1916
Papierdokument; 33 x 21 cm
Lautarchiv der Humboldt-Universität zu Berlin (Inv. PK 271)

Kat.-Nr. 3-54
Lautaufnahme von Gangaram
Wilhelm Doegen
Berlin; 1916
Schellackplatte; Dm. 30 cm
Lautarchiv der Humboldt-Universität zu Berlin (Inv. PK 271)

Kat.-Nr. 3-55
Othmani Hussein aus Constantin (Algier)
Hans Looschen
Wünsdorf; 10. Juli 1916
Öl/Lw.; 78 x 63 cm
Deutsches Historisches Museum, Berlin (Inv. 34.317)

Kat.-Nr. 3-56
Die Tragödie des Paradiesvogels und des Edelreihers
Carl Georg Schillings (Autor), Bund für Vogelschutz BfV
(Herausgeber)
Stuttgart; 1910/1911
Buch; 23 x 16 cm
Leopold-Hoesch-Museum & Papiermuseum, Düren
(Inv. LHM&PM 2010/10155)

Kat.-Nr. 3-57
Schussbuch
Carl Georg Schillings
Deutsch-Ostafrika (heute Tansania, Burundi und Ruanda);
1896/1903
Buch; 32 x 24 cm
Leopold-Hoesch-Museum & Papiermuseum, Düren
(Inv. LHM&PM 2010/10085, Stadtmuseum)

Kat.-Nr. 3-58
Drei Nachtaufnahmen: Löwe, vier Antilopen an einer Wasserstelle, Hyäne
Carl Georg Schillings
Deutsch-Ostafrika (heute Tansania, Burundi und Ruanda); 1902/1903
Fotografien; 16 x 21/21,5 cm
Leopold-Hoesch-Museum & Papiermuseum, Düren (Inv. LHM&PM 2010/11151, 2010/10999, 2010/10991)

Kat.-Nr. 3-59
Transportkiste für fotografisches Material
Deutsch-Ostafrika (heute Tansania, Burundi und Ruanda); 1899/1903
Holz; 30 x 57 x 37 cm
Leopold-Hoesch-Museum & Papiermuseum, Düren (Inv. LHM&PM 2010/10307 (Stadtmuseum))

Kat.-Nr. 3-60
Halterung für Magnesium-Blitzpfanne mit Tarnvorrichtung
Deutsch-Ostafrika (heute Tansania, Burundi und Ruanda); 1899/1903
Metall, Holz; 13 x 14 x 19,2 cm
Leopold-Hoesch-Museum & Papiermuseum, Düren (Inv. LHM&PM 2010/10577 (Stadtmuseum))

Kat.-Nr. 3-61
Carl Georg Schillings mit Begleitern, Hunden und Maultier
Deutsch-Ostafrika (heute Tansania, Burundi und Ruanda); 1896/1903
Fotografie; 12 x 16,3 cm
Leopold-Hoesch-Museum & Papiermuseum, Düren (Inv. LHM&PM 2010/11037)

Kat.-Nr. 3-62
Mit Blitzlicht und Büchse. Neue Beobachtungen und Erlebnisse in der Wildnis inmitten der Tierwelt von Äquatorial-Ostafrika; mit 302 urkundtreu in Autotypie wiedergegebenen photographischen Original-Tag- und Nacht-Aufnahmen des Verfassers
Carl Georg Schillings (Autor), R. Voigtländers (Verlag)
Leipzig; 1905
Buch; 25,5 x 17 cm
Deutsches Historisches Museum, Berlin (Inv. A 15/1370<9. Tsd.>)
© Deutsches Historisches Museum

Kat.-Nr. 3-63
Löwenjagd in Afrika (Fragment)
Vermutlich Deutsch-Ostafrika (heute Tansania, Burundi und Ruanda); vor 1914
Dokumentarfilm
Bundesarchiv, Abteilung Filmarchiv, Berlin (Inv. B 107811-1)

Kat.-Nr. 3-64
Chasse à l'aigrette en Afrique (Jagd auf den Silberreiher in Afrika)
Alfred Machin (Regie), Pathé Frères (Vertrieb)
o. O.; 1911
Film
Bundesarchiv, Abteilung Filmarchiv, Berlin (Inv. 18124)

Kat.-Nr. 3-65
»Deutsch-Koloniale Jagdausstellung. Karlsruhe 1903«
Atelier Friedländer
Hamburg; 1903
Plakat; 65 x 90 cm
Museum Folkwang/Deutsches Plakatmuseum, Essen (Inv. DPM 4393)

Kat.-Nr. 3-66
Schädel eines Löwen *Panthera leo*
Carl Georg Schillings (Sammler)
Deutsch-Ostafrika (heute Tansania, Burundi und Ruanda); o. J.
Bein; 20 x 20 x 35 cm
Museum für Naturkunde, Leibniz-Institut für Evolutions- und Biodiversitätsforschung, Berlin (Mammalia)

Kat.-Nr.3-67
Gouverneur Dr. Albert Hahl und seine Ehefrau Luise mit Paradiesvogelfederschmuck
Carl Tietz
Berlin; 1902/1903
Fotografie; 20,7 x 10,2 cm
Archiv Dieter Klein, Wuppertal

Kat.-Nr. 3-68
»Hut-Ausstellung«
Kurt Brömel (Gestaltung), Hollerbaum & Schmidt (Verlag)
Berlin; um 1909
Plakat; 121,5 x 84 cm
Staatliche Museen zu Berlin, Kunstbibliothek (Inv. 14065070)

Kat.-Nr.3-69
Kapotthut mit Paradiesvogelfedern
o. O.; 1890/1900
Seide, Spitzentüll, Reiher- und Paradiesvogelfedern;
18 x 18 x 5 cm
Städtisches Historisches Museum/Museum im Gotischen
Haus, Bad Homburg (Inv. 1998/774)

Kat.-Nr. 3-70
Frauenkappe mit Paradiesvogefederlgarnierung
o. O.; Anfang 20. Jahrhundert
Samt, Paradiesvogelfedern, Paradiesvogelbalg; Dm. 17 cm
Städtisches Historisches Museum/Museum im Gotischen
Haus, Bad Homburg (Inv. 1986/9a)
© Städtisches Historisches Museum/Museum im Gotischen
Haus, Bad Homburg /Foto: Vero Bielinski

Kat.-Nr. 3-71
Balg eines Paradiesvogels *Paradisaea augustavictoriae*
Ernst Mayr (Sammler)
Sattelberg, Neuguinea; 1928
Vogelbalg; 15 x 95 x 15 cm
Museum für Naturkunde, Leibniz-Institut für Evolutions- und
Biodiversitätsforschung, Berlin (Ornithologie, ZMB 30.1903)
© Museum für Naturkunde/Foto: Hwa Ja Götz

Kat.-Nr. 3-72
**Schießjunge Tokaina mit Gewehr und erlegten Paradies-
vögeln**
Wilhelm Diehl
Deutsch-Neuguinea (heute Papua-Neuguinea); vor 1912
Fotografie; 10,5 x 14,5 cm
Archiv Dieter Klein, Wuppertal

Kat.-Nr. 3-73
**Anhänger mit Motiv eines Paradiesvogels, gefertigt aus
einer 5-Neuguinea-Mark**
Deutsch-Neuguinea (heute Papua-Neuguinea); um 1910
Metall; Dm. 4,7 cm
Archiv Dieter Klein, Wuppertal

Kat.-Nr. 3-74
**Brosche mit Motiv eines Paradiesvogels, gefertigt aus einer
5-Neuguinea-Mark**
Deutsch-Neuguinea (heute Papua-Neuguinea); um 1910
Metall; Dm. 4,5 cm
Archiv Dieter Klein, Wuppertal

Kat.-Nr. 3-75
**»Was hat Sie veranlasst, dem Vogelschutz-Verein
beizutreten?« – »Die Hutrechnung meiner Frau und meiner
vier Töchter.«**
In: *Fliegende Blätter,* München (1911), Bd. 135, H. 3457, S. 200
Braun & Schneider (Verlag)
Zeitung; 27,7 x 22,5 cm
Staatsbibliothek zu Berlin, Preußischer Kulturbesitz
(Inv. 4"111 - 134/135=3415/3466.1911)
© (CC) BY-SA/Universität Heidelberg, Fliegende Blätter: Auch
ein Tierfreund. creativecommons.org/ licenses/by-sa/3.0/de/

Kat.-Nr. 3-76
»Das Flussgebiet von Kamerun«
In: *Die deutschen Besitzungen an der westafrikanischen Küste,
Bd. 3: Forschungsreisen in der deutschen Colonie Kamerun*
Hugo Zöller (Autor), W. Spemann (Verlag)
Berlin; 1885
Karte im Buch (R)
Staatsbibliothek zu Berlin, Preußischer Kulturbesitz
(Inv. Us 4597-3<a>)

Kat.-Nr. 3-77
**Vertrag der Firmen C. Woermann und Jantzen & Thormählen
mit den Duala Kings Bell und Akwa**
C. Woermann, Jantzen & Thormählen, Duala-Kings Bell und
Aqua
Kamerun; 12. Juli 1884
Papierdokument (R)
Bundesarchiv, Berlin (R 1001/4447, Bl. 2)

Kat.-Nr. 3-78
Bootsmodell der Duala
Rudolph (Sammler)
Duala/Doula, Kamerun; o. J.
Holz; 26,5 x 16 x 136 cm
Staatliche Kunstsammlungen Dresden, Museum für
Völkerkunde Dresden (Inv. 54759)
© Staatliche Kunstsammlungen Dresden, Museum für
Völkerkunde Dresden/Foto: Museum für Völkerkunde
Dresden

Kat.-Nr. 3-79

»Kriegscanoe der Dualla in Kamerun«, »Factorei-Anlage in Kamerun, im Hintergrunde König-Aqua's-Stadt«, »Woermann'sche Hulk auf dem Kamerunflusse, Inneres der Hulk«

Illustrationen zu *Deutschlands Colonialbestrebungen*
In: *Die Gartenlaube. Illustrirtes Familienblatt,* Leipzig (1884), H. 37, S. 609, 617
Dr. E. Jung Siegfried (Autor), Ernst Keil's Nachfolger in Leipzig (Verlag)
Zeitung; 32 x 49,5 x 6 cm
Deutsches Historisches Museum, Berlin (Inv. ZA 185-1884)

Kat.-Nr. 3-80

»Palast von Manga Bell«

Orig. »Palace of Manga Bell.«
Otto Schkölziger
Duala/Douala, Kamerun; 1891/1906
Fotografie; 10,4 x 16,1 cm
Archiv Basler Mission, Basel (Inv. E-30.06.012)

Kat.-Nr. 3-81

Gruppenbild mit Rudolf Duala Manga Bell

Orig. »[Untitled]«
Kamerun; 1884
Fotografie; 11,5 x 16,5 cm
Archiv Basler Mission, Basel (Inv. QE-30.107.0022)
© Archiv Basler Mission

Kat.-Nr.3-82

Manga Ndumbe/August Manga Bell in seinem Schreibzimmer in Bellstadt

Orig. »Oberhäuptling Manga Bell in seinem Schreibzimmer in Bellstadt.«
Johannes Immanuel Leimenstoll
Bellstadt, (Duala/Douala), Kamerun; 1900/1904
Fotografie; 11,5 x 16,3 cm
Archiv Basler Mission, Basel (Inv. E-30.50.003)
© Archiv Basler Mission

Kat.-Nr. 3-83

Duala in Offiziersuniform, in der Mitte Manga Bells Bruder

Orig. »Duala in Officiersuniform. In der Mitte der Bruder des Oberhäuptlings Manga Bell.«
Georg Hässig
Kamerun; 1898/1905
Fotografie; 11,8 x 16,8 cm
Archiv Basler Mission, Basel (Inv. E-30.48.039)

Kat.-Nr. 3-84

Älteste Klasse der deutschen Schule in Bonandjo

Orig. »Aelteste Klasse der deutschen Schule in Bonandjo.«
Jakob Stutz
Bonandjo (Duala/Douala), Kamerun; 1902/1906
Fotografie; 7 x 11,4 cm
Archiv Basler Mission, Basel (Inv. E-30.06.041)

Kat.-Nr. 3-85

»Wünsche der Kamerun-Leute«

Cameroons River/Douala, Kamerun; 12. Juli 1884
Papierdokument (R)
Bundesarchiv, Berlin (R 1001/4202, Bl. 101)
© Bundesarchiv

Kat.-Nr.3-86

Beschwerdebrief Mpundu Akwas an die Kolonialabteilung des Auswärtigen Amts

Mpundu Akwa
Kamerun; 14. Dezember 1905
Papierdokument (R)
Bundesarchiv, Berlin (R 1001/4435, Bl. 19)

Kat.-Nr. 3-87

Baumwollprobe von der Station Atakpame

Atakpame/Atakpamé, Togo; 1905
Präparat im Schaukasten; 3,5 x 14,5 x 20 cm
Botanischer Garten und Botanisches Museum Berlin, Freie Universität Berlin (Inv. Schuber 9)

Kat.-Nr. 3-88

Probe lokal produzierter Baumwolle vom Markt in Nuatjä

Nuatjä/Notsé, Togo; um 1905
Präparat im Schaukasten; 10 x 30,5 x 10,5 cm
Botanischer Garten und Botanisches Museum Berlin, Freie Universität Berlin (Inv. Schuber 4)

Kat.-Nr. 3-89
Baumwollprobe »Alabama Gossypium Upland Baumwolle«
o. O.; um 1900
Präparat im Glasbehälter; 26 x Dm. 9 cm
Botanischer Garten und Botanisches Museum Berlin, Freie
Universität Berlin (Inv. Schuber 8)

Kat.-Nr. 3-90
Baumwollprobe der Gouvernements-Ackerbauschule in
Nuatjä
Nuatjä/Notsé, Togo; um 1910
Präparat im Schaukasten; 3,5 x 14,5 x 20 cm
Botanischer Garten und Botanisches Museum Berlin, Freie
Universität Berlin
© Botanischer Garten und Botanisches Museum Berlin, Freie
Universität Berlin/Foto: Christine Hillmann-Huber

Kat.-Nr. 3-91
Baumwolltransport
Togo; 1885/1914
Fotografie (R)
Bundesarchiv, Berlin (Bild 137-003030)

Kat.-Nr. 3-92
Der Baumwollanbau
In: *Kolonie und Heimat in Wort und Bild. Unabhängige koloni-*
ale Zeitschrift. Organ des Frauenbundes der Deutschen Kolo-
nialgesellschaft, Berlin (1912), Nr. 8, S. 4/5
Eduard Buchmann (Herausgeber), Verlag kolonialpolitischer
Zeitschriften
Zeitung; 54 x 35 cm
Deutsches Historisches Museum, Berlin (Inv. GZA 7523
-5.1911/12)

Kat.-Nr. 3-93
Baumwolle und die deutschen Kolonien
Kolonial-Wirtschaftliches Komitee (Herausgeber). Buch-
druckerei Richard Poettke Nachf.
Berlin; um 1914
Papierdokument; 23,3 x 14,4 cm
Deutsches Historisches Museum, Berlin (Inv. Do2 2015/2201)

Kat.-Nr. 3-94
Die Teilnehmer der Tuskegee-Expedition
In: *Der Tropenpflanzer. Zeitschrift für tropische Landwirt-*
schaft. Organ des Kolonial-Wirtschaftlichen Komitees, Berlin,
März 1902, Beiheft, Bd. 3, H. 2, S. 53, 81
Deutsche Kolonialgesellschaft Kolonial-Wirtschaftliches
Komitee (Herausgeber)
Illustration in Zeitung; 23 x 17 cm
Staatsbibliothek zu Berlin, Preußischer Kulturbesitz (Inv. Ou
20100 /Ou 20100;Beih.<b>)

Kat.-Nr. 3-95
Geldbeutel aus dem Ewe-Gebiet
C. Spieß (Sammler)
Togo; 1901 (Schenkung)
Baumwolle; 3,5 x 5 x 78 cm
Übersee-Museum Bremen (Inv. B00736)

Kat.-Nr. 3-96
Mobiler Webstuhl aus dem Ewe Gebiet
Togo; vor 1881
Holz, Baumwolle; 17 x 130 cm
Übersee-Museum Bremen (Inv. B06544)

Kat.-Nr. 3-97
Baumwollversuchsfeld
Makpame, Togo; o. J.
Fotografie (R)
Koloniales Bildarchiv Frankfurt a. Main (Inv. 018-0209-08)

Kat.-Nr. 3-98
Pflüge in der Gouvernements-Ackerbauschule in Nuatjä
Nuatjä/Notsé, Togo; 1907
Fotoalbum; 14 x 20 cm
Staatsarchiv Bremen (Inv. 7,1025-4296)
© Staatsarchiv Bremen

Kat.-Nr. 3-99
Im Deutschen Sudan (Ausschnitt)
Hans Schomburgk (Regie)
Deutschland; 1916/1917 (basierend auf Material aus Togo von
1913/1914)
Dokumentarfilm
Privatbesitz Jutta Niemann, Leipzig

Kat.-Nr. 3-100

Ward'scher Kasten zum Transport lebender Pflanzen per Schiff

Berlin; um 1900

Holz, Glas; 87 x 120 x 64,5 cm

Botanischer Garten und Botanisches Museum Berlin, Freie Universität Berlin

© Botanischer Garten und Botanisches Museum Berlin, Freie Universität Berlin/Foto: Christine Hillmann-Huber

Kat.-Nr. 3-101

»Togolano-Unterkleider«

U. Levi (Gestaltung)

Hechingen; 1907/1914

Plakat; 53,9 x 76,2 cm

Staatsgalerie Stuttgart (Inv. III C 1)

© bpk/Staatsgalerie Stuttgart

4
GRENZZIEHUNGEN UND GRENZ-ÜBERSCHREITUNGEN IM KOLONIALEN VERHÄLTNIS

Kat.-Nr. 4-1

Otto Finsch und Tapinowanne Torondoluan

Atelier L. Herzog

Bremen; 1882/1883

Fotografie; 15,2 x 11 cm

Berlin-Brandenburgische Akademie der Wissenschaften, Archiv, Berlin (Inv. ABBAW: NL Virchow, Nr. 607, B. 153/1)

© Berlin-Brandenburgische Akademie der Wissenschaften, Archiv

Kat.-Nr. 4-2

Gipsstückform zur Gesichtsmaske eines Mannes aus Lagunebange, Neu-Irland

Louis und Gustave Castan

Berlin; Datierung Gipsformen: vermutlich 1883/1887, 1902 (Eingang)

Gips; 18 x 30 x 40 cm

Staatliche Museen zu Berlin, Gipsformerei (Inv. 5414)

Kat.-Nr. 4-3

Gipsstückform zur Gesichtsmaske eines Mädchens aus Matupi, Neu-Britannien

Louis und Gustave Castan

Berlin; Datierung Gipsformen: vermutlich 1883/1887, 1902 (Eingang)

Gips; 17 x 30 x 42 cm

Staatliche Museen zu Berlin, Gipsformerei (Inv. 5402)

Kat.-Nr. 4-4

Gipsstückform zur Gesichtsmaske eines Jungen aus Matupi, Neu-Britannien

Louis und Gustave Castan

Berlin; Datierung Gipsformen: vermutlich 1883/1887, 1902 (Eingang)

Gips; 17 x 30 x 42 cm

Staatliche Museen zu Berlin, Gipsformerei (Inv. 5389)

Kat.-Nr. 4-5

Gipsstückform zur Gesichtsmaske eines Mannes aus Matupi, Neu-Britannien

Louis und Gustave Castan

Berlin; Datierung Gipsformen: vermutlich 1883/1887, 1902 (Eingang)

Gips; 16 x 29 x 42 cm

Staatliche Museen zu Berlin, Gipsformerei (Inv. 5384)

Kat.-Nr. 4-6

Gipsstückform zur Gesichtsmaske eines Mannes aus Matupi, Neu-Britannien

Louis und Gustave Castan

Berlin; Datierung Gipsformen: vermutlich 1883/1887, 1902 (Eingang)

Gips; 20 x 30 x 42 cm

Staatliche Museen zu Berlin, Gipsformerei (Inv. 5382)

Kat.-Nr. 4-7

Gipsstückform zur Gesichtsmaske eines Mannes aus Matupi, Neu-Britannien

Louis und Gustave Castan

Berlin; Datierung Gipsformen: vermutlich 1883/1887, 1902 (Eingang)

Gips; 20 x 30 x 42 cm

Staatliche Museen zu Berlin, Gipsformerei (Inv. 5379)

Kat.-Nr. 4-8
Gipsstückform zur Gesichtsmaske einer Frau aus Maupa,
Britisch Neu-Guinea
Louis und Gustave Castan
Berlin; Datierung Gipsformen: vermutlich 1883/1887, 1902
(Eingang)
Gips; 20 x 31 x 41 cm
Staatliche Museen zu Berlin, Gipsformerei (Inv. 5451)

Kat.-Nr. 4-9
Gipsstückform zur Gesichtsmaske eines Mannes aus Matupi,
Neu-Britannien
Louis und Gustave Castan
Berlin; Datierung Gipsformen: vermutlich 1883/1887, 1902
(Eingang)
Gips; 18 x 31 x 41 cm
Staatliche Museen zu Berlin, Gipsformerei (Inv. 5377)
© Deutsches Historisches Museum/Foto: Atelier Tanello

Kat.-Nr. 4-10
Katalog der Gipsmasken in englischer Sprache: *Masks of*
faces of races of men from the South Sea Islands and Malay
Archipelago
Otto Finsch/Henry Augustus Ward (Autoren), Ward's Natural
Science Establishment (Herausgeber)
Rochester, New York; 1888
Buch; 23,5 x 15 cm
Staatliche Museen zu Berlin, Ethnologisches Museum
(Inv. Sa/Fin)

Kat.-Nr. 4-11
Katalog Für Museen und Lehranstalten! Lehrmittel für Völ-
kerkunde zur Anschauung wie Unterricht. Gesichtsmasken
von Völkertypen der Südsee und dem malayischen Archipel,
nach Lebenden abgegossen in den Jahren 1879–1882
Otto Finsch (Autor), Homeyer & Meyer (Verlag)
Bremen; 1887
Buch; 16,8 x 12,4 cm
Staatsbibliothek zu Berlin, Preußischer Kulturbesitz
(Inv. Kz 7195)

Kat.-Nr. 4-12
Anthropologische Ergebnisse einer Reise in der Südsee und
dem malayischen Archipel in den Jahren 1879–1882.
Beschreibender Catalog der auf dieser Reise gesammelten
Gesichtsmasken von Völkertypen
In: *Zeitschrift für Ethnologie*, Berlin (1884), Bd. 15, Supplement
Otto Finsch (Autor), Asher & Co. (Verlag)
Buch; 25,8 x 18,5 x 4,7 cm
Staatsbibliothek zu Berlin, Preußischer Kulturbesitz
(Inv. La 6080-15,Suppl.)

Kat.-Nr. 4-13
Karte von Neu-Guinea. Nach der Karte von A. J. Bogaerts
bearbeitet und nach den neuesten Entdeckungen verbessert
von Otto Finsch.
In: *Neu-Guinea und seine Bewohner*
Otto Finsch (Autor), C. Ed. Müller (Verlag)
Bremen; 1865
Karte zum Auffalten im Buch (R)
Staatsbibliothek zu Berlin, Preußischer Kulturbesitz
(Inv. Uz 8558)

Kat.-Nr. 4-14
Erinnerung an Tsingtau
G. Landmann (Verlag), C. F. Fay (Druck)
Tsingtau/Qingdao, China; um 1904
Postkartenleporello; 9,5 x 14,5 cm
Deutsches Historisches Museum, Berlin (Inv. PK 99/20)

Kat.-Nr. 4-15
10-Cent-Münze für Kiautschou
Otto Schultz/Paul Sturm (Entwurf)
Berlin; 1909
Metall; Dm. 2,15 cm
Deutsches Historisches Museum, Berlin (Inv. N 98/121)

Kat.-Nr. 4-16
Karte der chinesischen Provinz Schantung mit eingezeich-
neten deutschen, englischen und russischen Besitzungen
sowie der Kriegsschauplätze in Ostasien und einer Ver-
gleichskarte
Wilhelm Höffert (Fotograf), Geographischen Verlagsanstalt
Justus Perthes (Verlag)
Vermutlich Gotha; 1901
Faltblatt; 60,3 x 69,5 cm
Deutsches Historisches Museum, Berlin (Inv. Do 2014/26)

Kat.-Nr. 4-17

**Verordnung betreffend Chinesenordnung für das Stadtge-
biet Tsingtau, in deutscher und chinesischer Sprache**

In: *Amtsblatt für das Deutsche Kiautschou-Gebiet*, Tsingtau/
Quingdao, Nr. 1, 7. Juli 1900

Verlag des »Berliner Aktionärs«

Zeitung; 22,6 x 14 cm

Deutsches Historisches Museum, Berlin (Inv. Do 55/1499)

© Deutsches Historisches Museum

Kat.-Nr. 4-18

Panoramafoto von Tsingtau

E. Wüstenhagen

Tsingtau/Qingdao, China; um 1902

11 Einzelfotografien; 22,5 x 307 cm

Deutsches Historisches Museum, Berlin (Inv. Ph 97/129)

© Deutsches Historisches Museum

Kat.-Nr. 4-19

Stadtplan von Tsingtau aus der Vogelperspektive

Tsingtau/Qingdao, China; um 1909

Tusche, Aquarell/Leinen; 81 x 133,5 cm

Deutsches Historisches Museum, Berlin (Inv. Do 97/280)

© Deutsches Historisches Museum

Kat.-Nr. 4-20

**Foto der Familie Li (v. l. n. r.): Tochter Friederika Li mit ihrem
Mann Fritz Irmer, die Kinder Erich und Charlotte Li sowie
das Ehepaar Li Deshun und Margarete Li**

China; vermutlich Herbst 1913

Fotografie; 14 x 10 cm

Privatsammlung Dr. Wilhelm Matzat, Bonn

© Privatsammlung Dr. Wilhelm Matzat/Fotograf unbekannt

Kat.-Nr. 4-21

**Plan von Tsingtau und Umgebung bearb. nach der Karte des
Kaiserl. Landamts in Tsingtau mit Adressen-Nachweis
(M. 1:12 500)**

Tsingtau/Qingdao, China; um 1910

Faltblatt; 47 x 50 cm

Universitätsbibliothek Kiel (Inv. Ke 8437)

© Universitätsbibliothek Kiel

Kat.-Nr. 4-22

Rundverfügung an sämtliche Standesämter

Hans Tecklenburg

Windhuk/Windhoek, Deutsch-Südwestafrika (heute
Namibia); 23. September 1905

Papierdokument (R)

Bundesarchiv, Berlin (Inv. R1001/2042, Bl. 31)

© Bundesarchiv

Kat.-Nr. 4-23

Die Geschwister Hegener und ihre Eltern

Wilhelm Noltbrock Photogr. Anstalt

Gütersloh und Münster; um 1900

Fotografie; 10,5 x 16,5 cm

Privatsammlung Ursula Trüper, Berlin

© Privatsammlung Ursula Trüper

Kat.-Nr. 4-24

*StAZ. Zeitschrift für Standesamtswesen, Familienrecht,
Staatsangehörigkeitsrecht, Personenstandsrecht, sowie
internationales Privatrecht des In- und Auslands,* **Berlin
1913**

Zeitung; 33 x 47 cm

Verlag für Standesamtswesen GmbH, Berlin

Kat.-Nr. 4-25

Hochzeitsfoto der Familie Li

China; nach 1903

Fotografie; 14 x 10 cm

Privatsammlung Dr. Wilhelm Matzat, Bonn

© Privatsammlung Dr. Wilhelm Matzat/Fotograf unbekannt

Kat.-Nr. 4-26

Maria Kapuku Getzen

Tsumeb, Namibia; um 1925

Fotografie (R)

Privatsammlung Dag Henrichsen, Mulhouse

Kat.-Nr. 4-27

**»Die gestörte Samoanische Idylle oder Ein merkwürdiger
Erfolg der Reichsgesetzgebung«**

In: *Kladderadatsch. Humoristisch-satirisches Wochenblatt*,
Berlin, H. 22, 2. Juni 1912

Arthur Johnson (Illustrator)

Illustration in Zeitung; 33 x 27 cm

Deutsches Historisches Museum, Berlin (Inv. RZA 85-65.1912)

Kat.-Nr. 4-28

»Ein Sieger«

F. E. Metzler (Verlag)

Berlin; 21. September 1900 (Poststempel)

Postkarte; 8,7 x 14 cm

Deutsches Historisches Museum, Berlin (Inv. PK 96/278)

© Deutsches Historisches Museum

Kat.-Nr. 4-29

»In der Noth frisst der Teufel Fliegen!«

F. Schwarzkopf & Co. (Verlag)

Tsingtau/Qingdao, China; 7. Juni 1901 (Poststempel)

Postkarte; 9,2 x 14 cm

Deutsches Historisches Museum, Berlin (Inv. Do 72/911I)

© Deutsches Historisches Museum

Kat.-Nr. 4-30

Reservistenflasche »Zur Erinnerung an meine Dienstzeit b. d. Kaiserlichen Marine/In der Heimath!«

o. O.; um 1900

Porzellan; 20,5 x Dm. 13,5 cm

Kieler Stadt- und Schifffahrtsmuseum (Inv. KSSM 26/2015)

© Kieler Stadt- und Schifffahrtsmuseum

Kat.-Nr. 4-31

Flugblatt zur Mitgliederwerbung des Frauenbundes

Frauenbund der Deutschen Kolonialgesellschaft, Abteilung Berlin (Herausgeber)

Berlin; o. J.

Papierdokument (R)

Bundesarchiv, Berlin (8023/155 Bl. 114 - 115)

© Bundesarchiv

Kat.-Nr. 4-32

»Waschtag auf einer südwestafrikanischen Farm«

In: *Kolonie und Heimat in Wort und Bild. Unabhängige koloniale Zeitschrift. Organ des Frauenbundes der Deutschen Kolonialgesellschaft*, Berlin 1909/1910, Nr. 15, S. 8–9

Eduard Buchmann (Herausgeber), Verlag kolonialpolitischer Zeitschriften

Zeitung; 33,5 x 26,4 x 2,4 cm

Deutsches Historisches Museum, Berlin (Inv. GZB 7523 -3.1909/10)

Kat.-Nr. 4-33

Deutsches Frauenleben in Südwest. Unsere eingeborenen Hilfskräfte

In: *Kolonie und Heimat in Wort und Bild. Unabhängige koloniale Zeitschrift. Organ des Frauenbundes der Deutschen Kolonialgesellschaft*, Berlin 1909/1910, Nr. 15, S. 2–3

Eduard Buchmann (Herausgeber), Verlag kolonialpolitischer Zeitschriften

Zeitung; 33,5 x 26,4 x 2,4 cm

Deutsches Historisches Museum, Berlin (Inv. GZB 7523 -2.1908/09)

Kat.-Nr. 4-34

»Ein deutsches Gouverneursheim in der Südsee«

In: *Kolonie und Heimat in Wort und Bild. Unabhängige koloniale Zeitschrift. Organ des Frauenbundes der Deutschen Kolonialgesellschaft*, Berlin 1914, Nr. 38, S. 3–4

Eduard Buchmann (Herausgeber), Verlag kolonialpolitischer Zeitschriften

Zeitung; 33,5 x 26,4 x 2,4 cm

Deutsches Historisches Museum, Berlin (Inv. GZB 7523 -7.1913/14)

Kat.-Nr. 4-35

Die deutsche Hausfrau in den Kolonien

In: *Kolonie und Heimat in Wort und Bild. Unabhängige koloniale Zeitschrift. Organ des Frauenbundes der Deutschen Kolonialgesellschaft*, Berlin (1907/1908), Nr. 24, S. 9

Eduard Buchmann (Herausgeber), Verlag kolonialpolitischer Zeitschriften

Zeitung; 33,5 x 26,4 x 2,4 cm

Deutsches Historisches Museum, Berlin (Inv. GZB 7523-1.1907/08)

Kat.-Nr. 4-36

Kinderfest auf der Rennbahn, aus: *Tsingtau Album 1904–1911*

Hans Buchinger (Album)

Tsingtau/Qingdao, China; Juni 1910

Fotoalbum; 23,5 x 31 cm

Deutsches Historisches Museum, Berlin (Inv. Ph 99/90)

© Deutsches Historisches Museum

Kat.-Nr. 4-37
Siedlerleben
Liddy Forkel (Album)
Keetmanshoop, Deutsch-Südwestafrika (heute Namibia);
1907/1910
Fotografien im Album; 23 x 31,8 cm
Deutsches Historisches Museum, Berlin (Inv. Do2 2003/1140)
© Deutsches Historisches Museum

Kat.-Nr. 4-38
Kleid
o. O.; um 1905
Baumwolle; 140 x 40 cm
Staatliche Museen zu Berlin, Museum Europäischer Kulturen
(Inv. N (26 H) 250/2010)
© Deutsches Historisches Museum/Foto: Sebastian Ahlers

Kat.-Nr. 4-39
Das Heimathaus in Keetmanshoop
Else von Boetticher (Autor), Frauenbund der Deutschen Kolo-
nialgesellschaft (Herausgeber), Linden-Druckerei
Berlin; 1914
Broschüre; 17 x 24,2 cm
Staatsbibliothek zu Berlin, Preußischer Kulturbesitz
(Inv. Us 3615/264)

Kat.-Nr. 4-40
Hörsaal der Deutschen Kolonialschule Witzenhausen
Gerhard Hübrig (Album)
Witzenhausen; 1909/1910
Fotografie im Album; 31 x 22 x 1 cm
DITSL Deutsches Institut für tropische und subtropische
Landwirtschaft GmbH, Witzenhausen

Kat.-Nr. 4-41
Molkereidienst
Witzenhausen; 1910
Fotografie; 15 x 15,5 cm
DITSL Deutsches Institut für tropische und subtropische
Landwirtschaft GmbH, Witzenhausen (Inv. Nachlass Emita
und Paul Stromberg)

Kat.-Nr. 4-42
An der Obstpresse
Witzenhausen; 1908/1910
Fotografie; 15 x 15,5 cm
DITSL Deutsches Institut für tropische und subtropische
Landwirtschaft GmbH, Witzenhausen (Inv. Nachlass Emita
und Paul Stromberg)
© DITSL Deutsches Institut für tropische und subtropische
Landwirtschaft GmbH

Kat.-Nr. 4-43
Lehrplan der Deutschen Kolonialschule Witzenhausen
Witzenhausen; o. J.
Pappe; 45,5 x 63 cm
DITSL Deutsches Institut für tropische und subtropische
Landwirtschaft GmbH, Witzenhausen
© DITSL Deutsches Institut für tropische und subtropische
Landwirtschaft GmbH

Kat.-Nr. 4-44
Ausstellung Samoa. Unsere neuen Landsleute
Deutschland; 1900/1901
Plakat; 71,5 x 95,5 cm
Stiftung Stadtmuseum Berlin (Inv. SM 2010-0003 KOU)
© Stiftung Stadtmuseum Berlin/Foto: Oliver Ziebe

Kat.-Nr. 4-45
Ausstellung Samoa. Unsere neuen Landsleute
Giesecke und Devrient (Druck)
Leipzig/Berlin; 1901
Postkarte; 14 x 9 cm
Deutsches Historisches Museum, Berlin (Inv. PK 99/50)

Kat.-Nr. 4-46
Unsere neuen Landsleute. Ausstellung Samoa
Carl Marquardt (Autor), H. Schmidt (Entwurf), Giesecke und
Devrient (Druck)
Berlin; 1901
Broschüre; 17,5 x 12,1 cm
Deutsches Historisches Museum, Berlin (Inv. Do 2008/35)
© Deutsches Historisches Museum

Kat.-Nr. 4-47
Diorama der Berliner Gewerbeausstellung
S. Schottländer (Druck)
Breslau; 1896
Papierleporello; 15,3 x 12 x 39 cm
Deutsches Historisches Museum, Berlin (Inv. 1987/333)

Kat.-Nr. 4-48
Hammer als Souvenir der Berliner Gewerbeausstellung 1896
Berlin; 1896
Holz; 13,6 x 3,6 x 24,1 cm
Deutsches Historisches Museum, Berlin (Inv. AK 2006/202)

Kat.-Nr. 4-49
***Deutschland und seine Kolonien im Jahre 1896. Amtlicher Bericht über die Erste Deutsche Kolonial-Ausstellung*, Tafeln IV und V**
Felix von Luschan (Autor), Arbeitsausschuss der Deutschen Kolonial-Ausstellung (Herausgeber)
Berlin; 1897
Buch; 35 x 26,75 cm
Deutsches Historisches Museum, Berlin (Inv. A 72/1831)
© Deutsches Historisches Museum

Kat.-Nr. 4-50
»Von der Berliner Gewerbeausstellung«
In: *Kladderadatsch. Humoristisch-satirisches Wochenblatt*, Berlin, Bd. 49, H. 12, 22. März 1896
Illustration in Zeitung; 32 x 15,5 cm
Deutsches Historisches Museum, Berlin (Inv. RZA 85 -49.1896)

Kat.-Nr. 4-51
»Neu-Guinea-Dorf. Heiliges Haus aus Siar. Leute aus Raluana«;
»Gesammt-Gruppe der Eingeborenen vor dem Verwaltungs-gebäude des Arbeits-Ausschusses«;
»Die Kameruner auf Kanoes«:
»Quikurru Qua Sikki (Deutsch-Ost-Afrika)«;
»Die Hereros (Deutsch-Südwest-Afrika)«:
»Kolonial-Halle. Protector Herzog Johann Albrecht zu Mecklenburg«;
Franz Kullrich
Berlin; Mai/Oktober 1896
Fotografien in Mappenwerk; jeweils 19,5 x 26,5 cm
Landesarchiv Berlin (Inv. F Rep. 290-09-02, Nr. 156, Bl. 16, Bl. 8, Bl. 13, Bl. 17, Bl. 11, Bl. 5)
© Landesarchiv Berlin/Foto: Franz Kullrich

Kat.-Nr. 4-52
Protest der Suaheli-Teilnehmer gegen den Versuch, die Vernarbung eines Mannes abzuformen
Arbeits-Ausschuss der Deutschen Kolonial-Ausstellung
Berlin; 17. August 1896
Papierdokument (R)
Staatliche Museen zu Berlin, Ethnologisches Museum (Inv. Archiv, E 927/1896; Erw. I/166/1896B. 47 u. 48)

Kat.-Nr. 4-53
Plakat der Kolonial-Ausstellung im Rahmen der Berliner Gewerbe-Ausstellung 1896
Walter Peck
Berlin; 1896
Plakat; 89,1 x 60,3 cm
Museum für Kunst und Gewerbe Hamburg

Kat.-Nr. 4-54
Quane a Dibobe/Martin Dibobe mit Arbeitskollegen der Berliner Hoch- und Untergrundbahn auf dem U-Bahnhof Warschauer Brücke
Berlin; 1902/1904
Fotografie (R)
Das BVG Archiv, Berlin
© Das BVG Archiv

Kat.-Nr. 4-55
Brief an das Reichskolonialamt betreffend Adolf Ngoso Din
Der Polizei-Präsident, Abteilung IV.
Berlin; 29. Oktober 1914
Papierdokument (R)
© Bundesarchiv, Berlin (R 1001, 4430, Bd. 4, Bl. 320)

Kat.-Nr. 4-56
Verpackung »Samoa-Veilchen«
o. O.; 1900/1930
Papierschachtel; 3,3 x 24,5 x 5,5 cm
Deutsches Historisches Museum, Berlin (Inv. AK 94/516.181)

Kat.-Nr. 4-57
Haarschmuck
Augustin Krämer (Sammler)
Samoa; o. J.
Blüten, Bast, Glas; 35 x 22 cm
Staatliche Museen zu Berlin, Ethnologisches Museum (Inv. VI 13299)

Kat.-Nr. 4-58
Manuia Samoa! Samoanische Reiseskizzen und Beobachtungen
Richard Deeken (Autor), Gerhard Stalling (Verlag)
Oldenburg; 1901
Buch; 19 x 28 cm
Staatsbibliothek zu Berlin, Preußischer Kulturbesitz
(Inv. Uz 8985/18)
© Staatsbibliothek zu Berlin, Preußischer Kulturbesitz

Kat.-Nr. 4-59
Aufnahme einer Linientaufe aus dem Fotoalbum eines Be-satzungsmitgliedes der S. M. S. Gneisenau Gustav Hafmann
Verschiedene Orte; 1906/1918
Fotografie im Album (R)
Deutsches Historisches Museum, Berlin (Inv. Do 2013/92)

Kat.-Nr. 4-60
Fotoalbum des Gefreiten der Kaiserlichen Marine Paul Kittelmann von seinen Fahrten in Ostasien und Ozeanien auf der S. M. S. Condor, Bd. 1, 2
Paul Kittelmann
Verschiedene Orte; 13. April 1911/16. Juli 1913
Fotoalben mit Lackmalerei; jeweils 14,7 x 20,5 x 4 cm
Deutsches Historisches Museum, Berlin (Inv. Do 2013/1, Do 2013/2)

Kat.-Nr. 4-61
Erinnerungsbild des Gefreiten der Kaiserlichen Marine Paul Kittelmann an seine Fahrten mit dem Ostasiengeschwader
Paul Kittelmann (Auftraggeber)
Vermutlich China oder Japan; 1913
Seide, Glas; 88 x 66 cm
Deutsches Historisches Museum, Berlin (Inv. KT 2013/83)

Kat.-Nr. 4-62
Postkarten mit Motiven aus Ozeanien
Paul Kittelmann (Sammler), Alfred James Tattersall u. a. (Fotograf)
Neuguinea und Samoa; 1911/1913
Postkarten; 9 x 14 cm
Deutsches Historisches Museum, Berlin (Inv. PK 2013/120, PK 2013/72, PK 2013/80, PK 2013/115,PK 2013/83, PK 2013/84, PK 2013/92, PK 2013/97, PK 2013/107, PK 2013/101, PK 2013/81, PK 2013/76)

Kat.-Nr. 4-63
Taufschein von einer Linientaufe auf der S. M. S. Condor
Paul Kittelmann (Empfänger)
Auf der Reise von Jaluit nach Samoa; 5. November 1911
Papierdokument; 36,3 x 23,3 cm
Deutsches Historisches Museum, Berlin (Inv. Do 2013/13)
© Deutsches Historisches Museum

Kat.-Nr. 4-64
Manifest der Kokovoren *Eine Sorgenfreie Zukunft. Das neue Evangelium. Tief- und Weitblicke für die Auslese der Menschheit, zur Beherzigung für alle, zur Überlegung und Anregung, 5. Aufl.*
August Engelhardt/August Bethmann (Autoren)
Kabakon, Herbertshöhe, Deutsch-Neuguinea (heute Papua-Neuguinea); 1906
Buch; 23 x 31,5 cm
Staatsbibliothek zu Berlin, Preußischer Kulturbesitz
(Inv. Jk 6240<5>)

Kat.-Nr. 4-65
Für Sonne, Tropen u. Kokosnuss! Zeitschrift für den Gottes-dienst der Tat und für die Unsterblichkeit oder was dasselbe ist: für wahrhaft naturgemäße Lebensweise. Organ des Sonnen-Ordens, Äquatoriale Siedlungs-Gesellschaft auf Kabakon, Weinböhla 1913, Nr. 6
August Engelhardt (Herausgeber)
Zeitung; 22,8 x 15,5 x 2,4 cm
Ärztekammer Hamburg, Bibliothek des Ärztlichen Vereins
(Inv. F 8/4616)

Kat.-Nr. 4-66
Vier Ansichtskarten von August Engelhardts Sonnenorden
August Engelhardt (Autor/Herausgeber)
Kabakon, Deutsch-Neuguinea (heute Papua-Neuguinea);
Dezember 1904/Juli 1906
Postkarten; 9 x 14 cm
Archiv Dieter Klein, Wuppertal
© Archiv Dieter Klein, Wuppertal/Fotograf unbekannt

5
KOLONIALE SAMMLUNGEN, KOLONIALER BLICK

Kat.-Nr. 5-1

Kalenderblatt *The Genealogy of Anti-Colonial Resistance* (Stammbaum des antikolonialen Widerstands) mit Fotografien von Hendrik Witbooi, Hosea Kutako, Toivo Ya Toivo und Sam Nujoma
Gavin Jantjes (Gestaltung), George Hallett (Fotograf)
Namibia; 1976
Plakat; 59 x 42 cm
Basler Afrika Bibliographien (BAB), Basel (Inv. x 490)

Kat.-Nr. 5-2

Ansichten aus Deutsch-Südwestafrika mit Unterschrift von Hendrik Witbooi
Hendrik Witbooi (Sginatur), Tippelskirch und Co. (Verlag)
Deutsch-Südwestafrika (heute Namibia); um 1900
Postkarte; 9 x 14 cm
Deutsches Historisches Museum, Berlin (Inv. Do 98/2)

Kat.-Nr. 5-3

Ansichten aus Deutsch-Südwestafrika mit Unterschrift von Manasse Tjiseseta
Manasse Tjiseseta (Signatur),Tippelskirch und Co. (Verlag)
Deutsch-Südwestafrika (heute Namibia); um 1900
Postkarte; 9 x 14 cm
Deutsches Historisches Museum, Berlin (Inv. Do 98/3)

Kat.-Nr. 5-4

»D. S. W. Afrika. Es war einmal.«
Robert Steinfeldt (Autor), Albert Aust (Herausgeber)
Deutsch-Südwestafrika (heute Namibia); 9. Mai 1905 (Poststempel)
Postkarte; 9 x 13,7 cm
Deutsches Historisches Museum, Berlin (Inv. PK 2005/97)

Kat.-Nr. 5-5

Postkarte mit den Unterschriften von Hendrik Witbooi und seinem Sohn Isaak
Hendrik Witbooi (Autor), D. Boysen (Verlag)
Windhoek, Deutsch-Südwestafrika (heute Namibia); vor 1898
Postkarte; 10 x 15 cm
Übersee-Museum Bremen (Inv. P04403)
© Bildarchiv des Übersee-Museums Bremen

Kat.-Nr. 5-6

Aufnahmen von Hendrik Witbooi und seinem Umfeld sowie mit seinem Nachbarn August Engelbert Wulff
August Engelbert Wulff
Deutsch-Südwestafrika (heute Namibia); 1898
Vier Fotografien, 18 x 13cm, 10 x 15 cm, 18 x 13 cm, 18 x 13 cm
Übersee-Museum Bremen (Inv. P00059)

Kat.-Nr. 5-7

Fragment eines Briefes von Hendrik Witbooi an Kurd Schwabe
Hendrik Witbooi
Naukluft, Deutsch-Südwestafrika (heute Namibia);
31. Juli 1894
Papierdokument (R)
Museum Natur und Mensch, Freiburg (Inv. IN/2008/173.09)

Kat.-Nr. 5-8

***Asa Testamens sida!Khu'b TsHui-aob Yesub Xristub dis. = The New Testament in the Nama-language = Das Neue Testament in der Nama-Sprache* aus dem Besitz von Hendrik, Christina und Salomo Witbooi**
Johann Georg Krönlein (Autor), W. Hertz (Verlag)
Berlin; 1866
Buch; 22 x 14,8 x 3,2 cm
Linden-Museum Stuttgart, (Inv. Ai 103)
© Linden-Museum Stuttgart/Foto: Anatol Dreyer

Kat.-Nr. 5-9

Ansprache von Wilhelm II. an die aus China zurückgekehrten Marine-Kompanien im Lichthof des Zeughauses
Illus (Bildagentur)
Berlin; 16. Dezember 1900
Fotografie; 13 x 18,2 cm
Deutsches Historisches Museum, Berlin (Inv. BA 90/6211)

Kat.-Nr. 5-10

Postkarte mit Karikatur zum Krieg der europäischen Mächte gegen die chinesische Boxerbewegung
Bruno Bürger & Carl Ottillie (Verlag)
China; 1900
Postkarte; 9,3 x 14 cm
Deutsches Historisches Museum, Berlin (Inv. PK 96/524)

Kat.-Nr. 5-11
Tigergabel (*Fu Pa*)
China; 19. Jahrhundert
Metall, Holz; 169 x 33,5 cm
Deutsches Historisches Museum, Berlin (Inv. W 2729)

Kat.-Nr. 5-12
Tigergabel (*Fu Pa*)
China; 19. Jahrhundert
Metall, Holz; 198,5 x 38 cm
Deutsches Historisches Museum, Berlin (Inv. W 2730)
© Deutsches Historisches Museum

Kat.-Nr. 5-13
Breitschwert (*Guan Dao*)
China; 19. Jahrhundert
Metall, Holz; 213,5 x 9,5 cm
Deutsches Historisches Museum, Berlin (Inv. W 1274)

Kat.-Nr. 5-14
Breitschwert (*Guan Dao*)
China; 19. Jahrhundert
Metall, Holz; 208,5 x 9,4 cm
Deutsches Historisches Museum, Berlin (Inv. W 1275)
© Deutsches Historisches Museum

Kat.-Nr. 5-15
Starke Freunde im Fernen Osten
Bruno Kleberg (Regie), DEFA (Produktion)
Deutsche Demokratische Republik; 1956
Film (Ausschnitt)
Progress Filmverleih GmbH, Berlin

Kat.-Nr. 5-16
Anleitung für ethnographische Beobachtungen und Samm-
lungen in Africa und Oceanien
Felix von Luschan (Autor) Generalverwaltung der Königlichen
Museen zu Berlin (Herausgeber)
Berlin; 1899
Buch; 26 x 16,5 cm
Archiv der Berliner Gesellschaft für Anthropologie, Ethnologie
und Urgeschichte, Berlin

Kat.-Nr. 5-17
Sammelbilder der Serie *Deutsche Kolonien* in einem Bast-
kästchen
Deutschland; 1900/1945
Papier, Holz, Bast; 4,9 x 12,3 x 8,6 cm
Deutsches Historisches Museum, Berlin (Inv. AK 2005/609)

Kat.-Nr. 5-18
Kolonial-Quartettspiel
Deutschland; 1900/1907
Pappe; 11,8 x 7,8 cm
Deutsches Historisches Museum, Berlin (Inv. AK 97/252)

Kat.-Nr. 5-19
Porträtsammlung *Afrika-Forscher*
Verschiedene Orte; Ende 19./Anfang 20. Jahrhundert
Fotografien auf Karton; jeweils 41,8 x 32,8 cm
Staatliche Museen zu Berlin, Ethnologisches Museum
(Inv. BGAEU-Album 21)
© Ehemals im Bestand der Berliner Anthropologischen
Gesellschaft, im Besitz SMB-PK, Ethnologisches Museum/
Foto: Thomas Bruns

Kat.-Nr. 5-20
Verzeichnis der aus den deutschen Schutzgebieten einge-
gangenen wissenschaftlichen Sendungen
Kommission für die Wissenschaftlichen Sendungen aus den
Deutschen Schutzgebieten (Herausgeber)
Berlin; 1896
Buch; 30,5 x 20,5 cm
Staatliche Museen zu Berlin, Kunstbibliothek (Inv. ZÜ - V 6
Archäologische Bibliothek)

Kat.-Nr. 5-21
Präparate der Käferarten *Stuhlmannium mirabile* Kolbe,
1894; *Bennigsenium insperatum* Kolbe, 1915; *Morokia*
***bennigseni* Heller, 1911**
Verschiedene Sammler
o. O.; o. J.
Naturkundliche Präparate im Kasten; 6 x 18,2 x 24,2 cm
Museum für Naturkunde, Leibniz-Institut für Evolutions- und
Biodiversitätsforschung, Berlin (Coleoptera)

Kat.-Nr. 5-22
Präparat der Spinnenart _Gasteracantha stuhlmanni_ Bösen-berg & Lenz, 1895
Stuhlmann/Fülleborn, Vosseler u. a. (Sammler)
Deutsch-Ostafrika (heute Tansania, Burundi und Ruanda);
1890/1908
Nasspräparat; 13,5 x Dm. 6 cm
Museum für Naturkunde, Leibniz-Institut für Evolutions- und
Biodiversitätsforschung Berlin (Inv. Arachnida, 25795–25804)

Kat.-Nr. 5-23
**Präparat der Spinnenart _Odontopyge kandti kandti_ Carl,
1909**
Schubotz (Sammler)
Kiwusee und Rugege, Deutsch-Ostafrika (heute Ruanda);
1909
Nasspräparat; 12,5 x Dm. 6 cm
Museum für Naturkunde, Leibniz-Institut für Evolutions- und
Biodiversitätsforschung Berlin (Inv. Arachnida, 5239 und
5240)

Kat.-Nr. 5-24
Präparat der Spinnenart _Lycosa lüderitzi_ Simon, 1910
Leonhard Schultze (Sammler)
Lüderitzbucht (heute Namibia); 1903/1905
Nasspräparat; 14,5 x Dm. 9,5 cm
Museum für Naturkunde, Leibniz-Institut für Evolutions- und
Biodiversitätsforschung, Berlin (Inv. Arachnida)
© Museum für Naturkunde/Foto: Carola Radke

Kat.-Nr. 5-25
Strophanthussamen
Gaston Thierry (Sammler)
Uoba, Togo; vermutlich 1896/1902
Botanisches Präparat; 3,5 x 15 x 37 cm
Botanischer Garten und Botanisches Museum Berlin,
Freie Universität Berlin (Inv. Frucht- und Samensammlung
Nr. 3267)

Kat.-Nr. 5-26
Köcher mit Pfeilen
Gaston Thierry (Sammler)
Moba, Togo; o. J.
Holz, Eisen, Leder, Fell, Kalebasse, Kaurischnecken;
63 x 11 x 7 cm
Staatliche Museen zu Berlin, Ethnologisches Museum
(Inv. III C 12095 a–q)
© Staatliche Museen zu Berlin, Ethnologisches Museum/
Foto: Thomas Bruns

Kat.-Nr. 5-27
Mit Haifischzähnen besetzte Keule
von Burski (Sammler)
Matty-Insel/Insel Wuvulu, Bismarck-Archipel (heute Papua-
Neuguinea); o. J.
Holz, Haifischzähne, Pflanzenfaserschnur; 3,5 x 103,5 x 7,5 cm
Staatliche Museen zu Berlin, Ethnologisches Museum (Inv. VI
23440)
© Staatliche Museen zu Berlin, Ethnologisches Museum/
Foto: Thomas Bruns

Kat.-Nr. 5-28
Übersetzung des Neuen Testaments in Khoekhoegowab
_Annoe kayn hoeaati haka kanniti, Nama-kowapna goway-
hiihati : na koeriipy, zaada koep Jesip Christip_
Johann Heinrich/Zara Schmelen (Übersetzung), Bridekirk
(Verlag)
Cape Town, Südafrika; 1831
Buch; 18 x 11 x 2,5 cm
Archiv- und Museumsstiftung der VEM, Wuppertal
(Inv. Inventarnr.: R II c 1)

Kat.-Nr. 5-29
Prunkvase mit dem Porträt Kaiser Wilhelms II.
Alexander Kips (Entwurf), Königliche Porzellan-Manufaktur
(Firma)
Berlin; 1891
Porzellan; 107 x 69 x 69 cm
Deutsches Historisches Museum, Berlin (Inv. KG 92/3.1)
© Deutsches Historisches Museum

Kat.-Nr. 5-30
Pfeife aus dem Besitz von König Ibrahim Njoya
Ibrahim Njoya (Schenker), Wilhelm II. (Empfänger)
Bamum, Kamerun; vor 1908
Holz, Glas; 124 cm
Staatliche Museen zu Berlin, Ethnologisches Museum
(Inv. III C 33344)

Kat.-Nr. 5-31
Kamm (*selu pau*)
Adolph Marcuse (Sammler)
Deutsch-Samoa (heute Samoa); o. J.
Holz; 25,5 x 6,3 cm
Staatliche Museen zu Berlin, Ethnologisches Museum
(Inv. VI 11609)

Kat.-Nr. 5-32
Pfeife aus dem Besitz von Mirambo
Mirambo (Mytela Kasanda) (Schenker); Hermann Wissmann
(Empfänger)
Zentral-/Ostafrika; 1883 (Erwerbung)
Speckstein; 11,2 x 14 x 5,8 cm
Staatliche Museen zu Berlin, Ethnologisches Museum
(Inv. III E 1564)
© Staatliche Museen zu Berlin, Ethnologisches Museum/
Foto: Thomas Bruns

Kat.-Nr. 5-33
Chinesische Henkel-Schale, Qing-Dynastie
China; 18. Jahrhundert
vermutlich Jade; 8,5 x 27 x 19,5 cm
Staatliche Museen zu Berlin, Kunstgewerbemuseum Schloß
Köpenick (Inv. 1902,24)
© Deutsches Historisches Museum/Foto: Sebastian Ahlers

Kat.-Nr. 5-34
Chinesische Langhalsflasche, Ming-Dynastie
China; Ära Wanli (1572–1620)
Porzellan mit Schmelzfarbendekor; 54 x 22 x 22 cm
Staatliche Museen zu Berlin, Museum für Asiatische Kunst
(Inv. KGM 02.19)
© Staatliche Museen zu Berlin, Museum für Asiatische Kunst/
Foto: Jürgen Lieppe

Kat.-Nr. 5-35
Botanische Nasspräparate der Arten *Cola Micrantha*, *Pancovia Turbinata*, *Jaunde/Yaoundé*, *Vanilla Imperialis*
Georg Zenker (Sammler), teilweise mit Alois Staudt (Sammler)
Jaunde und Bipindi, Kamerun; 1889/um 1910
Nasspräparate; 15,8 x 10 cm, 10 x 4,8 cm, 25,8 x 15 cm,
15,8 x 8 cm
Botanischer Garten und Botanisches Museum Berlin, Freie
Universität Berlin (Inv. B81 000 4003, B81 000 56 86, B81 000
43 93, B81 000 1472)

Kat.-Nr. 5-37
Herbarbeleg *Globimetula braunii* (Engl.) Danser
Georg Zenker
Jaunde/Yaoundé, Kamerun; 1891
Papier, getrocknete Pflanzen; 44 x 28 cm
Botanischer Garten und Botanisches Museum Berlin, Freie
Universität Berlin (Inv. Barcode: B 10 0159310)

Kat.-Nr. 5-39
Herbarbeleg *Nymphaea zenkeri* Gilg
Georg Zenker
Bipindi, Kamerun; Juli 1899
Papier, getrocknete Pflanzen; 44 x 28 cm
Botanischer Garten und Botanisches Museum Berlin, Freie
Universität Berlin (Inv. Barcode: B 10 0159862)
© Botanischer Garten und Botanisches Museum Berlin, Freie
Universität Berlin/Foto: Christine Hillmann-Huber

Kat.-Nr. 5-40
Holzproben von *Diplanthemum viridiflorum* K. Schum.
Georg Zenker (Sammler)
Jaunde/Yaoundé und Bipindi, Kamerun; um 1900
Botanische Präparate; 13 x 4,3 cm, 18 x 4 x 2,5 cm
Botanischer Garten und Botanisches Museum Berlin, Freie
Universität Berlin (Inv. ###)
© Botanischer Garten und Botanisches Museum Berlin, Freie
Universität Berlin/Foto: Christine Hillmann-Huber

Kat.-Nr. 5-41
Schädel der Affenart Große Weißnasenmeerkatze/
Cercopithecus nictitans
Georg Zenker (Sammler)
Jaunde/Yaoundé, Kamerun; 20. Juni 1894/Bipindi, Kamerun;
6. Juli 1899/Bipindi, Kamerun; 8. Mai 1903/Bipindihof, Kame-
run; 26. April 1904
Naturkundliche Präparat; jeweils ca. 9 x 8 x 12 cm
Museum für Naturkunde, Leibniz-Institut für Evolutions- und
Biodiversitätsforschung, Berlin (Inv. Mammalia, 87347, 87339,
87334, 87343)

Kat.-Nr. 5-42
Balg der *Nagerart Idiurus zenkeri* Matschie, 1894
Georg Zenker (Sammler)
Bipindi, Kamerun; 14. Juni 1906
Naturkundliches Präparat; 4 x 20 x 5 cm
Museum für Naturkunde, Leibniz-Institut für Evolutions- und
Biodiversitätsforschung, Berlin (Inv. Mammalia, 22757)

Kat.-Nr. 5-43
Kolorierte Zeichnungen von Fischen in ihrer natürlichen
Größe, mit einheimischem Namen *Invõng*, *Inqua*, *Ungoñg*
und *Evábon*
Georg Zenker
Jaunde/Yaoundé, Kamerun; 1889/1895
Papier, 10 x 15,5 cm, 27,3 x 20,8 cm, 17,3 x 27,3, 7,5 x 15 cm
Museum für Naturkunde, Leibniz-Institut für Evolutions- und
Biodiversitätsforschung, Berlin (Inv. Historische Arbeitsstelle
B VIII/323, HAS B VIII/328, HAS B VIII/326, HAS BVIII/324)
© Museum für Naturkunde/Foto:Hwa Ja Götz

Kat.-Nr. 5-44
Gesichtsmaske
Georg Zenker (Sammler)
Bule, Kamerun; 1902 (Erwerbung)
Holz, Glas; 83 x 20 x 12 cm
Staatliche Museen zu Berlin, Ethnologisches Museum
(Inv. III C 13588)

Kat.-Nr. 5-45
Reliquiarfigur (*byeri*)
Georg Zenker (Sammler)
Ngumba, Kamerun; 1898 (Erwerbung)
Holz, Metall; 66 x 15 x 15 cm
Staatliche Museen zu Berlin, Ethnologisches Museum
(Inv. III C 7628 a)

Kat.-Nr. 5-46
Abbia-Spielsteine (*mvia*)
Georg Zenker (Sammler)
Jaunde/Yaoundé, Kamerun; 1896 (Erwerbung)
Nussschale (*Mimusops congolensis*); 4,4 x 2,5 x 1,4 cm
Staatliche Museen zu Berlin, Ethnologisches Museum
(Inv. III C 6311 a-v)

Kat.-Nr. 5-47
Brettchen (Zauberei)
Georg Zenker (Sammler)
Jaunde, Yaoundé, Kamerun; 1894 (Erwerbung)
Holz; 16,5 x 2,4 x 3,1 cm
Staatliche Museen zu Berlin, Ethnologisches Museum
(Inv. III C 5729 a-e)

Kat.-Nr. 5-48
Wasserkrug
Georg Zenker (Sammler)
Bane, Kamerun; 1904 (Erwerbung)
Ton; 22 x 18 x 18 cm
Staatliche Museen zu Berlin, Ethnologisches Museum
(Inv. III C 18053)

Kat.-Nr. 5-49
Vorratsdosen für Kolonialwaren wie Tee, Gewürze, Kaffee,
Zigaretten und Zigarillos
Verschiedene Firmen
Verschiedene Orte; 1900/1950
Metall; 33 x 25 x 25 cm, 23,2 x 21,2 x 25,6 cm, 26,6 x 16,4 x
16,4 cm, 32 x 25,4 x 18,8 cm, 2,7 x 13,2 x 7,5 cm, 2,1 x, 11,1 x
9 cm, 19,7 x 32,3 x 18,6 cm, 1,7 x, 10,8 x 8,2 cm; 33 x 25 x 25 cm
Deutsches Historisches Museum, Berlin (Inv. AK 94/516.3506,
AK 94/516.3580, AK 94/516.3610, AK 94/516.1441, AK
94/516.2350, AK 94/516.1055, AK 94/516.3573, AK
94/516.1041)
© Deutsches Historisches Museum

Kat.-Nr. 5-50
»Sunlicht-Seife ist Reinheit, Frische, Sparsamkeit«
Hellmut Eichrodt (Entwurf), Sunlicht-Seifenfabrik AG
(Auftraggeber)
Mannheim; 1905
Plakat; 72,7 x 49,7 cm
Deutsches Historisches Museum, Berlin (Inv. 1988/998.21)
© Deutsches Historisches Museum

Kat.-Nr. 5-51
»Die ›Sunlicht‹ – Mannheim bringt Ihnen Suma, die spar-
samste Seife in pulverisierter Form«
Julius Gipkens (Entwurf), Meissner und Buch (Druck)
Berlin; um 1928
Plakat; 120,2 x 90 cm
Deutsches Historisches Museum, Berlin (Inv. P 90/8662)

Kat.-Nr. 5-52
»Vim putzt alles – Vim zum Putzen und Polieren!«
Ludwig Enders (Entwurf), Hollerbaum und Schmidt, Berlin N
65 (Druck)
Offenbach am Main; um 1925
Plakat; 40,1 x 30,4 cm
Deutsches Historisches Museum, Berlin (Inv. P 57/937)

Kat.-Nr. 5-53
»Kaloderma-Rasierseife«
Ludwig Hohlwein (Entwurf), F. Wolff und Sohn (Herausgeber)
Karlsruhe; 1924
Plakat; 28,4 x 21,8 cm
Deutsches Historisches Museum, Berlin (Inv. P 62/550)
© Deutsches Historisches Museum

Kat.-Nr. 5-54
Bronzefigur des »Sarotti-Mohren«
Hermann Noack (Entwurf), Bildgießerei Hermann Noack
Berlin; 1950
Metall, Blattgold; 158 x 118 x 60 cm
Deutsches Historisches Museum, Berlin (Inv. AK 98/117)

Kat.-Nr. 5-55
Musterbuch mit Schachteldeckel
Sarotti AG (Herausgeber)
Berlin; 1936
Buch; 10,5 x 26 x 34 cm
Deutsches Historisches Museum, Berlin (Inv. AK 2003/257)

Kat.-Nr. 5-56
Werbefigur »Sarotti-Mohr«
Julius Gipkens (Entwurf), Philipp Rosenthal Co. AG (Firma)
Selb; um 1922
Porzellan; 30 x 20 x 12,3 cm
Deutsches Historisches Museum, Berlin (Inv. AK 96/638)

Kat.-Nr. 5-57
Album mit Aufnahmen und Zeitungsartikeln zum Umzug
der Statue des »Sarotti-Mohren«
Sarotti AG (Herausgeber)
Berlin; 1957 (Fotografien)
Album; 28 x 25 x 2 cm
Deutsches Historisches Museum, Berlin (Inv. Do2
98/2500.141)

Kat.-Nr. 5-58
Schachtel für Konfekt mit Bootsszene
Sarotti AG (Firma)
Berlin; 1920/1960
Papierschachtel; 11 x 15 x 3 cm
Deutsches Historisches Museum, Berlin (Inv. AK 94/516.4448)

Kat.-Nr. 5-59
Schachtel für Konfekt »Drei Mohren Mischung«
Sarotti AG (Firma)
Berlin; 1921/1960
Papierschachtel; 13 x 19 x 3,2 cm
Deutsches Historisches Museum, Berlin (Inv. AK 94/516.4453)

Kat.-Nr. 5-60
Texte und Bilder eines Sarotti-Werbespots
Sarotti AG (Herausgeber)
Bundesrepublik Deutschland; 1957
Papierdokument mit Fotografien; 30 x 24 cm
Deutsches Historisches Museum, Berlin
(Inv. Do2 98/2500.139)
© Deutsches Historisches Museum

Kat.-Nr. 5-61
Schnittmusterbogen für ein Faschingskostüm
»Sarotti Mohr«
Verlag Johannes Schwabe
Wiesbaden; 1957/1958
Papierfaltblatt; 15 x 12,4 cm
Deutsches Historisches Museum, Berlin (Inv. Do2 98/2500.174)
© Deutsches Historisches Museum

Kat.-Nr. 5-62

**Fotoalbum eines Teilnehmers am ostasiatischen Expediti-
onskorps**

China; um 1900

Fotoalbum; 14,7 x 38,5 x 4,5 cm

Deutsches Historisches Museum, Berlin (Inv. Do 78/466)

Kat.-Nr. 5-63

Fotografien aus dem Kaiser-Panorama:

Beduinen-Schaustellung vor Wilhelm II. in Berlin, 1896;

**Kaiser Wilhelm II. in der Kairo-Ausstellung der Berliner Ge-
werbeausstellung, 1896;**

**Enthüllung des Gedenksteins von Sultan Abdülhamid II. und
Kaiser Wilhelm II. in Baalbek, 1898;**

Einzug von Wilhelm II. in Jerusalem, 1898;

**Galerie der Abteilung Cochinchina auf der Pariser Weltaus-
stellung, 1889;**

**Eingang zum javanesischen Dorf auf der Pariser Weltaus-
stellung, 1889;**

Afrikanische Kinder und Frauen am Fluss, um 1900;

**Feldwache mit burischer Besatzung im Zweiten Burenkrieg,
1899/1902;**

Kamelreiten im Berliner Zoologischen Garten, um 1910

Königliches Museum für Völkerkunde in Berlin, um 1900

Zehn Stereofotografien (R)

Deutsches Historisches Museum, Berlin

(Inv. 00/2002/072/067/021, 00/2002/070/067/019,

61/0411/043/057/029, 61/0411/032/057/023,

30/0086/019/153/018, 30/0086/034/153/032,

71/2710/010/013/010, 71/0477/029/048/048,

00/2001/101/040/050, 00/2001/032/028/032)

© Deutsches Historisches Museum

Kat.-Nr. 5-64

**Fotografien von der Reise auf der S. M. S. Hertha nach Asien
und in den Pazifik:**

Einsatz eines fotografischen Apparats auf der Reise, Tonga;

**Gefolge des Königs Aibethul von der Pazifikinsel Koror an
Bord der S. M. S. Hertha, Palau;**

Kinder und Reisende am Wasserfall bei Apia, Samoa

Gustav Adolph Riemer

Verschiedene Orte; 1874/1877

Drei Stereofotografien (R)

Deutsches Historisches Museum, Berlin

(Inv. 63/0259/048/106/044, 63/0259/021/106/021,

63/0259/030/106/030)

© Deutsches Historisches Museum

6
KOLONIALISMUS OHNE KOLONIEN
(1919–1945)

Kat.-Nr. 6-1

**Johanna Lindemann aus dem Internierungslager in Ostafrika
an Carl Lindemann im Kriegsgefangenenlager Ahmednagar,
Indien**

Johanna Lindemann

Tanga, Deutsch-Ostafrika (heute Tansania); 20. Januar 1919

Postkarte; 14 x 9 cm

Ulrike Badstuber, Börnsen

Kat.-Nr. 6-2

Carl Lindemann

Deutsch-Ostafrika (heute Tansania, Burundi und Ruanda);
Vermutlich 1914

Fotografie (R)

Ulrike Badstuber, Börnsen

Kat.-Nr. 6-3

Koffer von Carl Lindemann

o. O.; o. J.

Leder; 54 x 110 x 58 cm

Ulrike Badstuber, Börnsen

Kat.-Nr. 6-4

Im Lazarett

Carl Lindemann

Ahmednagar, Indien; Oktober 1918

Aquarell; 25 x 33 cm

Ulrike Badstuber, Börnsen

Kat.-Nr. 6-5

Im Lazarett in Indien

Carl Lindemann

Ahmednagar, Indien; 1919

Aquarell; 20 x 29 x cm

Ulrike Badstuber, Börnsen

© Bergedorfer Museumslandschaft

Kat.-Nr. 6-6
**Schreiben des Abwicklungsamtes des früheren Kommandos
der »Schutztruppe« im Reichskolonialministerium zur
Beförderung Carl Lindemanns zum Leutnant der Reserve**
Berlin; 21. Dezember 1919
Papierdokument; 26,5 x 20,5 cm
Ulrike Badstuber, Börnsen

Kat.-Nr. 6-7
Transportkolonne afrikanischer Frauen und Männer
Deutsch-Ostafrika (heute Tansania, Burundi und Ruanda);
1914/1918
Fotografie (R)
Deutsches Historisches Museum, Berlin (Inv. 1990/36.107)

Kat.-Nr. 6-8
Trägerkolonne in Ostafrika während des Ersten Weltkriegs
Deutsch-Ostafrika (heute Tansania, Burundi und Ruanda);
1914/1918
Fotografie (R)
Deutsches Historisches Museum, Berlin (Inv. 1990/36.189)
© Deutsches Historisches Museum

Kat.-Nr. 6-9
Afrikanische Träger mit Kopflasten beim Marsch
Deutsch-Ostafrika (heute Tansania, Burundi und Ruanda);
1914/1918
Fotografie (R)
Deutsches Historisches Museum, Berlin (Inv. 1990/36.135)

Kat.-Nr. 6-10
Letztes deutsches M. G.
Walter von Ruckteschell
Deutsch-Ostafrika (heute Tansania, Burundi und Ruanda);
15. November 1918
Bleistiftzeichnung; 23,4 x 31,3 cm
Deutsches Historisches Museum, Berlin (Inv. 1990/40.14)
© Deutsches Historisches Museum

Kat.-Nr. 6-11
Askari-Figur aus der Sammlung von Friedrich Karl Kleine
o. O.; o. J.
Metall; 50 cm
Robert Koch-Institut, Berlin
© Deutsches Historisches Museum/Foto: Thomas Bruns

Kat.-Nr. 6-12
Askaritreue in Deutsch-Ostafrika
Fritz Grotemeyer
Deutschland; 1918
Öl/Pappe; 22,7 x 32,5 cm
Militärhistorisches Museum der Bundeswehr, Dresden
(Inv. BBAT2761)
© Militärhistorisches Museum der Bundeswehr/Foto: Torsten
Zeidler

Kat.-Nr. 6-13
Volk ohne Raum
Hans Grimm (Autor), Albert Langen/Georg Müller (Verlag)
München; 1932
Buch; 19,8 x 13,2 x 4,7 cm
Deutsches Historisches Museum, Berlin (Inv. G 2591<151.
Tsd.>)

Kat.-Nr. 6-14
»Arbeit und Brot durch Kolonien«
Deutsche Kolonialgesellschaft (Herausgeber), F. A. Brockhaus
(Druck)
Leipzig; um 1923
Plakat; 64 x 47,8 cm
Deutsches Historisches Museum, Berlin (Inv. P 62/1936)

Kat.-Nr. 6-15
Deutsche Illustrierte, **Berlin, Nr. 5, 1. Februar 1938**
Heinz Nebelthau (Hauptschriftleiter), Die Deutsche Illustrier-
te Verlagsgesellschaft mbH (Verlag)
Zeitung; 38,4 x 28 x cm
Deutsches Historisches Museum, Berlin (Inv. Do2 2007/1341)

Kat.-Nr. 6-16
Traité de paix/Treaty of peace
Versailles; 1919
Buch; 34 x 23,5 x 3,5 cm
Deutsches Historisches Museum, Berlin (Inv. Do2 96/3724)

Kat.-Nr. 6-17
»Was wir verlieren sollen!«
Louis Oppenheim (Entwurf), Plakatkunstanstalt Dinse und
Eckert (Druck)
Berlin; 1919
Plakat; 71,3 x 96 cm
Deutsches Historisches Museum, Berlin (Inv. 1988/1942)

Kat.-Nr. 6-18
Handsigniertes Schreiben von Friedrich Ebert zum
»Schicksal der deutschen Kolonien«
Berlin; 25. Januar 1919
Papierdokument; 26,4 x 20,4 cm
Deutsches Historisches Museum, Berlin (Inv. Do2 2003/2005)
© Deutsches Historisches Museum

Kat.-Nr. 6-19
Deutschland braucht Kolonien
Fritz Nansen (Illustrator), Henric's Oldenkott sen. & Co. (Verlag)
Rees; 1934
Sammelbilderalbum; 28 x 56 x 1 cm
Deutsches Historisches Museum, Berlin (Inv. A 16/650)
© Deutsches Historisches Museum

Kat.-Nr. 6-20
»Unsere Herrscher! Wer sie loswerden will, wählt deutsch-
national!«
Deutschnationale Volkspartei (Herausgeber), Hempel und Co
GmbH (Druck)
Berlin; um 1920
Plakat; 23,6 x 31,5 cm
Deutsches Historisches Museum, Berlin (Inv. P 74/1411)

Kat.-Nr. 6-21
»Protest der deutschen Frauen gegen die farbige Besatzung
am Rhein«
Walter Riemer (Entwurf), Frauenvereine Stuttgarts (Heraus-
geber), Dinse und Eckert (Druck)
Berlin; 22. Oktober 1920
Plakat; 28,8 x 21,7 cm
Deutsches Historisches Museum, Berlin (Inv. P 62/1483.2)
© Deutsches Historisches Museum

Kat.-Nr. 6-22
Gruß von Walter Stoecker an seine Frau von der »Anti-
kolonialkonferenz« in Brüssel mit Unterschriften weiterer
deutscher Teilnehmer (Willi Münzenberg, Wilhelm Koenen,
Karl August Wittfogel, Ernst Toller, Fritz Sternberg)
Walter Stoecker
Brüssel; 11. Februar 1927 (Poststempel)
Postkarte; 14 x 9 cm
Deutsches Historisches Museum, Berlin (Inv. Do 82/106)

Kat.-Nr. 6-23
»Der Krieg ist ausgebrochen. Arbeiter, ihr müsst nun
handeln!«
Kommunistische Partei Deutschlands/Roter Frontkämpfer-
bund/Kommunistische Jugend Deutschlands (Herausgeber),
Georg Schumann (Verleger), Uns-Produktivgenossenschaft
(Druck)
Leipzig; vor dem 13. April 1927
Plakat; 32 x 48,5 cm
Deutsches Historisches Museum, Berlin (Inv. P 64/383)

Kat.-Nr. 6-24
»Hereros, die von den deutschen Schutztruppen in die
Wüste getrieben und ausgehungert wurden«
In: *A-I-Z. Die Arbeiter-Illustrierte Zeitung aller Länder*, Berlin,
Nr. 1, Januar 1927
Willi Münzenberg (Redakteur), Neuer Deutscher Verlag W.
Münzenberg, Druckerei Carl Sabo
Illustration in Zeitung; 43,8 x 30,2 cm
Deutsches Historisches Museum, Berlin (Inv. Do 54/84.1)

Kat.-Nr. 6-25
Mahnruf. Organ für internationale Solidarität, Berlin,
Nr. 6/7, Juli/August 1929
Hermann Leupold (Redakteur), Internationale Arbeiterhilfe,
Reichssekretariat (Herausgeber)
Artikel in Zeitung; 31 x 23,4 cm
Deutsches Historisches Museum, Berlin (Inv. Do 57/585.2)
© Deutsches Historisches Museum

Kat.-Nr. 6-26
Mitgliedsausweis der Liga gegen koloniale Unterdrückung
von Walter Uhle
Stadtlengsfeld; 1927
Papierdokument; 12,8 x 9,2 cm
Deutsches Historisches Museum, Berlin (Inv. DG 90/524)
© Deutsches Historisches Museum

Kat.-Nr. 6-27
Wiete erlebt Afrika. Ein junges Mädchen bei deutschen
Farmern
Else Steup (Autor), Deutscher Verlag
Berlin; 1938
Buch; 20 x 13 cm
Deutsches Historisches Museum, Berlin
(Inv. G 3474<36. Tsd.>)

Kat.-Nr. 6-28
Wiete will nach Afrika. Ein Jungmädchen-Buch
Else Steup (Autor), Deutscher Verlag
Berlin; 1936
Buch; 20 x 13 x 2,9 cm
Deutsches Historisches Museum, Berlin (Inv. G 3475<31. Tsd.>)

Kat.-Nr. 6-29
Broschüre der Kolonialen Frauenschule Rendsburg
Rendsburg; um 1936
Broschüre; 15,5 x 29 x cm
Stadtarchiv Rendsburg (Inv. D 942.4)

Kat.-Nr. 6-30
Schießunterricht in der Kolonialen Frauenschule Rendsburg
Rendsburg; um 1935
Fotografie (R)
bpk-Bildagentur, Berlin (Inv. V+W06196)

Kat.-Nr. 6-31
Kolonial-Post. Amtliches Organ des Deutschen Kolonial-kriegerbundes und des Kolonialkriegerdanks, Berlin, Nr. 7, 23. Juli 1936
Kolonialkriegerdank e. V. (Verlag)
Zeitung; 30 x 22,4 cm
Deutsches Historisches Museum, Berlin (Inv. Do2 2014/1221)

Kat.-Nr. 6-32
Koloniale Frauenschule Rendsburg
Rendsburg; um 1930
Postkarte; 9 x 14 cm
Stadtarchiv Rendsburg

Kat.-Nr. 6-33
Fotoalbum von Ruth Rosenow mit Aufnahmen aus der Kolonialen Frauenschule Rendsburg
Rendsburg; 1934
Fotoalbum; 23 x 57 cm
Stadtarchiv Rendsburg
© Stadtarchiv Rendsburg, Findbuch D Nr. 942, 10

Kat.-Nr. 6-34
Tropenhygienebuch einer Schülerin aus der Kolonialen Frauenschule Rendsburg
Rendsburg; April 1936
Buch; 21,5 x 33 cm
Stadtarchiv Rendsburg (Inv. D VII / 0942.5)
© Stadtarchiv Rendsburg, Findbuch D Nr. 942, 5

Kat.-Nr. 6-35
Schulwandkarte *Deutschlands Kolonien*
A. Vollbrecht (Entwurf, Verlag), Kolonialpolitisches Amt der
NSDAP (Beratung), C. G. Röder A.G. (Druck)
Nörten-Hardenberg/Leipzig; um 1938
Papier, Leinwand, Holz; 126 x 182 cm
Deutsches Historisches Museum, Berlin (Inv. L 95/1)

Kat.-Nr. 6-36
»Auch hier liegt deutsches Land!«
Liebheit und Thiesen Berlin (Druck)
München; vermutlich 1939
Plakat; 91 x 50,5 cm
Deutsches Historisches Museum, Berlin (Inv. P 62/1932)

Kat.-Nr. 6-37
»Deutschland, deine Kolonien!«
E. Glintzer (Entwurf), Dr. Selle-Eysler AG (Druck)
Berlin; 1937
Plakat; 83,9 x 48 cm
Deutsches Historisches Museum, Berlin (Inv. P 62/1933 b)
© Deutsches Historisches Museum

Kat.-Nr. 6-38
»Die Reiter von Deutsch-Ostafrika«
B. B. Thomas (Entwurf), Plakatkunstdruck Eckert
Berlin; 1934
Plakat; 46 x 33 cm
Deutsches Historisches Museum, Berlin (Inv. P 94/3046)

Kat.-Nr. 6-39
Plakat zum NS-Propagandafilm *Carl Peters* mit Hans Albers
Vermutlich Anton Trieb (Entwurf), Deutscher Verlag
Berlin; 1941
Plakat; 140 x 96 cm
Deutsches Historisches Museum, Berlin (Inv. P 94/3056)

Kat.-Nr. 6-40

Uniform für Angehörige des Deutschen Kolonialkriegerbunds bestehend aus Rock, Hose, Hoheitsabzeichen des National-sozialistischen Reichskriegerbunds und Achselschnur

Deutschland; um 1937

Wolle, Metall, Regeneratcellulose; 69,5 x 40 cm/112 x 55 cm

Deutsches Historisches Museum, Berlin (Inv. U 99/15.1.1, U 99/15.2, U 99/15.1.3, U 99/15.1.2)

© Deutsches Historisches Museum

Kat.-Nr. 6-41

Spendenabzeichen des Winterhilfswerks des Deutschen Volkes zu den ehemaligen deutschen Kolonien

Deutschland; 1934/1944

Kunstharz; 7 x 5,5 x 0,6 cm/5,5 x 7 x 0,6 cm

Deutsches Historisches Museum, Berlin (Inv. A 90/286.1–5)

Kat.-Nr. 6-42

Quartett *Verlorenes Land*

Vermutlich Lux-Spiele (Firma)

Deutschland; nach 1935

Pappe; 11 x 7,1 cm

Deutsches Historisches Museum, Berlin (Inv. 1987/31)

Kat.-Nr. 6-43

Vier Bierdeckel mit kolonialrevisionistischen Aufschriften

Deutschland; um 1927

Pappe; Dm. 10,6 cm

Deutsches Historisches Museum, Berlin (Inv. Do 60/178.1–4)

Kat.-Nr. 6-44

Sechs Notgeldscheine der Serie A *Bilder aus den ehemaligen Kolonien*, herausgegeben anlässlich des Deutsch-Hansea-tischen Kolonialgedenktags

Deutsche Kolonial-Gesellschaft (Herausgeber)

Berlin; 1921

Bedrucktes Papier; 7,5 x 10,4 cm

Deutsches Historisches Museum, Berlin (Inv. N 90/5546.1–N 90/5546.6)

Kat.-Nr. 6-45

Begrüßung des Triumphzugs der ehemaligen »Schutztruppe« aus Deutsch-Ostafrika in Berlin, Unter den Linden

Vermutlich Alfred Frankl

Berlin; 2. März 1919

Fotografie; 18 x 24 cm

Deutsches Historisches Museum, Berlin (Inv. 1990/36.738)

Kat.-Nr. 6-46

Büchervitrine mit kolonialrevisionistischer Literatur

Verschiedene Autoren

Deutschland; 1918/1941

Vierzig Bücher

Deutsches Historisches Museum, Berlin (Inv. 06/1850, 06/1852, 06/1853, 16/605, 16/607–16/613, 16/617–16/623, 16/625, 16/626, 16/631–16/633, 16/635, 16/637–16/640, 16/642–16/646, 16/648, 55/1760, 67/795, 70/1040, G 3478, GA 3480, OG 1044)

© Deutsches Historisches Museum

7
DEKOLONISIERUNG UND GETEILTE ERINNERUNG

Kat.-Nr. 7-1

Fotomontage zum Sturz des Dominik-Denkmals vor der Hamburger Universität

In: *Konkret. Zeitschrift für Politik und Kultur*, Hamburg, Januar 1962

Jürgen Holtkamp (Autor), Konkret-Selbstverlag

Zeitung; 40,8 x 30,9 x 2,6 cm

Deutsches Historisches Museum, Berlin (Inv. ZB 4762 -1962)

Kat.-Nr. 7-2

»Der volle Zusammenbruch des Kolonialismus ist unabwendbar!«

Berliner Druckerei

Deutsche Demokratische Republik; 1961

Plakat; 59,3 x 84,2 cm

Deutsches Historisches Museum, Berlin (Inv. P 90/1347)

Kat.-Nr. 7-3

»Zum Befreiungskampf der Kolonialvölker«

Deutsche Demokratische Republik; 1960

Plakat; 43 x 61 cm

Deutsches Historisches Museum, Berlin (Inv. P 94/1455)

Kat.-Nr. 7-4

Leuchttafel zum Stand der weltweiten diplomatischen Anerkennung der DDR

Deutsche Demokratische Republik; 1974/1990

Holz, Glas, Papier, Kunststoff, Metall, Elektrokabel; 71 x 98,7 x 13,3 cm

Deutsches Historisches Museum, Berlin (Inv. Pol 2002/16)

© Deutsches Historisches Museum

Kat.-Nr. 7-5
Patrice Lumumba
Eberhard Bachmann
Deutsche Demokratische Republik; 1961
Bronzeskulptur; 45 x 26 x 32 cm
Kunstarchiv Beeskow – Archivierte Sammlung von Kunst aus
der DDR (Inv. BI 230)

Kat.-Nr. 7-6
Zeitschriftentitel zur Ermordung von Patrice Lumumba
In: *Konkret. Zeitschrift für Politik und Kultur*, Hamburg,
20. Februar 1961
Konkret-Selbstverlag
Zeitung; 48,4 x 35,4 cm
Deutsches Historisches Museum, Berlin (Inv. Do2 95/1819)
© Deutsches Historisches Museum

Kat.-Nr. 7-7
»Ministerpräsident Patrice Lumumba Ermordet!«
Berliner Druckerei
Deutsche Demokratische Republik; 1961
Plakat; 84 x 59,5 cm
Deutsches Historisches Museum, Berlin (Inv. P 90/1367)

Kat.-Nr. 7-8
Studentendemonstration gegen den Empfang des kongole-
sischen Ministerpräsidenten Moïse Tschombé
Pressebild-Verlag Schirner
Berlin (West); 18. Dezember 1964
Fotografie; 15,2 x 20,5 cm
Deutsches Historisches Museum, Berlin (Inv. Schirn 87268/8)
© Deutsches Historisches Museum

Kat.-Nr. 7-9
Landfriedensbruch – das Protokoll einer Denkmalentweihung
Theo Gallehr (Autor/Regie), NDR
Bundesrepublik Deutschland; 1967/1968 (Produktion),
1992/1993 (Ausstrahlung)
Film (Ausschnitt)
Norddeutscher Rundfunk (NDR), Hamburg

Kat.-Nr. 7-10
Fernsehbeiträge zur Trauerfeier für Paul von Lettow-Vorbeck:
Tagesschau, **13. März 1964**, *Berichte vom Tage*, **13. März 1964**
ARD/NDR (Produktion)
Bundesrepublik Deutschland; 13. März 1964
Film (Ausschnitte)
Norddeutscher Rundfunk (NDR), Hamburg

Kat.-Nr. 7-11
Gestürztes Denkmal von Hermann von Wissmann mit Askari
und Löwe
Adolf Kürle (Bildhauer)
Deutsch-Ostafrika (heute Tansania); 1909 (Einweihung)
Bronze, Farbspuren; 80 x 200 x 150 cm (Hermann von Wiss-
mann), 80 x 190 x 85cm (Askari), 80 x 200 x 90 cm (Löwe)
Universität Hamburg (Inv. 342400042163)

Kat.-Nr. 7-12
Die Reporter der Windrose berichten, **Folge 115:** *Reichsadler*
und Giraffe
Peter von Zahn (Journalist), WDR (Produktion)
Bundesrepublik Deutschland; 11. Januar 1964 (Ausstrahlung)
Film (Ausschnitt)
WDR mediagroup GmbH, Köln

Kat.-Nr. 7-13
Heia Safari – die Legende von der deutschen Kolonialidylle,
Teil 1 und 2, sowie Diskussionssendung *Heia Safari – Für und*
wider
Ralph Giordano (Regie), WDR (Produktion)
Bundesrepublik Deutschland; 1966
Film (Ausschnitte)
WDR mediagroup GmbH, Köln

Kat.-Nr. 7-14
Der Lachende Mann
Walter Heynowski/Gerhard Scheumann (Regie), DEFA-Studio
(Produktion)
Deutsche Demokratische Republik; 1965/1966
Film (Ausschnitt)
Deutsches Rundfunkarchiv (DRA), Potsdam-Babelsberg

Kat.-Nr. 7-15
»Freiheit für Namibia. Solidarität mit der SWAPO«
Edoardo Di Muro (Entwurf), Antiimperialistisches Solidaritätskomitee für Afrika, Asien und Lateinamerika (Herausgeber)
Frankfurt am Main; 1976
Plakat; 29,5 x 41,5 cm
Basler Afrika Bibliographien (BAB), Basel (Inv. x 1077)
© Deutsches Historisches Museum/Foto: Sebastian Ahlers

Kat.-Nr. 7-16
Tasche aus Stoff mit Motivdruck der South-West Africa People's Organisation (SWAPO)
Namibische Kinder im Kinderheim Bellin (Hersteller/Schenker)
Deutsche Demokratische Republik; Dezember 1979/August 1982
Nessel; 70 x 75,5 cm
Deutsches Historisches Museum, Berlin (Inv. SI 90/1400)

Kat.-Nr. 7-17
Skulptur eines Soldaten der Befreiungsbewegung Frente de Libertação de Moçambique (FRELIMO)
Mosambik; 1974
Ebenholz; 120 x 25 x 21,5 cm
Deutsches Historisches Museum, Berlin (Inv. Kg 90/223)
© Deutsches Historisches Museum

Kat.-Nr. 7-18
Sammlung von Abzeichen auf einem Wimpel und Kalenderaufdruck des Jahres 1977
Deutsche Demokratische Republik; 1972/1989
Baumwolle, Kunststoff, Metall; 131 x 33,5 cm
Deutsches Historisches Museum, Berlin (Inv. A 2000/129)
© Deutsches Historisches Museum

Kat.-Nr. 7-19
Farbe bekennen. Afro-deutsche Frauen auf den Spuren ihrer Geschichte, 1. Aufl.
Katharina Oguntoye/May Opitz (Ayim)/Dagmar Schultz (Herausgeber), Orlanda Frauenverlag
Berlin (West); 1986
Buch; 21 x 13,5 cm
Privatsammlung Katharina Oguntoye
© Deutsches Historisches Museum/Foto: Sebastian Ahlers

Kat.-Nr. 7-20
Aushang des ISD München für eine Veranstaltung zum Buch *Farbe bekennen*
Initiative Schwarze Menschen in Deutschland (ISD)
München; vermutlich 1986
Papierdokument; 29 x 21 cm
Initiative Schwarze Menschen in Deutschland e.V. (ISD), Berlin

Kat.-Nr. 7-21
Ausgaben der Zeitschrift *Afro Look. Eine Zeitung von Schwarzen Deutschen für Schwarze Deutsche*, **Nrn. 3, 4, 5 und 8**
Initiative Schwarze Menschen in Deutschland (ISD) (Herausgeber), Asta FU Berlin (Druck)
Berlin; 1989/1993
Zeitung; 29,7 x 21 cm
Initiative Schwarze Menschen in Deutschland e.V. (ISD), Berlin

Kat.-Nr. 7-22
Ausgaben der Zeitschrift *Afro Look. Eine Zeitung von Schwarzen Deutschen für Schwarze Deutsche*, **Nr. 17, 31/32, sowie die erste Ausgabe unter dem vorläufigen Titel** *Onkel Tom's Faust*
Initiative Schwarzer Menschen in Deutschland (ISD)
Berlin; 1988/1999
Zeitung; 29,7 x 21 cm
Privatsammlung Katharina Oguntoye

Kat.-Nr. 7-23
Ausgaben der Zeitschrift *Afrekete*, **Nrn. 2 und 3**
ADEFRA e. V. – Schwarze Frauen in Deutschland (Herausgeber)
Berlin; 1988/1989
Zeitung; 29,7 x 21 cm
Privatsammlung Katharina Oguntoye

Kat.-Nr. 7-24
Modell eines Denkmals *Shrine for the Forgotten Souls*
Satch Hoyt (Entwurf)
Berlin; 2012
Kunststoff, Metall, Holz; 60 x 40 x 40 cm
Privatsammlung Katharina Oguntoye

Kat.-Nr. 7-25
Programmheft zum Black History Month
Initiative Schwarze Menschen in Deutschland (ISD) (Herausgeber)
Berlin; 1990
Broschüre; 14,8 x 21 cm
Privatsammlung Katharina Oguntoye

Kat.-Nr. 7-26
Aufnahmen aus der Anfangszeit der Neuen Schwarzen Bewegung, u. a. Bundestreffen der Initiative Schwarze Menschen in Deutschland (ISD) und Redaktionsrunde der Zeitschrift *Afro Look*
Roy Wichert-Gonsalves (Fotograf)
Berlin (West) u. a.; 1987–1989
Acht Neuabzüge von Originalnegativen; jeweils 20 x 30 cm
Roy Wichert-Gonsalves, Berlin
© Roy Wichert-Gonsalves

8
POSTKOLONIALE GEGENWART?

Kat.-Nr. 8-1
Der Weg zur politischen Anerkennung des Völkermords
Bundesrepublik Deutschland, Deutsche Demokratische Republik, Deutschland, Namibia
Film- und Fotoinstallation
Deutsches Historisches Museum, Berlin

Kat.-Nr. 8-2
Fünf T-Shirts bedruckt mit Appellen nach Anerkennung des Genozids sowie Restitutions- und Reparationsforderungen
Ovaherero/Ovambanderu Council for the Dialogue on the 1904 Genocide (OCD) u. a. Interessengruppen (Hersteller)
Namibia; um 2004
Baumwolle mit Aufdruck; jeweils ca. 80 x 75 cm
Privatsammlung Larissa Förster

Kat.-Nr. 8-3
Togoland – November
Jürgen Ellinghaus (Regie), Rémi Jennequin (Kamera)
Deutschland; 2016
Dokumentarfilm
Deutsches Historisches Museum, Berlin
© Jürgen Ellinghaus 2016 (Filmstills)

Kat.-Nr. 8-4
Interviews zur Bedeutung von Manga Bell und Charles Atangana für die Erinnerungskultur in Kamerun
Ricardo Márquez Garcia
Kamerun; 2016
Videointerviews
Deutsches Historisches Museum, Berlin

Kat.-Nr. 8-5
***Kinjeketile and the power of H$_2$O*, Tafeln 1–5**
Amani Abeid
Tansania; 2015
Fünfteilige Comicserie, Karton/Hartfaserplatte; jeweils 76,5 x 41 cm
Deutsches Historisches Museum, Berlin (Inv. Gr 2015/116–120)
© Deutsches Historisches Museum

Kat.-Nr. 8-6
***The Samoa Islands, Vol. 1: Constitution, pedigrees and traditions, translated by Dr. Theodore Verhaaren* (im deutschen Original 1902 erschienen unter dem Titel *Die Samoa-Inseln, Teil 1: Verfassung, Stammbäume und Überlieferungen*)**
Augustin Krämer (Autor), University of Hawaii Press (Verlag)
Honolulu; 1994
Buch
Deutsches Historisches Museum, Berlin

Kat.-Nr. 8-7
Geschichte: Privat. Kolonialismus im privaten Gedächtnis
Philip Kojo Metz
Deutschland; 2016
Serie von sechs Porträtfotografien, jeweils 60 x 50 cm
Deutsches Historisches Museum, Berlin
© Philip Kojo Metz

Kat.-Nr. 8-8

Infografiken zu strukturellen Folgen des Kolonialismus: *Gleiches Recht für alle?*, *Talent Talar Transfer*, *Rohstoffe*, *Entwicklungshilfe*

Golden Section Graphics
Berlin; 2016
Vier Infografiken; jeweils 84,1 x 118,8 cm
Deutsches Historisches Museum, Berlin
© Golden Section Graphics/Jakub Chrobok, Henning Trenkamp, Anton Delchmann, Barbara Mayer; Miia Novak

Kat.-Nr. 8-9

Aufnahmen vom African Village im Zoo Augsburg

Forschungsprojekt am Max-Planck-Institut für ethnologische Forschung Halle/Saale
Markus V. Hoehne, Nina Glick-Schiller, Data Dea
Augsburg; 9. bis 12. Juni 2005
Sieben Fotografien (R)
© Markus V. Hoehne, Nina Glick-Schiller, Data Dea

Kat.-Nr. 8-10

Open Call

Videobeiträge postkolonialer Initiativen und Geschichtswerkstätten
Berlin u. a. O.; 2016
Videos
Deutsches Historisches Museum, Berlin

Kat.-Nr. 8-11

Unterspülter Bahndamm zwischen Keetmanshoop und Lüderitz, aus dem Album von Liddy Forkel (entstanden in Keetmanshoop, Deutsch-Südwestafrika, heute Namibia; 1907/1910)

Deutsch-Südwestafrika (heute Namibia); um 1910
Fotografie (R)
Deutsches Historisches Museum, Berlin (Inv. Do2 2003/1139)
© Deutsches Historisches Museum

IMPRESSUM

AUSSTELLUNG

Gesamtleitung
Ulrike Kretzschmar

Projektleitung
Arnulf Scriba

Konzept
Heike Hartmann

Kuratoren
Sebastian Gottschalk, Heike Hartmann

Wissenschaftliche Mitarbeit
Stefanie Müller

Projektassistenz
Natalie Stocker

Curators-in-Residence
Memory Biwa (Namibia), Flower Manase Msuya (Tansania)

Fachbeirat
Andreas Eckert, Larissa Förster, Horst Gründer, Hermann Hiery, Hans-Martin Hinz, Paola Ivanov, Ulrike Lindner, Klaus Mühlhahn, Susanne Popp, Paulette Reed-Anderson, Klaus Schneider, Ulrich van der Heyden, Joachim Zeller, Jürgen Zimmerer

Wissenschaftliche Recherchen
Mathilde Benoistel, Christiane Bürger, Irene Hilden, Christian Jarling, Ricardo Márquez Garcia, Katja Kaiser, Natasha Kelly, Katharina Oguntoye, Lili Reyels, Charlotte Röttger, Oliver Schweinoch, Kerstin Stubenvoll

Praktikantin
Merve Tekgürler

Ausstellungsgestaltung
Nadine Rasche, Werner Schulte, Mara Spieth

Übersetzungen
Adam Blauhut, Andrew Boreham, Allison Brown, Tom Lampert, Stephen Locke, Karen Margolis, Laura Radosh, Marlene Schoofs, Kate Sturge

Infografiken
Golden Section Graphics: Jakub Chrobok (Creative Director), Henning Trenkamp, Anton Delchmann, Barbara Mayer; Miia Novak (Projektmanagement)

Ausstellungsaufbau/Werkstätten
Nicholas Kaloplastos (Leitung), Jens Albert, Sven Brosig, Anette Forkert, Susanne Hennig, Torsten Ketteniß, Katrin Kunze, Klaus-Michael Kurze, Holger Lehmann, Jörg Petzold, Thomas Strehl, Ralf Schulze, Stefan Thimm, Gunnar Wilhelm

Tischlerarbeiten
Restaurierungswerkstätten Berlin GmbH, Berlin

Malerarbeiten
Malermeister Antosch, Berlin

Exponatausrichtung
Abrell & van den Berg-Ausstellungsservice GbR, Berlin

Konservatorische Betreuung/Restaurierungswerkstätten
Martina Homolka (Leitung), Michaela Brand mit Natascha Wichmann, Sabine Josefine Brand, Kay Draber, Christine Göppinger, Sophie Hoffmann, Ulrike Huegle, Elke Kiffe, Andrea Lang, Mathias Lang, Antje Liebers, Matthes Nützmann, Jutta Peschke, Judith Zimmer

Rahmung
Malte Spohr

Medientechnik, Schnitt Film und Ton
Mirko Kubein

Kommunikation
Barbara Wolf (Abteilungsdirektorin), Katharina Dembski, Ina Frodermann, Angelika Kaminska, Ilka Linz, Claudia Lojack, Lea Lutz, Jana Nawrot, Boris Nitzsche, Hanna Nogossek, Nicola Schnell, Peter Schützhold, Oliver Schweinoch, Sonja Trautmann

IT
Wolfgang Roehrig (Leitung), Andreas Eisenhaber, Jan-Dirk Kluge, Uwe Naujack, Magnus Wagner

Sammlungen

Marc Fehlmann (Abteilungsdirektor), Willi Beier, Rosmarie
Beier-de Haan, Saskia Bendrich, Elisabeth Boxberger, Axel
Cordes, Bernd Dürrwald, Manuela Ehses, Regina Falkenberg,
Monika Flacke, Andrea von Hegel, Carola Jüllig, Leonore
Koschnick, Anne-Dorte Krause, Claudia Küchler, Michael
Kunzel, Sven Lüken, Andreas Michaelis, Matthias Miller,
Stefan Negelmann, Julia Pfau, Dorothé Rößling, Steffi
Schulz, Thomas Weißbrich, Rainer Wiehagen

Fotoarbeiten

Sebastian Ahlers, Indra Desnica

Leihverkehr

Regina Gelbert, Edith Michelsen

Controlling

Manuela Itzigehl

Bildung und Vermittlung

Brigitte Vogel-Janotta, Stefan Bresky (Leitung)
Mareike Teichmann, Susanne Zimmermann (Besucherservice)
Nathanel Kuck, Sophie Kühnlenz, Sarah Maupeu, Dominique
Miething, Christin Noll, Friedrun Portele-Anyangbe,
Maike Schimanowski

Hörführung

Florian Wieler; John Berwick, Romanus Fuhrmann, Megan
Gay, Ulrike Hübschmann, Thomas Nicolai, Dulcie Smart;
Tonstudio K 13, Kinomischung Berlin

Grafische Gestaltung

envision design, Chris Dormer, Berlin

Karten

cartomedia-karlsruhe, Angelika Solibieda, Karlsruhe

Ausstellungsplakat

Thoma + Schekorr, Berlin

IMPRESSUM

KATALOG

Herausgeber
Stiftung Deutsches Historisches Museum

Präsidentin a.i.
Ulrike Kretzschmar

Konzept und Redaktion
Sebastian Gottschalk, Heike Hartmann, Stefanie Müller,
Arnulf Scriba

Bildredaktion
Natalie Stocker

Autoren
Sebastian Gottschalk (SG), Heike Hartmann (HH), Irene Hilden
(IH), Carola Jüllig (CJ), Christopher Jütte (CHJ), Katja Kaiser
(KK), Marcel Kellner (MK), Sven Lüken (SL), Stefanie Müller
(SM), Katharina Oguntoye (KO), Oliver Schweinoch (OS),
Arnulf Scriba (AS)

Übersetzungen:
Franca Fritz und Heinrich Koop (engl.), Caroline Gutberlet (frz.)

Fachlektorat
Katja Kaiser, Berlin

Lektorat
Annette Vogler, Berlin

Koordination Herstellung
Ilka Linz

Gestaltung
sans serif, Berlin

Infografiken
Golden Section Graphics, Berlin

Karte
cartomedia-karlsruhe, Angelika Solibieda, Karlsruhe

Reprografie
Bild1Druck, Berlin

Druck
appl druck, Wemding

Titelmotiv:
Unterspülter Bahndamm zwischen Keetmanshoop und
Lüderitz, Deutsch-Südwestafrika (heute Namibia), um 1910
© Deutsches Historisches Museum

© 2016 by Stiftung Deutsches Historisches Museum
www.dhm.de
und by WBG (Wissenschaftliche Buchgesellschaft) Darmstadt
Der Theiss Verlag ist ein Imprint der WBG
Besuchen Sie uns im Internet: www.wbg-wissenverbindet.de

Museumsausgabe
ISBN 9783861021988

Buchhandelsausgabe
ISBN 9783806233698

**DEUTSCHES
HISTORISCHES
MUSEUM**

Gefördert durch:

Die Beauftragte der Bundesregierung
für Kultur und Medien